중국경제의 추락

경제·정치 모순의 분출

세종정책총서 2018-9

중국경제의 추락

경제·정치 모순의 분출

김 기 수 저

세종연구소

서 문

중국경제의 중요성은 더 말할 필요가 없다. 특히 한국에게는 더욱 그렇다. 그러나 대단히 복잡한 구조를 지니고 있는 중국경제를 이해하는 것은 '중국 특색'이라는 용어가 암시하듯 간단치 않다. 그렇다면 지속적인 경제 번영을 위한 중국만의 길은 존재할까? 이론 및 역사적으로 번영을 위한 조건에는 예외가 없었다. 중국만의 길은 존재하지 않는다는 의미다. 이 점이 분석의 출발인데, 본 저술에서는 번영을 위한 일반 원칙을 중국경제에 적용하는 작업이 논의의 중심축을 이루고 있다.

우선 중국경제의 특징과 문제점을 짚어봤다. 논제는 과거 30여년의 고속성장 원인과 그것의 한계에 대한 분석과 논리적으로 맞닿아 있다. 이 책의 분석은 경제의 거의 모든 분야가 왜곡돼 있다는 사실을 보여준다. 왜곡이란 결국 비효율을 의미하므로, 비효율이 누적된 경제가 지속적으로 번영한다는 것은 논리적으로 맞지 않다. 왜곡 현상이 확인됐다면, 즉 병의 원인을 알았다면 처방은 있기 마련이다. 비효율을 제거하는 개혁이 어떤 식으로 이루어져야 하는가에 대해서는 지적 합의가 사실상 이루어졌지만, 가시적인 경제개혁이 단행됐다는 증거는 찾기 힘들다.

개혁을 방해하는 경제 요인은 경제연구의 우선 관심사였다. 개혁은 고통, 즉 구조조정에 필요한 막대한 비용과 경기 침체 등과 같은 위험을 수반한다. 따라서 비용과 위험을 감내할 중국 지도부의 의지가 관건 일 수밖에 없다. 여기서 개혁이 부진하다면 논리는 자연스레 경제위기가 불가피하다는 쪽으로 흐르게 된다. 중국경제를 심도 있게 관찰해 보면, 중요한 것은 개혁 부진이 경제 요인에 국한되지 않는다는 사실이다. 이것이야 말로 중국 특색의 사회구조인데, 특히 공산주의 정치체제를 그대로 유지하고 있다는 점은 경제 외의 영역에서 드러나는 중국만의 특징을 보여준다.

외형상 시장경제의 모습을 갖추고 있는 중국경제는 공산주의 정치체제와 어울릴 수 있을까? 이론 및 역사적으로 '그렇다'는 답변을 구하기는 대단히 힘들다. 중국정치가 경제에 대한 압박 요인이라는 점이 암시돼 있는데, 이 책의 거의 절반이 정치 분석에 할애된 이유다. 여기서 정치적 이해 때문에 경제 개혁이 어렵다면 정치 변수를 제외하고 중국경제를 이해하기는 어려워진다. 경제와 정치의 교차점을 찾고, 그것에 기초 중국경제의 특징과 향후 전망을 소개했다.

정치·경제 통합 연구가 선사하는 중국경제에 대한 새로운 시각을 통해 독자들이 중국을 조금 더 심도 있게 이해한다면 본 저술의 목적은 달성되는 셈이다. 나아가 중국경제를 과대평가하는 국내의 많은 견해에 변화가 있다면 이 책의 또 다른 목적 역시 충족된다고 볼 수 있다. 분량이 많아 교정이 힘들었다. 세종연구소의 박준성, 그리고 이재화 두 분의 도움에 힘입은 바 크다. 필자가 지나친 미세한 오류를 모두 잡아주셨다. 심심한 사의를 표한다. 물론 이 책의 내용과 관련된 모든 잘못은 필자인 본인의 몫이다.

2018년 9월

김 기 수

차 례

서 문

제1장 중국 경제와 정치의 기본 틀 __ 1

1. 서언 / 3
2. 초기 중국의 정치구조: 공산주의와 경제의 불협화음 / 5
3. 개혁개방과 정치구조의 변화 / 17
4. 덩샤오핑 시대의 새로운 권력체계 / 31

제2장 중국경제의 구조적 특징과 경제발전 __ 51

1. 초고속 성장의 역사적 사례: 중국만이 예외는 아니다 / 53
2. 중국경제의 기본 구도: 투입 의존 경제와 경제구조 왜곡 / 61
3. 과잉경제와 국유기업의 비효율 / 73
4. 중국금융의 기본 구조와 금융시장 왜곡 / 90
5. 민간금융의 발전과 또 다른 위험: 그림자 금융 / 102
6. 지방경제의 기본 구조: 경제 왜곡의 또 다른 모습 / 119
7. 부동산 과잉과 부동산 시장 불균형 / 134
8. 부채의 급증: 성장구조 붕괴와 경제위기 가능성 / 147

차 례

제3장 중국 경제발전의 정치적 제약 __ 169

1. 지속적인 번영의 조건: 경제·정치 연계 이론 / 171
2. 경제를 제약하는 정치: 정경 유착과 변화 거부 이해 집단의 확대 / 189
3. 부의 정치화: 부패의 구조화와 권력투쟁 수단의 변화 / 209
4. 권력의 과도한 개입: 취약한 기업 소유권과 경제통계 왜곡 / 223
5. 시진핑의 반부패 운동: 돈의 정치화와 부패의 권력투쟁 도구화 / 243
6. 시진핑 주석의 권력 강화와 장기 집권 / 257
7. 권력 집중의 정치경제적 함의: 중국경제의 어두운 미래 / 269

제4장 결 어 __ 285

참고문헌 298

찾아보기 333

제1장
중국 경제와 정치의 기본 틀

제1장
중국 경제와 정치의 기본 틀

1. 서언

중국경제가 어떤 문제점이 있는지는 오랜 연구 결과 상당 부분 밝혀졌다. 중국 당국 역시 이를 알고 있다. 최근 국가 부채의 심각성을 당국이 인정했다는 점은 그것의 반증이다. 부채 문제는 다양한 요인에 의해 촉발된다. 당국이 부채 문제의 심각성과 이유를 인지하고 있는 사실은 분명하므로 해결책도 모를 리 없다. 원인을 알았으니 문제점을 해결하는 데는 별 무리가 없어 보이지만, 가시적인 경제개혁은 이루어지지 않았다. 경제개혁은 당연히 고통을 수반한다. 중국 지도부가 고통을 감내할 의사가 없어 보인다는 지적이 이어지는 이유다.

고속성장의 대명사가 된 오늘날 중국경제는 사회주의 시장경제에 기초하고 있다. 여기서 사회주의라는 용어가 등장하는 이유는 국가의 통제와 주도로 경제를 발전시켰기 때문이다. 성장을 위해 국가가 가장 효과적인 행보를 보일 수 있는 분야는 투자였다. 투입 중심 수출주도형 경제구조의 배경인데, 문제는 경제법칙 상 시간이 지나면 투자 효율이 저하된다는 사실이다. 고성장을 유지하기 위해서는 과거보다 더 많은 자본이 동원돼야 하기에 능력을 웃도는 과잉 투자는 모두 부채로 남는다. 크게 보면 국가가 복잡한 자원배분 메커니즘을 정확히 이해하고 실행하는 것이 불가능하다는 역사 및 이론적 교훈을 되새겨준다.

경제영역은 다음과 같은 이유로 정치와 만나게 된다. 고도성장을 위한 국가 주도 자원배분이 한계에 봉착했다면 시장이 문제를 해결할 수밖에 없다. 시장의 확장은 주요 경제 사안의 결정권이 국가로부터 시장, 즉 민간으로 이전된다는 뜻이다. 따라서 정치적 측면에서 기존 권력의 축소 내지 전이 없이는 그것은 가능하지 않다. 사회주의 권력구조를 그대로 유지하고 있는 현 정치체제의 변화와 사안이 맞닿아 있음을 알 수 있다. 중국은 과연 시장 확장을 수용할 수 있는 새로운 정치체제, 즉 권력의 다원화를 이룰 수 있을까?

2018년 3월 중국 전국인민대표대회(全國人民代表大會)는 국가주석 2연임 제한 조항을 헌법에서 삭제했다. 시진핑(習近平) 주석의 장기 집권을 가능하게 하는 개헌이었다. 덩샤오핑(鄧小平) 이후 정착된 공산당 내의 권력분립 요소, 임기제와 연임 제한 원칙이 무시됐음을 알 수 있다. 권력이 다원화되지 않고 역으로 집중된 셈이므로, 논리상 중국경제의 자유화 혹은 시장화와는 분명 반대 움직임이다. 경제적 관점에서는 중국경제의 문제점을 비교적 정확히 파악하고 있으나, 정치 변수에 비춰보면 경제문제 해결이 간단치 않음을 짐작할 수 있다. 그러므로 경제발전 경로와 정치구조 변화가 상호 조화롭지 못한 현 상황이 중국경제의 장래에 미치는 영향을 이해하는 것은 당연히 중요할 수밖에 없다.

2. 초기 중국의 정치구조: 공산주의와 경제의 불협화음

전제군주제의 무능과 취약성이 드러나자 이를 극복하려는 움직임이 아시아에서도 가시화됐다. 중국도 예외는 아니어서 봉건제 타파가 정치권의 화두가 됐다. 1911년 신해혁명은 새로운 움직임의 결정체였다. 흥미로운 점은 반(半)서구식 봉건주의 타파와 새로운 이념인 공산주의적 접근이 중국에서는 동시에 선을 보이며 경쟁했다는 사실이다. 국공합작과 국공내전이 반복되며 중국이 지속적인 내분에 휘말린 배경을 알 수 있다. 애초 중국 공산주의는 소련에 의존, 뿌리내리고 발전했다. 다음의 설명은 상황을 보여준다.

> 1949년 국민당과 내전에서 마침내 승리를 쟁취한 중국공산당은 건국 과정에서 철저하게 소련식 정통 마르크스-레닌주의와 소련식 사회주의 제도를 수용했다. 마오쩌둥(毛澤東)을 비롯한 중국공산당 지도부는 소련 일변도 노선을 선언하고 모든 것을 소련으로부터 학습해야 한다고 주장하면서 건국과 사회주의 건설기(1949-1956)를 시작했다.... 이처럼 건국 초기에는 철저하게 정통 마르크스-레닌주의의 전통에 따라서 중국에서 빠른 시일 내에 사회주의 당국가제도, 사회주의 계획경제체제, 그리고 사회주의 사회질서를 건립하려고 했다. 그리고 이와 같은 중국의 소련식 사회주의 체제의 건설 노력은 상당한 성과를 냈고, 그것이 현재의 중국적 사회주의 체제의 기초가 된 것도 사실이다.[1)]

공산주의가 소련 경제개발 초기 봉건제 타파, 경제부흥 등 가시적인 성과가 있었던 것은 사실이다. 같은 논리가 중국에도 적용되지

1) 서진영, 『21세기 중국정치: 성공의 역설과 중국적 사회주의의 미래』 (서울: 폴리테이아, 2008), pp. 58-59.

만, 반대로 소련 경제 및 정치체제가 지닌 단점 또한 중국에 함께 전해졌다. 문제는 그런 문제점이 현재도 중국정치경제의 구조적 모순으로 남아 있다는 사실이다. 소련이 개발한 정치제도인 민주집중제(Democratic Centralism)가 대표적인데, 중국에 수입된 후 현재까지 거의 그대로 유지되고 있다. 공산당이 모든 권력의 원천이고, 공산당은 형식상 다수의 공산당원으로 구성된 중앙위원회에 기초 운영된다. 그러나 그 위에 소수의 공산주의 정치 엘리트 집단인 정치국이 존재 중앙위원회를 통제하며, 정치국 위에는 절대 권력자가 존재한다. 외형적으로는 밑으로부터 권력이 위로 향해 영향력이 창출되는 것처럼 보이지만, 다음의 설명이 보여주듯 실제 운영에서는 개인 독재로 흘렀다.

"러시아 혁명이 일어나기 훨씬 전인 1906년 트로츠키는 레닌의 고안(민주집중제)이 독재자를 만들어 내리라고 예측했다: 당 조직은 처음엔 당 전체를 자신으로 대치한다. 다음으로 중앙위원회가 당 조직을 자신으로 대치하고, 마지막으로 한 독재자가 중앙위원회를 자신으로 대치한다." 레닌이 과거 러시아 황제 짜르보다 더 많은 권력을 휘둘렀다는 평가가 나오는 배경이다.[2] 공산주의가 노동자 혹은 인민이 주인인 민주정치제도를 만드는 데 실패했다는 사실을 암시한다. 권력은 분립돼야 하고, 투명해야 하며, 나아가 규칙성이 있어야 한다는 정치원리가 실종된 당연한 결과지만, 레닌 이후 소련 정치는 피비린내 나는 권력투쟁으로 점철됐다.

중국도 예외는 아니어서 1949년 공산정권 성립 후부터 권력투쟁이 가시화됐다. 여기서 흥미로운 점은 당시 투쟁 수단은 돈이 아닌 이데올로기였다는 사실이다. 공산주의 전문가들 역시 다음과 같이 견해를 같이 한다: "대부분의 비교공산주의 이론가들은 초기 공산당이

2) 복거일, "중국의 권력구조,"「중앙일보」2017-11-18.

이데올로기와 사회변화(social transformation)를 강조했다는 사실에 동의한다.... 그 결과 초기 공산당의 지배는 지속적인 혁명을 위한 권력투쟁 양상을 띠게 되는데, 수단은 이데올로기 고취(ideological inspiration)와 고전 레닌주의(classic Leninism)였다." [3)]

중국 역시 공산혁명 완성을 위해 권력 동원이 가시화됐고, 당연한 결과로 권력투쟁이 불거졌다. 1949년 중국에 공산당 정권이 출범했지만 방대한 영토, 그리고 지역 및 계층의 다양성 때문에 공산당이 일시에 전국을 장악할 수는 없었다. 국공 내전 시 처음부터 국민당에 비해 열세였던 공산당의 영향력을 반영하듯 자본가들을 비롯한 우파 및 국민당 지지자들은 여전했고, 그 밖의 다양한 요인 때문에 국가 전체를 공산화시키는 데는 갈 길이 멀었다. 중국 공산화 초기 등장한 '혼합경제[경자유전(耕者有田)],' '신민주주의,' '민족 공산주의' 등 다소 혼란스런 용어들은 힘이 부치는 공산당이었기에 타협 전략이 불가피했던 당시의 상황을 반영한다.

> 1949년 9월 말의 〈인민정치협상회의 공동강령〉은 '공산당이 지도하는 국가'라 하지 않고 '노동자 계급이 지도하는 인민민주통일전선 정권'으로 표현함으로써 당시의 시대적 상황을 반영하고 있다. 따라서 당 지도자들은 공산당 단독으로 정권을 구성하지 않고 〈공동강령〉의 정신에 근거, 민주당파를 비롯한 각계 인사들을 망라하여 연합정부를 구성하고 마오쩌둥을 중앙인민정부위원회 주석으로 선출하였다.... 정부의 구성에 이처럼 비공산당원들을 포함시킨 이유는.... 공산당이 국민당을 무너뜨리고 정권을 장악하긴 했으나 그 세력기반이 취약했기 때문

3) David Shambaugh, *China's Communist Party: Antrophy and Adaptation* (Washington D.C.: Woodrow Wilson Center Press, 2008), pp. 13-14.

에 취한 불가피한 과도기적 조치라고 볼 수 있다.[4)]

중국 공산당의 불완전한 출발이 미친 영향은 컸다. 향후 권력투쟁의 빌미를 제공했다는 점이 특히 중요했다. 초기 상황을 통해 후일 이데올로기 투쟁의 핵심 대상으로 부상하는 이른바 주자파(走資派)의 논리적 뿌리와 그것을 둘러싼 정치적 경쟁 환경이 동시에 조성됐기 때문이다. 논쟁은 지금도 지속되고 있는 셈인데, 공산당 지배 내내 자본주의 요소를 어느 정도 수용할 것인가에 대한 논쟁과 투쟁은 지금까지 반복되고 있다. 초기 중국 공산주의가 현실과 타협한 것은 이미 설명한 바와 같지만, 얼마 안가 마오쩌둥(毛澤東)은 공산주의 이데올로기 강화와 그것의 실천을 현실화하기 시작했다.

중국의 발전방향을 완전히 역전시킨 것은 1953년에서 1958년까지 '사회주의 개조'의 이름으로, 또한 1957년 '반우파'의 이름으로 추진된 두 개의 운동이었다. 양자는 서로 도와가며 일을 완성했다. 전자는 (기존의) 소유제를 겨냥해 〈소련 공산당 당사〉 제11장과 제12장을 모방한 것으로 집단화와 국유화, 계획화를 통해 사유제와 시장경제 소멸의 목

4) 김정계, 『중국의 권력투쟁사 1949-1978』 (서울: 평민사, 2002), pp. 37-39. '신민주주의'는 대표적이었는데, 1937년 일본 침략에 대항 결성된 제2차 국공합작 이후 공산당의 대중 지지기반 확장을 위한 공산당의 슬로건이었다. 즉, "중국공산당이 프롤레타리아 계급의 이익만을 대변하는 계급정당이 아니라 광범위한 대중과 중국 민족의 이익을 대변하는 민족 공산세력이며 민주 세력이라는 점을 과시하려는 목적이 있었다." 서진영, 『21세기 중국정치: 성공의 역설과 중국적 사회주의의 미래』, p. 57. 공산주의 원칙상 수용하기 힘든 농지 사유화도 인정했다. 위에서 언급한 1949년 9월 29일 인민정치협상회의 제1차 전체회의에서 채택된 공동강령에는 보통선거와 농민의 토지 소유권을 의미하는 경자유전(耕者有田)이 포함돼 있었다. 자오쯔양(趙紫陽), 『국가의 죄수: 자오쯔양 중국공산당 총서기 최후의 비밀 회고록』 장윤미·이종화 역 (서울: 에버리치홀딩스, 2010), p. 28.

적을 달성한다는 결정이었다. 후자는 마오쩌둥의 의지에 따라서 중공 중앙 반우정풍(反右整風) 영도 소조(小組) 조장인 덩샤오핑의 지휘로 전국 500만 명 지식인들 가운데 55만 명의 우파분자를 타도하자는 것이었다. 이 두 가지 운동은 중국 집정 역사의 전환점으로, 민주와 법제와는 정반대 방향으로 가는 길을 열었다. 이런 자칭 '사회주의' 길은 시장을 없애고 '경자유전'을 소멸시켰으며 또한 자유도 사라지고, 대대로 전해져오던 중화민족의 많은 좋은 전통들을 단절시켰다.[5]

더욱 중요한 일은 그다음에 벌어졌다. 반우파 운동의 성공, 사유재산 공산화의 진척, 미국과 충돌한 한국전쟁에서의 무승부 등은 공산당이 애초 생각한 것보다 좋은 성과였다. 소련 초기의 업적보다 오히려 더 가시적이었으므로 중국 공산당이 고무된 데는 이유가 있었다. 공산당 권위가 눈에 띄게 강화됐던 것은 물론이다.[6] 여기에 모든 것을 투쟁으로 인식한 마오쩌둥의 개인적 성향이 더해지면서 더욱 과감한 공산화 경제정책이 시행됐다.[7] 이상이 지금도 역사에 그 이름이 강하게 남아 있는 대약진 운동의 배경이다. 1958년 5월 공식화된 대약진 운동은 경제적으로 공산화를 완성 단계로 인도한다는 원대한 계획, 즉, "사회주의 건설의 총노선 주도하에 경제를 크게 약진시키고

---

5) 자오쯔양, 『국가의 죄수』, pp. 28-29.

6) 아마코 사토시, 『중화인민공화국 50년사』 임상범 역 (서울: 일조각, 2003), p. 47. 1952년 1억 6,400만 톤이었던 총 농업생산량이 1958년에는 2억 톤까지 증가했다. Wei Li and Dennis Tao Yang, "The Great Leap Forward: Anatomy of a Central Planning Disaster," *Journal of Political Economy*, Vol. 113, No. 4 (2005), p. 846, Table 1; Justin Yifu Lin, "Collectivization and China's Agricultural Crisis in 1959-1961," *Journal of Political Economy*, Vol. 98, No. 6 (1990), pp. 1228-1229. 소련은 1929년 집단화가 실시된 후 생산이 급격히 줄어들었다. 당시 서구 학자들조차 중국이 인구가 많은 저개발 경제의 농업발전 모델을 제공했다고 평가할 정도였다(Ibid.).

7) 아마코 사토시, 『중화인민공화국 50년사』, p. 48.

인민공사를 설립하려는 전국적인 대중 운동을 의미한다."[8]

그러나 마오쩌둥의 최고 야심작인 대약진운동은 비극으로 귀결됐다. 1959-1962년 경제는 연속 마이너스 성장을 기록했고, 대기근 때문에 과거 역사에 기록조차 없는 무려 4,000만 명 내외의 중국인이 아사했다.[9] 1958년 2억 톤이었던 곡물생산량이 1960-1961년에는 매년 1억 4,300만 톤으로 급감한 것이 이유였다. 구체적으로는 집단화의 결과 노동 수익 인센티브가 사라지면서 농업 생산성이 저하된 사실, 산업화를 위해 농민과 농업자원을 도시로 과도하게 이전시킨 점(자원배분의 왜곡: misallocation of resources) 등이 비극의 근본 원인이었다.[10]

정치적으로 중요한 것은 대약진 운동을 계기로 잠복했던 공산당 내 파벌 간 대규모 권력투쟁이 가시화됐다는 사실이다. 대약진 운동을 주도한 마오쩌둥은 당연히 표적이 될 수밖에 없었다. 1959년 마오쩌둥은 국가주석 직에서 물러났고, 이어 1962년 1월 공산당 중앙위원

---

8) 김정계, 『중국의 권력투쟁사 1949-1978』, pp. 107-108; 송기호, 『중국경제의 이해』(서울: 청목출판사, 2008), p. 50. 1958년 기준 전체 농가의 90%가 평균 3,000호, 15,000명 단위로 형성된 인민공사에 속하게 됐다는 통계를 보면 당시 공산화 수준이 드러난다. 이와 같은 집단 체제가 1978년 덩샤오핑의 개혁개방 선언 시까지 유지됐으므로 공산주의가 중국사회에 얼마나 깊게 뿌리 내렸는지를 알 수 있다(Ibid., pp. 50-51).

9) 자오쯔양, 『국가의 죄수: 자오쯔양 중국공산당 총서기 최후의 비밀 회고록』, p. 36.

10) Li and Yang, "The Great Leap Forward: Anatomy of a Central Planning Disaster," p. 846, Table 1.; Lin, "Collectivization and China's Agricultural Crisis in 1959-1961," pp. 1240-1241; Jean Chesneaux, *China: The People's Republic*, 1949-1976, Translated by Paul Auster and Lydia Davis (New York: Pantheon Books, 1979), p. 83. 참고로 1966년이 돼서야 곡물생산량이 1958년 수준인 2억 1,400만 톤으로 회복된 것을 보면 대약진운동으로 중국은 무려 8년 동안 고통 받았음을 알 수 있다. Li and Yang, "The Great Leap Forward: Anatomy of a Central Planning Disaster," p. 846.

회 확대공작회의에서는 자신을 스스로 비판했다(자아비판). 대신 생산성을 중시하는 류샤오치(劉少奇)와 덩샤오핑(鄧小平)이 약진하며 권력 실세가 됐다. 바로 이들이 후일 주자파(走資派)라고 불리며 마오와 대립각을 형성한 중국의 또 다른 핵심 파벌이다. 1970년대 말 중국의 개혁개방 시 유명해진 덩샤오핑의 흑묘백묘론(黑猫白猫論), 즉 '흰 고양이든 검은 고양이든 쥐를 잘 잡는 고양이가 좋은 고양이'라는 논리 역시 1962년 7월 처음 등장했다.[11)]

주자파의 실용주의 노선 덕에 중국경제는 다시 회복됐고, 주자파에게는 당연히 힘이 실렸다. 흥미로운 점은 주자파 사고가 중국 공산정권 초기의 절충적 시각을 어느 정도 반영하고 있다는 사실이다. 공산화 초기 '혼합경제(경자유전),' '신민주주의,' '민족 공산주의' 등의 사고를 조금 뒤집어 보면 실용주의 노선의 맥을 발견할 수 있다. 이상의 논의를 통해 경제노선이 권력투쟁의 도구가 되는 과정을 아는 데는 무리가 없다. 이론적으로는 다음과 같은 설명도 가능하다.

> 어떤 경제제도를 채택하느냐에 따라서 사회의 경제행위와 자원배분은 달라진다. 여기서 경제제도는 특정 사회가 자체적으로 지니고 있는 내적인 성향에 기초하게 되는데, 경제제도는 사회의 집단적 선택에 의해 결정된다는 사실이 그렇게 보는 이유다. 물론 사회 내의 개인 및 집단 이해에 따라서 어떤 경제제도가 좋은지에 대한 다툼은 피할 수 없다. 그 때 다툼을 정리해주는 것이 바로 정치권력이다. 즉 어떤 집단의 힘

11) 아마코 사토시, 『중화인민공화국 50년사』, pp. 76-77. 당시 덩샤오핑의 삼자일포(三自一包) 주장에서 보듯 덩의 정책은 보다 구체적 및 획기적이었다. 자유시장, 손익의 자기 부담 및 농가의 생산청부제, 나아가 자류지(自留地)의 인정 등이 핵심 내용이었다. 자류지란 채소 등을 재배하기 위해 전체 경작지의 5% 범위 내에서 농민에게 남겨준 땅이었는데, 이는 분명 제한적 소유권 인정을 의미했다(Ibid.).

이 더 세냐에 따라서 그들이 선호하는 경제체제가 형성된다는 맥락에서, 결국은 정치권력이 경제제도를 결정한다는 사실이 분명해진다.[12)]

앞서 설명한 바와 같이 초기 '혼합경제,' '신민주주의,' '민족 공산주의' 등의 절충 용어는 건국 초기 공산당 능력의 한계 때문에 기존의 다양한 제도와 관습을 수용한 결과였다. 하지만 1950년대 중반 전후 '사회주의 개조' 운동이 결실을 보며 공산당 권력 기반이 어느 정도 튼튼해지자 공산화 정책이 가시화됐다. 문제는 우파 및 봉건주의 청산에는 공산당 지도부의 견해가 상당 부분 일치했지만, 공산화의 정도와 과정에 대해서는 이견이 존재했다는 사실이다. 아무튼 이상의 논의 역시 권력을 더 많이 가진 집단의 사고가 경제에 투영된다는 사실을 보여준다.

정통공산주의와 실용주의(주자파) 노선의 갈림길에서 초기 공산화의 성공에 힘입어, 마오쩌둥과 같은 급진파가 세력을 얻으며 공산화 작업이 급속히 진행됐다.[13)] 힘이 더 많은 집단의 사고가 경제에 투영됐던 셈이다. 그러나 그것이 실패로 끝나자 권력 투쟁의 빌미가 만들어졌고, 급진파가 주자파에게 권력을 상당 부분 양도하며 경제정책은

---

12) Daron Acemoglu, Simon Johnson, and James R. Robinson, "Institutions as a Fundamental Cause of Long-run Growth," Philippe Aghion and Steven N. Durlauf, eds., *Handbook of Economic Growth*, Volume 1A (Amsterdam: Elsevier B.V., 2005), p. 390.

13) 위로부터의 혁명을 통한 체제 개편이라는 용어가 등장한 배경이다. 이 논리를 중국에 적용하면 다음과 같은 설명이 가능하다: "당과 국가권력이 이른바 '조직과 이데올로기'를 동원해 중국 사회를 인위적으로 개편함으로써 (경제적으로는) 성숙된 자본주의를 거치지 않고 사회주의 사회로의 이행을 실현하려고 했다." 서진영, 『21세기 중국정치』, p. 18. 대약진 운동은 하지만 그런 급진주의가 현실적으로 불가능하다는 점을 간접적으로 보여줬다. 바로 이런 성공과 실패의 동학이 현재까지도 중국 경제정책에 지속적으로 영향을 미치고 있다고 보면 된다.

실용주의로 전환됐다. 건국 초기의 사례가 경제정책의 성공에 기초 급진파의 힘을 배가시켰다면, 이번에는 실패가 힘을 약화시킨 것이 다를 뿐 경제정책이 권력 확장과 투쟁의 도구가 됐다는 점에서 두 사례는 큰 차이가 없다. '정치권력이 경제정책과 구도를 결정한다'는 상기의 이론, 즉 권력을 더욱 많이 향유한 집단의 경제 사고가 특정 시점 및 기간의 경제운영 방식을 결정한다는 논리가 중국에도 적용된다.

중국 경제 및 권력의 상관관계에 대한 다음의 설명은 이상의 논의를 함축적으로 보여준다. "(경제체제에 대한 서로 다른 견해가) 당초에는 당내 지도부의 단순한 인식 차이 정도로 받아들여졌지만, 류샤오치와 덩샤오핑이 지도했던 국내의 생산력과 경제 효율을 중시하는 노선이 마오쩌둥의 국제세계에 대한 위기 인식과 저촉되면서, 경제·사회 건설을 둘러싼 상호간의 중대한 차이로 발전했고 '혁명노선'인가 '수정주의 노선인가'라는 심각한 정치·사상적 분열로 나타나고 있었다."[14)]

정리해 보면 사상(사고)이 경제적 관점을 만들어냈고, 지배 권력에 의존 새로운 경제 관점에 기초한 경제체제가 형성된 다음에는 그 체제 자체가 지배 권력의 이해가 된다는 사실을 알 수 있다. 따라서 그와 같이 형성된 경제 질서에 대한 도전 혹은 흔들기는 기존 권력의 약화로 이어질 수 있으므로 기존 권력은 흔들기 세력을 견제하게 된다. 한마디로 경제가 권력투쟁의 핵심 도구가 되는, 즉 경제의 정치화가 이루어지는 것이다. 이상이 하부구조의 경제 문제가 정치화되는 과정에 대한 설명이라면, 대약진 운동을 딛고 일어선 주자파 득세 이후의 중국 권력투쟁은 순수 정치노선, 즉 이데올로기의 정치화 과정이라는 더 높은 차원으로 진화한다.

14) 아마코 사토시, 『중화인민공화국 50년사』, p. 78. 한마디로 "류샤오치와 덩샤오핑은 국가 통치관에 있어 마오쩌둥과는 생각이 근본적으로 달랐다" 김정계, 『중국의 권력투쟁사 1949-1978』, p. 74.

방금 전 초기 경제에 대한 사소한 인식 차이가 '혁명노선인가 수정주의 노선인가라는 심각한 정치·사상적 분열로 발전했다'는 분석을 소개했다. 실용주의 노선이 자리 잡은 1964년이 되자 경제는 상당히 안정됐다. 앞서 경제문제의 정치화 과정을 통해 일정 시간이 지나면 새로운 경제 질서와 그것의 유지는 이를 주도한 권력 집단의 이해가 된다는 사실을 소개했다. 같은 맥락에서 1960년대 중반 중국경제의 안정화는 주자파의 입지 강화를 의미했다. 대약진 운동의 핵심 기제인 '인민공사제' 역시 흑묘백묘론(黑猫白猫論)과 삼자일포(三自一包)의 확산으로 약해질 수밖에 없었는데, 당연히 마오쩌둥의 권력 약화로 이어졌다.[15)]

대약진 운동이라는 경제수단을 통해 권력을 공고히 하려던 마오쩌둥의 시도가 무산된 셈이므로, 권력을 다시 얻기 위해서는 더 이상 경제수단에 의존할 수가 없었다. 따라서 비경제적 수단, 즉 경제의 상위 개념을 활용 권력투쟁을 마오가 재개하는데, 그것이 유명한 문화대혁명(文化大革命)이다.

> 프롤레타리아 문화대혁명이란, 넓은 의미로는 1965년 또는 1966년부터 마오쩌둥이 사망한 1976년까지 있었던 마오쩌둥의 이념 추구, 경쟁자와의 권력 다툼이라는 정치 투쟁과, 그것들의 영향을 강하게 받아 폭력·파괴·혼란이 폭풍우처럼 전 사회를 뒤흔들고 종래의 국가와 사회를 마비시키며, 많은 사람들에게 정치적·경제적·심리적 고통과 희생을 강요했던 비극적인 현상을 총체적으로 가리킨다. 문화대혁명의

15) Chesneaux, *China: The People's Republic*, p. 115. 당시 주자파에 의해 자본주의 방식의 물고가 일부 터지자 특히 농촌지역에서 자발적인 자본주의 경향(spontaneous capitalist tendencies)이 가시화됐다. 농촌지역은 분명 마오쩌둥 및 좌파의 정치기반이었으므로 자본주의 경향의 확산은 좌파 권력 기반의 잠식을 의미했다(Ibid.).

희생자는 정확히 판단할 수 없지만 사망자 1,000만 명과 피해자 1억 명이며, 경제적 손실은 약 5,000억 위안이라고 이야기 될 정도였다. 좁은 의미로는 1966년부터 1969년에 개최된 중국공산당 제9차 전국대회까지 진행된, 중앙에서 말단까지 홍위병·노동자·농민들을 끌어들였던 격렬한 정치투쟁을 가리킨다.[16]

1962년 초 자아비판까지 하며 위기에 몰린 마오쩌둥이 같은 해 9월 중국공산당 제8기 10중전회에서 '사회주의 사회에서도 계급은 존재하며, 계급투쟁은 계속돼야 한다'는 내용의 연설을 하며 문화대혁명은 싹트기 시작했다. 공산당 기본 노선은 계급투쟁과 계속혁명임을 분명히 했으므로, 자본주의 혹은 수정주의의 부활에 대해 강하게 경고하는 내용을 담고 있었다. 이를 통해 1960년대 초반 이후 계급투쟁과 계속혁명론을 강조하는 마오쩌둥, 급진 지식인 그리고 린뱌오(林彪) 중심의 군부 등이 이른바 좌파 권력의 중심이 됐고, 류샤오치, 덩샤오핑 그리고 천윈(陳雲) 등이 우파로 분류되며 권력의 다른 축을 형성했다.[17] 권력구도가 완전히 두 쪽 나며 극한의 대립 상황이 연출됐던 것이다.

1965년 11월 문예평론가 야오원위안(姚文元)이 대약진운동을 비판한 인물을 역으로 비판한 '해서파관(海瑞罷官)을 평함'이라는 글을 상하이 문회보에 게재한 것이 문화대혁명의 출발이었다. 마오를 비롯 문화대혁명 지지자들의 주장은 한마디로 '중국 공산당이 추구해온 바가 공산주의 혁명인데, 주자파 행동은 혁명의 가장 상위 개념을 붕괴시키는 것이고, 그렇다면 우리는 왜 공산혁명을 일으켰는가'라는 강력한 이데올로기 투쟁이었다. 일개 경제정책의 문제가 아니라 당시 중국

16) 아마코 사토시, 『중화인민공화국 50년사』, p. 73.
17) 서진영, 『21세기 중국정치』, p. 266-267.

의 가장 소중한 가치인 공산주의 혁명 정신에 비추어 주자파 행동을 판단 심판하라는 의미였다. 결과는 권력투쟁의 귀재인 마오의 압승이었고, 실용주의 주자파는 급작스레 몰락했다. 류샤오치는 1968년 당에서 제명된 후 죽임을 당했고, 덩샤오핑의 경우는 당적은 간신히 유지했지만 하방되면서 관리 처분을 받았다. 경제에 대한 파급효과도 커서, 대약진 운동의 핵심 기제인 인민공사는 1970년대 말 개혁개방이 가시화될 때까지 존속됐고, 그 결과 중국경제는 극빈 상황으로 내몰렸다.

이상이 초기 중국 공산화 과정에서 드러난 경제노선의 권력화 과정, 경제정책을 둘러싼 권력투쟁, 그리고 비경제적 수단이 활용된 최상위 수준의 권력경쟁 모습이다. 문제는 공산화 초기 형성된 위와 같은 전통이 제로섬 관계를 특징으로 하는 권력의 속성상 향후에도 반복될 가능성이 높다는 사실이다. 후에 자세히 기술하겠지만, 1970년대 말 덩샤오핑에 의한 개혁개방, 그리고 권력투쟁 방지를 위한 새로운 정치체제 구축, 하지만 권력분립과 투명성이 결여된 정치체제의 숙명인 권력투쟁의 반복과 새로운 경제노선의 등장 등은 현재도 이어지고 있다. 한 가지 특징은 초기 권력투쟁과 경제관계에서 돈(money)은 개입되지 않았다는 사실이다. 당시만 해도 공산주의 공유제 원칙 때문에 개인이 부패 혐의로 낙마하는 경우는 거의 없었다. 그러나 초기의 관성이 지금도 남아 있기에 마오 시절 경제와 권력관계에 대한 분석은 중요할 수밖에 없다.

3. 개혁개방과 정치구조의 변화

문화대혁명을 통해 권력투쟁의 극한 상황을 연출하며 중국경제를 나락으로 내몬 마오쩌둥이 1976년 사망했다. 마오가 후계구도를 확고하게 구축하지 않은 결과 마오 사후 권력투쟁이 재발했다. 먼저 1977년 7월 열린 공산당 제10기 3차 중앙위원회 전체회의(3중전회)에서 마오 사후 권력 공백을 틈타 덩샤오핑의 복권이 결정됐다. 마오 사상의 후계자로 알려진 화궈펑(華國鋒)과 권력 다툼이 불가피했는데, 문혁시대와 비슷하게 논점은 이데올로기에 맞춰졌다.[18] 마오 노선을 어떻게 계승할 것인가가 쟁점이었던바, 유명한 양개범시론(兩個凡是論) 논쟁의 배경이다. 여기서 양개범시론은 화궈펑의 주장으로 마오 주석의 결정과 지시는 모두 옳다는 주장이었다.[19] 즉 계급투쟁 및 공산혁명의 지속성을 계승해야 한다는 입장이었으므로 덩샤오핑의 실용주의 노선과는 당연히 배치됐다. 마오 사후 또 다른 권력투쟁이 불가피했던 까닭을 알 수 있다.

덩과 화의 대립에서 당시 상황은 덩에게 유리했다: "마오쩌둥 사후 그가 직접 지명한 후계자 화궈펑 당 주석은 '붕괴에 다다른 국민경제 기록'을 사실대로 선포하지 않을 수 없었다. 계속 이 상태로 나아간

18) 참고로 문혁을 주도했던 마오의 측근 4인방, 정치국 상무위원 겸 국무원 부총리 장춘차오(張春橋), 중앙위원회 부주석 왕훙원(王洪文), 정치국 위원인 야오원위안(姚文元), 그리고 마오의 부인이자 정치국 위원인 장칭(江靑) 등은 화궈펑에 의해 이미 제거된 상태였다. 마오가 화궈펑을 등용한 이유는 4인방을 견제하기 위함이었는데, 화 등은 신진 문혁 온건파로 분류된다. 따라서 이들 간의 권력투쟁은 피할 수 없었고, 군부의 지지를 업은 화궈펑이 4인방을 제거하고 주석직에 오르면서 마오 사후 첫 번째 권력투쟁은 마무리됐다. 김정계, 『중국의 권력투쟁사 1949-1978』, p. 266.

19) 아마코 사토시, 『중화인민공화국 50년사』, p. 126-127. 화궈펑 주장을 마오의 대약진 운동 연장선에서 '신약진정책'이라고 부르는 이유를 알 수 있다.

다면 나라가 곧 망할 지경이었으니 이것이 바로 중국이 반드시 개혁을 해야만 하는 배경이었다."[20] 문화대혁명의 반작용인 실용주의 노선 분위기에 힘 입어 덩샤오핑이 권력을 장악하는 데는 별 무리가 없었다. 1978년 12월 개최된 공산당 11기 제3차 중앙위원회 전체회의(3중전회)는 전환점이었다. 3중전회 직전 소집된 공산당 중앙공작회의(사안사전 조율 회의)에서 화궈펑이 자아비판을 하며 화와 마오 시대는 막을 내렸다. 중앙공작회의 폐막 회의가 열린 12월 13일 덩샤오핑은 중국 공산주의 역사를 바꾼 〈사상을 해방하고, 실사구시, 일치단결하여 미래를 향해 보자〉라는 제목의 유명한 연설을 했다.

> 사상의 경직화를 타파하지 못하고 간부와 대중의 사상을 대대적으로 개방하지 못하면 4개 현대화는 희망이 없다.... 실천이 진리를 검증하는 유일한 표준이라는 명제는 사상을 해방해야 하는지에 대한 논쟁이다.... 현재 우리나라 경제관리체제에는 지나치게 많은 권력이 집중되어 있는데, 그 권력을 마땅히 계획성 있게 하방하여야 한다. 당면한 가장 절박한 문제는 공장기업, 광산기업, 그리고 생산대대의 자주권을 확대하여 공장 하나 하나와 생산대대가 각각 천방백계(千方百計)적으로 능동적인 창조정신을 발휘하게 하는 것이다.... 일부 지역, 일부 기업, 일부 노동자 농민이 열심히 노력하여 실적이 오르는 경우, 수입이 조금 더 많아지고, 생활이 윤택해지는 것을 허용해야 한다. 일부 사람의 생활이 먼저 좋아지면, 그것이 모델이 되어 이웃에 영향을 미칠 것이고, 기타 지역, 기타 단위의 사람들은 그들을 배우게 될 것이다. 이렇게 되면 국민경제 전체가 부단히 파도식으로 앞을 향해 발전하게 될 것이며, 전국의 각 민족과 인민을 비교적 빨리 부유하게 할 것이다[이른바 선부론(先富論)].[21]

20) 자오쯔양, 『국가의 죄수』, p. 29.
21) 김정계, 『중국의 권력투쟁사 1949-1978』, pp. 336-338.

과거 주자파 노선이 완전히 복원된 것은 물론, 인센티브제와 생산성 향상에 대한 인식이 지난 시절보다 진일보했음을 알 수 있다. 중요하게도 권력과 부가 반비례라는 사실, 즉 중앙권력을 생산분야에 이전시켜야 한다는 주장은 향후 중국경제의 확실한 지향점이 됐다. 오랜 권력투쟁 역사에 비춰, 대약진 운동의 경제적 실패가 마오에게 심대한 타격이었던 것과 흡사하게 경제변수가 정치, 즉 이데올로기를 제압한 상황이었다. 대약진 운동 시의 정치경제적 역학이 다시 한 번 반복된 셈이었다. 만약 경제분야에 심각한 문제가 발생하지 않는다면 과거와 같이 경제문제로 촉발된 이데올로기 투쟁(양개범시론과 실용주의)은 발생할 가능성이 낮아진다는 점도 암시돼 있다.

하지만 공산주의 초기 완성된 소련식 정치구도에는 큰 변화가 없었다. 기존 권력체계가 유지됐지만 덩의 주도하에 중앙권력을 하방하는 것만으로도 저개발 수준의 경제를 추스르는 데는 문제가 없었다. 대신 권력의 중앙무대는 뜻을 같이 하는 후야오방(胡耀邦)과 자오쯔양(趙紫陽) 등 개혁개방파로 가득 메워졌다. 1979년 7월 제정된 '중외합자경영기업법(中外合資經營企業法)'을 통해 중국자본과 외국자본이 결합한 합자기업(合資企業), 100% 외국자본만으로 설립되는 독자기업(獨資企業), 그리고 자본 출자와 상관없이 계약에 의한 기업 간 제휴를 뜻하는 합작기업(合作企業) 등 세 가지 형태의 기업활동이 보장됐다. 국영기업의 자율권 확대, 이윤 유보, 그리고 고정자산제 등도 함께 시행됐다.[22]

1980년 5월 '경제특구(經濟特區)'가 신설된 점 역시 개혁개방 의지의 반영이었다. 선부론에 입각 연안지역 경제개발을 우선시했는데,

22) 盧哲和, "中國의 對外經濟政策의 變化와 美國·日本과의 經濟關係," 「중국문제연구」, Vol. 16 (1989. 12.), 부산대학교 중국문제연구소, pp. 69, 74.

홍콩에 인접한 광동성(廣東省)의 선전(深圳), 주하이(珠海), 가장 많은 화교들의 고향인 광동성의 산터우(汕頭), 그리고 대만과 가까운 복건성(福建省)의 샤먼(廈門) 등 네 곳에 경제특구가 만들어졌다. 경제특구는 외국자본이 마음대로 들어와 제품을 생산 수출할 수 있었다.[23] 다음 외국인 투자 촉진을 위해, 1988년 '대만동포 투자장려 규정,' 1990년의 '홍콩, 마카오 화교동포의 투자 촉진 규정,' 그리고 1994년 '대만 동포 투자 보호법' 등이 제정됐다.[24] 1983년 약 6.4억 달러였던 외국인 대중(對中) 직접투자는 1988년 32억 달러, 1992년 110억 달러, 대만동포투자법이 마련된 다음 해인 1995년에는 380억 달러로 폭증했다.[25]

덩샤오핑을 비롯한 주자파는 자본주의 요소의 수용 정도와 관련 큰 그림을 가지고 있었을까? 이 질문이 중요한 이유는 답변이 향후 중국의 진로에 영향을 미치기 때문이다. 당시 핵심 기획자의 증언 및 학문적 연구 결과는 덩의 1978년 말 대담한 선언에도 불구하고 정교한 계획은 없었음을 보여준다.

> 마오쩌둥 사후 그가 직접 지명한 후계자 화궈펑(華國鋒) 당 주석은 '붕괴에 다다른 국민경제 기록'을 사실대로 선포하지 않을 수 없었다. 계속 이 상태로 나아간다면 나라가 곧 망할 지경이었으니 이것이 바로 중국이 반드시 개혁을 해야만 하는 배경이었다.[26].... 애초부터 덩샤

23) 송기호, 『중국경제의 이해』, pp. 182, 261.

24) 趙德九, "華僑資本에 관한 연구," 서경대학교 사회과학연구소, 「사회과학 논집」, 제13집 (2001.12.), p. 11.

25) 무역연구소(KITA), 「중국무역통계」; Eswar Prasad and Shang-Jin Wei, "The Chinese Approach to Capital Inflows: Pattern and Possible Explanations," *IMF Working Paper*, WP/05/79 (April 2005), p. 5.

26) 각주 20 재인용.

> 오핑은 경제개혁에 대한 입장이 없었다. 그것은 우선 자신이 없었고 혼란스런 일이 발생해 국면을 수습하지 못할까 두려웠기 때문이다. 정치가로서 이는 아주 정상적인 것이다. (1976-1978년) 쓰촨의 실적을 보고 난 뒤 덩샤오핑은 안심하기 시작했다.[27].... 경제체제 개혁에 발동을 걸기 시작할 당시 중국 지도자들이 마음속에 청사진을 가지고 있던 것은 아니었다. 일차적으로는 1950년대 중국이 수입한 소련식 모델을 해체하는 것이 주 목표였다. 상황이 그랬기에 개혁은 1987년까지 조심스레 하나를 시행해보고 그것이 좋으면 다음을 시행하는 식으로 전개됐다.[28]

쓰촨의 사례는 위의 주장을 뒷받침한다. 덩샤오핑이 실권을 장악한 직후인 1979년 쓰촨의 업적으로 정치국 상무위원으로 발탁된 전 쓰촨성 제1 서기 자오쯔양은 실제로 개혁을 기획 성공시킨 주무자였다. 따라서 그의 위와 같은 언급은 상황을 이해하는데 도움이 된다. 덩샤오핑의 개혁개방 선언 전 자오쯔양은 쓰촨성 제1 서기였다. 덩샤오핑의 의사와는 상관없이 자오쯔양의 자의적 결정으로 쓰촨성에서는 획기적인 생산성 향상 운동이 전개됐다. 농업과 기업분야에 인센티브제가 도입된 결과 생산력 향상이 두드러졌다. 덩의 의사와는 무관하게 일이 벌어졌지만, 성과가 분명해지자 덩샤오핑은 쓰촨의 시도를 수용 전국적으로 확대시켰다. 쓰촨의 업적에 힘입어 자오쯔양은 정치국 상무위원으로 승진했고, 덩의 측근 후야오방과 더불어 중국 개혁개방을 지탱하는 인물이 됐다.

1980년대 초반 자오쯔양의 다음 연설을 보면 그의 사고를 알 수

---

27) 자오쯔양, 『국가의 죄수』, pp. 37-38.

28) Dwight H. Perkins, "Reforming China's Economic System," *Journal of Economic Literature*, Vol. XXVI (June 1998), p. 601.

있다: "농민과 기업의 자율권을 확대하는 것과 당과 정부의 개입을 축소한다는 것은 100 퍼센트 동의어다. 조금 더 분명히 말한다면 경제 외적인 행정 강제 요인을 경제 주체에게 양보하도록 만드는 것이다."[29] 서구 자본주의 경제의 핵심 내용인 권력과 부의 반비례 관계를 당시 낙후된 공산주의 중국의 최고위 관료가 꿰뚫어 봤다는 사실은 놀라움을 자아낸다. 아무튼 이 반비례 관계의 조정은 후일 두고두고 중국 경제 운영의 논점이 된다. 1978년 안후이성(安徽省)의 샤오강 마을(小崗村) 사태 역시 개혁개방 초기 큰 그림이 없었다는 지금까지의 주장에 힘을 실어준다.

앞서 언급한 1978년 말 공산당 제11기 3중전회가 열리던 시점에 샤오깡의 농민들은 정부 허락 없이 대담한 결정을 했다. 농민 18명이 초과 생산된 농산물을 개인이 취한다는 비밀 결사를 만들었다. 당시까지는 대약진운동 시절 만들어진 인민공사가 엄존했으므로 이들의 행동은 집단농장제 원칙을 위반한 불법이었다. 중요한 것은 생산성이 획기적으로 향상됐다는 점이다. 개혁개방을 외친 덩샤오핑 정권 역시 처벌 대신 이를 주시할 수밖에 없었다. 성과가 뚜렷해지자 농민들의 행위를 개혁개방 기본 정책으로 수용하는 조치가 이어졌다. 4년 후인 1982년 정부에 의해 공식화된 '농가청부생산책임제(農家請負生産責任制)'의 배경이다.[30] 농민들이 국가 소유 땅에서 농사를 지은 후, 생산물의 일정량을 세금 형태로 국가에 납부한 다음 잉여 농산물은 자유로이 활용(판매)할 수 있다는 새로운 원칙이었다.[31] 따라서 다음의

29) 자오쯔양, 『국가의 죄수』, p. 34.
30) 송기호, 『중국경제의 이해』, pp. 69-70.
31) 그러나 다음의 한계는 있었다: "이것이 (과거 경자유전의 원칙인) 토지사유제를 회복하는 것은 아니었으며, 중국 토지의 전면적인 공유제(이른바 국유제와 집체소유제)를 없애는 것도 분명 아니었다." 자오쯔양, 『국가의 죄수』, p. 422.

주장이 나오는 것도 무리는 아니다: 유럽의 자본주의가 "급진적"이었던 데 반해, 중국의 그것은 "점진적인 자유화"였다.[32)]

이상의 논의는 다음의 연계 질문에 대한 답을 간접적으로 제공한다. 개혁개방의 큰 그림이 없었다면, 개혁개방의 정도와 그것의 파급 효과에 대한 예측도 존재하지 않았을 것이다. 1989년 천안문 사태라는 대규모 민주화 운동을 통해 문제는 얼마 지나지 않아 불거졌다. 12월 학생들의 대규모 시위로 촉발된 천안문 사태는 외형상으로는 중국의 민주화 운동이었다. 하지만 내막은 조금 더 복잡했는데, 중국경제를 자본주의화 시키는 과정에서 가시화된 경제와 정치의 마찰 현상이었기 때문이다.

개혁개방을 시작한 지 10년이 흐르는 동안 과거에는 없던 여러 문제가 불거졌다: 먼저 개발된 지역(연안)과 그렇지 않은 곳의 소득격차, 자본주의의 피할 수 없는 배금주의 현상인 '샹첸칸(向錢看),' 관료의 권한과 돈이 연계되며 발생하는 관다오(官到), 다시 말해 관료의 이권 개입과 부패, 공산주의 시절 가격통제가 풀리며 발생한 인플레이션, 그리고 중국 인민의 기대치 상승 결과인 민주화 요구 증대 등.[33)] 이런 현상에 대한 해석은 파벌 간 극명하게 갈렸고, 과거 대약진운동 시절과 비슷하게 경제문제가 정치화되면서 권력투쟁이 불거졌다는 점이 문제였다. 개혁파의 주장은 다음과 같았다.

만약 부패를 방지하기 위해 개혁개방을 포기한다면 목이 멘다고 식음

32) 정형곤, 『체제전환의 경제학』(서울: 청암미디어, 2001), p. 164.

33) 아마코 사토시, 『중화인민공화국 50년사』, pp. 152-153. 처음 경험하는 인플레이션은 중국인민에게 특히 민감한 문제였다. 개혁개방 초기인 1978-1983년 연평균 2.8%였던 물가상승률은 1984-1987년 7.3%, 1988년 18.5%, 그리고 1989년에는 17.8%로 치솟았다(Ibid., pp. 153-154).

을 전폐한 것이나 마찬가지다.... 부패는 경제체제의 전환과 사회 전환의 과정에서 발생한 것이다. 과거의 구체제가 약해지고 부서지고 있지만 새로운 질서가 아직 세워지지 않아 그런 문제가 생겨난 것이다. 따라서 이 문제를 정말로 해결하려면 경제 및 정치체제의 근본적인 개혁을 진행해야 한다. 예컨대 금권거래의 경우 많은 기업이 시장경쟁에 참여하고자 하지만 정부가 여전히 권력을 독점하고 있기 때문에 생겨난 것이다.... 만약 시장경쟁에 참여하는 주체가 권력기관의 보호를 받는다면 불평등한 조건으로 다른 사람과 경쟁하여 폭리를 취할 수 있게 된다."[34]

시장경제 확산에 발 맞춰 민간으로의 권력 이양이 필요하지만 당시 중국은 그것이 부족했다는 것이 개혁파 주장의 핵심 내용이다. 권력 이양은 정치적으로 민주주의를 함의하므로 정치개혁 없이는 경제발전에 한계가 있다는 뜻으로 풀이될 수도 있다.[35] 결국 경제와 정치의 부조화 문제가 가장 중요한 논점이라는 설명이다. 인플레이션 역시 통화팽창이 일어나지 않는 상황에서 전개된 심리적 현상이라고 해석했다.[36] 아무튼 결론은 다음과 같았다: "계획경제 부분은 점차 축소됐지만 1988년 당시엔 여전히 60% 이상을 차지하고 있었다. 이 두 가지 경제체제의 병존은 모순적이었고 마찰도 있었으며 심지어 부패도

---

34) 자오쯔양, 『국가의 죄수』, p. 250-251.

35) "농민과 기업의 자율권을 확대하는 것과 당과 정부의 개입을 축소한다는 것은 100 퍼센트 동의어다"라는 자오의 연설 내용 참조(각주 29 본문).

36) "인민들의 저축률이 대단히 높았고, 따라서 인플레 심리가 일어나자, 현금 저축에 대한 원금 보장문제가 발생한 것이다. 다시 말해 심리적으로 압박을 받게 되자 서민들은 물품을 사재기해서 실물로 화폐가치를 유지하려 했던 것이다. 수요가 폭발한 셈이었으므로 물가는 또 다시 인상됐다. 요컨대 이것은 1987년, 1988년의 문제가 아니라 물가개혁에 대한 선전이 적절하지 못해 발생한 것이다(Ibid., pp. 339-340)."

생겨났다."[37]

반면 지나친 개혁에 부정적인 좌파 즉 반대파의 해석은 달랐다. 개혁 과속이 문제였다고 진단했고, 그러므로 정부의 권위를 회복하고 개혁 속도를 조절하는 것이 시급하다고 생각했다. 신권위주의라는 단어의 등장 배경인데, 지금은 중국정치 분석에 많이 사용하는 용어로 정착됐다: "민주화를 중시하는 정치 개혁을 우선 보류하고 근대화를 강력히 지향하는 지도자에게 권위와 권력을 집중시켜 정치적인 안정을 바탕으로 강력하게 경제 근대화를 추진해나가자"는 주장이 제기됐다.[38]

요약하면 공산주의 정치체제에 대한 도전은 용납할 수 없으며, 정치 안정의 범위 내에서 경제 및 사회 변화가 가능하다는 논지였다. 따라서 자오가 주장한 경제와 정치의 부조화 문제는 논의의 대상이 아니라는 결론에 이르게 된다. 경제에 대한 정치 우위를 분명히 한 셈인데, 실권자 덩샤오핑은 신권위주의를 지지했다.[39] 당시 사태에 대한 덩의 인식은 1989년 7월 14일 베이징 계엄군에게 행한 다음과 같은 연설에 잘 나타나 있다: "사태가 가시적으로 불거진 다음에는 모든 것이 분명해지는 법이다. 시위대들은 두 개의 목표를 가지고 있다. 하나는 중국 공산당을 전복하는 것이고, 다른 하나는 사회주의 체제를 질식

37) Ibid., p. 337.

38) 아마코 사토시, 『중화인민공화국 50년사』, pp. 154-156.

39) 이상이 후일 국가 주석이 되는 상하이 시장 장쩌민의 부상 배경이다. 그는 당시 신권위주의를 대표하며 천안문 사태 사후 수습을 주도했다. 신권위주의파 조치는 다음과 같았다: "정치적 차원에서 지도부의 실추된 권위를 다시 세우기 위해 부정부패의 척결, 관료주의의 병폐에 대한 비판 등을 통해 대중적 지지를 확보하려는 노력에 힘을 쏟았다. 다음으로 '부르주아 자유화'와 '화평연변'에 대한 비판을 전개하는 방식으로, 사회주의의 우월성을 강조하는 가운데, 정치적으로 사상교육을 강화하는 조치가 취해졌다. 세 번째로는 중국적 사회주의를 고수하겠다는 입장을 분명히 하면서도 지속적인 경제발전 노선을 견지한다는 점도 재확인하게 된다." 서진영, 『21세기 중국정치』, pp. 457-459.

시키는 것이다. 그들의 궁극적인 목적은 서구에 전적으로 종속된 부르주아 공화국 설립이다."[40]

흥미로운 점은 과거 대약진 운동 실패 후 득세한 류샤오치와 덩샤오핑 등을 꺾기 위해 마오쩌둥이 전개한 문화대혁명 때와 비슷한 현상이 반복됐다는 사실이다. 문화대혁명 시 최상위 개념인 공산주의의 핵심 논리, 즉 계속혁명과 계급투쟁이 투쟁의 도구였다면, 이번에도 비슷하게 공산당의 정체성과 절대성이 수단이었기 때문이다. 문화대혁명의 최대 피해자였던 덩샤오핑이 천안문 사태 진압 논리를 문혁 때와 비슷한 방식으로 찾아낸 것은 아이러니가 아닐 수 없다. 어쨌건 이를 통해 향후 중국 경제와 정치 모두에 심대한 영향을 미치는 중요한 원칙이 정해졌다. 정치와 경제의 분리가 그것인바(政經分離), 뒤집어 말하면 경제개혁이 기존 정치제제를 압박하는 경우 이를 수용할 수 없다는 원칙이 확립됐다. 경제발전에 걸맞지 않은 정치시스템, 즉 경제와 정치의 부조화 문제가 당시 해결되지 않은 채 그냥 덮어진 사실을 알 수 있다.

그렇다면 개혁개방을 진두지휘한 덩샤오핑은 경제로부터 가해지는 정치에 대한 압박 현상을 예상하지 못했을까: "덩샤오핑은 기본적으로 공산주의 정치체제를 대체할 생각이 없었다. 덩 역시 공산혁명을 통해 권력을 쟁취할 수 있었던 인물이다. 나아가 기존의 정치체제를 위험에 빠뜨리지 않고도 가시적인 경제발전이 가능하다고 봤다. 이유는 다음과 같이 정리할 수 있는데, 먼저 (개혁개방 초기 중국 자체가 극빈에 처해있었기 때문에) 중국 인민이 목을 건 것은 생활수준의 향상이었다는 점을 지적할 수 있다. 다음 기존의 권력을 위협할 수 있는 정치집단이 마오 시절 이미 많이 정리됐던 점도 자신감을 갖게 된

40) Shambaugh, *China's Communist Party: Antrophy and Adaptation*, p. 43.

요인이었다. 다시 말해 덩이 집권한 후에는 마오와 관련된 거의 모든 것을 없앨 수 있는 정치적 토양이 이미 마련됐던 셈이다."[41]

그런 연유로 중국 지도부는 천안문 사태를 예견할 수 없었으며, 따라서 상황이 심각하게 돌아가는데도 개혁파와 권위주의파가 대약진 운동과 문화대혁명 때와 비슷하게 견해를 좁히지 못한 채 한 파벌이 희생돼야만 하는 정치상황이 전개됐다고 보면 된다. 개혁파가 숙청된 다음에는 정치와 경제의 경계선을 분명히 할 필요가 있었다. 그렇다면 덩샤오핑의 최대 업적인 개혁개방에 권위주의 강화가 미치는 영향은 어떻게 다뤄야할까? 경제에 대한 정치적 압력 증가는 경제에서 사회주의 노선의 강화, 즉 경제활동 위축으로 나타날 것이기에 덩샤오핑의 교통정리는 불가피했다.

비록 권력에 대한 도전은 용납할 수 없지만, 권력 강화에 편승한 권위주의파의 사회주의 이념 강화와 강력한 경제 조정을 수용하는 것도 덩의 입장은 아니었다. 권위주의파의 덩에 대한 다음과 같은 비판은 상황을 보여준다: "(개혁개방은) 사회주의의 몰락을 초래했다. 경제특구가 온상이다. 개혁개방은 위험한 정책이다. 외국자본 유입으로 중국은 국제 자산계급의 부속불로 전락할 위기에 직면했다."[42] 그러나 이런 주장을 받아들이면 다음과 같은 반대 상황이 발생한다: "위로부터의 혁명은 개혁주체가 스스로 외부의 압력 없이 빠르게 진행되면 될수록 신뢰를 얻을 수 있다. 그러나 현 집권자에 대해 대규모 시위가 일어나서 개혁을 양보할 경우, 권력자는 어떠한 경우에도 과거와 같은

41) Daron Acemoglu and James A. Robinson, *Why Nations Fail: The Origins of Power, Prosperity, and Poverty* (New York: Crown Business, 2012), p. 423.

42) 김명호, "김명호의 중국 근현대: 세페이(광둥성 서기), 오랫동안 학수고대하던 노인(덩샤오핑)이 온다," 「중앙 SUNDAY」 2107-10-08~09.

위엄과 추진력을 갖기 어렵다."[43] 권위주의파에 밀리면 덩이 권력을 상실할 수도 있다는 해석이다.

균형 추구는 1991년 3월 상하이 해방일보(解放日報)에 개제된 '개혁개방은 지속돼야 한다'는 기사에서 시작됐다. 이어 1992년 1-2월 덩샤오핑은 초기의 개혁개방 지역, 즉 경제특구 중심지인 남중국을 시찰했다. 시찰 도중 중요한 언급을 하며 개혁개방이 지속돼야 한다고 강조한 것이 바로 남순강화(南巡講話)다. 특히 1992년 1월 19일부터 시작된 경제특구의 상징 선전(深圳) 시찰은 백미였다. 눈부시게 발전한 선전 시내를 시찰한 후 다음과 같은 말을 남겼기 때문이다.

> 특구를 처음 만들 때 사회주의를 포기하고 자본주의를 도입하려 한다며 걱정하는 사람이 많았다. 선전의 건설은 그간 우려하던 소심한 사람들을 안심시키기에 충분하다. 무슨 일이건 대담해야 한다.... 현재 우(友)라는 물건이 우리에게 영향을 끼친다. 좌(左)라는 물건도 있다. 좌는 뿌리가 깊다. 정치가나 이론가 중에 우는 안 되고 좌라야 한다는 사람이 많다. 좌에는 혁명이라는 색채가 스며들어 있다. 좌로 기울면 기울수록 더 혁명적이 된다. 좌라는 물건이 우리 당의 역사를 소름 끼치게 한 적이 많다. 꼭 있어야 할 좋은 물건들이 좌라는 물건에 의해 하루 아침에 날벼락을 맞았다. 우는 사회주의를 매장시킬 수 있다. 좌 역시 사회주의를 매장시킬 역량이 충분하다. 중국은 우를 견제해야 하지만, 좌를 방지하는 것은 더 중요하다.... 경제만 중요한 게 아니다. 사회질서와 기풍도 잘사는 것만큼 중요하다.... (요컨대) 생산력 증대와 정신문명 건설, 이 두 개를 추구하는 것이 중국식 사회주의다.[44]

---

43) 정형곤, 『체제전환의 경제학』, p. 164.

44) 김명호, "김명호의 중국 근현대: 덩샤오핑, 우(友)를 견제해야 하지만 좌(左) 방지가 더 중요," 「중앙 SUNDAY」 2107-10-15~16.

덩의 발언은 좌와 우의 균형점을 추구하는 것 같지만 무게는 분명 좌의 억제에 두고 있었다. 정치 및 사회의 기본 틀은 사회주의를 유지하지만 경제는 자본주의 개혁을 지속할 것이라는 점, 즉 '중국식 사회주의,' 조금 더 구체적으로는 '사회주의 시장경제'가 중국의 기본 노선이라는 사실을 처음 확인하는 순간이었다. 지금도 중국의 정치 경제 사회구조를 정의하는 데 활용되는 '사회주의 시장경제론'이 공식화 됐다고 보면 된다.[45] 개혁개방이 지속돼야 한다는 지침은 뛰어난 면이 있지만, 정치와 경제의 경계선을 마치 무 자르듯 이분법으로 정리한 것은 역설적으로 양자의 중국식 모순을 그냥 덮고 가는 모습이었다.

즉 "시장제도를 반사회주의적인 기존의 체제에 더욱 많이 접합시키는 것을 용인한다는 맥락에서 자유화를 정의할 수는 있지만, 정치분야는 그렇지 않다는 의미였다. 다시 말해 자유화는 경제분야에 한정된다는 원칙이 정립된 셈인데, 바로 이것이 중국 체제가 현재까지도 1989년 천안문(자유화)으로 돌아갈 수 없는 이유다."[46] 근본적인 모순을 덮은 사실은 하지만 다음과 같은 경제 문제를 동반했다: "1989년 천안문 사태 이후 정부는 중앙 권력을 더욱 강화했다. 민간에 대한 더 많은 권력 이양을 거부한 채 정부주도 경제정책을 강화했다는 의

45) 아마코 사토시, 『중화인민공화국 50년사』, pp. 167-168. 남순강화가 경제개혁을 지속한다는 데 주안점을 두고 있다고 해석을 가능하게 하는 덩의 언급은 다음에서도 찾을 수 있다: "사회주의인가 자본주의인가(姓社姓資)와 같은 논쟁은 하지 말라. 사물의 시비에 대해 판단할 때는 첫째 생산력의 발전, 둘째 종합적인 국력, 셋째 인민의 생활향상에 유리한가 아닌가를 기준으로 삼자(Ibid.)." 남순강화 시 덩의 지침은 1992년 3월 공산당 중앙정치국을 통과한 다음, 중앙위원회 제2호 문건으로 각지에 배포되면서 당의 입장으로 정식 수용됐다(Ibid.). '사회주의 시장경제론'이 공식화된 것은 1992년 10월 개최된 중국공산당 제14차 전국대회에서였다(Ibid., p. 169).

46) Michael J. Thomson, "The Price of Heavenly Peace: Tiananmen Square 15 Years Later," *Logos* 3.2 (Spring 2004) (www.logojournal.com/issue3.2/thompson.pdf), p. 4.

미로 해석될 수 있다. 하지만 결과는 국가는 돈을 벌었으나 개인소득은 상대적으로 증가하지 않는 것으로 나타났다."[47] 국가 주도 생산 중심 경제체제가 굳어지면서 개인 소득 증대의 결과인 소비 중심 경제체제가 당시 이미 무시된 것으로 볼 수 있다. 현 중국경제의 기본 구조를 이해하는 데 대단히 중요한 설명인데, 이 점에 대해서는 후술하기로 한다.

정치개혁이 이루어지지 않으면서 권력투쟁의 위험성과 그것에 대한 공포는 가실 수 없었다. 현재까지 이 문제가 반복되는 현실은 정치개혁이 왜 중요한지를 보여준다.

> 중국 지도자들은 20여 년 간의 경제개혁과 개방이 중국사회를 엄청나게 변화시켰고, 공산당 지배 룰에 대한 잠재적인 도전의 씨앗이 뿌려졌다는 사실을 잘 인식하고 있다. 따라서 권좌에 있을 시간이 이미 정해진 것이 아니냐는 공포를 지니게 됐는데, 공산당 지배를 실제로 종식시킬 수도 있었던 천안문 사태는 이런 심리를 자극하기에 충분했다.[48] 과거 정치 투쟁에서 세 번씩이나 당했던 덩샤오핑 역시 중국 정치체제에서 지배 엘리트들이 개인적으로 안전하지 않다는 사실을 알고 있었다. 스탈린의 소련 그리고 마오쩌둥의 중국과 같은 정치체제에서 파워 게임에서 패배하는 것은 거의 무한의 희생을 요구받게 된다. 당연한 결과로 모든 것을 잃는 것보다는 위험을 택하는 것이 나으므로 고위층 정치는 잔인함과 음모로 점철될 수밖에 없다.[49] (한마디로) 창당 이후 현재까지 중국공산당 역사는 다양한 세력 간 노선투쟁과 정책

47) Yasheng Huang, "Rethinking the Beijing Consensus," *Asia Policy*, No. 11 (January 2011), pp. 4–6.

48) Susan L. Shirk, *China: Frgile Superpower* (New York: Oxford University Press, 2007), p. 7.

49) Minxin Pei, "Is China Democratizing?" *Foreign Affairs*, Vol. 77, No. 1 (January /February 1998), p. 70.

논쟁, 그리고 파벌 간 권력투쟁의 역사라고 해도 과언이 아니다.[50]

4. 덩샤오핑 시대의 새로운 권력체계

문화대혁명의 모습은 이미 살펴본 바와 같다. 딩쉐량(丁學良) 홍콩과학기술대 교수는 다음과 같이 문혁의 교훈을 명쾌하게 정리한 바 있다: "(문혁 시 자식이 부모를 비판하는 등의 행태가 어이없듯) 윤리도덕을 포함한 전통문화를 부정할 수는 없다; 자본주의의 제거는 자살 행위다; (문혁 시 심각하게 갈라진 정치 파벌이 보여주듯) 상호 비난과 투쟁은 정치적 집단 자살이다; 중국은 세계문명의 주류와 떨어져 살 수 없다; 끝으로 지도자의 권력이 무제한으로 쓰여선 안 된다."[51] 여기서 자본주의 제도의 확대와 중국의 세계문명권 진입은 덩샤오핑의 개혁개방 정책으로 현실화됐다. 하지만 정치투쟁 종식과 권력남용 방지는 정치 영역의 숙제로 여전히 남아 있었다.

앞서 덩샤오핑이 개혁개방과 함께 추구한 정치 노선을 잠시 살펴봤다. 공산당 중심의 초기 권력구도는 그대로 유지됐고, 후야오방과 자오쯔양 등 개혁개방파로 중앙 정치무대를 채우며 개혁개방 경제노선을 추진했다. 하지만 천안문 사태를 전후해 이들 개혁개방 핵심 인물들이 숙청되면서 정치의 중앙무대는 장쩌민(江澤民)을 비롯 신권위주의 인물들로 대체됐다. 중요한 것은 실권자 덩샤오핑이 공산당 지배가 핵심인 기존 권력구도의 변화는 분명 반대했다는 사실이다. 서구

50) 서진영, 『21세기 중국정치』, p. 241.
51) 유상철, "문화대혁명 50주년 교훈 ... 개인 숭배가 낳은 권력 남용 막아야," 「중앙일보」 2106-5-11.

의 발전 철학, 즉 경제발전이 정치 민주화로 이어진다는 자유주의 가설은 천안문 사태를 계기로 중국의 현실이 아님이 밝혀졌다. 중국은 오히려 그런 서구의 생각에 극도의 거부감을 나타내곤 했는데, 화평연변(和平演變)이라는 용어는 대표적이다.

영어로 평화적 진화(peaceful evolution)를 의미하는 화평연변은 "사회주의체제 전복을 위해 비군사적인 방법을 활용하는 서방의 접근"을 의미하는바, 소련 멸망 후에는 "서방진영이 유일하게 남은 공산주의 중국을 변화시키려 한다"는 뜻으로 사용됐다.[52] 미국과 소련이 대립하던 냉전시절 서방의 대공산권 정책을 경계하는 단어로 등장했지만, 소련 멸망 후로는 중국의 전매특허 용어로 변신했다. 흥미롭게도 천안문 사태 직후 신권위주의파의 득세와 함께 이 용어가 다시 등장했던 것이다: "(신권위주의파는) '부르주아 자유화'와 '화평연변'에 대한 비판을 전개하는 방식으로, 사회주의의 우월성을 강조하는 가운데, 정치적으로는 사상교육을 강화하는 조치가 취해졌다. 중국적 사회주의를 고수하겠다는 입장을 분명히 하면서도 지속적인 경제발전 노선을 견지한다는 점도 재확인하게 된다."[53]

이렇게 보면 천안문 사태를 통해 중국정치의 향후 지향점, 즉 공산당 지배 노선이 상당 부분 선명해졌는데도 현재까지 이 문제에 대해 혼돈이 존재하는 것은 아이러니가 아닐 수 없다. 그렇다면 기존 정치시스템을 유지하는 가운데, 과도한 권력남용과 심각한 수준의 정치파벌 간 투쟁 문제는 어떻게 해결할 수 있을까? 바로 이것이 문혁의

52) Wu Xinbo, "China: Security Practice of a Modernizing and Ascending Power," Muthiah Alagappa, ed., *Asian Security Practice: Material and Ideational Influences* (Stanford: Stanford University Press, 1998), p. 126; 김기수, 『동아시아 역학구도: 군사력과 경제력의 투사』 (서울: 한울아카데미, 2005), pp. 169-171.

53) 서진영, 『21세기 중국정치』, pp. 457-459.

가장 큰 피해자였던 덩샤오핑의 고민이었다. 앞서 '마오쩌둥의 중국과 같은 정치체제에서 파워 게임에서 패배하는 것은 거의 무한의 희생을 요구받게 된다'는 주장을 소개했다. 그런 구도가 사라져야 정치 안정이 가능해진다는 인식 하에 덩샤오핑은 제도권 내에서 개혁을 단행하게 된다.

> 권력 게임에서 지는 경우 거의 무한의 대가를 치르게 되므로 중국의 엘리트 정치는 기본적으로 흉포함과 음모로 가득 차 있었다. 따라서 모든 것을 잃는 것보다는 위험을 감수하는 편이 나은 현상이 나타났다. (당연히 권력투쟁이 가열될 수밖에 없었는데) 덩샤오핑 역시 공개적이며 경쟁적인 후계 선출 과정이 없으면 아무리 정치 개혁을 해도 내부 투쟁으로부터 권위주의적인 공산당을 구할 수 없다는 사실을 정확히 이해하고 있었다. 우선 권력 게임에서 패배할 경우에도 무시무시한 보복이 없도록 함으로써 개인의 안위를 최소한 보장하도록 했다(보복정치의 종식). 1980년 2월 '당 내 정치에 관한 몇 가지 원칙'이라는 공문을 통해 공산당원에 대한 최소한의 권리(최소한의 안위)가 명문화됐다. 후야오방과 자오쯔양이 숙청된 후에도 개인의 안위와 물질적인 특권이 제공된 것은 대표적인 사례였다. 이런 조치는 (최악의 상황을 막아주는 셈이므로 죽고 살기식 권력투쟁의 불가피성이 사라지면서) 중국정치 레짐의 안정에 기여를 했다. 덩의 집권 하에 이루어진 또 다른 중요한 정치개혁은 당과 정부 관료의 임기제(연령 제한 및 정년 퇴임제) 도입이었다. 임기제가 처음 시행됐을 때는 해외에서 별 관심을 받지 못했지만, 중국 지배 엘리트 구성과 전체 구도에 가장 큰 영향을 미친 개혁으로 평가된다. 1982년 장관, 지방 당 비서, 그리고 성(省)의 장은 65세가 되면 무조건 은퇴해야 하고, 처음 임명 시 나이는 60세 이하여야 한다는 제한이 처음 등장했다. 여기에 두 번까지는 연임이 가능하지만 세 번 이상은 안 된다는 연임 제한(two term limit)

원칙도 추가됐다. 이런 새로운 규칙 덕분에 현재까지 개인 권력이 영속화되는 현상을 방지할 수 있었고, 다음 세대의 등장을 가속화시킬 수 있었다.[54] 구체적으로 덩이 도입한 퇴임제 때문에 젊고 야심 있는 인물들이 승진을 예측하는 것이 가능해졌고, 그들이 출세를 위한 정치적 음모에 말려들어갈 가능성 또한 줄어들었다.[55]

덩의 은퇴와 관련 또 하나의 중요한 원칙이 정해졌다. 권력의 핵심인 공산당 정치국 상무위원(politburo standing committee)에 연령제한제가 도입됐다. 지금은 중국정치에서 익숙한 용어가 된 칠상팔하(七上八下) 원칙이 그것이다. 1989년 6월 초 천안문 시위가 무력으로 진압된 후 사태가 진정기미를 보이기 시작한 11월 덩샤오핑은 정계 은퇴를 결심하게 된다. 11월 9일 중국 공산당 전체회의가 열렸고, 덩의 요구대로 당 회의는 만장일치로 덩에게 경의를 표하며 그의 사임을 의결했다.[56] 중국 공산당 역사에서 최고위층의 사실상 첫 자발적 퇴임이었는데, 파장은 다음과 같이 컸다.

"최고 지도자 덩이 은퇴하지 않으면 다른 원로들도 은퇴할 수 없었다. 덩의 은퇴 없이 다른 원로들이 나가면 덩만의 절대 권력을 확인시켜주기 때문이었다. (은퇴 후에도 남순강화라는 정치 행위는 있었지만) 원로정치의 청산과 안정적 세대교체를 위한 덩샤오핑의 의지는 장쩌민에게 자연스럽게 이어졌다. 2002년 제16차 당 대회에서 정치국

54) Pei, "Is China Democratizing?" pp. 70-71. 통계 역시 개혁의 효과를 보여주고 있다. 1982년 공산당 중앙위원의 평균 나이는 59.1세였다. 그러나 1997년에는 55.9세로 대폭 낮아졌다. 지방 고위직 평균 연령 역시 1982년 62세에서 1996년 55세로 젊어졌다. Ibid., p. 71, Table 1 and 2.

55) Ibid., p. 72.

56) 김명호, "천안문 사태 후 덩샤오핑 '지금 은퇴하는 게 가장 유리,'"「중앙 SUNDAY」 2017-09-24~25.

상무위원의 경우 나이가 67세까지는 정치국 상무위원회에 진입할 수 있지만, 68세 이상은 은퇴해야 한다는 이른바 칠상팔하(七上八下)의 불문율을 만들고, 당시(당 대회 기준) 68세였던 리루이환(李瑞环) 전국정치협상회의 주석의 상무위원 연임을 막는다. 이 고위 인사 원칙의 불문율은 이후 17차, 18차, 그리고 '시진핑 1인 지도체제'를 천명한 19차 당 대회(2017년)까지 이어진다."[57]

과거 중국정치가 파벌로 점철됐다는 점은 오랫동안 서방에 알려지지 않았다. 하지만 문화대혁명 당시 주자파에 대한 숙청 때문에 일단 두개의 큰 파벌이 존재한다는 점이 확인됐고, 마오 중심 큰 정파 내의 다양한 파벌도 추가로 알려졌다. 물론 그 정점에 마오쩌둥이 있었지만, 그 조차도 이들 파벌의 반목과 경쟁을 역으로 활용하며 권력을 강화했다는 사실은 부인하기 힘들다. 문화혁명 시기 중국의 파벌에 대한 연구는 다음을 알려주고 있다: "1969년 임명된 21명의 공산당 정치국 위원을 분석해 보면 4개 파벌이 분점하고 있음을 알 수 있다. 국방상 린바오 계열이 5명이었고, 총리 저우언라이(周恩來)의 관료파 5명, 육군 원수 예젠잉(葉劍英)을 포함한 온건 인민군파 5명, 그리고 문혁의 선봉에 섰던 마오의 부인 장칭(江青)을 비롯한 이른바 급진 4인방 등이었다."[58]

1971년 이른바 린바오 사건으로 린의 파벌이 숙청됐고, 1976년 문혁 시 하방된 후 다시 모습을 드러낸 덩샤오핑의 재숙청, 1976년 마오 사망 직후 화궈펑 주석 주도의 급진 4인방 숙청, 그리고 1977년 덩샤

57) 임명묵, "시진핑의 중국: 덩샤오핑의 세 가지 유산(1978-2002)" (www.slownews.kr/66491).

58) Alice Miller, "The Trouble with Factions," *China Leadership Monitor*, No. 46 (www.hoover.org/sites/default/files/research/docs/clm46am-2.pdf), pp. 3-4, Table 1.

오핑의 재복권과 1978년 말 덩에 의한 화궈펑 낙마 등을 보면 불과 7년 사이에 파벌 간 엄청난 권력투쟁이 벌어졌고, 덩샤오핑이 최후 승자가 되며 개혁개방이 본격화된 역사적 사실은 이미 소개한 바와 같다. 개혁개방이 진행되면서 개혁파의 핵심 인물인 후야오방과 자오쯔양 등이 권력의 중심에 포진했다. 그러나 1987년 후의 실각, 그리고 1989년 천안문 사태를 기점으로 자오의 숙청 등이 이어졌다. 그 후 이른바 신권위주의 인물이 약진했고, 공산주의의 기본 이데올로기에 충실한 가운데 개혁개방을 추진하는 절충안이 선택 된 점도 이미 소개했다.

이상의 설명을 통해 다음과 같은 사실을 이해할 수 있다. 중국 공산주의 정치 역사에서 파벌이 존재하지 않은 적은 없었다. 파벌의 투쟁과 끊임없는 부침은 앞서 소개했듯이 하위 체계인 경제문제가 정치 쟁점이 되는 과정에서 불거지는 경우가 많았다. 종당에는 상위체계인 이데올로기 투쟁으로 승화되면서 대규모 숙청이 뒤를 이었다. 역사적으로 반복적인 패턴이 있었던 셈이다.[59] 자오 등의 개혁파가 제거된 후 장쩌민, 리펑(李鵬), 주룽지(朱容基), 후진타오(胡錦濤) 등 신권위주의 노선 인물들이 1992년 공산당 중앙정치국 상무위원에 발탁됐다. 오늘날까지 이어지는 새로운 계파 정치의 기본 골격을 알 수 있는 대목이다.

중국정치에서 파벌의 작동 원리는 다음과 같이 이해할 수 있다:

59) 밀러(Miller)는 천안문 사태 전후의 권력투쟁을 다음과 같이 전하고 있다: "1988년 9월 덩샤오핑이 제안했고 자오쯔양 등이 밀어붙인 새로운 임금과 가격 개혁안을 총리 리펑(李鵬), 부총리 야오이린(姚依林), 국가 원로인 천윈(陳雲), 그리고 리셴넨(李先念) 등의 이른바 보수파가 당시 심각한 문제였던 인플레이션을 빌미로 꺾은 것은 분명했다(Ibid. pp. 4-5)." 당시에도 경제문제가 빌미가 되면서 자오 등의 개혁파가 실각하는 사태가 벌어졌고, 이들을 고용한 덩조차도 그런 상황을 막지 못했다는 사실을 알 수 있다.

"파벌은 주어진 공산당 위계질서 내에서 자리(position)에 대한 경쟁으로 작동한다. 파벌 내 특정 인물의 등급(seniority)은 당에서 그의 직급, 즉 수준에 따라서 결정된다. 파벌 지도자들은 자신의 판단에 기초 하위 요원의 승진 지원 여부를 결정할 수 있다. 여기서 성공적인 승진이 이루어지면 파벌의 전체 파워가 커지면서 파벌 지도자의 영향력 역시 함께 증대되므로 지도자에게 유리한 국면이 조성된다. 반면 하위 멤버가 영향력을 행사할 수 있는 직책으로 승진하는 경우는 역설적으로 지도자 자신의 승진 기회를 희석시킨다. 특히 기존 파벌 지도자와 비슷한 수준의 고위직에 하위 인물이 오르기를 원할 때, 여기서부터는 파벌 지도자가 파벌의 전체 권력을 향상 시키는 것이 좋은지, 아니면 자신의 자리를 보존하며 자신이 더욱 위로 올라가든지, 선택을 해야만 하는 상황(trade-off)이 전개된다."[60] 결국 파벌 간의 경쟁은 물론 파벌 내에서도 견제와 경쟁이 있다는 점을 확인할 수 있다.

정치 파벌의 변화와 관련해서는 다음과 같은 분석이 존재한다. 덩샤오핑 집권 말기가 되자 혁명 1세대 노인의 상당수가 죽거나 은퇴하는 상황이 벌어졌다. 아울러 마오 시기에 수많은 정치파벌이 사라졌고, 개혁개방을 전후로 또 다시 파벌이 정리되면서 덩의 집권 후기에는 파벌의 복잡함이 눈에 띄게 정리됐다. 여기에 더해 중국의 고속 경제성장이 가시화되면서 사회 분위기 역시 혁명 세대의 퇴장과 더불어 이념 중시에서 경제 중심으로 전환됐다. 덩의 노력으로 정치 제도화가 어느 정도 이루어지면서 일정 수준 권력의 규칙성 또한 뿌리를

60) Patrick Francois, Francesco Trebbi, and Kairong Xiao, "Factions in Nondemocracies: Theory and Evidence from the Chinese Communist Party," December 16, 2017 (www.faculty.arts.ubc.ca/ftrebbi/research/ftx.pdf), p. 3.

내렸다.[61]

그 결과 "파벌정치는 진화했는데, 중국 건국 초기 수 십 년 동안 이데올로기에 천착하며 극렬했던 파벌 경쟁이 1980년대 덩샤오핑과 그의 협력자들이 만든 새로운 제도와 정치과정에 힘입어 작동하기 시작한 이해 중심 경쟁(interest-driven competition)에 자리를 물려주게 됐다. 다시 말해 문화대혁명이라는 치명적인 정치를 통해 강화된 안보 및 이데올로기 중심의 파벌이 후원자-고객(patron-client) 관계에 기초 느슨한 형태의 개인 네트워크 중심의 파벌로 바뀌었다."[62] 중국정치에서 파벌의 형성과 대립은 끊임없이 반복됐지만, 연대의 동기가 바뀌었다는 사실을 알 수 있다.

덩의 의도 여부와 상관없이 집단지도체제가 확립된 것도 정치발전의 한 단면이었다. 전통적으로 중국정치는 파벌의 영수들, 즉 원로들이 최종 권한을 행사하는 파벌-원로 정치였다. 덩샤오핑 시대에도 이는 변함이 없었다. 공산당 최고 의사결정기구는 외형상 분명 정치국 상무위원회였지만 결정적인 순간에는 위원회를 벗어난 원로의 회합 및 결정이 심심치 않게 눈에 띄기 때문이다. 1989년 천안문 사태 관련 중대 회의는 중국정치의 그런 모습을 다음과 같이 보여주고 있다.

> 1989년 5월 17일 오후 덩샤오핑의 집에서 일부 원로들이 참석해 열린 정치국 상무위 확대회의에서 덩은 군대의 이동과 베이징에 대한 계엄 실시를 결정한다. 또한 리펑과 양상쿤, 차오스로 3인 소조를 구성해 이러한 결정 집행의 책임을 맡긴다.[63].... 5월 19일 덩샤오핑은 그의

61) Miller, "The Trouble with Factions," p. 5.

62) Ibid.

63) 자오쯔양, 『국가의 죄수』. 이 책의 앞 부분에는 자오쯔양의 활동과 관련 다양한 사진이 개제돼 있다. 위의 언급은 17번째 사진(덩의 사택 회의 장면) 밑 부분에 있는 설명을 인용한 것이다.

집에서 천윈, 리셴녠, 왕전, 펑전, 양상쿤, 리펑, 차오스, 야오이린 등을 모아 놓고 (또 다시) 회의를 열었다. 당연히 나(자오쯔양)에게는 참석하라는 연락을 하지 않았다. 또한 (정치국 상무위원) 후치리에게도 연락하지 않아 그는 참석하지 못했다. 들리는 바에 의하면 회의에서 왕전이 나를 반혁명분자라고 크게 비판했다고 한다. 리셴녠은 내가 제2 사령부라고 했다고 한다. 결국 덩은 나의 (공산당) 총서기 직책을 박탈하는 결정을 내렸고, 필요한 절차를 통해 외부에 공표하라고 했다. 그 누구도 이 사실을 알려주지 않았고 나는 권좌에서 물러나게 되었다. 이것은 정치국 상무위원회의라고 할 수 없었다. 왜냐하면 정치국 상무위원 다섯 명(자오쯔양, 리펑, 차오스, 후치리, 야오이린) 중 그날 세 명만 참석했기 때문이다. 후치리는 면직되지 않았고 나도 회의 전에는 면직되지 않았기에 여전히 상무위원이었다. 상무위원 중 두 사람에게 알리지 않고 이러한 결정을 내린 것이다. 이것은 합법적인 것이 아니었다.... (결국) 이와 같은 중대한 일에 관한 결정은 정치국회의나 정치국 상무위원회의를 거쳐 이루어진 것이 아니었다.... 따라서 모든 것이 합법성을 결여했다고 할 수 있다. 왜냐하면 당헌 규정에 따르면 중앙위원 전체회의 폐회 기간에는 정치국이 그 직권을 대행하고 정치국회의는 총서기(당시 자오쯔양)가 주최하도록 되어 있기 때문이다.... 다른 어떤 기관 또는 어떤 사람이 주최한 회의도 모두 당헌 규정을 위반한 것이다.[64)]

64) Ibid., pp. 92-93. 다음과 같은 설명을 통해서도 당시의 권력구도를 알 수 있다: "덩샤오핑 시대에는 정치국과 정치국 상무위원회가 거의 열리지 않았다. 대신 중요 문서를 먼저 원로에게 돌려 비준을 받은 다음에 정치국원과 정치국 상무위원이 추인하는 방식으로 정책이 결정되었다." 조영남, "시진핑 '일인체제'가 등장하고 있는가?" 「국제·지역연구」 24권 3호, 2015 가을, p. 132. 1987년 10월 개최된 공산당 13기 중앙위원회 제1차 전체회의(13기 1중전회)에서 통과된 비밀결정 역시 비선 권력의 실체를 보여준다. 결정은 "중요한 사안에 관해서 덩샤오핑에게 자문을 구할 수 있다"라는 내용이었다. 이는 결국 "덩샤오핑이 중요한 정책 결정의 최종 권한을 보유"한다는 의미였다. Ibid., p. 131; 자오쯔양, 『국가의 죄수』, pp. 106-107.

당시 비선의 실제 권력구도를 아는 데는 무리가 없다. 하지만 1990년대 초 원로들의 대부분이 사망하면서 원로정치는 자연스레 종식됐다. 정치국 상무위원회와 정치국 위원회 위에 존재하던 상부 정치 구조가 붕괴된 셈이므로 이 두 위원회가 최고 권력을 대신하는 자연스런 변화가 발생했다. 아무튼 "그 결과 실제 권력기관의 책임자로 구성된 정치국 상무위원회가 법적 절차에 따라 중요한 정책을 결정하는 집단지도 체제가 만들어질 수 있었다."[65] 비슷한 맥락에서 "장쩌민 시대에 들어서는 '회의제'가 정착되었다. 즉 공산당 전국대표대회와 중앙위원회뿐만 아니라 정치국과 정치국 상무위원회도 정기적으로 개최되었고, 중요한 정책은 <당헌(黨憲)>이 정한 방식으로 이 들 회의에서 결정되었다. 이렇게 되면서 특정 집단이나 개인이 정책 결정권을 독점하는 일이 불가능해졌다."[66]

이상이 집단지도체제가 등장한 배경이라면, 집단지도체제의 실제 운영 방식은 다음과 같았다. 정치국 상무위원회가 핵심 결정을 내리며 사실상 국가를 통치하는데, 상무위원들은 미리 정한 역할을 상대방의 간섭 없이 자율적으로 행하지만 중요한 결정을 내릴 시에는 상무위원회의 합의가 있어야 했다. 즉 "상무위원들은 각자 외교, 경제, 전인대, 정협 등 자신이 맡은 분야의 최고 결정권을 갖는다. 하지만 당정의 보다 중요한 결정 사항들은 상무위원들의 토론을 거쳐 서로 합의하여 처리한다"는 원칙을 의미한다.[67] 업무 분담 원칙에 따라서 권력 또한 복수의 지도자인 상무위원들에게 분점된다는 사실을 확인

---

65) 조영남, "시진핑 '일인체제'가 등장하고 있는가?" p. 131.

66) Ibid., pp. 131-132.

67) 이동수, "중국의 집단지도체제: 협상의 정치리더십,"「정치와 평론」12 (2013.06), p. 1; 임명묵, "시진핑의 중국: 덩샤오핑의 세 가지 유산(1978-2002)."

할 수 있다. 집단지도체제의 기본 구도에 중국정치 기반 중 하나인 파벌을 대입하면 다음과 같은 그림이 그려진다.

"장쩌민 집권 1기(1992–1997)에는 장쩌민–차오스(喬石)(전국인대 위원장)–리펑(李鵬)(국무원 총리)의 삼두체제가 형성되었다. 이후 차오스가 은퇴하면서 장쩌민 집권 2기(1997–2002)에는 장쩌민–리펑(전국인대 위원장)의 이원체제가 형성되었다. 이와 유사하게 후진타오 시대(2002–2012)에는 공청단파(共靑團派)–상하이방(上海帮)–태자당(太子黨) 간의 권력 분점체제가 형성되었다. 그 결과 장쩌민이나 후진타오는 마오쩌둥이나 덩샤오핑처럼 개인 권위에 입각한 강력한 권력을 행사할 수 없었다."[68)]

권력 독점의 폐해를 막는 또 다른 방법이 덩샤오핑에 의해 강구됐다. 격대지정(隔代指定)이라는 과거에는 없던 특이한 후계 지정 방식이 시행되면서 권력독점과 보복정치를 최소화하는 이중 삼중의 구도가 갖춰졌다. "격대지정이란 현 지도자가 한 세대를 건너 뛰어 그 다음 세대의 지도자를 미리 낙점하는 방식이다. 덩샤오핑이 장쩌민을 중국의 제3세대 지도자로 확정한 후 얼마 지나지 않아 장쩌민의 뒤를 이을 제4세대 지도자로 후진타오(胡錦濤)를 내정한 게 그 시작이었다. 장쩌민으로선 당연히 자신의 사람을 후계자로 삼고 싶었겠지만 덩샤오핑은 후진타오를 지정해 장쩌민의 독주를 막을 수 있게 했다. (지금의 주석) 시진핑 역시 격대지정에 의한 지도자 선발 원칙의 도움을 받았다. (전임자) 후진타오 직계는 현재 총리인 리커창(李克强)이다. 후진타오로선 리커창을 1인자로 밀고 싶었겠지만 이번엔 장쩌민의 후원을 받은 인물인 시진핑을 자신의 뒤를 이을 지도자로 받아들이지 않을 수 없었던 것이다. 이에 따라 중국의 정치 권력은 10년을 주기로

---

68) 조영남, "시진핑 '일인체제'가 등장하고 있는가?" p. 132.

주인이 바뀌는 시스템을 갖추게 됐다."[69]

이상의 논의를 통해 과거에는 계파의 수장, 즉 원로들의 경험, 감각 그리고 계파의 이해 등에 뿌리를 둔 핵심 정책 결정이 정치국 상무위원 혹은 정치국 회의체의 합의에 기초하는 것으로 변하면서 제도화됐다는 점을 확인할 수 있다. 그렇다면 제도권 회의체에서 합의는 어떻게 도출될까? 이 과정을 중국 당국이 공개한 적은 현재까지 없다. 결정 결과와 결정 전후 정치 움직임, 그리고 정부 기관지의 보도를 통한 간접적인 추론만이 가능하다. 개인과 파벌의 이해, 이들의 비젼과 사고, 결정 당시의 정치·경제·사회 상황 등 다양한 요소가 영향을 미칠 가능성이 높으므로 결정이 복잡하게 이루어진다는 점을 짐작할 수 있을 뿐이다. 정책결정이 어느 정도 제도화됐더라도 결정의 투명성이 확보되지 않으면 다음의 문제를 피하기는 힘들어진다.

> 중국의 권력구도가 겉으로는 선명해 보이는 측면이 있어도 중국의 핵심 리더쉽은 여러 개의 모자를 쓴 것과 같다. 현재는 당, 정부(government), 그리고 군부 등의 의사 결정자 지위가 의사결정 과정

69) 유상철, "중국 권력 교체의 길... 긍정의 역사와 격대지정 시스템," [중앙일보 J 플러스], 2016-01-11. 하지만 다음의 설명은 격대지정 역시 확정된 원칙은 아니라는 점을 보여준다: "건국 60년의 중국 (공산주의) 역사에서 최고지도자의 후계자 선출은 격렬한 권력투쟁에서 승리를 쟁취한 덩샤오핑, 최고실력자 덩샤오핑의 지명을 받은 장쩌민 전 국가주석 및 후진타오 총 서기 등 두 가지 경우가 있다. 최고 지도자로 군림한 마오쩌둥과 덩에게는 후계자 지명권이 있었지만 장쩌민과 후진타오에게는 없었다. 후진타오가 장쩌민에 이어 총서기에 오른 것도 덩이 건재했던 시기에 결정된 인사 조치였다. 시진핑은 후계자를 지명할 절대 권력자가 없는 가운데 후진타오 총서기와 장쩌민 전 국가주석 간의 정치 투쟁의 결과로 최고지도자 후보에 선출됐다. 후진타오 총서기의 지지를 받는 리커창의 최고지도자 취임을 막기 위해 장쩌민 등이 내민 카드가 시진핑이었을 뿐이다." 사토 마사루, 『시진핑 시대의 중국: 중국은 과연 세계의 지배자가 될까』 이혁재 옮김 (파주: 청림출판사, 2012), pp. 82-83. 일반적으로 알려진 것과는 다르게 격대지정 원칙을 부인하고 있다.

에 교차되면서 권력구도가 작동한다고 보면 된다. 바로 이 점이 중국 정책결정 과정을 파악하는 것이 어려운 이유다. 더해서 최고위 정책결정 집단조차 비공식적(informal) 수준의 위계질서로부터 영향을 받는다. (같은 정치국위원이라도) 그들의 수준이 반드시 비슷한 건 아니다. 각자의 직위와는 별개로 눈에 안 보이는(intangible) 요소에 기초 이들은 서로 다른 영향력과 권위를 갖게 된다. 눈에 안 보이는 요소는 경험, 연령, 개인적인 연계, 전문성의 정도, 어느 정도는 과거 각 개인이 행한 정책의 성공 정도(특히 경제 분야) 등을 포함한다. 중요한 것은 눈에 안 보이는 요소가 외부인들이 판단하기는 힘들지만, 중국 고위층끼리는 비교적 선명한 기준이 된다는 사실이다.[70]

1970년대 후반 개혁개방 이후 경제는 물론이고, 정치 분야에서도 상당한 변화가 있었다. 덩의 정치개혁은 과거와 비교 상상할 수 없는 수준이었지만, 경제와 연계된 권력구도의 변화는 별반 없었다. 정치

70) Kerry Dumbaugh and Michael F. Martin, "Understanding China's Political System," *Congressional Research Service Report for Congress*, December 31, 2009, p. 10. 다음 분석은 최고위 정책결정 부서의 구성이 당정군으로 다원화돼 있다는 위의 설명을 뒷받침하고 있다: "권력 분점은 정치국과 정치국 상무위원회의 구성을 통해 뒷받침되었다. 즉 최고의 권력기관이 당·정·군·지방을 균형 있게 대표할 수 있도록 구성되었다는 점이다. 예를 들어, 후진타오 집권 2기(2007-2012)의 정치국(21인)은 공산당 6인, 국가기관(정부와 의회) 6인, 군과 치안 3인, 지방 6인의 대표로 구성되었다. 시진핑 집권 1기(2012-2017)의 정치국(25인) 구성도 비슷하다. 즉 정치국은 공산당 8인, 국가기관 8인, 군과 치안 4인, 지방 6인으로 구성되었다. 게다가 정치국 상무위원회는 1992년 공산당 14차 당대회 이후 당·정·군의 주요 책임자, 즉 공산당 총서기, 중앙군위 주석, 전국인대 위원장, 국무원 총리, 중앙기율검사위원회 서기로 구성되는 관행이 만들어져 지금까지 이어지고 있다." 조영남, "시진핑 '일인체제'가 등장하고 있는가?" p. 132. 정치국위원 분석의 출처: Alice Miller, "The Work System of the New Hu Leadership," *China Leadership Monitor*, No. 24 and "The Work System of the Xi Jinping Leadership," *China Leadership Monitor*, No. 41 (Ibid., 재인용).

분야에서 덩샤오핑의 최대 관심은 과거 마오쩌둥 시절의 정치적 비극을 반복하지 않는 것이었다. 1인(一人)에 무한의 권력이 집중되는 것은 무슨 방법으로 방지할 수 있을까? 어떻게 해야 일정 수준의 정치권력 제도화가 가능할까? 노쇠한 지도부 교체는 어떤 방식으로 이루어져야 하나? 파벌이 불가피 하다면, 마오 시절과 같이 한 파벌이 다른 파벌을 거의 몰살하는 수준으로 몰고 가는 상황은 어떻게 피할 수 있을까? 즉 파벌간에 힘의 균형을 유지하며 보복이 아닌 선의의 경쟁을 유도하는 방안은 존재하는가? 어떤 방식으로 권력 승계가 이루어져야 권력의 규칙성이 유지되면서 공포 및 보복의 굴레에서 벗어날 수 있을까 등이 덩샤오핑의 관심사였고, 그가 진력을 다해 구축한 새로운 권력구도의 배경이다.

문제는 덩의 경우 경제와 정치의 조화 문제는 다룬 적이 별로 없다는 사실이다. 다시 말해 지속적인 경제발전을 위한 바람직한 정치제도는 어떤 것인가에 대한 고민의 흔적을 발견하기는 대단히 어렵다. 앞서 개혁파의 쌍두 마차였던 후야오방과 자오쯔양이 천안문 사태를 전후해 차례로 낙마한 사실을 소개했다. 두 인물 모두 덩샤오핑이 그들의 개혁개방 사고를 높이 평가해 발탁한 인물이어서 당시로서는 덩의 최측근들이었다. 하지만 정치위기가 발생하자 이들의 개혁적 사고와 행동은 순식간에 비판의 대상이 됐다. 덩조차도 자신의 정치적 입지를 위해 그들을 서슴없이 희생시켰다. 그렇다면 당시 가장 앞섰다는 자오쯔양의 사고에 경제와 정치 연계구도에 대한 구상은 존재했을까? 만약 존재한다면 덩이 제시한 경제-정치 분리 사고의 실효성을 판단할 수 있는 또 다른 근거가 될 것이다.

앞서 자오의 다음과 같은 주장을 소개했다. “이 문제(부패)를 정말로 해결하려면 경제 및 정치체제의 근본적인 개혁을 진행해야 한다.

예컨대 금권거래의 경우 많은 기업이 시장경쟁에 참여하고자 하지만 정부가 여전히 권력을 독점하고 있기 때문에 생겨난 것이다. 만약 시장경쟁에 참여하는 주체가 권력기관의 보호를 받는다면 불평등한 조건으로 다른 사람과 경쟁하여 폭리를 취할 수 있게 된다."[71] 결국 경제에 대한 강한 권력 투사가 부패의 원인이고, 경제 주체들에 대한 권력 비호가 경쟁을 해치며 비효율과 부패를 양산한다는 주장이다. 권력의 강도와 경제의 효율성은 반비례 관계라는 점을 분명히 하고 있다.

한 걸음 나아가 자오의 경제와 정치 관계에 대한 식견은 매우 대담하고 정확했다: "다른 개도국 역시 유사한 상황이었는데 시장경제가 발전하기 시작할 때는 금권거래가 발생했다. 경제가 발전하고 법제를 갖추고 민주제도가 건립되자 상황이 좋아졌다. 동남아시아 국가들도 유사한 경험이 있다.... 반부패를 위해서는 근본적으로 정치체제를 개혁해야 한다."[72] 자오와 함께 개혁개방의 쌍두마차였고 그보다 먼저 낙마한 후야오방에 대한 자오의 평가를 보면 이 두 인물의 사고를 아는 데는 무리가 없다.

> 중국 사회주의에 더 많은 민주와 자유가 있어야 하고 인민이 민주와 자유, 그리고 생동이 넘치는 환경에서 생활할 수 있어야 한다는 것이 그(후야오방)가 추구하던 이상이었다. 그가 물러나기 얼만 전에 직접 주관하여 제정한 사회주의정신문명 건설의 문건에는 이런 구절이 있다 "인류 역사에서 신흥자산계급과 노동인민이 봉건전제제도에 반대하는 투쟁 과정에서 민주와 자유, 평등, 박애라는 관념이 형성되었다. 이는 인류 정신의 첫 번째 대해방이었다. 우리나라 사회주의 발전 과정에서 중요한 역사적 교훈은 첫째 역량을 집중해 경제를 발전시키지

71) 각주 34의 본문 재인용.
72) 자오쯔양, 『국가의 죄수』, pp. 250, 252.

못 했고, 둘째 민주정치를 효과적으로 건설하지 못했다는 것이다. 11기 3중전회(1978년 12월) 이후 우리당은 민주 없인 사회주의 현대화도 없으며 당과 국가정치생활의 민주화를 적절히 추진해야 한다고 강조해왔다. 최근 중앙에서 정치체제 개혁을 집중 제기하는 것은 사회주의민주를 한층 더 확대하고 사회주의법제를 완비하려는 것이다."[73]

현대화의 핵심 개념이 경제발전이고 자유경제의 효율성 극대화가 법에 의한 지배 하에서만 가능하다는 역사적 사실에 비춰 보면, 후야오방 역시 지속적인 경제 번영과 정치 자유화의 상관관계를 꿰뚫어 보고 있었다고 볼 수 있다. 자오는 그의 최후 발언에서 경제와 정치 관계를 다음과 같이 더욱 대담한 어조로 묘사했다.

우리 사회주의 국가에서 실행한 민주제도는 완전히 형식에 치우쳐 있고 인민이 주인 되지 못하며 소수, 심지어 개인이 통치하는 것이다.... 20세기를 총괄해 보면 세계에는 각양각색의 정치제도가 있었다.... (하지만) 서구의 의회민주제가 (지속적인) 생명력을 보여줬다. 이 제도가 지금 찾을 수 있는 비교적 좋은, 더욱 충분히 민주를 구현할 수 있고 현대적 요구에 부합하는, 또한 비교적 성숙한 제도인 것 같다. 지금은 아직 이것보다 더 좋은 제도를 찾을 수가 없다.... 거의 모든 선진국들이 실시한 것은 이러한 의회민주주의였다.... 나는 이것이 절대 우연이 아니라고 생각 한다. 왜 선진국 중에 다른 제도를 실시하는 나라가 하나도 없는가? 이는 한 국가가 근대화를 이루고 현대적인 시장경제, 현대문명을 실현하려면 정치체제는 반드시 의회민주제를 실시해야 한다는 것을 말해준다.[74]

---

73) Ibid., p. 402.

74) 자오의 이 발언은 자오가 남긴 녹음 테이프를 바오퉁(전 공산당 중앙위원, 정치국 상무위 정치비서)이 정리, 원고로 작성한 내용 중 일부를 발췌한 것이다.

시장경제와 정치 자유화, 즉 의회민주주의는 동전의 양면이라는 사실이 자오의 최후 결론이었다. 바로 이런 식견의 인물인 자오와 후가 천안문 사태를 전후 해 낙마한 것은 그 자체로 경제를 고려한 정치개혁은 존재하지 않았다는 점을 확인시켜준다. 그렇다면 당시 중국의 제한적 정치체제개혁에 대한 서구의 견해는 어떤 것이었을까? 후와 자오의 시각은 권력과 경제 관계에 대한 서구의 경험에 기초한다고 볼 수 있다. 단지 그것이 작동하는 정교한 메커니즘에 대한 고려가 결여돼 있을 뿐이다. 시장경제를 적용한지 얼마 되지 않았던 당시 중국의 현실과 지도자들의 부족한 경험에 비춰보면 이상한 일은 아니다. 이런 점에서 다음과 같은 체계적 진단은 당시 중국은 물론 현재까지 관류하고 있는 경제와 정치 관계 전반을 이해하는 데 도움이 된다.

> 마오쩌둥 시대의 비극을 개인적으로 경험한 포스트 마오 시대 중국 지도자들은 또 다른 독재자 출현을 막기 위한 공산당 룰을 만드는 데 이해를 같이 할 수 있었다. 하지만 공산당 권력은 약화되지 않으면서 국가를 재구성하는 문제에 대해서는 합의된 견해가 사실상 존재하지 않았다. 국가 재구성 수준의 정치개혁은 기술적으로 대단히 복잡하고 정권 내에 산재한 방대한 이해 충돌을 야기할 수 있다. 그렇더라도 시장경제에 대한 통제로부터 벗어나고, 덜 중앙집권적인 정치시스템으로 가야하는 이중 전환기에 처한 중국은 그런 개혁이 시급했다. 이 두 가지의 과도기적 이행을 위해서는 국가 구성 요소(parts)들의 관계와 관련 권력에 대한 새로운 정의가 필요하다. 헌법에 각 요소의 역할을 분명히 성문화시키는(codify) 작업 등이 없으면 정치 분권화는 필히 국가 조직체 내의 마찰음을 증가시킬 것이다. 하지만 아이러니하게도 시

바오퉁, "자오쯔양 녹취 회고의 역사적 배경," 자오쯔양, 『국가의 죄수』, pp. 43-44.

장 친화적 개혁이 개혁 없었던 옛 정치체제의 제도적 병목 현상과 마주치게 되면 이 둘의 마찰은 심해진다.[75)]

경제체제에 맞는 정치개혁은 당연히 지난한 과제일 수밖에 없다. 덩샤오핑 시절 이 문제를 감히 다루지 못한 이유를 다소는 이해할 수 있다. 서구의 역사와 시각에서 보면 쟁점은 더욱 뚜렷해지는데, 다음 분석은 갈 길이 만만치 않음을 보여준다: "포스트 마오 시대 중국 지도자들이 직면했던 정치개혁이라는 도전은 서구 산업사회에서는 익숙지 않은 주제였다. 서구의 경우는 경제 부흥 이전에 이미 산업사회의 시장경제 발전에 부합하는 헌법과 정치제도가 형성됐다. 분명한 권력 분립은 개인 재산의 안정성을 증가시켰고, 자유계약의 효력 역시 강화됐다. 중요한 것은 국가 정치체제가 변화에 적응할 수 있도록 경제적 진보가 천천히 이루어졌다는 사실이다. 하지만 이런 서구의 역사적 경험은 중국의 현실이 아니었다. 1970년대 말 경의 중국 정치체제는 권력분립 및 법의 지배 원칙 등 시장경제에 필요한 제도화를 결여하고 있었다. 서구와는 다르게 중국은 정치제도를 재개조해야만 하는 과제와 경제를 현대화시켜야 하는 책무를 동시에 짊어진 셈이다."[76)]

덩 사후 이 문제는 어떻게 처리되며 현재에 이르고 있는 것일까? 자오 및 후와 같이 시장경제의 핵심 정치 논리를 이해하고 실천하려는 또 다른 지도자는 존재했을까? 지속적인 경제번영의 정치적 한계는 무엇일까 등 다양한 질문이 가능한데, 이에 대한 답을 구하는 것이 본 글의 핵심 논지다. 체계적인 이해를 위해 경제와 정치의 연계 이론을 검토한 후, 사회주의 시장경제로 불리는 중국경제의 구조적 특

75) Pei, "Is China Democratizing?" p. 73.
76) Ibid., pp. 73-74.

징을 이론에 접목해 보면 중국 경제와 정치의 접점이 어느 정도 드러날 것이다. 이상의 논의를 현재까지 밝혀진 중국의 경제 및 정치개혁 노력과 그 결과에 비춰보면 중국의 현 상황, 즉 중국의 정치·경제가 현재 그렇게 될 수밖에 없는 이유 또한 밝혀질 것이다. 우선 중국경제의 기본 구조와 작동 원리에 대해 알아본 다음 위의 핵심 논점을 짚어보기로 한다.

제2장

중국경제의 구조적 특징과 경제발전

제2장
중국경제의 구조적 특징과 경제발전

1. 초고속 성장의 역사적 사례: 중국만이 예외는 아니다

1980년대 중반 이후 거의 30년 동안 중국경제는 초고속으로 성장했다. 중국의 고속성장은 과연 예외적인 것일까? 기적이라는 표현으로 포장됐지만, 역사는 또 다른 고속성장 사례를 다수 보여주고 있다. 1960년대 중반 이후 약 30년 동안 한국, 대만 등 아시아의 네 마리 용이 보여준 초고속 성장은 이미 전설이 됐다. 당시 세계 경제학계의 주 관심사로 떠오르며 성장 동인에 대한 심도 있는 연구가 이루어졌다. 이제는 많은 사람이 연구 결과를 숙지하고 있는 역사적 사례로 남아있다. 경제적으로는 자본주의체제였고, 중앙정부의 강력한 리더쉽을 바탕으로 개방적 대외경제정책을 통해 성장했다는 공통점이 있었다. 하지만 그 밖의 사례가 있다는 점이 알려진 적은 별로 없다. 지금의 중국과도 다른 순수 공산주의 체제의 구소련이 고속성장을 한 전례가 있다면 믿을 수 있을까? 질문에 대한 답이 중요한 이유는 중국의 고속성장이 그들만이 지닌 장점에 기초 이루어진 것만은 아니라는 사실을 보여주기 때문이다.

공산혁명이 성공하고 제1차 세계대전이 종식된 후 소련은 1921년 신경제정책(NEP: New Economic Policy)을 시행했다. 신경제정책은 계획경제와 시장경제의 혼합 형태였다. 대표적으로 "국영기업의 물품이 개인 농부의 산출물과 시장에서 교환됐는데, 시장은 반은 국가 그리고 반은 개인의 수중에 있었다." 신경제정책 실시 7년 후인 1928년 소련의 국민총생산은 전쟁 전인 1913년 수준을 약간 웃도는 정도로 회복됐다.[77] 신경제정책도 나름의 성과는 있었다는 의미다. 하지만 소련의 기적은 놀랍게도 혼합경제가 아닌 국가 독점 공산주의 체제에서 가시화됐다.

레닌 사후 집권에 성공한 스탈린은 1928년 처음 유명한 제1차 경제개발 5개년계획을 실행에 옮겼다. 이 계획의 특징은 생산성이 높다고 여겨지며, 서구 강국들과의 경쟁을 위해 반드시 필요한 중화학공업에 자원을 집중 투입하는 것이었다.[78] 과거 농업 기반 사회가 산업화로 급격히 전환된다는 의미였으므로 농민들의 희생은 불가피했다. 반항하는 농민에 대한 대규모 숙청과 학살이 이어졌다.[79] 하지만

---

77) R. W. Davies, "Changing Economic Systems," R. W. Davies, Mark Harrison and S. G. Wheatcroft, eds., *The Economic Transformation of the Soviet Union, 1913-1945* (Cambridge: Cambridge University Press, 1994), p. 9.

78) 경제개발계획은 1926년부터 준비에 들어갔다. 그 해 11월 개최된 제15차 당대회에서 "국가의 자본설비를 확충하고 '더욱 기술적인 기초 위에서 전체 경제를 재건하는 데' 앞으로의 모든 노력을 집중시킬 것을 결정했다." 자원을 생산성이 높은 분야에 집중 투자한다는 점을 분명히 한 셈이다. 모리스 돕(Maurice Dobb), 『소련경제사』, 임휘철 옮김 (서울: 형성사, 1989), p. 262.

79) 여기서 농민들의 희생이란 이윤 추구 금지를 뜻하는 농업의 집단화와 잉여 농산물의 강제 송출을 의미한다. 즉 농업지역의 자원을 공업지역으로 강제 이전하는 작업이 희생의 핵심 내용이었다. (아래의 글은 이 주석의 마지막에 소개

그 직후 인류 역사에 남을 초고속 경제성장이 현실화됐다. 전쟁 전인 1913년 소련 총생산을 100으로 가정했을 때 1928년 119였던 총생산이 1940년에는 무려 611로 증가했다(1927년 가격 기준).[80] 경제개발계획이 두 번 시행된 후 세 번째 기간 중에, 즉 12년 사이에 국민총생산은 무려 5.2배 늘어났다. 15% 이상의 연평균 성장률이었는데, 바로 이것이 인류 역사상 특정 기간에 기록된 가장 높은 성장률이다.

제1차 세계대전 후 10여년이 지난 후 소련이 초고속성장을 했듯이, 제2차 세계대전이 끝난 후 얼마 지나지 않아 소련은 다시 한 번 경제적으로 도약했다. 1950-1955년 제5차 계획 기간 동안 경제성장률은 연평균 10%를 넘었다. 당시 미국 성장률을 3배나 상회하는 수치였다. 특히 경제성장의 견인차인 산업생산 팽창이 돋보여 5년 동안의 총 증가율은 무려 85%였다.[81] 성장세는 계속 이어져 제6차 계획 기간인 1965-1960년 산업생산 증가율은 연평균 10%를 약간 상회했고, 국민소득 증가율도 연평균 9% 정도를 기록하며 서방의 경제성장률을

한 저술을 요약 정리한 것임) 제1차 경제개발계획과 시기적으로 일치하며 그 전에는 느슨한 형태로 농민의 일부만을 포괄하던 소련의 농업집단화가 빠르게 진행됐다. 1929년 11월 7일 스탈린은 '위대한 전환' 이라는 논문을 발표했다. 논문에는 '중농이 협동농장에 가입하고 있다'며 집단화 의지가 처음 표명됐다. 이어 11월 말 집단농장총중앙회와 농업인민위원회 총연합이 설립되면서 집단화 작업은 본 궤도에 오르게 된다. 집단농장중앙회는 1930년 가을까지 볼가강 하류, 1931년 가을까지 중앙 흑토지대와 우크라이나 스텝지역, 1932년 봄까지 우크라이나 서안, 1933년까지는 북부 및 시베리아를 완전 집단화한다는 계획을 수립했다. Alec Nove, 『소련경제사(1)』, 배왕규 옮김 (서울: 명지출판사, 1989), pp. 180-184.

80) Mark Harrison, "National Income," Davies, Harrison and Wheatcroft, eds., *The Economic Transformation of the Soviet Union, 1913-1945*, p. 41. 1인당 국민소득도 1913년을 100으로 했을 때 1928년 109, 그리고 1940년에는 448까지 상승했다(Ibid.).

81) Calvin B. Hoover, "Soviet Economic Growth," *Foreign Affairs*, Vol. 35, No. 2 (Jan 1957), p. 257; 모리스 돕(Maurice Dobb), 『소련경제사』, pp. 356-357.

압도했다.[82)]

상황이 그렇다 보니 서방의 경제전문가 역시 소련의 기적에 경도됐다: "집단적(collectivistic)이고 권위주의적인(authoritarian) 국가는 (자본주의 경제의) 반복되는 경기침체 때문에 발생하는 성장률 저하를 걱정하지 않아도 된다. 실제로도 소련경제가 그런 방식으로 후퇴한 적은 없었다. 경제의 모든 주요 요소들이 중앙집중식으로 조율됨으로써 미국이 1930년대 겪었던 심각한 경기침체를 경험할 이유가 없었던 것이다."[83)] 소련경제가 지속적으로 성장하는 메커니즘에 대한 다음과 같은 정교한 분석도 제시됐다: "소비재 공급을 제한하고, 소비자의 구매력을 억제시킴으로써 국민소득의 상당 부분을 자본재 구축에 전환시킬 수 있는데, 이런 방식으로 소련은 미래에 상대적으로 많은 물품을 기대할 수 있다고 확신하고 있다."[84)]

국제적 파장 또한 만만치 않을 것이라는 진단이 나왔다: "비록 부존자원의 차이 때문에 소련식 모델을 (다른 국가에) 그대로 적용하기는 힘들지만 자본주의에 대한 거부감이 강한 현재의 세계질서에 비추어 소련의 비약적인 팽창이 제3세계 저개발 국가들에게 강한 인상을 줄 것은 틀림없는 사실이다."[85)] 구소련의 경제적 팽창 정도와 이에 대

82) Ibid., p. 359, 표-산업성장률(I).

83) Hoover, "Soviet Economic Growth," p. 267.

84) Ibid., p. 268. 통제의 효율성에 대한 다음과 같은 거시경제 분석은 당시 서방 전문가들의 인식을 보여준다: "투자의 규모 또한 소련국민의 저축에 의해서만 제한된다. (즉 저축과 투자가 일치하는 셈인데) 여기서 중요한 것은 (인민의 소비가 어느 정도 통제됨으로써) 자본주의 경제보다는 저축률이 상당히 높다는 사실이고, 따라서 투자의 위축 때문에 발생하는 국민소득의 저하 현상은 발생하지 않는다. 즉 자본주의 경제에서는 기업 경영자들의 미래에 대한 예측이 투자 규모에 영향을 주지만, 소련의 경우는 그런 불확실성이 존재하지 않은 장점이 있다(Ibid.)."

85) Ibid., p. 270.

한 서방측의 긴장을 보여준다. 분명 계획경제의 성과였으므로 자본주의체제에 대한 회의론 역시 확산됐다. 하지만 1970년대부터 소련경제는 하강 국면으로 들어갔고 하강의 속도 역시 성장과 반비례하며 빨랐다. 고르바초프가 집권했을 때는 경제문제가 더욱 심각해졌고, 그 역시 경제 재건을 위해 덩샤오핑과 같은 개혁개방정책을 시행할 수밖에 없었다. 사실상 서방에 대한 항복이었지만, 그런 노력에도 불구하고 1991년 소련은 붕괴했다.

앞서 소개한 중국의 대약진 운동이 1920년대 성공을 거둔 소련의 중화학 중심 경제정책과 농업 집단화(collectivization)를 사실상 모방했다는 점을 확인할 수 있다. 대약진 운동도 중국만의 독특한 실험은 아니었던 셈이다. 비슷한 계획이 소련에서는 성공한 반면 대약진 운동은 큰 실패로 끝나며 마오 사망 시까지 중국 전체는 경제가 극도로 침체된 가운데 전례를 찾기 힘든 권력투쟁에 휘말렸다. 구소련의 기적과 같은 경제 약진은 1980년대 후반부터 가시화된 중국의 고성장, 즉 연평균 9% 이상의 초고속 경제 팽창이 중국만의 전유물은 아니라는 점을 보여준다. 1990년대 후반부터는 구소련과 비슷하게 동아시아의 네 마리 용 역시 급속한 경제성장률 하락을 경험했다.[86] 그렇다면 구소련. 동아시아의 네 마리 용, 그리고 중국이 고속으로 성장한 비결은 무엇이었을까?

---

86) 한국의 경우 1996년 이전 7년 동안 연평균 경제성장률은 7.2%였지만 1997년 이후 7년 간의 성장률은 2.5%로 떨어졌다. 싱가포르 역시 1996년 이전 7년간 연평균 성장률은 6.3%였으나, 1997년 이후 7년의 성장률은 1.5%로 하락했다. 대만의 성장률도 예외는 아니어서 1999년을 전후해 5.4%에서 3.2%로 낮아졌고, 홍콩도 1993년 전 5.4%에서 그 후 1.5%로 추락했다. Barry Eichengreen, Donghyun Park, and Kwanho Shin, "When Fast Growing Economies Slow Down: International Evidence and Implications for China," National Bureau of Economic Research, *Working Paper*, No. 16919 (March 2011), Appendix, Table 1.

인구 중 경제활동 참가 비율(participation rates)의 상승, GDP 대비 투자 비율의 증가, 교육수준 향상, 농업분야로부터 다른 분야로 노동력의 재배치(intersectoral transfer of labour) 등으로도 산출(output) 증가는 가능하다.[87] 동아시아 네 마리용은 결국 생산요소의 할당 혹은 배치(allocation)와 자원의 분야 별 재배치(sectoral reallocation) 때문에 경제적 이득을 창출할 수 있었다. 따라서 (흔히들 말하는 동적인 것이 아닌) 고전 경제학에서 말하는 정적인(static) 이득을 통해 과거 20년 이상의 고도 경제성장이 가능했던 것이다.[88] 아시아 신흥경제는 1950년대 소련이 그랬던 것과 같이 많은 경우 자원의 놀라운 동원력에 의존하고 있었다. 즉 최고 수준의 경제성장률이 가시화되던 시절의 소련과 흡사하게, 동아시아 국가들도 효율성에 의한 이득보다는 노동 및 자본과 같은 생산요소의 투입이 과거 예를 찾을 수 없을 정도로 증대되면서 앞으로 나갈 수 있었다.... 이런 맥락에서 조금 극단적으로 이야기 하면 리콴유 수상의 경제성장은 스탈린이 지배한 소련의 경제 발전과 쌍둥이인 셈이다. 두 나라 모두 자원 동원에 의한 성장이었다는 것이 그렇게 보는 이유다.[89]

경제학에는 진정한 성장을 계측하는 수단이 존재한다. 일정량의 투입은 당연히 산출로 연결되는데, 여기서 투입의 효율성을 따져야지 산출의 증가만을 강조하면 성장에 대한 오해를 피할 수 없다는 이론이다. 즉 성장 초기에는 싼 임금과 토지 가격, 저급의 자본재 등에 힙

87) Alwyn Young, “The Tyranny of Numbers: Confronting the Statistical Realities of the East Asian Growth Experience,” National Bureau of Economic Research, *Working Paper*, No. 4680 (March 1994), p. 32.

88) Alwyn Young, “Lessons from the East Asian NICs: A Contrarian View,” National Bureau of Economic Research, *Working Paper*, No. 4482 (October, 1993), p. 15.

89) Paul Krugman, “The Myth of Asia's Miracle,” *Foreign Affairs*, Vol. 73 No. 6 (November /December 1994), pp. 70-71.

입어 투입의 효율성이 높다. 투입만큼의 산출이 이루어지므로 이 때의 고성장을 진정한 의미의 성장으로 착각할 수 있지만, 요소 비용의 상승은 투입의 효율성을 낮춰 결국은 저성장을 피할 수 없게 된다. 그런 문제를 이해하기 위해 '자본의 한계효율'이라는 개념을 활용하는데, 투입 한 단위 증가가 산출을 얼마만큼 증가시키는가(increases in the output per unit of input), 즉 한계(marginal)의 개념으로 투입의 효율성을 판단해야 한다는 논리를 담고 있다.

그렇다면 투입 대비 효율적인 산출이 지속적으로 유지되는 근본 이유는 무엇일까? 경제학은 다소는 광범위한 개념인 생산성(productivity)을 핵심 요인으로 본다. 경제성장의 효율성은 총요소생산성(TTL: total factor productivity)이라는 지수를 통해 계측할 수 있다. 한마디로 지식에 기초 발전한 기술이 뒷받침되지 않으면, 나아가 기술의 지속적인 진보가 이루어지지 않으면, 생산요소의 투입은 일정 기간이 지난 후 초기의 효율성을 상실한다는 의미다.[90] 수확체감

90) 동아시아 네 마리 용의 고속 성장 시기인 1960년대 중반 이후 약 25년 동안 총요소생산성 향상 정도(TTL: total factor productivity)를 계산한 연구는 연평균 증가율이 홍콩 2.3%, 대만 1.9%, 한국 1.6%, 싱가포르 -0.3%밖에 안 된다는 사실을 보여주고 있다. Young, "The Tyranny of Numbers: Confronting the Statistical Realities of the East Asian Growth Experience," p. 33, Table 8-1. 즉 연평균 10% 안팎의 GDP 성장의 대부분이 생산성 향상이 아닌 생산요소의 단순 확대 투입으로 이루어졌다는 점을 알 수 있다. 이와는 반대로 근대화 이후 오랫동안 지속적으로 생산성을 향상시켜온 서구의 경우는 다음과 같이 연구 결과가 전혀 달랐다. 1950-1973년 23년 동안 독일의 연간 총요소생산성 향상률은 3.7%였고, 프랑스도 3%의 상승률을 기록했다. 일본은 더욱 높아 1952-1973년 4.1%였고, 같은 기간 이탈리아의 상승률도 3.4%였다. 미국의 경우도 1947-1973년 생산성 향상 비율은 1.4%였다(Ibid., Table 8-2). 위의 기간 동안 서유럽의 연평균 성장률은 4% 내외였고 일본의 상대적으로 높아 7% 안팎, 미국은 가장 낮아 2% 내외라는 성장률 통계치에 비춰보면 서구국가들의 경제성장은 생산성 향상에 많이 의존했음을 알 수 있다.

(diminishing return)의 법칙으로도 표현되는 위의 현상은 다음과 같이 정리할 수 있다: "투입이 효율적으로 사용되는 상황이 전제되지 않으면 더 많은 기계 혹은 사회간접자본에 대한 투자와 같은 투입의 단순 증가는 수확체감의 법칙을 유발할 수밖에 없다. 즉 투입중심 성장에는 한계가 드리워진다는 말이다."[91]

과거 얘기지만, 서구와 중국의 역사적 비교 분석 또한 지금까지 논의의 적실성을 다음과 같이 확인하고 있다: "(1400-1800년 중국에서 경제적으로 가장 발전한 지역인 양쯔강 하류지방에 대한 논쟁이 있었는데) 중국경제사를 전공한 황중쯔에 의하면 양쯔강 하류 지역의 경제구조는 전적으로 노동집약적 방식에 의한 것이었다. 그 지역의 경제가 명·청 시대에 성장한 것은 사실이지만 그것은 인구가 증가한 덕분에 기존의 생산수단에서 최대한 투입의 결과로 나타난 양적인 것이다. 중국의 성장은 총생산은 늘지만 1인당 한계생산성(노동의 한계효율)은 지속적으로 하락하는 '발전 없는 성장'이었다. 황쭝즈는 그것을 내권(內眷, involution)이라는 개념, 즉 질적 발전이 없는 양적 성장으로 설명하는데 '발전 없는 성장'이 명·청 이래 적어도 600년간 일어난 변화의 주된 형태였다고 파악한다.... (반면) 영국과 서유럽에서는 질적 변화와 역동성이 역사를 이끌었다.... 근본적으로 영국과 서유럽은

---

91) Krugman, "The Myth of Asia's Miracle," pp. 66-67. 그나마 그 정도의 생산성 향상을 유지할 수 있었던 것은 다음과 같은 이유에서였다: "후발 주자들은 처음부터 기술혁신자들이 아니었다. 부자 국가들이 필요한 기술을 이미 개발시켜놨고, 그 기술은 라이선스 혹은 빌리는 과정을 통해 활용할 수 있었으므로 기술을 별도로 개발할 필요가 없었다." Raghuram G. Rajan, *Fault Lines: How Hidden Fractures Still Threaten the World Economy* (Princeton: Princeton University Press, 2010), p. 66. 논리를 연장해 보면 경제 발전의 결과 사용되는 기술 수준이 높아져 기술을 빌려오는 데 제한이 가해지던가, 아니면 빌려오는 값이 상승하게 되면 이때부터 빌린 기술에 의존 발전한 국가의 성장률은 낮아질 수밖에 없다.

18-19세기를 거치며 '지속적이고 지속 가능한 1인당 생산의 증가'라는 진정한 의미의 근대적 경제성장을 경험했는데 중국은 20세기 후반까지 그러지 못했다."[92] 이상의 논의를 바탕으로 중국경제의 기본 구조 그리고 경제성장의 핵심 동인을 살펴보면 중국경제에 대한 보다 입체적인 이해가 가능할 것이다.

2. 중국경제의 기본 구도: 투입 의존 경제와 경제구조 왜곡

중국의 고속 성장이 중국만의 고유한 것이 아니라는 사실을 소개했다. 국내총생산(GDP)의 수요 측면, 즉 총수요 구성 요소와 그것이 GDP에서 차지하는 비율을 보면 경제가 어떻게 팽창하는지 알 수 있다. GDP는 민간소비, 투자, 정부지출, 그리고 순수출(수출-수입)로 나누어진다. 따라서 이 네 항목 중 어떤 것이든 과거 보다 늘어나면 그와 비례 GDP가 증가한다. 중국이 초고속 성장의 정점에 있었던

92) 박지향, 『근대로의 길: 유럽의 교훈』(서울: 세창출판사, 2017), pp. 33-34. 다음의 연구 결과는 중국경제 성장이 양적 측면을 지니고 있을 뿐, 질적 측면을 간과하고 있다는 사실을 가감 없이 보여준다: "(일본을 제외한) 서방 선진국인 G-5의 경우 기술진보(technical progress)의 경제발전에 대한 공헌도는 평균 60%일 정도로 높았다. 유형자본의 기여도가 뒤를 잇고 있으며, 노동의 비중은 무시할 수준이었다. 일본은 중간 정도에 위치하고 있어, 성장에서 기술진보의 공헌도는 서구보다 낮은 45% 정도였다. 일본의 유형자본의 공헌도(55%) 역시 기술진보의 그것보다는 높은 것이 현실이다. 이 점은 오히려 동아시아 NIEs와 흡사할 정도다. 하지만 중국의 경우는 유형자본 공헌도가 무려 95%였다." Lawrence J. Lau and Jungsoo Park, "The Sources of East Asian Economic Growth," *Paper presented at the Conference on International and Development Economics in Honor Henry Y. Wan, Jr.*, Cornell University, Ithaca, September 6-7, 2003 (www.stanfordedu/~ljlau/RecentWork /RecentWork/030921.pdf), pp. 26-27.

2000–2010년 민간소비가 GDP에서 차지하는 비율은 30% 내외, 투자 비율은 50% 안팎, 정부지출은 15%, 그리고 순수출 비율은 약 5%였다.[93)]

중국의 경제성장에서 비중이 가장 큰 항목이 투자라는 점이 쉽게 드러난다. 미국과 비교해 보면 그림은 더욱 선명해진다. 미국의 경우 민간소비 비율은 무려 73% 내외였고, 투자는 단지 14% 정도였다.[94)] 미국은 사실상 소비가 경제성장을 견인하는 반면 중국은 투자가 성장의 핵심 요소임이 분명해진다. 2000년부터 2010년까지 중국의 투자

---

93) Martin Wolf, "China's struggle for a new economy," *Financial Times*, March 26 2014, Figure 〈Consumption Shares〉와 조종화·박영준·이형근·양다영, 『동아시아 발전모델의 평가와 향후 과제: 영·미 모델과의 비교를 중심으로』 대외경제정책 연구원 연구보고서 11–08, 2011년 12월, p. 113, 그림 4–4에 기초, 계산한 수치를 소개했다. 중국의 GDP 구성 비율은 기관마다 많이 차이가 난다. 중국 통계국 통계에서는 민간소비 비율이 위에서 소개한 수치보다 대략 10% 정도 높았고, 반면 투자 비율은 10% 정도 낮았다. 그 밖의 정부지출과 순수출 통계는 위의 수치와 거의 일치한다. 그러나 서방의 통계는 중국의 공식 발표와는 큰 차이가 난다. 대표적으로 매킨지(McKinsey & Company)의 경우 같은 기간 민간소비 비율 27%, 투자 53%로 계산하고 있다. 따라서 위에서 소개한 수치는 매킨지와 중국 당국 통계의 중간 정도다. McKinsey & Company, "What's next for China?" (www.mckisey.com/insights/asia-pacific/whats_next_for_china), p. 1, Table–Real GDP growth decomposition. 연평균 10% 이상의 초고속 성장이 7년 이상 지속된 시기는 1991–1998년과 2001–2011년 두 번이었다. 성장률의 최고 기록은 1992–1993년과 2007–2008년 동시에 기록된 14.2%였다. Wayne M. Morris, "China's Economic Rise: History, Trends, Challenges, and Implications for the United States," Congressional Research Service, *CRS Report for Congress* (December 17, 2013), p. 4, Figure 1.

94) 미국의 GDP 대비 투자 비율은 1980년 20% 정도였지만, 그 후 전체적으로 하향 추세를 보인 후 중국의 투자가 최고조에 이른 2010년에는 14%까지 하락했다. The Council of Economic Advisers, *Economic Report of the President*, Transmitted to the Congress (Washington D.C.: US Government Printing Office, 2010), p. 328, Table B–1과 p. 369, Table B–32.

와 소비 변화를 보면 수치상 GDP 대비 소비 비율은 2000년 40% 내외에서 2010년에는 30% 안팎으로 거의 10% 줄어들었다. 반면 투자는 35% 내외에서 무려 50% 안팎으로 늘어났다.[95] 중국의 초고속 성장이 투자확대를 통해 이루어졌다는 점을 알 수 있다.[96]

중국경제는 흥미롭게도 동아시아 네 마리 용이 고속성장하던 시절의 GDP 구성 요소 비율과 흡사한 모습을 띠고 있고, 구소련의 경우도 예외는 아니었다. 앞서 소개한 크루그먼(Paul Krugman)의 지적은 바로 이를 두고 한 말이다: "동아시아 네 마리용은 생산요소의 할당 혹은 배치(allocation)와 자원의 분야 별 재배치(sectoral

95) 구체적으로 개혁개방 시부터 1990년까지 중국의 GDP 대비 소비 비율은 연 평균 50%를 약간 상회했다. 반면 이 시기 중국의 투자 비율은 35% 정도에 머물렀다. 투자 비율이 40%를 돌파하며 소비 비율을 앞서기 시작한 것은 2004년이었다. 2012년에는 소비가 30% 초반대로 더욱 하락했고, 투자 비율은 역으로 50%를 돌파했다. 중국이 고속성장 하던 시기의 성장률 증가 추세와 거의 일치하며 소비 비율은 축소됐고 반대로 투자는 증가했다는 사실을 확인할 수 있다. 아무튼 투입중심 경제성장정책의 특징을 아는 데는 무리가 없다(각주 93의 참고 문헌에서 계산). GDP 대비 50%를 상회하는 투자 비율이 얼마나 대단한 것인지는 초고속 성장의 대표 주자였던 한국의 예를 보면 알 수 있다. 한국의 투자 비율 최고 기록은 1991년 GDP 대비 39%였다. 과잉투자인 셈이었는데, 한국은 6년 후 과잉경제의 후유증으로 외환위기를 맞았다. 조종화 외, 『동아시아 발전모델의 평가와 향후 과제』, p. 112.

96) 나중에 자세히 설명하겠지만, 이렇게 많은 투자가 이루어지는 경우 구소련 및 동아시아 네 국가의 과거 사례가 보여주듯 다음과 같은 후유증을 피할 수 없다: "과거 삼십년 간 중국의 예외적인 경제성장은 의심할 바 없이 투자에 주로 의존했다. 그러나 투자의 한계 생산성(the marginal contribution of an extra unit of investment)은 시간이 갈수록 지속적으로 떨어졌다. 따라서 과거와 같은 비율로 성장하기 위해서는 과거보다 더 많은 투자를 해야 한다.... (여하간 역사적으로) GDP의 50%에 육박하는 투자는 분명 과잉투자(over-investing)일 수밖에 없다" Il Hong Lee, Murtaza Syed, and Liu Xueyan, "Is China Over-Investing and Does it Matter?" International Monetary Fund, *IMF Working Paper*, WP/12/277 (November 2012), p. 16. 앞서 "투입의 단순 증가는 수확체감의 법칙을 유발할 수밖에 없다"는 분석은 이 현상을 설명해준다(각주 91 본문 재인용).

reallocation) 때문에 경제적 이득을 창출할 수 있었다.... (즉) 효율성에 의한 이득보다는 노동 및 자본과 같은 생산요소의 투입이 예를 찾을 수 없을 정도 수준으로 증대되면서 앞으로 나갈 수 있었다."[97] 동아시아 및 중국이 소련과 다른 점은 전자의 경우 과도한 투자의 결과물인 막대한 잉여 생산품을 해외에 판매(수출)했지만, 소련은 그렇지 않았다는 사실이다. 바로 이런 거시경제 구도에 기초 고속성장을 가능하게 한 모델을 투입(투자) 중심 수출주도형 경제정책이라고 부른다.[98]

그렇다면 막대한 투자 재원은 어떻게 조달했을까? 1978년 덩샤오핑의 개혁개방 선언 당시 중국은 사실상 세계 최빈국이었다. 당연히 국내 자본축적은 거의 이루어지 않았으므로 외부로부터 자본을 조달할 수밖에 없었다. "1979년 7월 '중외합자경영기업법(中外合資經營企業法)' 제정을 통해 외국자본의 중국내 기업 설립이 처음 허용됐다. 이어 1980년 5월 남부 지방에 4개의 '경제특구(經濟特區)'가 신설됐다. 경제특구는 외국자본이 마음대로 들어와 제품을 생산 수출할 수 있는 특별 지역이었다. 1988년 '대만동포 투자장려 규정,' 1990년의 '홍콩, 마카오 화교동포의 투자 촉진 규정,' 그리고 1994년 '대만 동포 투

97) 각주 89 본문 재인용.

98) 미국의 소비 중심 경제는 투입 중심 수출주도형 경제와 정 반대 모습을 하고 있는 셈인데, 소비 중심 사회를 금융적 관점에서 분석한 다음의 설명은 그렇게 되는 것이 쉽지 않다는 점을 암시한다. 예일대 천저우 교수의 경우 미국과 같이 고도 자본주의 시장경제도 소비중심 사회가 완전히 정착한 것은 1880년 이후라고 주장한다. 당시 기술발전으로 대량생산이 더욱 가능해지자 소비 확대가 국가적 과제로 떠오른 것이 가장 중요한 이유였다. 이에 부합하여 할부, 담보 및 신용 대출 등 소비자 금융이 비약적으로 발전했다. 1920년대 이르러 소비자 금융은 완전히 정착했고, 그 결과 소비 중심 사회가 뿌리를 내렸다. 금융적 관점에서 보면 "금융시장이 발달할 수 없다면 국내소비 증가도 기대할 수 없다"는 주장이 나오는 이유다. 천즈우(陳志武), 『자본의 전략: 금융을 꿰뚫는 자가 시장을 지배한다』 조경희·한수희 역 (파주: 글항아리, 2010) [원제: The Logic of Finance], pp. 286-287, 303.

자 보호법' 등이 제정됐다."[99]

1983년 약 6.4억 달러로 출발한 외국인 대중 투자는 1988년 32억 달러, 대만동포투자 보호법이 제정된 직후인 1995년에는 380억 달러로 폭증했다. 그 후 연간 기준으로 외국인 투자가 감소한 경우는 한 번도 없었고 매년 꾸준히 증가, 2010년에는 1,057억 달러로 1,000억 달러 선을 넘어섰다. 그 때까지 누적 투자액은 무려 1조 달러였다.[100] 그 후에도 연평균 1,000억 달러 이상의 투자가 꾸준히 유지되고 있다. 중국이 왜 세계화의 덕을 톡톡히 봤는지를 알 수 있는 대목이다. 외국인 투자가 개혁개방 초기 투자에 필요한 자본 조달을 위해 핵심 역할을 한 것은 분명하지만, 1980년대 초중반 10%를 넘는 GDP 증가율이 보여주듯 총생산이 급팽창하기 시작하면서 국내저축 또한 폭발적으로 늘어났다. 저축이 투자 재원의 가장 핵심 기제로 자리 잡는 계기가 마련된 셈이다.

1979년 7월 중외합자경영기업법(中外合資經營企業法) 제정과 같은 시기 중국 국무원은 '국영기업 경영관리자주권 확대에 관한 약간의 규정' 및 '국영기업의 이윤유보 실행에 관한 규정'을 공포 기업이윤 적립제도를 처음 도입했다. 기업 이윤을 재투자를 위해 유보할 수 있고, 종업원의 복지 등을 위해서 이윤을 활용하는 것도 허용됐다.[101] 중국식 용어로는 '방권양이(放權讓利)'라고 부른다.[102] 재투자를 위한 재원이 기업활동을 통해 자유로이 마련된다는 것은 금융적 측면에서는 기업저축의 증가를 의미한다. 국민 총저축의 주요 요소인 기업저축

99) 각주 22, 23, 24 본문 재인용.
100) 이만용, "중국 FDI 유입 1조 달러 돌파," 「Chindia Journal」 2011.01, p. 17.
101) 송기호, 『중국경제의 이해』 (서울: 청목출판사, 2008), pp. 166-167.
102) 나카가네 카츠지, 『중국경제발전론』 이일영·양문수 역 (서울: 나남출판사, 2001), p. 297.

의 길이 열렸던 것이다.

기업은 결국 투자를 통해 제품을 생산하고 성장하므로 투자가 많아지는 경우 기업 유보금만으로 이를 모두 충당할 수는 없다. 따라서 기업 유보금을 보관하고 활용할 수 있는 공간의 확충은 물론, 폭증하는 투자수요를 충족시키기 위한 또 다른 재원 창출 메커니즘이 필요해졌다. 은행과 기업의 연계를 의미하는 융자형 은행기업이 출연했는데,[103] 현재도 중국에서 가장 규모가 큰 5대 국유 전업은행(대형상업은행)의 설립 배경이다.[104] 중국경제가 고속으로 성장하자 국민 총소득이 급속히 증가했다. 이에 기초 위의 시중은행들은 개인으로부터

103) 송기호, 『중국경제의 이해』, p. 170; 쩡지엔밍, "중국 산업은행의 발전과 과제," 강동수 편, 『중국 금융시스템의 발전과 도전: 한국경제에 대한 정책적 함의』(서울: 한국개발연구원, 2011), pp. 99-100. 위의 국유 상업은행이 설립되기 전 중국의 은행제도는 중국인민은행이 중앙은행의 고유 업무는 물론 상업은행 기능, 보험, 신탁업까지 총괄했다. 이동욱, 『북한의 시장경제 모델 찾기: 중국과 북한의 금융개혁』 삼성경제연구소 SERI 연구에세이 055 (2006), pp. 31-32.

104) 1979년 중국건설은행(China Construction Bank), 중국은행(The Bank of China), 중국농업은행(Agricultural Bank of China)이 처음 등장했고 1981년 중국투자은행(China Investment Bank), 1984년 중앙은행인 중국인민은행(People's Bank of China)의 일반은행 업무를 승계한 중국공상은행(Industrial and Commercial Bank of China), 1986년에는 중국교통은행(Bank of Communications) 등이 설립됐다. 王松濤, 『中國 國有銀行의 變遷과 改革發展方案에 관한 硏究』 昌原大學校 經濟學博士學位論文 (2013년 7월), pp. 27-31. 1994년 국무원의 '금융체제결정에 관한 결정'에 기초, 위의 은행들은 국유상업은행이 됐다. 이 국유상업은행은 현재도 통용되는 공식 명칭이다. 노은형·강효백, "중국 국유상업은행 지배구조에 관한 법적 연구," 「경희법학」, 제47권 제2호 (2012), p. 242; Franklin Allen, Jun "QJ" Quin, Chenying Zhang, and Mengxin Zhao, "China's Financial System: Opportunities and Challenges," National Bureau of Economic Research, *Working Paper*, No. 17828 (February 2012), p. 23. 2005-2009년 중국은행, 공상은행, 건설은행 그리고 교통은행 등 4개의 대형 상업은행이 증시에 상장됐다. 쩡지엔밍, "중국 산업은행의 발전과 과제," p. 107.

대규모 저축을 유치하며 투자에 필요한 핵심 재원을 만들었다.

총저축을 국민 총소득으로 나눈 비율, 즉 총저축률이 급속히 증가하기 시작한 것은 덩샤오핑의 남순강화 후 중국이 안정 고속성장에 돌입한 1990년대 초중반이었다. 1992년 37%였던 총저축률은 1996년 42%로 올라갔고, 2009년에는 51%로 최고 수준에 도달했다.[105] 그 후 약간의 하락세가 이어졌지만, 최근인 2016년의 총저축률 역시 46%를 기록, 세계 평균저축률 26%보다 20%나 높았다.[106] 가계, 기업, 정부 저축을 모두 합한 것이 총저축이라면 경제개발 초기에는 기업 저축이 1980년대 말부터는 가계가 기업을 제치고 저축을 주도했다.

1980년대 초 총저축 대비 가계저축 비율은 25%를 넘지 않았다. 반대로 기업저축 비율은 60% 내외였다. 그러던 것이 1989년부터는 가계저축 비율이 기업비율을 앞섰는데,[107] 소득 증대와 가계 총소득에서 저축이 차지하는 비율 증가가 원인이었다. 1990년대 중반 가계 가처분 총소득 대비 저축 비율이 20%를 돌파한 후 2009년에는 35%까지 상승 최고치를 기록했고, 현재까지 25%를 상회하는 높은 가계저축률이 유지되고 있다. 이는 같은 시기 세계 가계저축률 평균치 약 12%의 두 배를 넘는 수치다.[108]

---

105) 조종화 외, 『동아시아 발전모델의 평가와 향후 과제』, p. 84.

106) KIEP 북경사무소, "중국의 높은 저축률에 대한 평가와 전망," 「CSF 이슈분석」 2017-09-01, p. 1

107) 박찬일, 『중국 금융제도의 발전』 한국금융연구원 (2003.05), p. 133, 표 4-5.

108) Marcos Chamon, Kai Liu, and Eswar Prasad, "Income Uncertainty and Household Savings in China," International Monetary Fund, *IMF Working Paper* WP/10/289 (December 2010), p. 3; International Monetary Fund, "China's high savings: drivers, prospects, and policies," *IMF Country Report* No. 17/248 (August 2017), p. 6, Figure (household saving) and p. 7, Figure(household saving rate).

반면 1990년대 중반 이후 기업 총소득에서 차지하는 기업저축 비율은 15% 내외를 기록, 가계저축률과 비교할 때 가시적인 차이를 보였으나 그 후 꾸준히 상승, 2000년경부터는 가계저축률과 거의 비슷한 수준이었다.[109] 초기에는 기업 유보금 수준이 약했지만, 그 후 기업이 팽창하며 유보금 규모가 커진 것이 가계저축률과 기업저축률이 2005년 이후 비슷해진 원인이었다. 더욱 중요한 까닭은 2000년대에 들어오면서 국유기업을 포함 일반기업들은 많은 수익을 낸 반면, 개인소득은 경제성장, 즉 기업의 팽창 속도만큼 늘지 않았기 때문이다. 당시 상장된 중국기업 수는 많지 않았으므로 많은 기업이 수익금을 배당할 필요가 없었고, 결과적으로 사내 유보금이 증가했다는 점도 주요 이유였다.

이런 현상이 일어나는 원인은 다음의 통계를 통해 더욱 구체적으로 이해할 수 있다: "국가는 돈을 벌었으나 개인소득은 상대적으로 증가하지 않는 것으로 나타났다." "1989-2002년 중국의 연평균 실질 GDP 성장률은 8.1%였지만, 1인당 개인소득 증가율은 5.4%에 불과했다." "중국 정부가 세금 등으로 거둬들인 부(富)의 규모는 (2010년 기준) 지난 14년간 10배 성장했다. 같은 기간 도시 인구의 가처분 소득은 2.2배, 농민은 1.5~1.6배 정도 늘었다." "GDP에서 근로소득이 차지하는 비율의 경우 2009년 미국 58%, 영국 56%였지만, 중국은 8%밖에 되지 않았다. 한국의 44%와 비교해 봐도 엄청난 차이가 나고, 개발도상국인 동남아시아 국가들의 평균 27%에 비해서도 대단히 낮

109) 2000년 기업저축이 가계저축을 근소하게 앞선 후 2010년까지 기업저축이 가계저축을 약간 웃도는 추세가 이어졌다. Dennis Tao Yang, "Aggregate Savings and External Imbalance in China," *Journal of Economic Perspectives*, Vol. 26 No. 4 (Fall 2012), p. 131, Figure 2.

은 수치다."[110] 이상이 투입 증대를 통해 경제 전체는 급성장했지만 개인 소득 증가율은 상대적으로 낮아 소비 중심사회가 형성될 수 없었고, 따라서 성장을 위해서는 투자가 지속될 수밖에 없는 중국경제의 기본 구조(투입 의존 경제)가 정착된 배경이다.

특정 시점 상대적으로 생산성이 높은 분야에 투입을 증대하는 경우, 즉 노동력을 비롯한 생산요소 재배치만으로도 고속성장이 가능하다는 사실을 이미 확인했다. 소련 및 동아시아 경제는 물론 중국 역시 예외가 아니었다. 하지만 구소련은 1990년대 초 경제적으로 파산했고, 동아시아의 네 마리 용 역시 1990년대 후반부터는 저성장을 이어가고 있다. 중국도 연평균 10% 내외의 고속성장을 뒤로 한 채 몇 년 전부터는 6%대의 중속성장 모드로 들어갔다. 현재까지 논의한 이론 및 역사적 경험이 타당하다는 반증인 셈이다.

그렇다면 이러한 굴곡을 극복하는 방안은 존재하지 않는 것일까? 경제이론 상으로는 생산성 증대 방안이 강구되지 않는 한 진정한 의미의 지속적인 경제발전은 기대하기 힘들다. 여기에는 생산성 향상이 쉽지는 않지만, 긴 시간을 놓고 보면 꼭 불가능한 것만은 아니라는 점이 암시돼 있다. 그러나 권력과 부의 관계에 대한 통찰은 다른 측면을 보여준다. 구조 분석이 등장하는데, 두 요소가 선순환 되는 구도를 만들지 못하는 경우 지속적인 경제성장이 어려워짐은 물론 체제 자체가 위험해질 수 있다는 사실을 전해주고 있다.

여기서 왜곡은 우선 경제구조 자체가 효율성을 상실하며 성장 모드에서 이탈하는 현상, 즉 특정 정치적 구도 하에서 실행되는 경제정책의 문제점과 경제구조가 뒤틀리는 현상 등을 함축한다. 다음 왜곡의 시정은 구조 자체에 대한 가시적 변화를 의미하므로 정치경제적 관

110) 각주 47, 357, 335, 359 본문 재인용.

점에서는 정치적 결단, 나아가 권력의 조정을 필요로 한다. 그러나 나중에 상술하겠지만, 이론 및 역사적 경험은 권력 조정이 결코 쉽지 않다는 점을 전하고 있다. 뒤집어 보면 경제구조 뒤틀림의 교정, 이를 위한 부와 권력 관계, 즉 정치체제 자체의 재조정 등이 필요한 왜곡 현상 시정은 다중성을 띠고 있다는 의미다. 우선 권력이 집중된 체제에서 고성장 경제정책의 부산물인 경제왜곡 현상을 살펴본 다음, 이어 정치와 경제의 접점에 대해 알아본다.

앞서 투입 중심 정책의 전체 구조를 살펴봤다. 투입 증대를 위해 막대한 자본이 동원되는 메커니즘도 언급했다. 이를 위해 자본주의 국가와 비슷하게 중국 역시 대형상업은행을 만들었다. 처음에는 해외 자본에 의존 투입(투자)을 증대시켰지만, 국민소득이 급속히 늘어나자 대형은행의 저축을 통한 대규모 자본 동원이 가능해졌고, 투입 증가는 한층 힘을 받았다. 이상이 초고속 성장의 배경이다. 상황이 그렇게 되자 정치권은 중국국민에게 실생활과 직결된 엄청난 경제적 성과를 선전할 수 있었다. 효과가 있다면 정치적 안정의 길이 열리는 셈인데, 중국 당국이 지금도 성장 제일주의에 집착하는 이유가 드러난다.

은행의 관점에서 대규모 투입은 대출 확대를 의미한다. 그렇다면 대출 기준은 무엇일까? 우선 대형상업은행의 성격을 이해할 필요가 있다. 대형상업은행은 정부가 설립했으므로 당연히 정부 소유의 국유은행이다. 당국의 결정에 따라서 대출이 이루어진다는 점을 암시한다. 2009년 대형상업은행을 포함한 모든 국유은행의 총자산은 전체 금융자산의 70%를 상회했고, 앞서 소개한 4대 국유상업은행(건설은행, 중국은행, 농업은행, 공상은행)만의 비율도 43%로 대단히 높았다.[111)]

111) Carl E. Walter and Fraser J. T. Howie, *Red Capitalism: The Fragile Financial Foundation of China's Extraordinary Rise* (Singapore: John Wiley & Sons Pte. Ltd, 2011), p. 27.

총예금과 대출에서 차지하는 4대 국유은행의 비율은 더욱 두드러져 각각 68%와 75%였다.[112)]

국유은행은 일반적으로 국가가 출자한 위와 같은 대형상업은행 및 수출입은행 등과 같은 정책성 은행을 의미하는바, 국가가 지분의 대부분을 소유하고 있다. 국가의 완전 소유로 간주할 수는 없어도, 사실상 국가의 영향권 안에 있는 은행도 국유은행으로 간주해야 한다고 금융 전문가들은 주장한다. 중신은행(中信银行), 광대은행(光大银行) 등 12개 주식제 은행이 대표적인데, 외형적으로는 반민간 은행이지만 국가 지분이 최소 50%이기 때문이다.[113)] 이러한 분류 방식을 적용하는 경우 정책성 은행의 자산은 중국 총 은행자산의 9%, 5대 대형상업은행(교통은행 포함)의 자산 비율은 51%, 그리고 주식제 상업은행의 비율은 15%였다. 모두를 합하면 무려 75%라는 높은 수치가 나온다. 국유인 우체국 자산 비율 3.4%를 추가하면 중국 총 은행자산의 거의 80%가 국유라는 사실이 드러난다.[114)]

112) 박찬일, 『중국 금융제도의 발전』, p. 53.

113) 王松濤, 『中國 國有銀行의 變遷과 改革發展方案에 관한 研究』, p. 45; 강동수/이준엽, "중국 기업의 자금조달 행태," 강동수 편, 『중국 금융시스템의 발전과 도전』, p. 236, 표 6-2. 주식제 은행에 대한 다음의 정의를 보면 위의 해석이 왜 맞는지를 알 수 있다: "주식제 상업은행들은 합자은행(joint-stock bank)의 형태를 취하고 있다. 中國民生銀行을 제외하고는 대부분 국유기업 단독, 혹은 국유기업과 지방정부의 합작 출자에 의해 설립되었기에 사실상 국유은행에 가깝다. 다시 말해 실질적으로는 정부 소유인 셈이다." 박찬일, 『중국 금융제도의 발전』, p. 35.

114) 쩡지엔밍, "중국 산업은행의 발전과 과제," p. 105, 표 3-2. 현재는 국유은행 비중이 다소 낮아졌지만, 다음의 설명이 보여주듯 절대적 위상에는 큰 변화가 없다: "5대 대형 국유은행(대형상업은행)이 중국 전체 은행업 자산에서 차지하는 비중은 2000년대까지 줄곧 50%를 상회하다가 2017년 3분기 37.3%까지 낮아졌으나 전체 은행업 예금에서 차지하는 비중은 41.4%로 여전히 높은 수준을 유지하고 있다.... 또한 12개 주식제 상업은행의 자산 비중 역시 22.8%로 대단히 높다." 이 두 은행 그룹의 비중만도 여전히 거의 65%에 육박한다는 점을 알 수 있다. 이은영, "중국의 포용적 금융정책과 주요 은

중국 금융은 사실상 은행 중심으로 작동하기 때문에 중국 시중은행의 지배구조와 그들의 위상에 대한 관찰은 대단히 중요하다. 앞서 소개한 국유은행 총자산과 중국인민은행(중앙은행) 자산 등을 합하는 경우 중국은행들은 총 금융자산의 무려 94%를 소유하고 있다. 증권회사 몫은 1.9%, 보험회사 역시 미미해 4.1%밖에 안 된다.[115] 이 말은 대규모 투자를 위한 중국의 자본 동원이 주로 은행을 통한 간접금융으로 이루어진다는 사실을 의미한다. 그러므로 은행의 구조와 행태를 분석하면 중국 경제성장의 핵심 동인인 '투입'의 성격과 메커니즘을 이해할 수 있다. 시중은행에 대한 분석은 중국이 표방하는 사회적 시장경제에서 은행이 국가와 어떤 관계를 맺고 있는지를 아는 데도 중요하다. 은행이 사실상 국가 통제 하에 있는 현실에 비추어 은행의 대출 방향을 살펴보면 정부의 영향력 정도 역시 선명히 드러날 것이다. 우선 은행 대출의 제일 수요처인 중국기업의 특징과 문제점, 그리고 그것과 관련된 경제 왜곡 현상을 짚어본다.

행 사례 분석."「산은조사월보」 제746호, 2018.01, p. 9.

115) Walter and Howie, *Red Capitalism*, p. 28, Table 2.1. 중국 공상은행 총재(Yang Kaisheng)의 다음과 같은 발언은 중국금융의 현실을 보여준다: "현 수준의 발전을 지속하기 위해서는 연간 8% (이상)의 성장률을 유지해야만 하는데, 이는 필연적으로 그 수준에 맞은 자본투자(capital investment)를 필요로 한다. 그것을 뒷받침하는 중국의 금융시스템은 은행을 통한 간접금융으로 돼 있다. 자본시장을 통한 직접금융은 극히 제한돼 있다(Ibid, p. 44)." 중국이 투입중심 경제라는 점, 그리고 직접금융이 아닌 간접금융, 즉 은행 중심의 후진적인 금융체제를 지니고 있다는 점을 솔직히 인정하고 있다.

3. 과잉경제와 국유기업의 비효율

원리상 은행 자금은 생산성이 가장 높은 기업에 대출되어 기업발전과 효율적인 경제성장을 뒷받침해야 한다. 이 논제는 지속적인 경제발전의 핵심 요건 중 하나인데, 그러기 위해서는 시장원리에 기초 기업은 건전성과 효율성을 바탕으로 은행에서 대출을 받기 위해 경쟁해야 한다. 은행은 반대로 가장 효율적인 기업에 자금을 대출해줌으로써 부실 채권 가능성을 낮추고, 가급적 높은 금리를 적용 은행의 건전성과 수익성을 높여야 한다. 역사적 경험은 시장경쟁을 통해서만 위의 메커니즘이 작동한다는 사실을 보여준다. 논리를 뒤집어 국가의 은행에 대한 영향력이 중국과 같다면, 즉 시장원리가 어느 정도 배제된다면 자금의 효율적 배분에는 한계가 있을 수밖에 없다.

중국은행의 대출은 국유기업(SOEs: state-owned enterprises)에 집중됐다. 2004년의 경우 국유 대형상업은행 총 대출 가운데 무려 95%가 국유기업 몫이었다.[116] 시장원리에 비춰보면 불가능한 현상인데, 현재는 정도가 완화됐지만 다음의 통계는 그런 추세가 상당 부분 지속되고 있음을 보여준다: "(2015년) 국유기업 수는 전체 기업 수의 10%에 불과하나 대형기업과 중형기업 대출 중 국유기업의 비중은 각각 70.6%, 44.3%에 달했다. 이처럼 국유은행-국유기업에 편중된 금융구조로 인해 비국유경제 부문에 대한 금융서비스의 공백 상태가 고착화되었으며, 이는 중국 금융의 '포용성' 차원 이전에 기본적인 금융의 '효율성'이 발휘되지 못하게 하고 경제성장의 잠재력을 저해하는

116) 한국은행, 해외조사실 아주경제팀, "중국 국유기업 개혁 추진과 전망," 「해외경제정보」 제2006-47호, 2006/05/29, p. 12.

요인으로 작용하고 있다."[117]

국유기업 중심 경제 운영의 특징은 2008년 미국 발 금융위기의 극복 과정에서 더욱 두드러졌다. 중국 당국은 2010년 5월부터 무려 4조 위안의 경기부양 자금을 투입했는데, 그 중 90%가 국유기업 대출이었다.[118] 국유기업 운영이 효율적이고 수익이 양호하다면 대출의 집중 자체는 크게 문제될 것이 없다. 하지만 실제 모습은 많이 달랐다. 일반 명칭인 국유기업(SOEs: state-owned enterprises)이란 정부의 재정지출에 의존 설립 운영되는 기업, 즉 재정출자형 기업을 의미한다.[119] 하지만 1998년 이후 현재까지 국유기업 수익률이 외자기업을 포함한 민간기업의 수익률을 앞선 적은 없었다.[120]

다음의 간단한 통계는 중국 국유기업의 규모와 비효율성을 보여준다. 2008년 공업기업 총 자산에서 국유기업 비율은 무려 50.1%였다. 그러나 중국 공업기업 총 생산에서 차지하는 국유기업의 산출은 33.5%에 그쳤다. 수익률도 이와 비슷해 공업기업 전체 수익에서 국유기업 비율은 35%였다. 고용 수준은 더욱 낮아 전체 공기업 고용 중

117) 이은영, "중국의 포용적 금융정책과 주요 은행 사례 분석," p. 9. 다음 통계는 위의 설명을 보충하고 있다. 중국의 총 부가가치 기준으로 국유기업 비중은 2000년 54%, 그리고 비국유기업 46%였지만, 불과 5년 후인 2005년에는 비율이 39%와 61%로 완전히 역전됐다. 한국은행, 해외조사실 아주경제팀, "중국 국유기업 개혁 추진과 전망," p. 7. 격차는 현재 더 벌어졌다. 이미 오래 전부터 민간기업의 효율성이 국유기업을 압도했지만, 대출은 여전히 효율이 떨어지는 국유기업에 집중되고 있다는 사실을 알 수 있다.

118) Huang, "Rethinking the Beijing Consensus," p. 4.

119) 송기호, 『중국경제의 이해』, p. 170. 1993년 이전의 명칭은 국영기업 또는 전민소유제 기업이었다. 1993년 헌법 개정을 통해 국유기업이라는 명칭이 등장했고, 2009년 5월 〈기업국유자산법〉에 기초 국가출자기업(國家出資企業)으로 불리기 시작했다. 한국조세연구원, 『중국 국유기업 개혁 연구 보고서』, 공공기관정책연구센터 2010.06, p. 6.

120) 한국은행, "중국 국유기업 개혁 추진과 전망," p. 9.

24.8%만이 국유기업 몫이었다.[121] 그러나 공업기업을 넘어 모든 기업을 기준으로 판단하는 경우 2012년 전체 기업 고용에서 민영기업이 차지하는 비율은 80%에 이른다. 단지 20%만이 국유기업의 몫인 셈이다.[122] 비효율성이 특히 문제가 되는 국유기업은 이른바 국가가 전략산업으로 간주 중시하는 국가 소유 기업들이다. 석유, 전력, 철도, 우정, 항공, 통신, 천연가스 등 이른바 7대 전략산업이 그것인데, 국유기업의 독점권이 보장돼 있다. 2010년 기준 7대 산업 국유기업의 고용 인원은 중국 전체 고용 인구의 8% 미만이지만, 이들의 임금 및 그 밖의 지급액은 중국 전체 고용인구 임금의 거의 50%에 이른다.[123] 기업이 얼마나 효율적으로 운영되는가의 가장 중요한 지표인 수익률에서도 국유기업의 열세는 시간이 갈수록 두드러졌다. 2000년 국유기업의 자산대비 수익률(ROA)은 1.1% 민간기업은 5.3%였다. 2010년에는 비율이 각각 4.1%, 12.9%로 격차가 더욱 벌어졌고, 그런 추세는 최근까지 이어져 2016년 국유기업 수익률 2.5%, 민간기업의 경우는 10.2%였다.[124]

중국정부 역시 오래전부터 국유기업 문제점을 인식, 여러 조치를 취했지만 뚜렷한 성과는 없었다. 1978-1992년 국유기업 소유권과 경영권을 분리하는 조치가 취해졌고, 앞서 설명했듯이 기업의 이윤 유보도 가능해졌다. 1984년 국무원이 결정한 '청부경영책임제'가 대표적

121) 한국조세연구원, 『중국 국유기업 개혁 연구 보고서』, p. 21, 표 11-10.

122) 샹빙(項兵), "中시장서 관시 필요하지만 핵심은 아니야," 「조선일보」 2013-01-05~06.

123) 한국조세연구원, 『중국 국유기업 개혁 연구 보고서』, p. 49.

124) 박진우, "중국 국유기업 개혁에 따른 국내업계 영향과 시사점," 한국무역협회 국제무역연구원 「TRADE FOCUS」 2017년 13호, p. 8. 수출규모 역시 현격한 차이가 난다. 2016년 국유기업 수출 총액은 2,160억 달러였지만, 민간기업 수출은 네 배를 상회하는 9,150억 달러였다(Ibid., p. 9).

이었는데, 국유기업 수익의 일정 부분을 국가에 납부한 후 나머지는 기업 유보금으로 활용하는 제도였다. 1993-2002년에는 국유기업의 대형화 및 현대화가 이루어졌다. 1994년 확정된 '조대방소(抓大放小)' 원칙에는 대형 국유기업은 집중 육성하는 대신 소형 국유기업은 합병 혹은 매각한다는 내용이 담겨 있었다. 2003-2012년 국유기업의 비효율이 가시화되자 국유기업과 국유자산을 효율적으로 관리하기 위해 국자위(국유자산관리감독위원회)가 설립됐다. 2013년 이후의 개혁은 과거보다는 조금 더 구체적인 내용을 담은 2015년 9월 국무원의 '국유기업의 개혁 심화에 대한 지도의견(深化國有企業改革的指導意見)'으로 현실화됐다. 즉 국유기업의 투명성과 효율성 제고를 위한 과거보다는 구체적인 방안이 제시되면서 국유기업의 문제점을 중국 당국이 현실적으로 인정하는 방향으로 인식이 바뀌었다.[125)]

---

125) Ibid., p. 14. 1999년 제15차 중앙위원회 전체회의에서 결의된 바와 같이, "국유기업은 국민경제의 명맥과 관련되는 중요한 산업과 핵심 분야에서 지배적인 지위'를 차지하며 기타 분야에서는 양보할 수 있다"는 것이 중국의 국유기업에 대한 공식 입장이었다. 한국조세연구원, 『중국 국유기업 개혁 연구 보고서』, p. 114. 덩샤오핑의 개혁개방 정책에서 시장을 얼마만큼 인정할 것인가에 대해 유연한 입장을 취한 덩의 노선에 반대하며 좌파 시각을 대변한 천윈의 조롱경제론이 그대로 이어지고 있다는 사실을 확인할 수 있다. 그러나 국유기업의 비효율성이 점차 문제시되자 정부도 구조조정에 착수, 1998년부터 2003년까지 2,800만 명의 국유기업 노동자를 해고했다. 2003년에는 비금융계 국유기업과 자산을 관리하기 위해 위에서 소개한 장관급의 국자위를 설립했다. 2006년 국자위는 2010년 말까지 중앙 국유기업 수를 80-100개 수준으로 감소시킨다는 계획을 세웠지만, 목표를 달성하는 데는 실패했다(Ibid., p. 69). 과거 자본주의 경제의 경험은 국유기업 경쟁력 강화가 시장원리의 도입 이외에는 대안이 없다는 점을 전하고 있는데, 가장 극적인 조치는 물론 민영화다. 그러나 2009년 제정된 국유기업자산법(國有企業資産法)은 반대로 국자위에 국유기업 주식을 보유할 수 있는 권한을 부여했다. "국자위가 출자인 신분으로 1개 혹은 여러 개 상장회사의 지분을 보유할 경우 연계거래와 독점방임 가능성이 존재할 뿐 아니라 국자위가 스스로 자신을 감독하는 이익충돌 현상이 발행할 수 있다"는 문제점은 여전히 상존한다(Ibid., p. 113).

이상의 논의를 통해 국유기업의 효율성 제고를 위해 중국 나름 많은 노력을 경주했다는 사실을 알 수 있다. '1998년부터 2003년까지 2,800만 명의 국유기업 노동자를 해고한 것'은 역사적인 사건으로 남아 있다. 그러나 이미 소개한 국유기업 수익률이 보여주듯 국유기업의 효율성 제고에는 가시적인 성과가 없었다. 국유기업 구조조정이 충분치 않았다는 의미인데, 따라서 지속적인 구조조정이 필요하지만 중국이 사회주의 시장경제 원칙을 고수하는 한 구조조정은 쉬운 일이 아니었다. 2009년에는 국자위 자신이 국유기업 주식을 소유할 수 있도록 허용함으로써 국유기업에 대한 권력 개입은 오히려 확대됐다.

과거 자본주의 사회의 국유기업 개혁은 국유기업 운영에 시장원리를 확대하는 것이었다. 위에서 언급한 구조조정도 시장원리를 적용한 사례로 볼 수 있다. 그래도 문제가 해결되지 않으면 지속적인 구조조정을 이어가든가 아니면 민영화시키든가 등의 대안만이 존재한다. 이 잣대를 적용하는 경우 2009년 국자위의 국유기업 주식 보유는 대안의 반대 방향으로 중국 당국이 움직였음을 알려준다. 국유기업 개혁의 가장 구체적인 방안으로 인정되고 있는 2015년의 '국유기업의 개혁심화에 대한 지도의견' 역시 민영화에 대해서는 언급이 없었다. 대신 '상업과 공익 국유기업 분류,' '국유자산투자기업 설립,' '국유자산 상장확대,' '경영시스템의 선진화,' 그리고 '혼합소유제 추진' 등을 명시하고 있을 뿐이다.[126)]

여기서 과거와 뚜렷이 구분되는 새로운 방안은 국유자산의 상장확대와 혼합소유제인데, 혼합소유제는 국유기업에 대한 국가 소유 지분을 축소하고 민간자본을 유치, 즉 민간자본 유입을 통한 경영 효율

126) 박진우, "중국 국유기업 개혁에 따른 국내업계 영향과 시사점," p. 14. 앞서 국자위 권한 확대의 문제점과 비슷하게 국유자산투자기업 설립 역시 국유기업을 하나 더 만드는 셈이므로 효율성 제고를 기대하기는 힘들다.

화를 의미한다.[127] 두 방안 모두 기존 국유기업에 민간자본 추가 투입을 통한 자본 확충 효과를 기대할 수는 있지만, 경영 효율화가 현실화될지는 여전히 미지수다. 왜냐하면 민영화는 정의상 국유회사의 소유권을 민간에 넘겨 민간이 경영을 주도하고, 그 성패를 민간이 책임지는 것을 뜻하기 때문이다. 새로운 제안이 민간의 국유기업 참여 확대를 도모한 것은 사실이지만, 소유와 경영의 민간 독립성을 보장하고 있는 것은 아니므로 여전히 민영화와는 거리가 있다.

시장원리상의 민영화라고 간주하기는 힘든 위의 방안조차 현실화시키는 데는 많은 어려움이 있을 것이라고 기업전문가들은 진단한다. 먼저 중앙과 지방정부의 이해 분지 현상이 문제인데, '지방경제에서 국유기업의 비중이 절대적이어서 세수, 실업, 소비, 투자 등에 부정적인 영향을 미치는 상황을 고려 현 체제를 유지할 가능성이 높다.' 다음 '사회주의 시장경제의 공유제 원칙과 국유자산 사유화 및 기업간(내) 경쟁의 확대는 상호 충돌하는 개념이어서 중국 정부의 대담한 결단이 필요하므로' 쉬운 일이 아니다. 셋째, '그 동안 저금리 대출과 대출 기한 만기 연장 등의 특혜로 연명해온 좀비 국유기업의 디폴트 선언이 이어질 것으로 예상됨에 따라 단기적 금융 부담은 불가피하므로' 긍정적인 예측을 불허한다.[128]

---

127) 2015년 국무원 결정으로 혼합소유제가 처음 선보인 후 2016년 12월 경제공작회의에서는 혼합소유제의 구체 방안이 다음과 같이 제시됐다: ".... 국유기업 개혁을 심화하기 위해 .... 활발한 고효율 시장경제 운영 메커니즘 형성을 촉진해야 한다. 혼합소유제 개혁은 국유기업 개혁의 중요한 돌파구로서 관리개선, 인센티브 강화, 효율성 제고 등을 통해 (소위 중국의 기간산업) 전력, 석유, 천연가스, 철도, 항공, 통신 등 분야에 실질적인 효과를 가져오도록 해야 한다(Ibid., p. 17)." 중국 당국 역시 국유기업 개혁의 필요성을 절감하고, 나아가 그 방안이 시장원리의 확대 적용이라는 점은 인정하고 있는 셈이다.

128) Ibid., pp. 21-22. 특히 마지막 내용의 경우는 다음과 같은 거시경제적 파장

이상 중국기업의 현황을 자세히 살펴봤다. 국유은행 대출을 거의 독차지하고 있는 국유기업의 부실은 대표적인 비효율 사례였다. 문제는 이에 그치지 않는다. 대출(자본) 효율성 저하, 기업부채 급증, 그리고 부실채권 증가 등이 뒤를 이으며 중국경제의 거시구조 전체가 왜곡됐다. 막대한 투입의 결과인 대규모 생산은 과연 효율적으로 소비되고 있을까? 과잉생산 여부와 관련된 질문이다. 중국에 과잉생산 문제가 처음 나타난 것은 1996-1999년이었다. 현재와 다른 점은 그 시절에는 과잉투자와 동전의 양면인 과잉생산의 주체가 경공업이었다는 사실이다. 사회주의 시장경제 개혁 초기의 부산물로 이해될 수 있다.[129]

하지만 2005년 이후 가시화된 과잉생산 문제는 분야와 스케일이 달랐다. 중국의 초고속 성장이 본 궤도에 오른 시기였는데, 투자 중심 경제였으므로 고성장은 당연히 투자의 급팽창에 의존했다. 경제 이론은 다음의 설명을 제시하고 있다: "투자가 늘어나면 경기가 호황(혹은 과열)을 보이고, 투자가 줄어들면 불황(또는 진정)의 국면으로 전환되는 파동이 나타난다."[130] "2000년 (동아시아) 금융위기 영향 하의 과잉이나 2003-4년의 경제 과열과는 달리 (2005년 이후) 현재(까지)의 과잉설비 문제는 (자원의 대량 투입에 의존하는 양적 팽창의) 장기적인 조방형 경제발전 방식이 초래한 수요와 공급의 불일치로 말미암은

이 예상된다: "지방 국유기업의 구조조정에 따른 해당 지역의 '투자 및 소비'가 급랭할 경우 2차적인 경제 피해로 이어질 수 있는 상황임을 감안 중국 정부로서는 대담한 결정과 함께 경제적 안전망 확보가 개혁 성공의 주요 과제로 보임(Ibid., p. 22)."

129) 이철용, "생산능력과잉, 향후 수년간 중국 경제에 부담,"「LG Business Insight」2009.11.4., p. 40.

130) 최의현, "중국 경제의 과잉투자 현상에 대한 실증적 연구,"「韓國東北亞經濟學會 東北亞經濟研究」第19卷 第2號(2007), P. 118.

구조적인 문제다."[131] 결국 "2005년 이후 투자주도형 성장을 지속한 것에 따른 후유증이 현재까지 지속되고 있는 셈이다."[132]

다음의 설명을 통해 과잉생산의 구체적인 모습을 엿볼 수 있다. 과잉투자 문제가 본격적으로 불거지기 시작한 2005년의 경우 과잉투자 산업은 철강, 전해알루미늄, 철합금, 코크스, 탄화칼슘, 자동차, 구리 제련 그리고 시멘트 등이었다. 1990년대와는 달리 대규모 자본을 하마처럼 흡수하는 중화학공업이 국유기업의 주역임을 알 수 있다.[133] 전해알루미늄, 철합금, 탄화칼슘, 자동차 등에는 총수요량의 40% 이상의 초과 공급 현상이 나타났지만, 고성장을 위해 자동차를 제외한 모든 분야에 향후 대규모 증설계획이 잡혀 있었다.[134]

중국정부 역시 문제점을 인식, 과열부문의 고정자산투자 사업 취소 혹은 연기, 신규 대출한도 설정, 부동산 실명화와 미등기 전매 금지 등 다양한 조치를 취했지만, 과잉공급을 억제하는 데는 실패했다. 이유는 이미 설명한 바와 같다. 투자를 억제하는 경우 경제성장률이 떨어지므로 이를 보전하기 위해서는 소비를 늘려야 하지만 소비는 하루아침에 늘어날 수 없기에, 투자 억제 가능성은 당국이 저성장을 받아들일 각오가 돼있는가 여부의 함수가 된다. 고성장을 통해 지배의 정당성을 확보한 중국 공산당이 저성장을 받아들이는 것은 불가능에 가깝다는 현실이 실패의 핵심 원인인 셈이다.

중앙과 지방정부의 이해 불일치 역시 투자 억제를 어렵게 한다. 즉 정치적 이유도 한 몫 한다는 뜻인데, 방대한 영토를 지닌 중국은

---

131) KIEP 북경사무소, "중국의 과잉설비 문제 현황과 대책," 대외경제정책연구원 「KIEP 북경사무소 브리핑」, Vol. 16 No. 10, 2013년 8월 20일, p. 2.
132) 이철용, "생산능력과잉, 향후 수년간 중국 경제에 부담," p. 40.
133) 최의현, "중국 경제의 과잉투자 현상에 대한 실증적 연구," p. 123, 표 5.
134) Ibid.

주로 지방정부 중심으로 투자가 이루어진다는 특징이 있다. 상기와 같이 중앙정부의 투자 억제책이 실시돼도 지방정부가 이를 확실히 따르는 경우는 많지 않았다. 국유기업의 상당수가 지방 소유인 점, 그리고 주택, 도로 등 인프라 투자의 주역 역시 지방정부인 현실을 감안하면 투자 위축은 지방경제 성장률 저하와 수익 하락으로 이어지기 때문이다. 따라서 그에 대한 중앙 차원의 보상 없이 지방의 중앙정부 지시 일탈 행위를 억제한다는 것은 현실이 아닌 셈이다. 이렇게 보면 과잉투자와 생산은 중앙정부가 저성장을 감내할 의사가 있는가, 나아가 중앙과 지방정부의 이해 합치를 위해 중앙정부가 대안을 제시할 수 있는가의 논제로 귀결되므로 과잉생산의 원인은 문자 그대로 구조적이라는 점을 알 수 있다.[135)]

> 원자바오 중국 총리는 이달(2012년 3월) 초 열린 전국인민대표회의(전인대)에서 중국 정부의 올해 경제 성장률 목표가 7.5%라고 발표했다.... (올해 역시) 국내 소비 증가도 대폭 상승할 가능성이 낮은 게 현실인데, 이런 상황에서 고정자산 투자까지 감소한다면 7.5%의 성장률을 달성하지 못하고 중국경제가 경착륙하게 될 수 있다.... (바로 이런 이유로) 고정자산 투자가 견인하는 성장 패턴은 더욱 강화될 것이다.... (또한) GDP 성장치에 집착한 상태에서 막대한 부채에 허덕이는 중국 지방 정부는 입으로는 원자바오 총리의 발표에 맞춰 경제 성장을 감속하겠다고 떠들겠지만, 실제로는 가장 높은 성장률을 올리기 위해 애쓸 것이다.[136)]

135) Ibid., p. 125; 이철용, "생산능력과잉, 향후 수년간 중국 경제에 부담," p. 41.
136) 위융딩, "中, 감속 외치지만... 올해 성장률 목표치 웃돌 것,"「조선일보」, 2012-03-31.

중국정부의 노력이 겉치레인지는 모르지만 과잉투자와 생산 문제는 계속 악화됐다. 먼저 생산능력 과잉업종 수를 보면, 과잉생산 문제가 본격적으로 불거진 2005년에는 10개 안팎이었지만 2009년이 되자 거의 두 배인 19개로 늘어났다.[137] 철강, 시멘트, 평판유리, 석탄화공(코크스, 탄화칼슘), 다결정실리콘(태양광발전 기초 재료), 풍력발전설비 등 특히 6개가 초과잉생산 업종으로 2009년 분류됐다. 전해알루미늄, 조선, 대두압착, 대형단조, 화학비료 등도 엇비슷한 수준에서 과잉생산 상황을 벗어나지 못했다. 산화알루미늄, 방적, 화학공업 등도 경중에 차이가 있을 뿐 모두 과잉생산의 덫에 걸려 있었다.[138] 흥미롭게도 2005년 과잉생산 업종으로 분류된 철강, 코크스, 탄화칼슘, 시멘트, 전해알루미늄 등은 2009년에도 여전히 과잉생산 업종이었다. 중앙정부의 과잉생산 타개책이 별 성과를 거두지 못했음을 알 수 있다. 경제학 용어인 '정부의 실패,' 혹은 '공급 분야의 왜곡'이 가시화됐다는 의미다.[139]

앞서 중앙과 지방정부의 이해 불일치 현상을 소개했다. 특히 부동산 개발은 지방정부 수입의 핵심 요소였다. 이런 지방정부의 이해는 과잉산업으로 분류된 기업의 종류와 다음과 같이 거의 일치한다: "(과잉생산의 대표격인) 철강, 시멘트, 평판유리, 전해알루미늄 등 4대 산업은 중국 도시화 과정과 밀접하게 관련이 있다. 기업들은 60%의 철강, 70%의 시멘트, 80%의 평판유리, 그리고 60%의 전해알루미늄이 주택건설과 기반시설에 사용되는 것으로 추산하고 있다."[140] 과

---

137) 이철용, "생산능력과잉, 향후 수년간 중국 경제에 부담," p. 37.
138) Ibid., pp. 37-28.
139) Ibid., p. 41, 그리고 장빈, "중국 내수 살아났지만... 제조업 과잉이 문제," 「조선일보」 2009-06-27~28.
140) KIEP 북경사무소, "중국의 과잉설비 문제 현황과 대책," p. 7.

잉생산은 결국 수요부진을 뜻하므로 과잉 생산업체들의 수익률은 당연히 악화됐다. 세계금융위기 타개책이었던 2008년의 4조 위안 부양책 이후 문제가 더 나빠진 점을 보면 부양책 역시 효율성은 뒷전이었다는 사실을 보여준다. 부양책 실시 4년 후인 2012년 생산과잉 기업을 포함한 주요 제조업의 수익률은 2009년의 반에도 못 미치는 수준으로 떨어졌다.[141)]

당국도 심각성을 인식 중국 국무원은 2013년 10월 '심각한 설비과잉 모순 해소에 관한 지도의견'을 공표했다. 석탄, 철강, 시멘트, 조선, 평판유리 등 특히 5개 산업이 생산과잉으로 적시됐는데, 이들 사업의 생산설비 가동률이 70%대 초반에 그쳤기 때문이다.[142)] 하지만 그것은 공식 발표일 뿐 석탄, 석유화학 등 전통산업과 태양열, 풍력발전 등 신흥산업 중 많은 업종이 생산과잉 문제를 겪고 있었다.[143)] 전해알루미늄 역시 공식 발표에는 빠졌지만 당연히 포함돼야 한다는 주장을

---

141) 위의 수익률은 중국 총 제조업기업 REO(자기자본이익률)의 평균치를 의미한다. 김은화, "중국 과잉산업 현황과 산업 구조조정 방향," 「자본시장연구원 중국 금융시장 포커스」 2013년 가을호, p. 2, 표 2. 다음의 통계치도 제시됐다: "(2008년의) 경기부양책이 완료되면서 7대 (국유)산업 역시 빠르게 경기하락주기로 들어섰다. (세계)금융위기 이전에는 30%에 달했던 판매수익 증가율이 2014년에 이르러서는 4%로 떨어졌다. 세전이윤증가율도 2102년 마이너스 8.9%로 곤두박질쳤다." 리핑진(李平進), "중국 생상과잉 문제의 원인과 영향," KIEP CSF「중국전문가 포럼」 2016.06.03., p. 4.

142) 황샹민(黃湘閩), "중국의 설비과잉 해소가 노동자 취업난에 미치는 영향 및 대책," 한국노동연구원 「국제노동브리프」 2015년 11월호, p. 5. 과잉설비에 대한 기준은 다양하지만 중국산업계는 80% 이하의 설비 가동률이 장기간 지속되는 경우 과잉설비로 간주한다. 이철용, "중국의 2차 산업 구조조정: 과잉·부실 규모보다는 추진 여건이 문제다," 「LG Business Insight」 2016.8.17., p. 5.

143) 황샹민(黃湘閩), "중국의 설비과잉 해소가 노동자 취업난에 미치는 영향 및 대책," p. 5. 특히 과잉으로 지목되고 있는 그 밖의 업종은 다음과 같다: '코크스, 탄화칼슘, 철합금, 납제련, 제지, 피혁, 날염, 납축전지, 희토류 등.' 이철용, "중국의 2차 산업 구조조정," p. 6, 표 1.

고려하면, 국무원이 지적한 5개 업종은 6개 업종으로 늘어나야 한다. 그러나 다음의 딜레마를 보면 위의 업종에 무슨 문제가 있는지를 짐작할 수 있다.

"이들은 오래전에 생산능력 과잉 산업으로 지정되었으나 여전히 과잉 목록에 남아 있는 '역전의 용사들'이다. 업황이 좋지 않고 정부가 종용을 하면 마지 못해 설비 가동을 중단했다가 업황이 개선되거나 정부 감시가 느슨해지면 설비를 재가동하거나 확충하는 형태를 반복해온 '문제아들'이다. 6개 산업의 생산 능력 이용률은 2013년처럼 상황이 좋지 않았을 때는 대부분 60% 이하에 머물렀다. 그나마 정부가 고삐를 죈 덕분에 최근에는 60-80% 수준으로 올라와 있다. 중국 정부는 이들 6개 산업의 시장 수급 상황이 단기간 내에 극적으로 개선될 가능성은 희박하다고 보고 있다."[144] 구조조정이 얼마나 어려운지 알 수 있는 대목이다. 따라서 2013년 국무원 발표는 문제가 심각한 업종의 단순 숫자를 넘어 과잉 문제가 구조적인 성격을 띠고 있다는 반증일 수도 있다.

개혁개방 이후 중국은 이미 1990년대 말 대규모 부실기업 구조조정을 단행한 바 있다. 이 경험은 향후 단행될 개혁의 거울이 될 수 있기에 중요할 수밖에 없다. 1998-2000년 진행된 구조조정을 통해 전체 국유기업의 30%가 인수합병, 파산 혹은 폐쇄 등을 통해 사라졌다. 당시 정리 해고된 근로자는 무려 2,714만 명이었다. 부실채권은 구조조정의 피할 수 없는 부산물인데, 2000년의 경우 2.58조 위안으로 중국 GDP의 25%에 해당하는 큰 규모였다.[145] 당시 경험은 중요한 자

144) Ibid., pp. 6-7. 이들 6대 대표 과잉산업이 과잉설비 목록에 최초로 포함된 시기는 다음과 같다: 석탄 1998년, 시멘트, 전해알루미늄, 철강은 2003년, 평판유리 2007년, 그리고 조선 2009년(Ibid., p. 7, 표 2).

145) Ibid., p. 13.

산으로 남아 있지만, 현재 진행 중인 구조조정 환경과 1990년대 후반의 그것을 비교한 분석은 지금의 구조조정이 더 어려울 수 있다는 점을 다음과 같이 설명한다.

1990년대 구조조정 대상 국유기업은 경공업인 방직산업이 중심이었고, 그 밖의 기업은 기술이 낙후된 소기업들이었다.[146] 전국적으로 퍼져 있는 소규모 산업이었으므로 해고자 수는 많았지만, 산업 간 파급효과, 즉 연관 산업에 대한 충격은 상대적으로 작았다. 하지만 (거의 모든 대상 국유기업이 그렇지만) 현재 문제가 되고 있는 "철강, 알루미늄 등은 기업규모가 커서 업·다운스트림 산업체 및 주변산업의 일자리에 대한 영향력이 크다. 따라서 앞으로 영향을 받게 될 취업자 수는 설비과잉 업종 자체의 영향을 받는 노동자 수보다 훨씬 많을 것이다." 또한 "정부부처는 구조조정 작업을 확실히 진행할 기업만을 대상으로 (해고 노동자 수를) 계산하고 있지만, 실제로는 설비과잉 업종의 불경기가 극심해 아직 명단에 포함되지 않은 기업들도 가동중단 또는 감산하고 있는 상황이므로, 실제 영향을 받는 노동자 규모는 정부부처의 예측과 통계를 훨씬 넘어설 것이다."[147]

1990년대 중국의 권력구조와 현재를 비교한 다음의 분석 역시 향후 구조조정의 어려움을 암시한다: "1989년 천안문사태 무력진압으로 중국 내 저항세력이 궤멸된 가운데 장쩌민(주석)과 주룽지(총리)로 대표되는 상하이방이 차지한 중앙정부의 권력은 그 어느 때보다 공고했고 주 총리는 경제영역에서 사실상 전권을 행사했다. 경제의 구조적 문제들이 집중된 은행들은 정부 손아귀에 잡혀 있었고, 때마침 동아시아 금융위기가 터져 중국인들 모두가 구조조정의 필요성을 인정

146) Ibid.

147) 황샹민(黃湘閩), "중국의 설비과잉 해소가 노동자 취업난에 미치는 영향 및 대책," pp. 9-10.

하는 분위기였다. 지금은 훨씬 복잡하고 미묘한 상황이다. 기업과 근로자들의 저항과 반발이 만만치 않고 지방정부는 개혁의 당위와 지역정치의 현실 사이에서 갈팡질팡하고 있는데, 개혁의 총사령부인 중앙지도부 내에서는 개혁의 주도권을 누가 가질 것이며 개혁의 속도는 어떠해야 되는지를 둘러싼 정치 파벌 갈등과 이견이 공공연히 노출되고 있다."[148]

이상이 시진핑 집권 전반기에 등장한 '공급 측 구조개혁'이라는 용

148) 이철용, "중국의 2차 산업 구조조정," p. 14. 다음의 보도는 위의 사실을 뒷받침한다: "경제정책을 둘러싼 중국 지도부 내 이상기류가 심상치 않다. 권력서열 1,2위인 시진핑(習近平) 국가주석과 리커창(李克强) 총리가 지난 1분기 중국 경제상황을 전혀 다른 목소리로 진단하고 있다. 포문은 외교와 국방을 담당하는 시 주석이 열었다. 그는 지난 12일 '중국 경제가 좋은 출발을 했다고 볼 수 없다. 모순이 더 심해졌다'는 비판적인 견해를 내놨다. 경제정책을 총괄하는 리 총리는 '중국 경제는 어떤 면에서 안정됐으며, 개선되고 있다'고 맞받아쳤다. 경제정책을 매개로 시 주석과 리 총리가 권력투쟁을 벌이고 있다는 분석까지 나온다.... 인민일보에 실린 '권위 있는 인사'와의 인터뷰 기사가 대표적이다. 중국 공산당 기관지 인민일보는 당시 기사에서 '미약한 수요와 공급과잉 현상은 당분간 지속될 것이어서 중국 경제의 급반등을 기대하는 것은 현실적이지 않다'며 '중국 경제는 앞으로 수년간 L자형 곡선을 그릴 것'이라고 전망했다. 이어 '부채 확대로 경기를 부양하는 것은 공중에서 나무를 키우는 것과 같다'며 '과도한 부채는 금융위기로 이어질 수 있다'고 지적했다. 베이징 정가에서는 '권위있는 인사'가 시 주석의 경제책사로 불리는 류허 공산당 중앙 재경영도소조 판공실 주임일 것이란 관측이 나왔다.... 두 사람 간 갈등은 시 주석이 주도하는 태자당과 리 총리가 이끄는 중국공산주의청년단이 내년에 열리는 중국공산당 19차 당대회를 앞두고 벌이는 권력투쟁의 일환이라는 것이 전문가들의 대체적 분석이다."「한국경제신문」, "시진핑 vs 리커창: 중 경제정책 정면충돌, 2016-05-19. 그밖에 다음의 보도도 있다: "중국의 시진핑(習近平) 국가주석과 리커창(李克强) 총리가 이번엔 국유기업 개혁을 둘러싸고 충돌했다. 시 주석은 지난 4일(2016년 7월) 베이징에서 열린 전국 국유개혁 좌담회에서 '국유기업은 더욱 강하고, 크고, 나아져야 한다'고 말하면서 동시에 국유기업에 대한 공산당의 지배력 강화를 강조했다. 리 총리는 '국유기업은 시장의 원리에 따라 규모를 줄여야 한다'고 말해 상반된 정책 방향을 제시했다."「한국경제신문」, "시진핑과 또 충돌…리커창 교체설" 2016-07-23.

어의 배경이다. 과거 여러 국가에서 진행됐던 구조조정의 경험은 다음과 같은 중요한 사실을 알려준다. 원리상 구조조정 대상 기업에서 해고된 노동력과 감소된 투입 자원은 그보다 부가가치가 높은 산업 혹은 최소한 현재나 미래에 큰 문제가 없는 그 밖의 대체 산업에 흡수돼야 구조조정이 무리 없이 진행될 수 있다. 이것을 산업전환(industrial reconversion)이라고 부르는데, 그러므로 중국이 과연 그와 같은 산업구조를 지니고 있는가가 관건인 셈이다. 하지만 다음의 지적은 경제적 관점에서도 구조조정이 어렵다는 현실을 보여준다: "(성공적인 구조조정이란) 신흥산업이 급성장하여 자본이나 노동을 빠르게 흡수하고 있는 가운데 전통산업에서 구조조정이 추진되는 경우에 가능한 상황이다. 하지만 현실적으로 그런 경우는 매우 드물다. 산업 구조조정은 노동력과 자본의 유휴화 및 수익성 감소에 따라 실업이나 부실채권 증가와 같은 문제들을 수반하는 게 일반적이다."[149]

위의 논의는 중국정부가 지고의 가치로 떠받드는 고성장의 지속과 연계돼 있다. 투입(투자) 중심 경제를 운영한 결과 투자가 비약적으로 늘며 경제가 고속 성장을 할 수 있었다. 대신 양적 팽창에 모든 관심을 쏟은 결과는 특히 국유기업에 대한 무분별한 대출 확대와 기업의 과잉생산, 그리고 기업의 수익률 저하 및 부실화였다. 더 투자할 곳이 마땅치 않다는 의미인데, 투자를 해도 적정 수익이 창출되지 않는다면, 투입 중심 경제의 성장률이 떨어지는 것은 당연한 결과일 수밖에 없다. 아래의 설명은 그런 거시경제 및 구조적 메커니즘을 분석하고 있다.

149) 황샹민(黃湘閩), "중국의 설비과잉 해소가 노동자 취업난에 미치는 영향 및 대책," pp. 9-10.

중국 경제는 투자를 통해 경제발전을 꾀한다는 점에서 다른 많은 국가와 똑같다. 이 모델의 문제는 초기에는 엄청난 성장이 가능하지만 나중에 가선 결국 예외 없이 부채 문제에 봉착한다는 것이다. 1970-80년대 소련이 그랬고, 90년대 (한국과) 일본이 그랬다. 투자는 보통 인프라와 제조업에 몰린다. 하지만 국가에 의한 투자가 빠른 속도로 증가하다 보면 더 이상 투자할 곳이 마땅치 않게 된다. 결국 남는 것은 그간 늘어난 부채뿐이다. 그런 상황에 도달하기 전에 국가는 당연히 경제발전 모델을 바꿔야 한다. 중국이 다른 국가와 다른 점이라면 그 투자 규모가 예전에 우리가 경험하지 못한 엄청난 수준이라는 것이다. 이런 문제를 갖고 있는 국가들은 심각하게 높은 투자율을 보이는 게 일반적이다. 예를 들어 한국과 일본도 한때 인프라와 제조업에 대한 투자가 국내총생산(GDP)의 40%에 육박했다. 엄청나게 높은 수치인데, 중국은 현재 50%를 상회한다. 즉 부작용도 다른 어느 나라보다 클 것으로 예상한다. 이론상으로는 투자로 들어가는 대출을 규제하면 된다. 하지만 이렇게 하면 경제성장이 위축된다.[150)]

여기에 자본의 한계효율 저하라는 변수를 추가하면 투자 중심 경제구조의 문제점과 투자가 늘어남에도 경제성장률이 떨어지는 이유가 분명해진다.

(2016년 기준) 중국의 총부채(기업, 가계, 정부 등)는 10년 전 GDP 대

---

150) 마이클 패티스(Michael Pattis) 교수 인터뷰, "中, 부채 늪에 빠져 10년간 연 3% 저성장 접어들 것," 중앙SUNDAY, 2013/07/14-15. 그의 진단은 다음과 같이 이어진다: "유일한 방법은 국내 소비를 늘리는 거다. 하지만 이것도 쉽지 않다. 중국의 GDP에서 가계가 차지하는 비중은 역사상 가장 낮은 50% 안팎이다. (소비를 늘리는) 방법은 오직 한 가지 방법 밖에 없다. 정부가 갖고 있는 돈이 가계로 흘러들어 가게 하는 것이다. 농지 소유권을 농부에게 주는 것도 하나의 방법이다."

비 150%에서 지금은 260%로 늘어났다. 빚의 이와 같은 급증은 금융 폭발 혹은 성장률의 급작스런 저하를 수반한다. 중국도 그런 법칙에 예외일 수는 없다. 특히 최근 2년 동안 부실 대출이 눈에 띄게 늘어났다. (다 믿을 수는 없지만) 중국의 공식 통계로도 총 융자 중 부실 대출 비율은 5.5%였다. 여기에 새 대출의 2/5가 기존 부채의 이자를 갚는 데 사용됐다는 사실을 고려하면 현실은 대단히 어둡다. 2014년 중국의 1,000대 대기업 중 16%가 세전(稅前) 수입보다 많은 금액을 이자로 부담하며 또 다시 빚을 졌다. 요컨대 중국은 과거보다 덜 성장하기 위해 과거보다 더 많은 빚(credit)을 내야하는 상황에 처해 있다. 단적으로 1 위안의 추가 GDP 상승을 위해 4 위안의 새로운 대출(투입)이 필요하기 때문이다(자본의 한계효율 저하). 2008년 세계금융위기 전에는 이 수치가 일치했다. 즉 1 위안의 추가 대출로 1위안의 추가 GDP 상승이 가능했다. 물론 중국의 막강한 정부 권력과 능력으로 볼 때 빚이 늘어나는 상황을 어느 정도는 통제할 수 있을 것이다. 하지만 영원히 그럴 수는 없다.[151]

자본의 한계효율이 최고 시절의 1/4에 불과한 현상은 앞서 소개한 수확체감의 법칙으로 설명된다. 산업 전체가 시간이 갈수록 생산성 저하 현상을 겪고 있고, 결국 기술의 한계가 핵심 원인이라는 지적이다: "(중국의 경우) 저기술·저부가가치 부문에서는 생산능력 과잉이, 고기술·고부가가치 부문에서는 생산능력 부족이 문제가 되고 있다"[152] 생산성 정체는 다음과 같이 산업별 불균형을 통해서도 드러난다: "중국 산업구조의 가장 큰 문제점은 발전의 불균형이다. 중국의 산업구조는 '1차 산업은 안정적이지 않고, 2차 산업은 뛰어나지 않으며, 3차

151) *The Economist*, "China's Financial System: The Coming debt bust," May 7th 2016, p. 8.

152) 이철용, "생산능력과잉, 향후 수년간 중국 경제에 부담," p. 42.

산업은 많지 않다."[153]

고기술·고부가가치 산업이 창출된 후 그곳에 투자가 확대돼야 투자의 한계효율이 향상되지만, 그런 기술은 부재하므로 양적 고성장을 지속하기 위해서는 저기술·저부가가치 산업에 투자를 지속 혹은 확대할 수밖에 없다. 그러나 기업 수익률 저하와 과잉투자가 뒤를 이으면서 전체적으로는 경제성장률 하락으로 귀결된다는 의미다. 지금까지는 기업을 중심으로 투입 중심 경제성장의 문제점을 짚어봤다. 앞서 대규모 투자 재원에 대해 잠시 설명한 바 있다. 기업의 대규모 투자를 은행이 뒷받침하고 있다는 점이 내용의 핵심이므로 과잉생산 뒤에는 금융이 존재한다는 사실을 암시한다. 그렇다면 중국의 금융구조는 어떠하며, 문제점은 무엇일까?

4. 중국금융의 기본 구조와 금융시장 왜곡

중국이 대형 국유상업은행을 설립, 가계와 기업 자금을 저축으로 끌어들인 사실은 앞서 설명한 바와 같다. 그렇게 모인 막대한 예금이 기업에 대출되며 고속성장의 길을 닦을 수 있었다. 이미 밝혀진 사실이지만 중국의 저축률은 다른 개도국과는 비교할 수 없을 정도로 높았다. 처음부터 자본주의 국가였던 한국의 투입 중심 경제성장에서도 총저축률 최고치는 1988년 39%였다. 가계저축률 최고 기록도 같은 해의 24.7%였다. 중국 총 저축률은 이미 소개한 바와 같이 2009년 기록된 51%가 최고치였고, 가계저축률의 경우는 2011년 30%가 최고

153) Yang Tao, "중국의 산업구조: 현황과 문제 및 향후 전망," 자본시장연구원 「중국 금융시장 포커스」 Special Issues 2013년 가을호, p. 2.

기록이었다.[154] 한국은 최고치를 기록한 후 가계저축률이 줄 곧 하락 1990년대 20% 내외를 기록했고, 그 다음에는 더 내려가 2010년에는 3.2%까지 떨어졌다. 반면 중국의 경우는 현재도 가계저축률이 25%를 상회하며 세계평균 가계저축률을 두 배 가까이 웃돌고 있다.[155] 그렇다면 그토록 높은 저축률이 기록된 이유는 무엇이고, 또 지속적으로 유지된 비결은 어떤 것일까?

중국 국유은행의 활동 동력은 사실상 예금에서 나온다. 따라서 대규모 투자 재원을 마련하기 위해서 예금 유치는 필수적이다. 1996년 이전 만해도 예금 유치 작업은 만만치 않아서, 예금에 대해 고율의 이자가 적용됐다. 보통예금 연 이자율은 3% 정도, 1년 만기 정기예금 연 이자율은 9%대로 상당히 높았다. 앞서 다음의 설명을 소개한 바 있다: “1980년대 초 총저축 대비 가계저축 비율은 25%를 넘지 않았다. 반대로 기업저축 비율은 60% 내외였다. 그러던 것이 1989년부터는 가계저축 비율이 기업비율을 앞섰는데, 소득 증대와 가계 총소득에서 저축이 차지하는 비율 증가가 원인이었다.”[156] 여기서 가계저축의 폭발적인 증가는 당연히 금리에 영향을 미쳤는데, 가계저축 증가 시기와 거의 일치하며 예금 이자율이 하락하기 시작했다.

위에서 소개한 1996년의 예금금리는 1998년 보통예금 연 1.5%, 1년 만기 정기예금의 경우는 4.6%로 뚝 떨어졌다. 2002년에는 각각 0.7%, 1.98%로 더욱 낮아졌다.[157] 그 후 금리가 조금은 상승 정기예금 금리가 최근 3%대 초중반을 유지하고 있는 것은 사실이지만, 저 금리

154) 각주 105 본문; 조종화 외, 『동아시아 발전모델의 평가와 향후 과제』, pp. 84, 130.

155) Ibid.

156) 각주 107, 108 본문 재인용

157) 중국인민은행, 「人民銀行歷次存款利息調整對照表」(http://www.boc.cn/finadata/lilv/fd31/index .html).

추세는 거의 15년 동안 이어졌다고 봐야 한다. 예금금리의 거울인 대출금리 또한 2002년에는 5.31%로 떨어졌고, 그런 추세는 지금도 이어지고 있다.[158] 금리는 현상을 보여주는 하나의 지표일 뿐이다. 구조적으로 중요한 것은 중국국민이 저축을 많이 한다는 점이고, 나아가 그렇게 되는 이유가 무엇인가이다.

경제전문가들은 원인을 다음과 같이 진단한다: "낮은 이자율에도 불구하고 국민으로부터 예금 유치가 가능한 것은 우선 선진국과는 다르게 국민의 여유 자금을 놀릴 수 있는 마땅한 금융 수단이 부재하기 때문이다."[159] 앞서 "국유은행 총자산과 중국인민은행(중앙은행) 자산 등을 합하는 경우 중국은행들은 총 금융자산의 무려 94%를 소유하고 있다. 증권회사 몫은 1.9%, 보험회사 역시 미미해 4.1%에 불과하다"는 설명을 소개했다.[160] 결국 은행예금이 일반인이 여유 자금을 운영할 수 있는 거의 유일한 수단인 셈이다.[161]

중국금융시장의 폐쇄성도 그렇게 된 이유였다: "중국의 총 금융자산 중 외국인 소유지분은 1.7%에 불과하다. 저소득 국가들의 국제 평균비율인 37%와 비교해도 현저히 낮은 수치다."[162] 폐쇄적인 금융시스템을 견지한 결과 국민의 여유 자금 활용 수단이 막혔고, 당연히 예금 중심의 자금 끌어들이기가 가능해지면서, 국가 소유인 국유은행에 모인 막대한 자금을 정부는 그들의 경제 및 정치적 판단에 기초 주로

158) 서봉교, "글로벌 금융위기 이후 중국 금융분야의 변화: 중미 관계에 대한 영향을 중심으로," 「EAI 중국연구패널 보고서」 No. 6 (2012년 7월), p. 3, 표 2.

159) Rajan, *Fault Lines: How Hidden Fractures Still Threaten the World Economy*, p. 65.

160) 각주 115 본문 재인용.

161) 일부 전문가는 은행의 비중을 99%로 평가한다. 다른 국가에 비해 금융구조가 은행에 지나치게 편중돼 있는 것만은 분명하다. 정유신, "급성장하고 있는 중국금융산업의 현주소," 「Money」 2011년 2월, p. 28.

162) Walter and Howie, *Red Capitalism*, p. 28.

국유기업에 배분하는 경제구도가 만들어졌다. 중국정부가 현재도 금융개방에 소극적인 이유를 알 수 있는 대목이다. 그러나 구조적인 관점에서 보면 이것만이 원인의 전부는 아니다. 1997년 공산주의 경제체제의 모순을 극복하기 위한 대대적인 개혁도 은행예금 증가에 한몫을 했다.

> 1997년에 시작된 사회 전반에 대한 구조개혁은 대단히 공격적이었다. 개혁은 두 가지로 요약할 수 있다. 비효율적인 국유기업 문을 닫는 것과 사회주의 원칙에 입각 그 동안 국가(중앙정부)가 제공하던 사회 서비스(social services)를 중단하거나 축소하는 것이었다. 구체적으로 중앙정부가 부담하던 의료 서비스, 실직 수당이 중단됐다. 은퇴 연금 역시 중앙이 아닌 지방정부, 기업, 그리고 개인이 공동 부담하도록 했다. 과거 사회주의 틀을 벗어나 개인 중심 사회로 빠르게 전환되면서 중국의 가계 저축률이 획기적으로 높아졌다고 보면 된다. 1996-2002년 무려 3,200만 명이 공공부문에서 실직한 사실은 위의 상황을 잘 대변하고 있다.[163)]

1997년 기초연금 개혁은 저축률을 높이는 핵심 요인이었다. 과거 공산주의 체제에서는 국가 소유가 기본이었으므로 모든 것을 국가가 책임졌다. 바로 그런 시스템에 대한 개혁이었기에 은퇴자 연금 지급은 더 이상 국가의 책무가 아니었다. 국영기업 등 여전히 국가가 책임을 떠안고 가는 경우에도 지난 시절 평균 임금의 80%였던 은퇴 연금은 60%(replacement rate)로 줄어들었다. 갑작스런 변화는 당연히

---

163) Dennis Tao Yang, Jusen Zhang, and Shaojie Zhou, "Why are saving rates so high?" National Bureau of Economic Research, *Working Paper*, No. 1677 (February 2011), pp. 23-24.

일반인들을 불안하게 했고, 노후 대책으로 저축을 늘리는 것 이외의 다른 대안은 없었다.[164] 덩샤오핑 시절 도입된 1가구 1자녀 정책 역시 자녀의 노부모 봉양을 현실적으로 어렵게 만들었다. 부모 부양이라는 전통적 방식에 의존 유지되던 과거 노후 대책의 또 다른 수단이 사라진 셈이었으므로 저축의 가치는 여러모로 높아졌다.[165] 하지만 예금이 국가 소유 은행들로 모인다는 사실은 분명 다른 국가와는 다른 점이다.[166]

중국 금융시스템에 대한 위의 분석은 예금 메커니즘이 중국국민의 경제적 희생에 기초하고 있다는 점을 암시한다. 은행 운영 방식을 보면 이 점이 더 분명해지는데, 낮은 예금금리에 기초 정부의 가이드라인에 따라서 대출 이자율이 정해지면 은행은 경쟁도 없이 예금과 대출의 이자 차이(예대마진) 수익을 손쉽게 가져갈 수 있다. 2000년대 예대금리 차이가 줄곧 4% 이상이었다는 통계는 국민의 희생과 경쟁 부재의 은행업 실상을 보여준다.[167] 예대 금리 결정은 정부의 몫이므로 정부가 은행의 적정 수익을 보장해주는 셈이 되고, 따라서 은행 운영상 시장원리, 즉 은행이 기업의 효율성에 기초 대출 기준을 정하는 이른바 대출심사를 꼼꼼히 할 동인은 당연히 사라질 수밖에 없었다.

---

164) Chamon, Liu, and Prasad, "Income Uncertainty and Household Savings in China," pp. 4, 21; 홍원구, "중국의 고령화와 연금의 변화," 자본시장연구원「중국 금융시장 포커스」2012년 04월, pp. 2-3.

165) Ibid. p. 1.

166) 1990년대 초 중국의 가계 저축률은 약 15%였다. 위의 개혁 직후인 1998년 저축률은 20%를 넘어섰고, 2009년이 되자 35%까지 치솟았다. 일반적으로 국민소득이 증가하면 저축률은 하락한다. 이런 역사적 통념 및 경제이론과는 정반대 현상이 중국에서 벌어지고 있는 셈이다. Chamon, et. al., "Income Uncertainty and Household Savings in China," p. 3, p. 28, Figure 1.

167) 딩즈지에/쑨샤오주엔, "중국 상업은행 부실채권 연구," 강동수 편,『중국 금융시스템의 발전과 도전』, p. 177.

다음은 이런 체제의 문제점을 지적하고 있다.

> 높은 예대금리차는 예금자가 저수익 혹은 마이너스 수익을 부담하는 것을 전제로 한다. 중앙은행이 지급준비금에 의존하여 거시경제조정을 수행하는 것 또한 예대금리차의 배경이 된다. 그런데 예금자가 낮은 저축금리를 통하여 금융체제를 보조하는 현상은 불공정한 사회배분을 의미하며 지속되기 어렵다. 또한 자본시장의 발전과 자금조달방식의 다양화로 인하여 현재와 같이 은행이 예대금리차에만 의존하여 경영하는 것은 이미 적절하지 않으며, 은행의 국제경쟁력 향상에도 도움이 되지 않는다. 따라서 금리 왜곡현상을 개선하고 금리 시장화 개혁을 심화하는 것은 상업은행의 전통적인 경영방식을 타파하는 동시에 부실대출 위험을 초기에 근절한다는 측면에서 반드시 필요한 조치다.[168]

위의 논의는 예금과 대출 이자율에 대한 설명이다. 여기서 중국 국민이 사실상 마이너스 이자율을 감수한다면 믿을 수 있을까? 물가 상승을 감안하면 가능한 주장이 된다. 1997년 순저축 수익률을 의미하는 실질금리는 2.42%였다. 1999년까지는 그럭저럭 그 수준의 수익이 보장됐지만, 인플레이션을 피할 수 없는 고속성장 단계로 진입한 2000년 이후 저축 수익률은 가시적으로 저하돼 2002년 실질금리는 1.55%로 하락했다. 마이너스 금리가 현실화된 것은 2003년 후반기였다. 2004년에는 실질금리가 -1.62%로 낮아졌고 고속성장이 더욱 탄력이 붙은 2008년 중반에는 -3.6%라는 믿기 어려운 예금자 손실이 현실화됐다.[169] 앞서 소개한 '보통예금 금리 0.7%, 1년 만기 정기예금

---

168) Ibid., p. 179.
169) 서봉교, "금융규제 완화에 따른 중국 자산운용시장의 기회와 리스크," p.

1.98%라는 2002년 최저 금리 통계는 실질금리 하락 시기 및 추세와 거의 일치한다. 여하간 논리상 중국국민이 자신의 돈으로 은행을 보조한다는 비판을 피하기 힘든 대목이다.[170)]

중국의 발전 모델, 즉 투입 중심 경제성장 정책이 서구 선진국의 경제 운영 방식과 다르다는 점은 이미 소개한 바와 같다. 하지만 중국의 은행 시스템에 대한 분석은 양자의 차이 점이 구조적이며 대단히 크다는 사실을 보여준다. 1990년 중반 그와 같은 방식의 한계를 정확히 지적, 동아시아 금융위기를 미리 예견한 크루그먼(Paul Krugman)의 분석은 앞서 소개한 바와 같지만, 중국식 금융시스템의 문제점을 다음과 같이 또 다시 꼬집고 있다.

> (중국과 같은) 신흥경제는 지난 세월 축적된 경제이론이 예측하는 것보다 훨씬 높은 수준에서 자원을 예외적으로 잘 동원했다는 칭찬을 받을 만하다. 하지만 그렇게 될 수 있는 비밀이 있다면, 그것은 (과잉저축이 설명해주듯) 미래의 수익을 위해 단순히 지금을 철저히 희생한 후일 보상(deferred gratification)의 원칙이 적용된 것 그 이상도 이하도 아니다. 지금도 정부 적자는 줄이고 대신 저축을 늘리는 지겨운 작업으로부터 뒷걸음질을 치고 있는 미국의 정책 지식인 입장에서 후일 보상 원칙을 수용하는 것은 어려운 일이다. 경제학자들은 바로 그런 (미국과 같은) 현실을 있는 그대로 받아들이고 또 한 좋아하기 때문에 경제학은 [칼라일(Thomas Carlyle)이 멜더스(Thomas Malthus)의 경제 비관론을 보고 이름을 붙인] 침울한 과학(dismal science)이 아

209, 표 5-5.

170) IMF 스태프에 따르면, 가계저축에 대한 낮은 이자율이 중국 GDP를 4% 성장시키는 투자를 보조하고 있다고 한다." Martin Wolf, "Debt troubles within the Great Wall," *Financial Times*, April 2 2014. 이자율 결정이 자유화되거나 혹은 다른 요인 때문에 예금 이자율이 상승하는 경우 중국의 고성장은 꺾인다는 점이 함축돼 있다.

니다. 같은 맥락에서 경제학자들이 후일 보상 원칙을 받아들이기 어려운 이유는 전문가들의 경우 궁극적으로는 단순 숫자가 아닌 숫자가 보여주고 있는 논리, 즉 숫자의 함의에 복종해야 하기 때문이다.[171)]

지금까지의 논의를 통해 중국식 경제발전모델이 자원배분의 핵심 메커니즘인 금융시스템과 밀접하게 연계돼 있다는 점을 확인할 수 있다. 고도성장의 중심축인 투자를 늘리기 위해 대규모 자본을 국유은행 중심의 방대한 금융시스템을 활용, 국민의 복리를 희생시키며 조달했다는 것이 내용의 핵심이다. 같은 맥락에서 다음과 같은 대담한 주장이 나오는 것도 무리는 아니다: "중국 금융기관은 산업의 보조수단, 즉 나름의 영리추구 사업체가 아닌 공공성을 띤 기관으로 인식되어 왔다."[172)] 상황이 그렇다면 합리적 경제운영의 핵심 내용인 자원배분의 효율성을 담보하기는 다음과 같이 힘들어진다: "금리규제는 필연적으로 신용할당을 수반한다. 금리상한선이 시장균형금리보다 낮게 책정되어 자금 초과수요가 발생함에 따라 정책당국은 제한된 금융자원을 투자의 우선순위에 따라 배분한다."[173)] 금리는 시장 상황을 반영 조정돼야 하며, 그 금리를 수용할 수 있는 효율적인 기업에 자금이 우선 배분되는 것이 시장의 원칙이지만, 위의 상황은 정반대여서 자원배분의 왜곡을 피하기는 힘들어진다.

경영원리상 중국은행이 안정적으로 이익을 취하려면 한 가지 전제 조건이 있다. 대출된 자금이 부실화돼지 않아야 한다. 부실대출 규

171) Krugman, "The Myth of Asia's Miracle," p. 78.

172) Walter and Howie, *Red Capitalism*, p. 78.

173) 박찬일, "중국의 내생적 금융개혁," 「규제연구」 2003년 제12권 제2호, p. 225. 전략산업으로 간주되는 중화학공업 분야의 대형 및 중형 국유기업들에게 자금은 우선 배분된다(Ibid.). 자본가격의 왜곡이 과잉대출을 유도한다는 점도 이를 통해 확인이 가능하다.

모가 커지면 예대 마진을 넘는 손실이 은행을 옥죄기 때문이다. 중요한 것은 대출의 부실화 정도가 위에서 말한 자원배분의 효율성을 가늠할 수 있는 주요 수단이라는 사실이다. 원리상 자원배분이 효율적이라면 효율성이 떨어지는 경제 주체에 자금이 배분될 가능성은 당연히 낮기 때문이다. 은행이 시장원리, 즉 수익 극대화 원칙을 저버린 채, 마치 산업의 보조 수단, 즉 공공의 이익을 위해 존재한다는 식의 사고와 시스템, 따라서 마치 계획경제처럼 정부의 지시에 따라 대출이 이루어지는 금융 운영방식을 경제 전문 용어로는 '금융억압(financial repression)'이라고 부른다.[174)]

중국이 초고속 성장으로 들어선 1990년대 부실채권 문제는 이미 불거졌다. 지금까지의 설명을 통해 알 수 있듯이 부실채권이 많아졌다

174) 금융억압의 구체 내용은 다음과 같다: "현재의 중국의 경험을 자세히 관찰해 보면, 비록 시대적 차이는 있으나 주목할 만한 한 시기의 지속적인 경제성장은 금융중개기능의 뚜렷한 발달 없이 상당히 금융 억압적인 환경에서 이루어졌다. 정부소유의 금융기관, 금리규제 및 우선적 성장부문에 대한 차별적 신용 배분 등으로 특징지어지는 금융억압(financial repression)은 지난 20년 동안 중국금융정책의 근간이었다.... (특히 중국의 경우는) 금융부문의 발전이 경제성장의 선결과제인지 아니면 금융개혁 과정은 경제성장에 따라 후행적으로 진행되는지 분명치 않다는 사실이다." 박찬일, "중국의 내생적 금융개혁," p. 221. "(무엇보다도) 금리규제는 우선적 성장부문을 지원하기 위하여 자본가격을 왜곡시키는 직접적이고 획일적인 조치이다(Ibid., p. 223)." 결과적으로 "정부의 (금융에 대한 지나친 간섭은) 흔히 정부의 금융기관 소유, 음(-)의 실질금리를 초래하는 금리규제 및 전략 산업부문에 대한 차별적 신용배분 등의 형태를 취한다." 박찬일, 『중국 금융제도의 발전』, p. 34. 금융억압이라는 용어는 개발도상국 성장 주도 경제정책의 문제점을 지적한 다음의 스탠퍼드대 경제학자들이 1973년 처음 사용했다: Ronald I. McKinnon, *Money and Capital in Economic Development* (Washington, D.C.: Brookings Institution, 1973); Edward S. Shaw, *Financial Deepening in Economic Development* (New York: Oxford University Press, 1973). 금융억압을 통해 초기에는 고속성장이 가능하지만 대신 심각한 금융왜곡 현상 때문에 장기적으로는 경제성장에 치명적인 해가 된다는 주장이다.

는 것은 금융시스템 및 경제운용 방식의 비효율성을 암시한다. 수익성이 떨어지는 기업에 대출을 확대 경제성장을 유도한 정책이 누적되면서 특히 국유은행의 부실채권이 눈덩이처럼 불어났다. 국제환경도 좋지 않았다. 1997년 동아시아 금융위기가 중국으로 전이되는 것을 막기 위해서도 중국정부는 그 동안 미뤄왔던 부실채권 문제를 처리할 수밖에 없었다.[175)]

1998년 국유 상업은행 총 대출에서 부실화된 채권의 비중, 즉 부실채권율(NPL: non-performing loan)은 무려 44%, 당시 중국 GDP의 34%에 해당하는 큰 규모였다.[176)] 문제 해결을 위해 정부가 주도 1999년 4월 이후 6개월 사이 4개 금융자산관리공사(AMC: Asset Management Company)가 설립됐다. 2000년부터 작업을 시작, 4대 국유상업은행 총여신의 18%에 해당하는 부실채권이 금융자산관리공사에 의해 장부가로 인수됐다.[177)] 자금의 출처는 어디였을까? 자금의 45%는 중앙은행의 신용 공여, 즉 발권이었고, 남은 55%는 자산관리공사 발행 채권을 위의 국유은행이 매수하는 방식을 통해 마련된 자금으로 메워졌다.[178)] 부실채권 정리의 성공 여부는 부실채권 매수 자금의 회수율에 달려있지만, 2006년 부실채권 현금 회수율은 21%에

---

175) Allen, et. al., "China's Financial System: Opportunities and Challenges," p. 6. 부실채권 문제는 1990년대 중반 이후 불거지기 시작했다. 1994년부터 부실채권이 가시적으로 증가 1996년에는 4대 국유상업은행의 부실채권 비율이 이미 20.4%를 기록했다. 딩즈지에/쑨샤오주엔, "중국 상업은행 부실채권 연구," p. 158.

176) Ibid., p. 159; Walter and Howie, *Red Capitalism*, p. 27.

177) 권세훈, "중국 부실채권 시장의 변천과정 및 시사점," 자본시장연구원 「중국 금융시장 포커스」 2009년 11월, p. 1. 1999년 '금융자산관리조례'에 기초 위의 금융자산관리공사가 설립됐다. 각각의 명칭은 信達, 東方, 長城, 그리고 華融 등이었다. 딩즈지에/쑨샤오주엔, "중국 상업은행 부실채권 연구," p. 168.

178) 권세훈, "중국 부실채권 시장의 변천과정 및 시사점," pp. 1-2.

머물렀다.[179)]

당국은 2004년부터 또 다시 부실채권을 처리했다. 2004-2005년 건설은행, 공상은행 그리고 중국은행 부실채권 약 7,400억 위안이 정리됐다. 이어 2008년 또 다른 대형 국유상업은행인 농업은행 부실채권 약 7,700억 위안이 같은 길을 걸었다.[180)] 외형상의 성과는 있었는데, 부실 정리 후 부실채권 비율이 3-5%로 낮아졌기 때문이다.[181)] 중국정부의 전례 없는 과감한 조치에도 불구하고 서방의 중국경제 전문가들은 1999년 부실채권 정리가 상당 부분 돌려막기 식이었다고 꼬집고 있다. 자본주의 국가에서는 당연 시 되는 투여된 자금, 즉 중앙은행의 여신과 자산관리공사가 발행한 채권에 대한 이자 지급은 없었다. 1999년 기준 10년 만기였던 채권은 2009년 변제돼야 했지만, 10년을 다시 연장하는 돌려막기 식 조치가 뒤를 이었다.[182)]

---

179) bid., p. 2, 표 1; 딩즈지에/쑨샤오주엔, "중국 상업은행 부실채권 연구," p. 171.

180) Ibid., p. 174. 2004-2008년에 소요된 자금은 총 1조 5,100억 위안이었는데, 1999년 직후 집행된 부실 정리 자금 1조 4,000억 위안보다 오히려 많았다.

181) 중국정부가 2011년 발표한 부실채권 비율은 국유대형상업은행 1.1%, 주식제상업은행은 0.6%로 더욱 낮았다. 「Chindia Journal」, May 2013, Vol. 81, p. 53. 서방 전문가들은 중국정부의 발표를 믿지 않고 있다. 대표적으로 신용평가기관인 피치(Fitch)사의 아태 국가부채 담당 부서 책임자는 (2011년) "중국은행들의 부실채권(bad debt) 비율이 30%에 이른다"고 평가했다. China Business News, "Chinese banks' NPL ratio may hit 30%," September 21, 2011 (www.cnbusinessnews .com/chinese-banks-npl-ratio-may-hit-30). 미국의 중국경제 전문가 셋서(Setser)도 다음과 같이 중국정부의 발표에 대해 부정적인 견해를 피력했다. 2001년 이후 과거의 추세에 비춰 매년 신규 대출의 약 25%가 부실화된다고 가정하면, 2005년 부실채권 규모는 중국 GDP의 약 57%에 이른다고 추산했다. Brad Setser, "The Chinese Conundrum: External financial strength, Domestic financial weakness," *CESifo Conference* on 〈Understanding the Chinese Economy〉 October 27, 2005 (www.qcpages.qc.cuny.edu/~ussher/setser05.pdf), p. 21, Table 2, 그리고 p. 22.

182) 권세훈, "중국 부실채권 시장의 변천과정 및 시사점," pp. 2, 6.

당시에는 정리 자금 출처가 그나마 공개됐지만 2000년대 중반부터는 출처가 공개되지 않았다. 개도국의 과거 사례가 그랬듯이, 미국의 펠스타인(Martin Felstein) 교수는 "(중국 역시) 1994년 이후 누적된 부실채권을 2000년 이후 중앙정부가 은행에 현금을 주입하는 방식으로 제거했다"고 주장한다.[183] 부실채권 정리가 국민의 경제적 희생에 기초하고 있다는 점을 알 수 있는 대목이다.

> 은행 중심으로 조직된 중국의 금융시스템은 사회주의 시장경제체제의 탄생과 발전에 중요한 역할을 수행했으나, 경제성장을 견인하는 과정에서 국유은행들에 대규모 부실채권이 누적됐다. 그러나 현재 국가경제에서 금융이 차지하는 중요성과 리스크를 고려할 때 부실채권은 중국 상업은행 개혁에 걸림돌로 작용하고 있다. 따라서 부실채권 처리는 은행의 부담을 경감시키는 중요한 조치가 될 것이다. 그러나 은행 재대출이나 재정출자를 부실채권 처리를 위한 주요 자금원천으로 인식한다면 이는 중국 경제성장방식의 전환에 소요되는 비용을 모두 인민에게 부담시키는 결과를 가져올 것이다.[184]

앞서 금융시장에서 지배적인 위상을 지닌 국유상업은행의 대출 대부분이 국유기업으로 흐른다는 사실을 소개했다. 효율성이 높지 않은 국유기업에 대한 막대한 대출이 부실화되는 과정도 살펴봤다. 그렇다면 효율성이 더 높은 민간부문의 자금 수요는 어떻게 충당됐을까?

---

183) 「중앙일보」, "크림반도 러에 귀속되도 세계경제 탈선 안 해: 펠스타인 하버드대 교수 초청 강연 (인터뷰)," 2014-03-18. 신용평가 기관인 스탠더드앤드푸어스(S&P) 리아오 창 중국 담당 애널리스트의 경우, "(중국)은행이 NPL(부실채권) 비율을 인위적으로 낮추기 위해 부실대출을 계속 상각하고 있다"고 주장했다. 김경민, "중국 대형은행들, 지난해 부실채권 규모 두 배 껑충," 「이데일리」 2014-03-31.

184) 딩즈지에/쑨샤오주엔, "중국 상업은행 부실채권 연구," pp. 181-182.

2008년 중국 민간기업의 중심축인 중소기업 산출은 GDP의 59%였고 중국 고용의 75%를 흡수했다. 그러나 중국의 은행 총 대출 중 중소기업의 몫은 40% 미만이었다.[185] 2000년 이후의 전체 그림을 보면 "전체 경제활동의 60%를 점하고 있는 중소기업은 은행자금의 30%만을 쓰고 있다"는 계산이 가능한데, 금융 왜곡 현상을 아는 데는 무리가 없다.[186] 바로 이것이 금융억압의 기업적 측면이다. 결국 효율성이 높은 중소기업에는 자본이 적게 가고 비효율적인 국유기업에는 많이 할당되는 셈이므로 중장기적으로는 경제성장 저하가 뒤를 이을 수밖에 없다.

5. 민간금융의 발전과 또 다른 위험: 그림자 금융

금융시장 왜곡의 피해자들은 어떤 방식으로든 출구를 찾기 마련이다. 돈인 경우에는 그 동기가 더욱 강하다. 중국도 예외는 아니어서 민간부문에서 출구가 만들어지기 시작했다. 산출과 고용 흡수력에 비해 대출이 적은 현상은 당연히 중소기업의 만성적인 자금난으로 이어졌다. 기업은 유지 운영돼야 했으므로 중소기업은 은행 이외의 다른

185) 강동수·이준엽, "중국 기업의 자금조달 행태," 강동수 편, 『중국 금융시스템의 발전과 도전』, p. 234. 2004년 기준으로 국유상업은행 총 대출의 95%가 국유기업 몫이었다는 사실을 통해 대출 왜곡의 실상을 알 수 있다(각주 116 본문). 대규모 부양책의 용도 또한 다음과 같이 비슷했다: 2008-2010년 세계금융위기에 대응 시행된 경기 부양책의 경우, "내가 2010년 5월 중국을 여행하며 믿을 만한 소식통으로부터 들은 바에 따르면 (4조 위안의) 경기부양자금(stimulus funds) 중 90%는 국유기업으로 흘러들어갔다고 한다." Huan Huang, "Rethinking the Beijing Consensus," p. 4

186) Wei Shen, "Shadow Banking System: Origin, Uniqueness and Governmental Responses," *Journal of International Banking Law and Regulation*, Issue 1 (2012), p. 20.

자금원을 다음과 같이 찾을 수밖에 없었다: "중소기업이 공금융을 통한 자금조달이 상대적으로 어렵다는 점을 고려하면 공금융의 대안으로서 사금융(informal finance) 역할이 부각된다. 일반적으로 사금융은 재무제표 이외의 연성정보(soft information) 획득이 가능하고, 탄력적이고 간편한 대출 절차로 거래비용이 감소한다는 점에서 공 금융을 보완하는 기능을 하는 것으로 알려지고 있다.... 결국 사금융은 (금융)시장실패를 보완하는 역할을 한다."[187] 이상이 중국 사금융의 상징인 이른바 그림자 금융(shadow banking)의 성장 배경이다.

> (세계금융위기 발발 직후인) 2009년 은행 신규대출 규모는 GDP의 무려 32%였다.... 중국정부도 문제점을 인식, 2010년부터 신규대출을 억제하여 위의 비율은 20%로 하락했고, 2013년에는 14%로 (2008년 이전의 수준으로) 낮아졌다.... 돈줄을 조였지만, 은행은 이 조치를 비켜갔다. (2008년 말부터 2009년까지 워낙 많은 돈이 풀린 상태였으므로) 경제시스템 내의 유동성은 구조적으로 이미 넘쳐났고(structurally abundant), 은행들은 기존 은행규제의 허점을 활용 유동성이 풍부한 상황을 이용하기 시작했다. 예를 들어 장부에 기재하지 않고(off-balance sheet) 대출을 한다든지, 혹은 정식 대출 이외의 (다른 사금융 기관이 신탁으로 모아온 자금을 고객에게 파는 중계업 등의) 또 다른 대안을 찾아 돈을 유통시켰다. 바로 이런 행태가 (요사이 문제가 되고 있는) 중국의 그림자 금융이며 그것이 성장한 배경이다. 그림자 금융은 일반대출과 달리 정부의 엄격한 규제에서 사실상 벗어나 있고, 잘만 하면 엄청나게 수지맞는 장사다. 여기서 중요한 것은 비은행금융기관(non-banking financial institutions)의 성장에 기존의 은행이 대단히 적극적인 역할을 했다는 사실이다.[188]

---

187) 강동수·이준엽, "중국 기업의 자금조달 행태," p. 239.
188) Christine Peltier, "Debt catching up with China," *Conjuncture*,

위의 설명은 중국 금융시장의 왜곡 정도를 보여준다. 그림자 금융의 급성장도 문제였지만, 바로 그 뒤에 도덕적 해이(moral hazard)의 극치를 보여주는 정식 은행의 돈 장사가 만연했기 때문이다. 그렇다면 그림자 금융은 무엇일까? 1980년대 미국과 영국을 비롯 선진국들은 국내외적으로 금융자유화를 추진했다. 특히 미국 금융산업이 폭발적으로 성장했는데, 당시 미국 금융시장에 등장한 것이 그림자은행(shadow bank)이다. 2007년 이 용어를 처음 만들어낸 맥컬리(Paul McCully)의 정의는 다음과 같다: "(예금자 보호를 위해) 보험에 가입되어 있는 예금을 통해 돈을 모으고, 필요 시 중앙은행의 할인제도를 활용할 수 있어 든든한 뒷배경이 있는 일반은행(regulated real banks)과는 다르게 보험으로 보호되지 않는 상업어음(commercial paper)을 통해 돈을 끌어들임으로써 규제에서 벗어나 있는 은행을 의미한다(unregulated shadow banks). 여기서 일반은행 자금은 그림자은행과 연계될 수도 있고 그렇지 않을 수도 있다."[189] 결국 공적 기관의 보호를 받는 정식 예금이 아닌 다른 방식으로 일반인의 자금을 끌어들임으로써 금융당국의 규제에서 벗어나 있다는 점이 그림자 은행의 가장 큰 특징이다.[190]

February 2014, p. 17.

189) Paul McCulley, "Teton Reflections," *PIMCO Global Central Bank Focus* 09/01/2007. 매컬리는 다음과 같이 그림자은행의 위험성을 경고하기 위해 용어를 처음 사용했다: "문제는 그림자은행이 뱅크런(bank run), 즉 끌어들인 돈에 대한 인출이 몰리는 현상에 대단히 취약하다는 점이다. 기술적으로는 체제적인 위험(systemic risk)이 내재돼 있다고 보면 된다."

190) "일반은행처럼 보이고, 행동하고, 돈을 끌어들이고 빌려주지만, 일반은행처럼 규제를 받지 않는다는 것이 그림자은행의 가장 큰 특징이다." Nouriel Roubini and Stephen Mihn, *Crisis Economics: A Crash Course in the Future of Finance* (New York: The Penguin Press, 2010), p. 77. 이른바 증권화(securitization) 기법이 발전하며 그림자 금융의 활동 영역은 더욱 넓어졌다. 최근 그림자은행은 자산유동화증권(ABS: asset-backed

중국 그림자 은행은 모습이 조금 다르지만 본질은 위의 설명과 비슷하다. 중국 그림자 금융은 신탁회사(trust company), 전당포(pawn shop), 대출보증회사(guarantor), 사금융 혹은 사채(underground bank) 등으로 구성돼 있다. 정의 상 금융당국의 관리 혹은 규제 대상이 아니라는 점은 위의 정의와 같다. 앞서 잠시 소개한 '일반은행의 부외활동(off-balance sheet activities)'도 그림자 은행 영업으로 간주된다.[191] 하지만 중요한 것은 그림자 금융의 탄생 배경이 서로 다르다는 사실이다. 미국 그림자 금융의 발전은 금융자유화(regulatory changes)와 금융기법의 혁신(technical innovation)이 동인이었다. 이와는 달리 중국의 경우는 대출 왜곡 등으로 대출수요를 일반 시중은행이 만족시키지 못한 것이 첫 번째 이유였다. 비슷한 맥락에서 이 문제를 극복하기 위해 예금과 대출 기능의 시장화가 진전됐다. 나아가 금융기관의 민영화 부진으로 은행 혹은 금융업 간 경쟁이 실종된 점 등이 그림자 금융의 탄생과 발전 배경이다.[192]

> 중국의 그림자 금융시장은 중국 금융시스템의 외적인 증상(symptom)이다. 지금은 일반화된 그림자 대출의 출발은 국유기업 혹은 상장기업(listed companies)의 독점적 위상 때문에 발생한 중국경제의 왜곡 현

securities), 부채담보부증권 (CDO: collateralized debt obligation) 등을 포함 넓게는 파생상품(derivatives)을 다루는 금융기관을 뜻한다. Zoltan Pozsar, Tobias Adrian, Adam Ashcraft, and Hayley Boesky, "Shadow Banking," *Federal Reserve Bank New York Economic Policy Review*, December 2013, p. 1. 1980년대 금융자유화의 배경, 증권화(securitization)의 의미 등에 대해서는 다음을 참조할 것: 김기수, 『국제통화금융체제와 세계경제패권』 (파주: 살림출판사, 2011), pp. 574-601.

191) 한국금융연구원, "중국의 그림자금융시스템과 부작용," 「주간 금융브리프」 21권 32호 (2012.8.11-17), p. 16; 김권식, "중국의 그림자금융 확산과 잠재위험 평가," 국제금융센터 「Issue Analysis」 2013/03/08, p. 1.

192) Wei Shen, "Shadow Banking System," p. 20.

상과 깊은 연관이 있다. 반강제 예금에 기초한 저리의 중국 시중은행 자금은 부도 가능성이 낮다는 핑계로 큰 규모의 국유기업 혹은 국내외 상장기업에 우선 대출된다. 반대로 전체 경제활동의 60%를 점하고 있는 중소기업은 은행자금의 30%만을 쓰고 있다. 그러므로 이들이 위기 시 첫 희생양이 되는 것은 이상한 일이 아니다. 놀랍게도 그림자 대출자의 무려 90%가 국유기관이라는 점은 오랫동안 알려져 온 사실이다. 하기야 현금이 워낙 많고 관리 감독체계를 교묘하게 빠져나가는 능력 또한 대단하니 놀랄 일은 아니다. 중국모바일(China Mobile), 석유회사인 페트로차이나(PetroChina), 중국철도(China Railway Group) 등 모든 국유기업이 다른 기업에 대출해주고 있는데, 주로 신탁회사(trust company)나 그 밖의 대출 중계회사를 설립 이들을 활용하고 있다. 2011년 8월 중국모바일은 일반은행과 같은 공식 금융체계로부터 빌린 자금의 이자보다 2.2% 높은 이자를 받고 다른 곳에 돈을 다시 빌려줬다고 발표한 적이 있다.... 결국 대부분의 국유기업이 그림자은행 사업을 통해 엄청난 이득을 챙기고 있는 셈이다.[193)]

대출 통제 및 이자율 규제의 산물이 보다 자유로운 금융 활동을 의미하는 그림자 은행이라면, 그림자 은행의 규모는 이 왜곡 수준을 반영할 가능성이 높다. 하지만 그림자 금융이 정부의 통제 밖에 존재한다는 특징 때문에 그 규모를 가늠하는 것 자체가 어려운 것이 현실이다. 중국인민은행은 사회융자총액(total social financing)이라는 독특한 통계를 집계 발표한다. 전체 중국경제의 자금 수요와 공급량

---

193) Ibid. p. 22. "싱가포르에 상장돼 있는 양지지앙 조선기업은 자신이 보유하고 있는 자산의 1/3이 자산관리상품(WMP: wealth management products)이라고 2011년에 공개한 적이 있다. 이들 상품은 주로 단기였고 은행예금 금리와는 비교가 안 되는 10-15%의 고수익을 올리고 있다." Henny Sender, "China groups fuel growth of shadow banking," *Financial Times*, September 7 2011.

은 2012년 말 전년에 비해 23% 증가했다. 은행대출은 10% 늘어났지만, 그림자 은행이 만든 재테크 자산관리상품(WMP) 증가율은 543%였다. 그림자 은행의 팽창 때문에 사회융자총액에서 은행대출이 차지하는 비율은 2011년 58%에서 2112년 52%로 줄어들었다. 반대로 그림자금융, 구체적으로는 은행인수어음, 위탁대출, WMP 관련 신탁대출 등이 차지하는 비율은 20%에서 23%로 증가했다.[194)]

2012년 중국 민간금융기관인 광파증권(廣發證券)이 추정한 그림자은행 규모는 31조 5,000억 위안이었다(GDP의 58%).[195)] 서방 금융기관의 추정치는 이보다 높아 36조 위안이라는 주장도 있고(GDP의 69%), "국무원의 정의에 따라 사금융 시장을 포함하면 35-47조 위안 이상, 즉 GDP의 70-85%에 이른다"는 추정치도 존재한다.[196)] 방대한 그림자금융 규모와 그것의 위험성에 대한 경고가 계속되자 이번에

194) 김권식, "중국의 그림자금융 확산과 잠재위험 평가," p. 4. 사회융자총액의 구성 요소는 다음과 같다: "은행대출(bank loans), 신탁 및 위탁대출(trust and entrust loans), 은행인수어음(bank acceptance bills), 회사채발행(corporate bond financing), 비금융회사의 주식발행(nonfinancial enterprise equity financing), 그리고 기타 자금(보험, 산업기금 등)." J. P. Morgan, "China: the concept of total social financing," *Economic Research Global Data Watch*, February 22, 2013, p. 3. 눈여겨 볼 점은 사회융자총액에 비제도권 대출, 즉 민간대출(underground lending)이 포함되지 않는다는 사실이다. 본문의 공식 통계에는 민간대출이 제외돼 있는 셈이므로 실제 그림자금융 규모는 본문의 통계치보다 클 수밖에 없다(Ibid., p. 1).

195) 「매일경제」, "소로스, 중국 그림자금융 위험," 2013/04/10; 경기개발연구원, "차이나리스크와 한국경제의 새로운 도전," 「GRI Trends In Perspective」 제10호, 2013년 7월 16일, p. 2.

196) 36조 위안은 2012년 말 JP 모간 체이스의 추정치다. 「매일경제」, "中, GDP 70% 육박 그림자금융 손본다," 2014-01-18. 35-47조 위안은 다음 보고서의 추정치다: 김윤경·윤인구, "중국 신탁상품 및 그림자 금융의 위험 점검," 국제금융센터 「Issue Analysis」 19 February 2014, p. 1. 이 보고서 역시 본문에서 언급한 자산관리상품(WMP)의 비중이 단연 높다는 점을 지적하고 있다(잔액 기준 20조 위안, GDP의 36%)(Ibid.).

는 정부가 나섰다. 은행감독위원회는 2013년 3-11월 4번에 걸쳐 그림자금융 억제 조치를 내놓았다. 12월에는 그림자금융의 정의와 범위에 대한 공식 입장을 정리하고, 아울러 그림자금융의 실태 파악 및 위험관리 강화를 위해 국무원까지 나섰다.[197] 중요한 것은 중국당국이 적극 나설 정도로 문제가 이미 불거졌다는 사실이다.

그림자 금융의 문제점이 과장됐다는 다음과 같은 의견이 없는 것은 아니다: "중국 그림자 은행의 주요 투자자는 개인들이기 때문에 투자자산 가치가 하락할 경우 개인 투자자가 손실을 입고 전국적으로 투자금을 돌려달라는 환매(還買)가 일어나겠지만, 금융회사들이 주요 투자자였던 서브프라임모기지처럼 관련 투자 금융기관들의 연쇄 손실로 이어지는 악순환은 일어나지 않을 것으로 보인다."[198] 그림자 금융의 위험성이 과대 평가됐다는 주장의 또 다른 근거는 그림자 규모의 국제적 비교였다: "중국의 GDP 대비 그림자금융의 전체 규모는 50-70% 수준으로 전 세계평균 110%보다 낮은 것으로 추정된다."[199] 중국 금융당국이 통제에 나섰다는 점은 이미 소개한 바와 같지만, 최근까지도 그림자 금융 규모는 계속 커지고 있다. 2016년 역시 전년 대비 21%나 증가한 64.5위안(GDP의 87%)을 기록했다. 이 경우도 선진국 혹은 세계 평균 규모(GDP 대비 110%)보다는 낮아 별 문제가 없다는 주장이 존재한다.[200]

---

197) Ibid., p. 6.

198) 「조선일보」, "中 그림자금융, 대부분 개인이 투자" 2013-08-26.

199) 이치훈, "최근 차이나리스크 우려에 대한 평가와 시사점," 국제금융센터 「Issue Analysis」 제11호, Feb. 2014, pp. 4-5. 2014년 기준 미국의 경우 GDP 대비 160%, 유로지역 평균 175%, 영국 477% 등으로 그림자금융 비율이 대단히 높았다. 「조선일보」, "中 그림자금융, 대부분 개인이 투자."

200) 최진백, "중국 경제 위기론의 내용과 그 의미," IFANS(국립외교원) 「주요국제문제분석」 2017-68, 2018년 3월 6일, p. 12.

두 가지 의문을 제기할 수 있다. 하나는 몇 년 전 중국 당국이 그림자 금융 통제에 나섰는데도 규모가 계속 팽창하는 이유는 무엇일까? 중국 당국이 통제에 실패한 것인지, 아니면 또 다른 이유로 통제를 안 하는 것인지 등의 질문이 이어진다. 둘째, 위의 낙관론은 중국의 그림자 금융 구조가 다른 국가에 비해 단순하다는 점, 그리고 규모 자체의 평면적 비교에서 아직은 세계 평균치에도 못 미친다는 사실에 기초하고 있다. 그렇다면 중국 그림자 금융의 탄생 배경과 중국경제 구조가 다른 국가와 비교, 차이가 나면 어떻게 될까? 우선 그림자 금융에 자금을 공급하는 주체가 대부분 개인이라는 주장이 맞는지를 살펴본다.

(싱가포르에 상장되어 있는) 양지지앙 조선기업(Yangzijiang Shipbuilding Holdings)은 2011년 2분기 세전 이익의 1/4 이상을 그들의 주업이 아닌 다른 기업에 돈을 빌려주는 사업을 통해 얻었다. 비슷한 얘기지만 중국 모바일(ChinaMobile) 역시 최근 돈을 빌려주는 업체를 세웠고, 중국석유(PetroChina)는 이미 여러 개의 금융회사를 휘하에 두고 있다. 어떤 분석가는 그림자 대출자의 무려 90%가 국유기관이라고 평가할 정도다. 홍콩 크레딧 스위스(Credit Swiss)의 빈센트 찬(Vincent Chan)은 "누구나 사채업을 한다. 얘기를 안 할 뿐이다. 단지 그룹이나 모기업 차원이 아니라 별도로 분리된 회사를 통한다"고 했다. 결국 국유기업 거의 모두가 대출 금융회사를 밑에 두고 있다는 의미인데, 중국석유의 경우 자산관리회사, 신탁은행, 상업은행 그리고 내부 금융부서 등을 두고 있다. 구체적으로 바오철강(Baosteel) 그룹은 가장 큰 규모의 신탁회사 중 하나인 행복신탁(Fortune Trust) 지분 98%를 소유하고 있고, 후난철강제철그룹(Hunan Valin Iron and Steel Group) 역시 화첸신탁회사(Huachen Trust)의 지분 49%

를 가지고 있다. 그러나 공개된 자료에서는 이런 금융회사들이 모 그룹의 산하기관으로 분류되지 않기 때문에 투자자들은 일반적으로 이들의 속성과 구조에 대해 알지 못한다. 결론적으로 수많은 공업기업(industrial companies)들이 반금융회사로 변신한 것은 중국경제 왜곡의 단면을 보여준다. 특히 정부의 이자율 규제가 대표적인 왜곡의 주범인바, 국유기관은 저리로 자금을 쓸 수 있는데 반해, 이런 혜택에서 제외된 회사나 기관은 회색지대에서 고리의 자금을 쓸 수밖에 없기 때문이다.[201]

결국 국유기업이 그림자 금융을 통해 돈 놀이를 한다는 지적이므로 구조적으로 중국 그림자 금융은 다른 국가와 대단히 다르다는 점을 확인할 수 있다. 여기서 중요한 것은 시중은행이 중개자로 나선다는 사실이다. 외형적으로는 중개자일 뿐이므로 그림자 금융상품의 위험이 은행과 무관해 보이지만, 실제로는 "(사실상 모든 사람이 특히) 신탁상품을 구매한 고객의 경우 은행이 결국은 책임질 것이라고 믿고 있는 것"이 현실이다.[202]

중국의 금융전문가들은 은행과 그림자금융 간의 경계선 구분이 불투명해지고 상호 공생적인 성향이 강화되면서 신용충격 발생 시 두 신용채널이 동반 부실화될 가능성이 높아지고 있다고 지적한다.... 특히 은행의 (금융)상품 판매 담당자가 신탁회사가 발행한 유동화증권이 갖는 내재 위험을 제대로 평가하지 못하거나, 고객에게 공지를 소홀히 한 경우에는 손실 부담 공유가 불가피하다고 주장한다. (2012년 말경 중국신탁유한책임회사가 공상은행을 통해 신탁상품을 팔아 마련한 자금

201) Sender, "China groups fuel growth of shadow banking."
202) Jamil Anderlini, "Lehman-style crisis unlikely but danger lies in the shadows," *Financial Times*, April 15 2014.

중 50억 위안을 대출해준 탄광업자가 파산하는 사태가 발생했다) 대리인 계약을 체결한 공상은행은 부유층 고객에게 상당한 고수익을 제시하면서 투자를 권유했는데, 중국신탁유한책임회사가 제공한 투자설명서에는 원리금 손실 가능성은 공시돼 있었으나 상기 탄광업자의 사업구조나 재무상태 등에 대한 정보는 기록되어 있지 않았다.[203)]

위의 지적 사항이 선진국 그림자 금융과 가장 차이가 나는 부분인데, 선진국은 비은행금융기관이 그림자 금융을 주도하는 반면, 중국은 (국유)시중 은행이 그림자 금융 사업에 깊이 개입돼 있다. 그림자 금융의 부실화가 금융 시스템 전체 위기로 발전할 가능성이 있다는 주장에 힘이 실리는 이유다. 논리상 은행은 가장 효율적인 집단을 선택 대출하는 여신 경쟁을, 기업 등 대출 대상자는 자신이 효율적인 사업체라는 것을 증명하는 여신 적합 경쟁을 통해 자금(자원)이 배분돼야 그림자 은행의 문제점이 해결된다는 점도 확인 가능하다. 그렇게 되면 시중 상업은행 자금이 비효율적인 국유기업에 많이 대출될 이유가 없고, 효율적인 민간기업 등이 비싼 이자를 지급하며 그림자 금융

203) 한국금융연구원, "중국의 그림자금융과 은행시스템의 동반 부실화 가능성," 「주간 금융브리프」 21권 48호 (2012.12.8-14.), pp. 16-17. 구조적으로 그럴 수밖에 없다는 지적도 있다: "은행은 공식적으로 책임이 없다고 하지만, 많은 서구은행들이 금융위기 시 그림자금융의 구제에 나섰듯, 중국 역시 그럴 수밖에 없을 것이다.... 중국신용신탁회사(China Credit Trust)는 국유 공상은행을 통해 판매한 30억 위안의 신탁상품이 부도 위기에 처했다고 2014년 초 발표한 적이 있다. 위의 자금 모두는 리울린(Liulin) 지방 소재 젠푸에너지(Zhenfu Energy), 즉 탄광업자에게 대출됐는데, 탄광업자가 만기된 자금을 갚지 못하게 된 것이다..... 그런데 부도 기일 며칠 전 신원 미상의 구매자가 갑자기 나타나 젠푸에너지의 자산을 매입했고, 덕분에 젠푸는 빌린 원금을 갚을 수 있었다. 전문가들은 신용신탁회사, 공상은행 그리고 지방 및 중앙정부가 더 심각한 금융 불안을 잠재우기 위해 합작한 작품으로 여기고 있다." *The Economist*, "Special Report International Banking: Shadow and Substance," May 10th 2014, pp. 14-15.

에 기댈 필요가 없어지기 때문이다.

시장경제는 이 문제를 가격 기능을 통해 해결한다. 자금에 대한 가격은 결국 이자율이므로 좁게는 금리자유화, 넓게는 금융자유화만이 문제의 해결책임을 다음의 설명을 통해 알 수 있다: "(시장의 필요에 의해) 중국의 그림자은행은 새로운 금융상품을 수시로 개발 판매하고 있다. 하지만 그런 상품은 적절히 모니터 되지 않고, 규제되지도 않는다. 공채, 국유은행 혹은 그 밖의 금융기관에 대한 정부의 보증은 필시 도덕적 해이(moral hazard)를 유발한다.... 이 모든 것을 해결하는 길은 하나밖에 없다. 은행체제 자체를 이자율 중심으로 시장화(interest rate marketization of the banking system)시키는 것이다. 이렇게 되면 투자자들은 그들의 돈에 대해 적정 이윤을 취할 기회가 더욱 많아지게 되고 결과적으로 위험이 높은 그림자금융으로부터 발을 뺄 것이다."[204)]

> 경제의 가장 중요한 엔진인 중소기업이 공식 금융 부문에서 충분한 자금을 얻을 수 없기 때문에 비공식 채널에 의존하고 있다. 상대적으로 리스크가 큰 중소기업의 핵심 자금줄이 그림자금융이 되면서 중국경제의 금융 리스크는 기하급수적으로 커지고 있다.... 더욱 문제를 악화시키는 것은 (기왕에 과잉이 된) 통화공급을 억제하려는 중앙은행의 계속된 노력이 자금조달 비용을 높인다는 점이다. 2013년 6월 은행 간 대출금리는 10%를 넘어섰는데, 12월에도 비슷한 수준이었다. 중소기업은 이런 비용을 부담함으로써 전체 경제성장에 기여할 수 있는 능력이 감소하고 있다.... 최근 알리바바라는 큰 기업이 8,500만 명으로부

204) Jianjun Li and Sara Hsu, "Shadow Banking in China: Institutional Risks," Political Economy Research Institute, *Workingpaper Series*, No. 334. August 2013, p. 15.

터 4,000억 위안의 자금을 모으는 데 6-7%의 수익률을 보장한 사실은 중소기업이 돈을 빌릴 때 실제로 부담하는 금리는 10%가 넘는다는 방증이다. 이런 지속 불가능한 고금리는 실물경제에 큰 위험이 되고 있다. 이는 부동산 시장에서 가장 두드러진다. 유동성이 부족한 개발사업자들은 공식적인 은행 부문에서 자금을 조달하지 못한 채 초고금리로 대규모 대출을 일으키고 있다.... 그러나 중국 금융당국은 이러한 위험의 규모와 근본적인 원인을 이해하지 못하는 것 같다.... (결국 해결책은) 금리를 자유화하고, 양적 규제를 없애며, 가장 중요하게는 민간 금융기관 설립을 허용하는 것이다.[205)]

그림자금융 문제가 구조적이라는 사실이 분명해진다. 그렇다면 그림자 금융은 중국경제 전체 구조와 어떻게 연계돼 있을까? 거시경제적 관점에서 중국경제의 근본적인 문제가 과도한 성장 중심 정책에 있다는 점은 이미 소개한 바와 같다. 성장을 위해 대규모 투자가 필요했고, 투자 재원 확보를 위해 정부는 금융에 적극 개입 이른바 금융억압 정책을 견지했다. 그 결과 비효율적인 분야에 많은 자원이 배분되는 금융 왜곡 현상이 가시화됐다. 언뜻 봐도 바로 이 점이 그림자금융 문제를 야기했다는 사실을 짐작하는 데는 무리가 없다.

아래 분석은 그런 논리의 타당성을 보여준다. 2013년 3분기의 경우 그림자은행 대출의 26%가 인프라 분야로 흘렀다. 9.3%는 부동산, 그리고 29.5%가 산업에 배분됐다.[206)] 결국 세 개의 산업에 그림자은행 전체 대출의 65%가 집중됐는데, 이 분야가 투입 중심 고속성장의 엔진이라는 점을 고려하면 그림자금융은 중국 경제정책 자체와 연계

205) 야오 양, "중국경제 진정한 위협은 실물경제가 아니라 불안한 그림자 금융," 「조선일보」 2014-03-15~16.

206) Simon Rabinovitch, "China trusts bring contrasting fortunes," *Financial Times*, January 2 2014.

돼 있는 셈이 된다. 정부가 그림자금융을 억제하면 성장을 위한 핵심 분야에 대한 투자가 줄어들면서 성장률이 둔화된다는 의미다. 같은 맥락에서 다음의 설명은 중국정부의 고민을 보여준다.

> 2013년 신규대출의 무려 50%가 그림자금융을 통해 이루어졌다.... 돈은 주로 정식 은행으로부터 빚내는 것이 어려운 부동산 개발업자, 철강업자, 유리 공장 등으로 흘러들어 갔다.... (이런 상황에서) 그림자금융에서 돈이 급속하게 빠지게 되면 정말 심각한 거시경제적 문제가 발행한다.... 주지하다시피 중국경제는 신용팽창 투자, 특히 부동산 투자에 과도하게 의존해 왔다. 부동산 투자 규모는 2013년의 경우 GDP의 무려 16%에 이르는데, 이것은 금융위기 직전 스페인 및 아일랜드와 거의 비슷한 수준이다. 여기서 위험이 있는 부동산, 철강, 시멘트 등에 공급되는 그림자 대출이 마르게 되면 중국의 정말 큰 걱정은 금융위기가 아니라, 새로운 투자가 줄어들면서 가시화되는 저성장 문제일 것이다. 바로 이것이 중국정부가 왜 그토록 조심스럽게 그림자금융 부실을 높은 수준에서 약간씩 터트리며 관리하려는 이유다.[207)]

위의 설명은 흥미롭게도 '그림자 금융 자금의 대부분이 개인 것이어서 위기 가능성이 낮다'는 주장을 간접적으로 반박하고 있다. 국유기업이 그림자 금융을 통해 돈 장사를 한다는 사실 그 자체로 그림자금융에 대한 긍정론이 우선 공격 받았지만, 개인이 투자자라는 사실 때문에 별 문제가 없다는 주장 역시 다음의 문제점에서 자유롭지 못하다. 그림자 은행이 흔들려 특정 집단의 개인 손해가 발생하기 시작하면 다른 개인 투자자 역시 투자 연장 대신 환매(bank run)를 요구할 수밖에 없다. 그렇게 되면 환매를 막느라 그림자금융 자금은 당연

207) Ibid.

히 위축될 것이고, 이는 위의 분석이 지적한 바와 같이 지고의 가치인 고성장을 위협하게 된다. 그림자 금융이 개인 차원을 넘어 중국의 경제구조 나아가 거시경제정책 자체와 연계돼 있다는 현실이 그렇게 되는 원인인바, 그림자금융에 문제가 발생하는 경우 중국정부가 개인차원의 문제라고 방치하기는 힘들다는 점을 강하게 암시한다.[208)]

상기의 복잡한 상황을 인식, 중국정부 역시 금리자유화를 추진하기 시작했다. 예대금리 차이 인정 여부가 관건이었는데, 다음은 자유화 배경과 과정을 보여준다: "중국은 과거 국유기업 자금조달 비용 절감 및 국유상업은행의 예대 마진 확보를 위해 예대금리를 규제했다. 국유기업에 대해서는 자금조달 비용을 인위적으로 낮춘 셈이고, 막대한 부실채권을 보유하고 있던 국유상업은행에게 예대마진을 확보해 줌으로써 재무구조 개선을 위함이 예대금리 규제의 가장 큰 이유였다. (중국도 금리자유화를 안 한 것은 아니다) 1990년대 중반부터 자유화를 시작했는데, 2013년 7월에는 대출금리가 전면 자유화됐다(대출금리 하한 폐지)."[209)] 이어 "예금금리도 점차 자유화시켜 2015년 10월 예금금리 상한 규제가 사라지면서 자유화가 일단 완료됐다."[210)]

외형적으로는 위와 같지만, 내막은 다소 다르다는 주장이 있다: "제도적으로는 대출금리가 자유화되어 (과거에는 있던) 하한이 없으

---

208) 다음의 문제점도 간과하기 힘들다: "WMP의 만기는 대부분 1-3개월 혹은 3-6개월의 단기가 다수이나, 이렇게 단기로 조달된 자금이 SOC나 부동산 건설 등 장기 프로젝트에 사용되면서 '만기 불일치 등에 따른 유동성 리스크 및 은행 신용리스크' 발생 가능성이 증가한다." 이정진, "중국 그림자금융 리스크 점검," KB금융지주경영연구소 「CEO MEMO」 14-08호, 2014년 8호, p. 6.

209) 이정진, "중국 금리 자유화 추진 경과와 전망," KB금융지주경영연구소 「KB 지식 비타민」 14-55호 (2014.7.16.), 서문 및 요약문.

210) 안성훈, "중국의 통화정책 운영체계 변경 움직임," 한국은행 「국제경제리뷰」 제2017-22호 (2017. 6.16.), p. 15.

나 실질적으로는 90% 이상이 기준금리 이상에서 금리가 결정되는데, 이는 은행들의 조달금리 수준, 최근 악화되는 수익성, 중국정부 통제 등에 따른 것이다."[211] 진정한 자유화와는 다소 거리가 있다는 지적이다. 바로 이것이 전체 금융의 자유화, 즉 보험, 증권사 등 모든 금융기관 설립의 자유화와 외국 금융기관의 자유로운 진출 보장 등이 근본적인 해결책으로 제시됐던 이유다. 다음의 분석은 금융자유화의 의미와 그것이 구조적으로 얼마나 복잡한 사안인지를 보여준다.

> 당초에는 금리자유화로 예대마진이 축소되면서 중국 은행권의 구조개혁이 본격화되고 경영 효율성이 제고될 것으로 기대되었다. 그러나 시중 은행들은 신규 고객 발굴 및 다양한 금융상품 개발을 통해 경쟁력을 강화하려하기 보다는, 부외대출을 통해 부동산, 한계 기업 등 고수익 위험 분야에 자금을 공급하는 모습을 보였다. 그 결과 사회융자총액 중 그림자금융이 차지하는 비중은 2011년 20.5%에서 2013년 26.4%로 급증하였다. 당시 은행권은 실물경기 둔화, 기업실적 부진 등에도 불구하고 부외대출 등을 통해 비교적 높은 수익성을 유지할 수 있었다. 중국 공업기업 순이익 증가율은 2011년 15.7%에서 2014년 0.3%로 크게 하락한 반면, 은행권은 줄곧 두 자리 수 증가율을 유지하였다. 그러나 이는 결과적으로 중국 금융전반의 리스크를 확대시켜 시진핑 지도부로 하여금 기존 은행권에 대해 비판적 인식을 갖게 하고 금융구조 변화의 필요성을 각인시키는 계기가 된 것으로 보인다.[212]

---

211) 이정진, "중국 금리 자유화 추진 경과와 전망," p. 1. 구체적으로 "(중국 인민은행 통계에 따르면) 2014년 11월의 경우 은행대출에서 기준금리 대출이 19.94%, 기준금리 이상 대출이 70.63%, 기준금리 미만 대출이 9.44%를 차지하며 대부분 기준금리 이상으로 대출되고 있다는 사실을 알 수 있다(Ibid.)."

212) 이은영, "중국의 포용적 금융정책과 주요 은행 사례 분석," p. 10.

자금 배분의 왜곡 현상 때문에 필요한 자금이 늘 부족한 업체, 특히 중소기업의 이해와 금리 제약 때문에 이익 추구에 한계가 있었던 금융기관의 그것이 맞아 떨어지면서 정부의 영향권 밖에서 그림자금융이 비약적으로 발전한 것과 비슷하게, 이번에는 은행들이 정부 의도와는 달리 자신들의 이해를 극대화하기 위해 새로운 방안을 모색하고 있는 형국이다. 바로 이것이 시장의 힘인데, 정부가 그것을 예측하고 통제하는 것이 얼마나 어려운지를 알 수 있다. 사회적 시장경제라는 독특한 용어가 정부통제 하의 중국경제를 대변하지만, 시장이 작동하는 것만은 분명하다.

모순이 간단치 않다는 점을 중국 당국도 인식했다. 이번에는 금리 자유화를 넘어 효용성에 기초 자금이 필요한 분야에 더 많이 공급되는 것을 목표로 포괄적인 접근을 모색하게 된다. 2013년 11월 공산당 18기 3중전회에서 '금융혁신, 다층적 금융시장과 풍부한 서비스를 위해 포용적 금융 발전이 필요하다'는 언급을 시작으로, 금융감독위원회가 2017년 5월 '대중형 상업은행의 포용적 금융 사업부 설립 실시 방안'을 발표하며 새로운 정책은 구체화됐다. 여기서 포용적 금융이란 "제도권 금융으로부터 소외된 계층이 대출, 저축, 자금결제, 보험과 같은 금융 서비스에 접근할 수 있도록 하는 과정 혹은 상태를 의미한다. 대상은 국유경제 위주로 고착화된 금융시스템의 특성상 사회취약 계층은 물론 비국유경제 전반에 걸쳐있다."[213] 새로운 시도의 성공 여부는 시간이 말해 줄 것이다.

어쨌건 금리자유화 조치에도 불구하고 그림자금융 규모는 축소되지 않았다. 공식 통계상 자산관리상품(WMP), 위탁대출, 은행인수어음 등을 포괄하는 그림자금융 총 규모가 2011년 GDP 대비 30%에서

213) Ibid., p. 3.

금리자유화 원년인 2013년에는 41%로 증가했고, 2016년 역시 증가세가 이어져 62%(혹은 80%)로 불어났다. 2016년부터는 규모 상 그림자금융의 절반 이상을 차지하고 있는 WMP의 증가세가 두드러졌다. 2017년 상반기에만 28.4조 위안을 기록, 2016년 총 규모 29조 위안과 거의 같은 수준을 보이고 있다.[214)] 결국 그림자 금융 억제에는 실패한 셈인데, (금융)체제 수준의 위험성(systemic risk) 여전하다는 사실을 암시한다. 다음의 그림자 금융 전체 규모에 대한 통계는 정책 실패의 실상을 보여준다: "2008년 만해도 그림자 은행 활동은 뿌리를 내리기 시작한 수준이었다. 그러나 2014년 말이 되자 그림자금융 신용은 중국 GDP의 40% 규모로 불어났고, 2016년 중반기에는 두 배인 GDP 대비 80%로 폭증했다."[215)]

중요한 것은 국유 금융시스템이 미치지 못한 분야에 대한 민간의 접근, 즉 자원배분 왜곡 문제를 시장원리에 기초 일부 해결한 것이 그림자 금융이라면, 그림자 금융은 시장원리를 반영한 셈이 된다. 북한 당국의 무능으로 북한 주민의 경제생활이 방치되자 시장원리에 따라 장마당이 발전하며 문제의 일정 부분이 해결된 것과 비슷한 이치다. 따라서 다음과 같은 주장에는 무리가 없어 보인다: "그림자 금융 문제를 해결하는 유용한 방법은 금융체제 개혁을 통해 그림자 금융을 제도적으로 양성화하는 것이다."[216)] 같은 맥락에서 금융 전체의 자유화, 즉 "금리를 자유화하고, 양적 규제를 없애며, 가장 중요하게는 민간 금융기관 설립을 허용하는 것"이 근본적인 해결 방안이라는 앞서 나

---

214) 전용찬, "2017년 3분기 중국경제 현황과 전망," 현대경제연구원 「경제주평」 17-41 (통권 766호), 2017.10.20., p. 8, 표 [중국 그림자 금융 추정].

215) Dinny McMahon, *China's Great Wall of Debt: Shadow Banks, Ghost Cities, Massive Loans, and the End of the Chinese Miracle* (Boston: Houghton Mifflin Harcourt, 2018), p. 106.

216) 최진백, "중국 경제 위기론의 내용과 그 의미," p. 23.

온 야오 양의 주장에 힘이 실리는 이유를 알 수 있다.[217)]

6. 지방경제의 기본 구조: 경제 왜곡의 또 다른 모습

방대한 영토와 인구가 특징인 중국은 역사적으로 지방이 많은 권한을 행사하는 지방분권제를 유지했다. 중국이 공산화된 후에도 전통은 그대로 이어졌다. 하지만 모든 사람이 재산을 공유하며 평등하게 산다는 공산주의 이데올로기에 맞게 지방분권제 역시 변화를 겪으며 공산주의 식으로 정착했다. 덩샤오핑이 개혁개방 정책을 공식화한 1978년까지 지방분권이라는 기본 줄기에는 큰 변화가 없었지만, 세금제도에는 공산주의 이념이 깊게 투영돼 있었다: "지방정부(省級)가 필요로 하는 재정지출의 재원은 매년 각 지방에서 징수되는 재정수입(국영기업 수입, 조세 등)을 중앙에 일괄 상납하여 중앙과 해당 지방이 분배하는 방식으로 조달되었다." 중국식 용어인 통수통지(統收統支)를 의미하는데, 일로취반(一爐吃飯), 즉 '전국이 한 솥에서 지은 밥을 먹는다'는 공산주의 이념의 반영이었다.[218)]

덩샤오핑 개혁개방 정책의 핵심이 인센티브제 도입이었음은 앞서 설명한 바와 같다. 생산을 담당하는 농업과 기업이 우선 대상이었지만, 지방정부 또한 경쟁을 유발하면 효율성이 높아질 것이라고 판단했다. 당시 중국의 경제 환경도 그런 사고의 동인이었다. 국내 자본이 거의 없는 현실에서 활용 가능한 것은 인력밖에 없었다. 이것이 "경제발

217) 각주 205 본문 재인용.

218) 朴月羅, "中國經濟의 地方 分權化 現況과 問題點," 對外經濟政策研究院 「調査分析」 92-09, 1992년 12월, p. 31. 당연히 중앙정부는 낙후된 지역에 재정보조금을 제공할 수 있었다(Ibid., p. 32).

전 역량은 결국 관료, 특히 상당한 경험과 자율성을 가지고 있던 – 그러나 동기를 제공받지 못 했던 – (특히) 지방관료"에 있다고 판단한 배경이다.[219]

구체적으로 지방정권과 관료들에게 과거보다 많은 권한을 부여하고 실적에 따른 보상이 이루어지면 경쟁이 유발되면서 경제가 발전한다는 논리가 세를 얻었다.[220] 이것이 중국 고속성장의 핵심 동인인 투자가 지방정부 중심으로 이루어지게 된 배경이다. 2009년 기준 중국 전체 고정자산투자의 무려 90%가 지방정부 관할이라는 통계는 고속성장의 중심에 지방경제가 존재한다는 사실을 보여준다.[221] 반대로 중앙정부가 지방경제를 다루는 것 역시 쉽지 않다는 점도 위의 설명에 암시돼 있다. 다음의 분석을 보면 중앙과 지방의 경제관계가 얼마나 복잡하게 얽혀 있는지를 알 수 있다.

1980년 2월 재정포간제(財政包干制)가 '국무원 통지문'으로 발표

219) 정환우, "중국의 분권화 개혁과 지방주도 성장의 정치경제,"「國際政治論叢」 제43집 2호, 2003, p. 348.

220) Chenggang Xu, "Chinese Reforms and Chinese Regional Decentralization," The paper presented at the London School of Economics, 29 November 2006 (www.policydialogue.org/files/events/Xu_Chinese_Reform_and_Chinese_Regional_Decentralization.pdf), p. 11. 따라서 각 지방의 경제성장률이 경쟁과 성과의 기준이 됐다(Ibid.). 하지만 그렇게 시작된 성장지상주의가 지금에 이르러서는 심각한 부작용을 낳게 된다. 대표적으로 성과를 부풀리기 위한 지방정부의 경제통계 왜곡 행위는 지금도 지속되고 있다. "서방의 중국 전문가들은 '등소평 시대 과격한 분권화(radical economic decentralization in Deng era)'로 묘사하며 그것의 위험성을 경고했다." 지나친 분권화의 결과인 중앙정부 약화를 극복할 대안이 있는가가 당시 논쟁의 주제였다. Yongnian Zheng, *De Facto Federalism in China: Reforms and Dynamics of Central-Local Relations* (Singapore: World Scientific Publishing Co., 2007), p. 18.

221) 한국은행, "중국의 지방정부 부채 문제,"「해외경제정보」 제2010-26호 (2010.06.30.), p. 9.

됐다.[222] “지방정부가 징수한 수입 중 지방정부가 자율적으로 지출할 수 있는 지방유보분을 중앙정부와 지방정부가 협상하여 결정하는 제도”였다.[223] 중앙 상납분을 제외한 나머지는 지방정부가 자유로이 활용할 수 있다는 의미였으므로 앞서 소개한 농가청부생산책임제와 유사한 원칙이 적용됐다고 보면 된다. 일로취반과는 반대로 ‘각각 다른 솥의 밥을 먹는다’는 분로취반(分爐吃飯)이라는 용어가 등장한 배경이다.[224]

> 모든 세입원이 중앙으로 자동 상납되는 것이 아니고 지방에서 징수된 세입의 일정 부문을 중앙과 계약을 통해 자율적으로 사용하는 것이 가능해졌다.... (구체적으로) 1980년 재정분권화 이후 중앙정부는 과거 개별지출항목을 직접 통제하던 방식에서 벗어나 지방정부 예산운영의 자율성이 증진되면서 성급(省級) 단위에 세출가이드라인을 제시하는 관리방식으로 변화되었다.... (지방 내의 재정운영은 다음과 같이 중앙집중 방식이 여전히 남아 있었다) 즉 지방정부 예산은 성급(省級) 지방정부와 그 하위 지방정부로 구성된다. 하위 지방정부(市, 鄕, 鎭)는 성급정부에 의해 예산의 편성과 운영이 통제받는다.[225]

지방분권화는 세금에만 한정된 것이 아니어서 “1998년 말에 이르면, 소수 초대형 국유기업을 제외하고는 거의 대다수 국유기업이 지방정부로 관할권이 이전됐다. (따라서) 지방정부는 지방 국유기업의 실

222) 朴月羅, “中國經濟의 地方 分權化 現況과 問題點,” p. 32.
223) 金洙權, “中國의 地方財政과 政府間, 財政關係”「亞洲社會科學論叢」, 第9號 (1995), p. 160.
224) 朴月羅, “中國經濟의 地方 分權化 現況과 問題點,” p. 33.
225) 김의섭, “중국의 재정분권화와 중앙-지방 재정관계의 변화,”「한국지방재정논집」 제11권 제1호 (2006.06), p. 133.

질적인 주인처럼 국유기업의 생산재, 인력, 현금 등의 자원을 무상으로 이용할 수 있었다."[226] 아울러 "금융관리 권한, 투자허가권, 물자생산 및 조달권 등 각종 경제관리 권한을 지방정부 및 시장체제에 이양하는 개혁"이 지방분권 원칙에 따라서 시행됐다.[227] 당연한 결과지만, 우선 지방정부와 중앙정부의 세수 규모가 역전됐다. 1978년 전체 세수에서 중앙정부의 몫은 43.9%였지만, 비율은 줄곧 낮아져 1985년 39.7%, 1993년에는 22.9%까지 줄어들었다.[228]

상황이 그러하자 처음에는 예측하지 못한 부작용이 가시화됐다. 먼저 중앙정부 세입이 줄어들자 재정정책에 제약이 가해졌다. 개발도상국에서 가장 많이 활용하는 경기부양책이 재원 부족 때문에 어려워진 셈이다.[229] 지방정부 간의 경쟁 유도라는 목적은 달성했지만, 중앙정부가 낙후된 지방에 세수를 재분배 할 수 있었던 공산주의 통수통지(統收統支) 시행 시와는 달리 지방 간 경제력 격차가 점점 두드러지는 부작용이 나타났다. 구체적으로 경제특구가 위치한 연안지역은 급속히 발전한 반면, 내륙은 상대적으로 더욱 낙후됐다. 그러나 중앙정부 재정이 취약했으므로 낙후지역에 대한 공공투자에는 한계가 있었다.[230]

---

226) 이홍규·하남석·조성호, "중국 경제성장에 있어서 중앙과 지방정부의 역할에 관한 연구," 경기개발연구원 위탁정책연구 2011-62 (2011년 12월), p. 40. 지방 국유기업의 권력 종속 현상이 다음과 같이 가시화됐다: "중앙 국유기업들의 경우 대체로 독과점 산업 분야의 국유기업들이어서 중앙정부의 감독을 받았던 반면, 지방 정부 산하 국유기업들은 지방 관료들의 승진의 주요 근거였으며 지방 관료들의 전직(轉職)의 단골 대상이기도 할 만큼 지방정부의 직속 국유기업에 대한 장악력은 매우 컸다(Ibid.)."

227) 전홍성, "개혁기 중국의 중앙과 지방관계," 유세희 편, 『현대중국정치론』 (서울: 박영사, 2005), pp. 180-181 (Ibid., p. 41에서 재인용).

228) 김의섭, "중국의 재정분권화와 중앙-지방 재정관계의 변화," pp. 137-138.

229) 朴月羅, "中國經濟의 地方 分權化 現況과 問題點," p. 51.

230) 朴月羅, "中國의 經濟改革과 中央·地方關係," 對外經濟政策硏究院 「調查分

지방정부의 자의적인 행동 또한 두드러져 지방 이기주의가 극심해졌다. 조세 관할권 확대에 기초 지방정부는 기업 활성화를 위해 '세금감면, 자금대출, 토지사용' 등 관할 지역 우대정책에 몰입했다.[231] 소위 우리기업 우선 정책이 확대되자 일단 세수가 줄어들었고, 나아가 지방 이기주의에 불이 붙었다.[232] 1980년대 발생한 '시장봉쇄' 사례는 대표적이었는데, 1985년 이후 경기 과열에 대응 중앙정부는 1988년부터 긴축정책을 실시했다. 경기가 하락하자 "각급 지방정부는 다양한 행정 수단을 동원하여 기업의 상품구매에 개입하고 타 지역 제품, 특히 자기관할 지역의 제품보다 경쟁력이 높은 타 지역 상품의 유입을 막는 시장봉쇄 조치가 취해졌다."[233] 지역 이기주의의 가장 극명

析」 97-15, 1997년 12월, pp. 27-28. 이는 '중앙정부의 자원배분 기능 약화'를 의미한다(Ibid., p. 41). 당시 가시화되기 시작한 지역 격차 문제는 현재까지도 중국경제의 난제로 남아 있다. 지역 간 경제 격차가 상당히 커진 2002년의 경우 1인당 소득(per capita income)이 가장 높은 지역은 상하이였는데, 상하이를 100으로 가정했을 때, 베이징 67.8, 가장 낙후된 귀저우는 9.3, 광시는 15.3에 불과했다. 전국 평균 역시 27.8로 상하이와는 상당한 격차가 있었다. 결국 돈이 연안지역을 포함 특정 지역에 대부분 모여 있음을 알 수 있다. Annalisa Fedelino and Raju Jan Singh, "Fiscal Ferderalism," Eswar Prasad, ed., *China's Growth and Integration into the World Economy: Prospects and Challenges*, International Monetary Fund, *Occasional Paper,* 232 (2004), p. 36, Table 6.1.

231) 이홍규 외, "중국 경제성장에 있어서 중앙과 지방정부의 역할에 관한 연구," p. 71.

232) 1980년대 각 지방정부는 전국적으로 시장 망이 형성되지 못하고 중앙-지방 관계도 제도화되지 못한 상태에서 지방경제 발전을 도모했다." 바로 이 점이 "지방정부가 주로 상급 정부에 재정보조금 확대나 특혜를 요구하는 것"으로 상징되는 지방보호주의의 가장 큰 원인이다. 정환우, "중국의 분권화 개혁과 지방주도 성장의 정치경제," p. 352.

233) 朴月羅, "中國의 經濟改革과 中央·地方關係," pp. 30-31. 지방보호주의 혹은 제후경제(諸侯經濟)라고 불리는 위의 상황은 "각급 지방경제가 국지적인 이익만을 추구하며 중앙정부의 정책을 따르지 않고 독립왕국화 하고 있는 현상을 의미한다.... 중앙-지방의 기능분화가 명확하지 않은 데서 비롯된 기형적인 현상인데, 근본적인 해결을 위해서는 정기분리(政企分離), 가격

한 조치인 시장봉쇄 행위가 당시 이미 가시화됐고, 그 후 현재까지 이어지고 있다.[234] 국가 간에나 발생할 수 있는 극단적 보호주의가 중국의 경우는 성(省) 간에 실행되고 있는 셈이다.[235] 지방보호주의는 현재까지도 극복되지 않고 있는 난제로 남아 있다.[236]

이상이 1994년 시행된 유명한 분세제(分稅制)의 배경인데, 현재의 지방경제 기본 틀과 다양한 또 다른 문제들이 불거진 기원이었다. 1993년 11월 제14기 3중전회(中全會)에서 '사회주의시장경제체제 확립에 있어서의 약간의 문제에 관한 결정'이 발표되면서 분세제 도입이 가시화됐다. 한마디로 덩샤오핑 시절 채택된 재정포간제(財政包干制)의 문제점을 극복하는 방안이었다. 1994년 1월부터 시행된 분세제를 통

개혁, 산업조직의 합리화 등 철저한 시장화개혁이 전제되지 않으면 안 된다(Ibid.)." 정치적으로 이러한 지방주의는 탈중앙주의(decentralism) 혹은 지방분리주의(local separatism)로 발전할 위험성이 있는데(Ibid.), 바로 이것이 중국경제가 침하하여 중앙정부의 권위와 능력에 한계가 드러나면 중국이 갈라질 수도 있다는 주장의 경제적 근거다.

234) 김정계, 『中國의 中央과 地方 關係論 執權과 分權의 辨證法』, p. 207.

235) 정환우, "중국의 분권화 개혁과 지방주도 성장의 정치경제," pp. 352-353. 중국에서는 특정 품목 혹은 항목을 둘러싸고 지방 간에 벌어지는 경쟁을 '대전(大戰)'이라고 부른다(Ibid.). '독점적 판매기관의 지정, 위생검사 등 행정수단을 활용한 성 내 시장 보호, 나아가 금융, 세제, 물가 등 다양한 수단이 활용'된다. 朴月羅, "中國經濟의 地方 分權化 現況과 問題點," p. 81.

236) 2001년 중국의 WTO 가입 전후 지방보호주의가 WTO 규정 위반이라는 지적 때문에 WTO 가입의 장애물로 등장하자 중앙정부는 지방보호주의 타파에 나섰다. "명문화된 지방보호주의는 사라졌으나, 비공식적인 보호주의는 더욱 심화됐다"는 지적을 보면 지방보호주의 극복이 얼마나 난제인지를 알 수 있다. '재판 결과 집행의 지연 혹은 무관심,' '관련 서류의 늦장 처리,' '규제와 절차의 자의적 해석' 등이 대표적인데, 국제무역의 비관세장벽과 비슷한 조치들까지 중앙정부가 통제할 수는 없었다. 2003년 5월 발표된 국무원 발전중심의 '지방보호주의 실태 분석 보고서'조차 지방보호주의가 당시 보편적인 현상이라고 인정한 것을 보면 문제의 심각성을 알 수 있다. '보이지 않는 장벽'을 없애는 것은 향후에도 지난한 작업일 수밖에 없는 이유다. 한내희·김창도, "중국의 지방보호주의 현황과 전망," 포스코경영연구소 「China Weekly」 2004.4.9. (제21호), pp. 6-8, 10.

해 중앙세, 지방세 그리고 중앙·지방 공통세로 세금을 구분하고, 이어 중앙 세수를 확대하는 조치가 취해졌다.[237] 앞서 소개한 바와 같이 분세제 전 1993년 총 세수에서 지방과 중앙 비율은 각각 77%와 23%였지만, 분세제 실시 후 1995년의 비율은 47.8%와 52.2%로 중앙 세수가 많아졌다.[238] 문제는 지방세수가 약해지면서 지방정부가 재정적자를 겪게 됐다는 사실이다.

분세제 실시 직후인 1995년 지방정부 총 세입은 2,986억 위안이었다. 그러나 세출은 과거 추세가 유지되며 4,828억 위안을 기록했다. 차액이 재정적자이므로 적자 규모는 세입 대비 62%였다. 적자는 계속 줄지 않아 2000년에도 세입 대비 62%였다(세입 6,406억 위안, 세출 1조 367억 위안).[239] 그렇다면 적자는 어떻게 메웠을까? 방법은 두 가지 밖에 없었다. 세입이 늘어난 중앙정부가 세수 전환 방식으로 보조금을 주든가 아니면 별도의 지방 수입원을 발굴해야만 했다. 중국은 두 방법을 모두 동원했는데, 여기서 가장 중요한 것은 부동산 투자 활성화를 통한 대규모 토지 매도 수익의 적극 활용이었다. 2008년 기준 지방정부 총 수입 약 5조 2,000억 위안 가운데 중앙정부의 세수 반환 및 이전 액수는 2조 3,000억 위안으로 지방 전체 수입의 44.5%였고, 다음해 비율은 더 늘어 46.7%로 증가했다. 결국 지방 자체 수입만으로 충당된 지방의 순 세입은 2008년 약 2조 9,000억 위안밖에 되지

---

237) 朴月羅, "中國의 經濟改革과 中央·地方關係," p. 45. 핵심 세금원으로 발전한 부가가치세를 3:1 비율로 중앙에 많이 귀속시키는 조치가 취해졌고, 유통세인 소비세가 신설되면서 중앙이 이를 독점하는 새로운 방안도 도입됐다. 결국 '세입의 중앙집중화'가 핵심 내용이었다(Ibid., pp. 47-48). 1993년 수치를 기준으로 예산외 세입을 중앙과 지방이 70:30으로 배분하는 조치도 취해졌다. 김의섭·김은숙, "중국 재정분권화의 추이와 과제," 「韓國財政政策學會 財政政策論集」 第5輯 第1號 (2003년 2월), p. 16.

238) Ibid., p. 7, 표 1.

239) Ibid.

않았다.[240)]

여기에 부동산 관련 수입을 추가하면 흥미로운 그림이 나타난다. 2008년 지방 자체 수입 2조 9,000억 위안 중 부동산세, 토지부가세, 부동산취득세 등 부동산 관련 세금 수입은 17%, 2009년에는 19.1%였다. 부동산 관련 세입도 적지 않은 규모였지만, 더욱 놀라운 것은 정식 명칭이 '토지사용권 양도 수입'인 토지판매 수익이었다. 2008년 판매 수입은 9,600억 위안이었는데, 위의 지방 자체 수입 2조 9,000억 위안 대비 33%였다(2009년에는 44%). 그러나 토지 판매 수익은 재정 회계상 '제도 외 자금'으로 분류돼 지방정부의 공식적인 비자금 성격이 짙었다.[241)] 여기서 분세제의 또 다른 측면을 이해할 필요가 있는데, 분세제 이전인 1992년 토지양도수입에 대한 지방과 중앙의 배분 비율은 6:4였다. 그러나 분세제로 지방 세수가 줄자 1994년 분세제 실시와 더불어 토지양도 수익 전부를 지방이 취한다는 결정이 이루어졌다.[242)] 부동산이 지방경제에 왜 중요한지 분명해지는 대목이다.

분세제를 통해 중앙정부의 경제 권한은 외형상 대폭 강화됐다. 하지만 구조상으로는 지방의 역할이 오히려 중요해지는 역설적인 계기가 만들어졌다. 중국 경제성장 정책 자체에 그런 상황을 조성하는 요인이 내재돼 있었기 때문이다: "중국에서 경제운영 방침은 중앙정부가 정하지만, 이를 실행하는 것은 지방정부이다.... (특히) 지방정부는 중앙정부가 요구하는 세원 확보와 관할 지역 내 고용창출에 책임을 진다. 게다가 지방 관료들에 대한 중앙정부의 인사 평가는 주로 지역내

240) 강승호, "중국 부동산시장과 지방재정: 지방의 도시화정책과 재정적자가 부동산에 미치는 영향," 강동수 편, 『중국 금융시스템의 발전과 도전』, p. 329, 표 8-2.

241) Ibid., p. 330. 즉 토지양도 수입은 지방정부 총수입의 계산에 포함되지 않는다. 「한국은행」, "중국의 지방정부 부채 문제," pp. 3-4.

242) 강승호, "중국 부동산시장과 지방재정," p. 330.

총생산(GRP)을 기준으로 이루어지고 있다. 이에 따라 지방 관료들은 가급적 투자를 늘려 세원과 고용을 창출하고자 하는 '성장 지상주의'로 치닫는 유인을 갖게 된다."[243] 결국 중앙정부가 강조하는 지고의 가치인 고성장의 선두에 지방경제가 존재하는 셈이므로, 고성장 정책을 포기하지 않는 한 중앙이 지방경제를 통제하기는 쉽지 않다. 관료의 능력을 경제성장 업적으로 평가했기에 지방정부가 경제발전을 위해 어떤 방법을 사용하든 설사 부작용이 있더라도 제어가 어렵다는 점을 알 수 있다.

구조가 그랬기에 중앙정부는 그 동안 부작용에 대한 감안 없이 지방정부의 부동산 개발을 적극 부추기는 정책을 노골적으로 추진했다. 소위 누이 좋고 매부 좋은 식이었다. 하지만 그런 정책을 지속적으로 추진한 결과 중국경제는 자신도 모르는 사이 중요한 변화를 겪게 된다. 하나는 지방경제의 급속한 시장화였고, 다른 하나는 두고두고 중국경제에 부담될 부동산 과잉이었다. 덩샤오핑이 시장원리를 적용 경제개발에 성공한 사례를 통해 시장화가 수익을 높인다는 인식은 이미 중국에 뿌리내렸다. 부동산 사업을 통한 수익 증대가 위와 같이 필요한 상황이라면 부동산 사업에도 시장원리가 적용돼야 수익이 많아지는 것은 분명했다. 그러나 시장원리는 반대로도 작동한다. 시장원리상 부동산 공급은 수요와 일치해야 하지만, 성과지상주의 정책은 그런 시장원리를 무시하며 과잉 부동산 문제를 만들어낼 수도 있다. 지금부터 이 두 변수를 중심으로 중국경제가 어떤 모습으로 변했는지를 살펴본다.

2002년 중국 토지자원부 시행령(policy documents)을 통해 부동산 사용권 판매에 입찰 경매 방식이 처음 도입됐다. 가장 많은 금

243) 이철용, "생산능력과잉, 향후 수년간 중국 경제에 부담," p. 41.

액을 제시한 업자에게 토지가 판매되는 것이므로 경쟁을 통해 양도수익은 당연히 증가했다. 2001년 양도수익은 1,300억 위안이었지만(지방 자체수입의 16.6%), 경매제 원년인 2002년 수익은 2,400억 위안으로 치솟았다.[244] 앞서 소개한 바와 같이 2008년 9,600억 위안, 2009년에는 전년 대비 약 50% 늘어난 무려 1조 4,000억 위안으로 폭증했다. 이런 통계치에 근거 전문가들은 2002년을 도시 인프라 금융 시장화(marketization of urban infrastructure financing) 원년으로 간주한다.[245]

다음의 중요한 변화가 뒤를 이었다. 과거 공산주의 시절 정부 혹은 기업은 주택을 일반인에게 무상으로 제공했다. 그러나 부동산 개발에 수요공급, 즉 시장원리가 적용되면서 개인은 주택을 스스로 마련해야 하는 새로운 상황이 전개됐다. 즉 과거 체제가 완전히 붕괴된 셈이다.[246] 또한 '토지사용권 양도수익'이 위와 같이 증가한 결과, 제도 외 수입으로 분류되는 토지 판매 수익과 제도 내 수입인 지방 자체 수입은 2009년 44:100이었다. 지방 자체 수입의 44%에 이르는 큰 규모의 수익이 토지 판매 대금이었음을 알 수 있다.[247] 그 후에도 비율은 축소되지 않았으므로 부동산개발은 재방재정과 떼려야 뗄 수 없는 상황이 지금까지 이어지고 있다.

하지만 세입구조와 부동산 개발의 다음과 같은 특징 때문에 지방정부는 채무증가라는 부작용을 피할 수 없었다. 중국 전체 고정자산

---

244) 강승호, "중국 부동산시장과 지방재정," pp. 330-331.

245) De Wang, Li Zhang, Zhao Zhang, and Simon Xiaobin Zhao, "Urban Infrastructure Financing in Reform-era China," *Urban Studies* 48(14), November 2011, p. 2980.

246) 이수행 외, 『전환기 중국경제와 지자체의 대응과제』 경기개발연구원 기본연구 2012-02 (2012년 6월), p. 25.

247) 강승호, "중국 부동산시장과 지방재정," p. 331, 표 8-3.

투자의 90%를 지방정부가 관할하는 것이 현실이라면, 고속성장의 필요조건인 대규모 투자 재원은 어떻게 조달될까? 분세제를 통해 지방정부 수입이 줄어든 상황에 비춰 외형상으로도 빚 없이 지방정부가 대규모 투자를 감당하기는 힘들었다. 부동산 개발 사업의 특징은 이런 상황을 부채질했다. 고정자산 투자는 일반적으로 장기적인 경우가 많다. 부동산 개발에는 그런 특징이 더욱 두드러진다. 국유지가 아닌 경우 토지를 매입하는 데 많은 돈과 시간이 들고, 주택 혹은 공장을 새로 건설하는 경우 도로, 전기 등 기초 인프라 확충을 지방정부가 책임져야 하므로 여기에도 대규모 자본이 투입될 수밖에 없다. 더욱 중요한 것은 애초 투자비용이 회수되는 시간, 즉 투자의 회임 기간이 대단히 길다는 사실이다.[248] 막대한 초기 자본이 오랫동안 묶이는 셈이므로 이를 지탱해주는 금융지원이 필수적이고, 그것을 어떻게 창출할 것인가가 관건이 됐다.[249] 바로 여기서 부동산 개발을 포함한 지방의 고정자산 투자가 금융과 연계되는 구도가 만들어지는데, 다음의 분석은 연계 구조를 보여준다.

---

248) Ibid., p. 338. 다음 설명을 통해 투자 회임 기간 관련 문제점을 짚어볼 수 있다: "지방공사가 건설하는 도로·하천(댐건설) 등은 사용료 징수가 쉽지 않고, 철도·전력 인프라는 수익이 점진적으로 발생하는 구조이므로 지방공사의 자체 수익만으로는 원리금을 상환하기 어렵다." 「한국은행」, "중국의 지방정부 부채 문제," p. 10. 인프라 범위는 다음과 같이 대단히 넓다: "도로 및 다리 건설과 같은 교통 인프라, 전기 혹은 가스 공급을 위한 에너지 인프라, 급수·하수 시스템 및 홍수예방 체계 구축과 같은 수자원 관리 인프라, 전화·TV 네트워크 구축을 위한 통신 인프라, 쓰레기 처리를 위한 인프라, 그리고 녹지 확충 인프라 등." De Wang, et. al., "Urban Infrastructure Financing in Reform-era China," p. 2976.

249) 도시 인프라 투자에는 인프라 건설과 운영을 위한 자금 확보(funding)는 물론 건설 후의 유지비용도 포함된다(Ibid.).

개혁개방 이후 엄청난 규모의 도시 인프라 투자 수요가 발생했다. 수요는 도시화(urbanization) 현상과 깊이 연계돼 있다. 도시화는 중국의 현대화라는 용어와 동일시 됐고 지방분권화가 지속되면서 더욱 표면화됐다. (지방분권화에는 지방이 스스로 일을 해결해야 한다는 의미가 내포돼 있으므로) 지방정부는 지상 과제인 현대화를 수행하기 위한 재원 확보를 위해 스스로 뛸 수밖에 없었다. 이상이 지방정부가 기업처럼 행동해야만 하는 이유다(entrepreneurial agencies).... 상황이 위와 같이 돌아가는 가운데 기존의 세금 수입 외에 토지의 현금화(monetisation of land) 형태로 시장중심(market-based) 재원조달 방안이 현실화되자, 지방정부는 예산 제약을 넘어 더 많은 자원을 동원할 수 있었다. 그 동인이 얼마나 강했으면 중앙정부가 토지 의존형 투자자금 조달을 규제해도 지방정부는 이를 교묘하게 회피하기 일쑤였다. 과거에는 재원이 없어 불가능했던 대규모 현대화 투자가 가능해진 셈이었는데, 다음의 분석은 이를 함축적으로 설명하고 있다. 거의 전적으로 인프라 투자의 책임을 지고 있는 지방정부가 안정적인 수입원이 없는 상황에서, 그렇다고 자금을 염출할 수 있는 믿을 만한 국가기관(authority)이 있는 것도 아닌 현실에서, 위와 같은 방법을 동원하는 것은 전혀 이상한 일이 아니다. 결과는 도시 인프라 투자의 많은 부분이 공식 예산 범위 밖에서 해결되는 방식으로 귀결됐다.[250)]

자금 조달 문제를 극복하기 '융자플랫폼'이라는 중국 특유의 시스템이 만들어졌다. 중국 국무원 규정은 융자플랫폼 회사를 다음과 같이 정의하고 있다: "지방정부 또는 그 예하 부서나 기관이 재정출자

250) Ibid., p. 2994. 지방정부가 토지사용권 판매를 통해 수익을 창출한다 하더라도 이 금액으로 부동산 관련 사업을 완수하는 것은 불가능하다는 사실을 다음의 수치를 통해 알 수 있다. 2009년 기준 전국 지방정부 모두의 토지 판매 수익은 1조(혹은 1조 4천억) 위안 정도였기 때문이다. 「한국은행」, "중국의 지방정부 부채 문제," p. 5.

혹은 토지·지분 출자를 통해 설립하며, 정부 투자 프로젝트에 대한 융자 기능을 담당한다."[251] 공식 명칭이 '지방정부융자플랫폼공사(地方政府融資平台公司: local government finance vehicle)'인 융자플랫폼은 지방정부가 일종의 회사인 투자공사를 설립한 후, 이것을 통해 금융권 대출을 일으켜 인프라투자 재원을 마련하는 기제다.[252] 지방정부가 은행에 지급보증을 먼저 하고, 그것에 기초 융자플랫폼이 은행으로부터 융자를 받은 후 자금을 인프라 공사에 투자하게 된다. 명시적 혹은 묵시적인 지방정부 보증이 모두가 활용되지만, 보증의 결과 융자플랫폼 부채는 지방정부의 채무로 전환될 수밖에 없다.[253]

부동산 개발에 시장원리가 적극 활용되면서 시장기능은 빠르게 확장됐다. 위에서 말한 금융권의 범위가 국유시중은행을 훨씬 넘고 있기에 금융 특유의 시장 확장성이 두드러졌다는 의미다. 금융권은 은행, 신탁회사는 물론 그림자은행을 포함 사실상 모든 금융회사를 포괄하는데, 지방정부 지급 보증이 필요한 시중은행 융자가 대표적이지만, 그 밖의 다양한 방법이 다음과 같이 활용됐다. 지방정부가

---

251) 최필수, "중국 지방정부의 자금조달 실태와 중국 재정 상황 평가," 대외경제정책연구원「KIEP 지역경제포커스」Vol. 5 No. 21 (2011년 5월 17일), p. 6.

252) Ibid.; 강승호, "중국 부동산시장과 지방재정," pp. 337-338. 융자플랫폼은 1994년 분세제 후 활동이 활발해졌다. 1997년 동아시아 금융위기에서 비롯된 경제침체를 극복하기 위해 중앙정부는 융자플랫폼을 통한 투자를 적극 장려했는데, 융자플랫폼이 중국경제의 핵심 기제로 자리 잡는 계기였다. 劉金賀(Liu Jinhe), "중국의 지방정부 부채위기," 중국삼성경제연구소「SERI China Review」제11-1호 (2011.01.20.), pp. 1-2. 2008년 세계금융위기 시에도 비슷한 조치가 이어졌다. 중국인민은행은 2009년 3월 '지방정부융자플랫폼공사의 설립 및 자금 조달을 장려하는 가이드 라인'을 공표했고, 그 후 융자플랫폼의 수는 폭증했다.「한국은행」, "중국의 지방정부 부채 문제," p. 6. 2009년 지방 융자플랫폼 수는 총 8,221개, 그 중 현(縣) 이하 지방정부가 설립한 회사는 4,907개였다. 최필수, "중국 지방정부의 자금조달 실태와 중국 재정 상황 평가," p. 2.

253)「한국은행」, "중국의 지방정부 부채 문제," p. 6.

담보를 제공한 후, 신탁회사와 은행이 재테크 상품을 개발한 다음, 이들을 은행창구를 통해 판매해 모은 자금을 신탁회사가 지방공사에 대출하는 방식이 가장 많이 쓰인다. 같은 과정을 신탁회사 없이 은행만이 수행하는 방식도 있고, 반대로 은행이 배제된 신탁회사의 단독 방식, 아니면 지방공사가 회사채를 직접 발행하는 방식 등도 유용하다.[254] 금융 자유화 혹은 다양화에 일조를 하고 있는 셈인데, 다음은 그렇게 되는 구조적 원인을 밝히고 있다.

> 중앙정부가 지방정부의 예산 외 차입에 대해 제약을 가하는 경우가 있지만 그런 조치는 결코 유효한 적이 없었다. 차입이 인프라 건설의 핵심 기제, 즉 (투자 중심) 고속성장의 토대였기 때문이다. (금융적 측면에서는) 국유은행이 금융시장을 거의 독점하고 있는 현실도 이유가 된다. 그와 같은 경직된 금융시장의 대안으로 더욱 경쟁적이고 다양한 지방정부 중심의 금융체제가 발전한 셈이다. 따라서 지방정부의 금융시스템에 투명성이 결여되어 있다든가, 그 결과 감추진(implicit) 빚이 많다든가, 아니면 모니터링이 결여되어 있다는 등의 문제가 불거지는 것은 이상한 일이 아니다. 그러므로 지금과 같은 지방정부의 재원 조달 방식에 비판이 있는 것은 사실이지만, 불가피한 측면이 있다는 점 또한 인정할 수밖에 없다. 비슷한 맥락에서 개선을 위해서는 (국유은행 중심의 금융시장은 그 자체로 유연성이 떨어질 수밖에 없으므로 지금의 한계를 뛰어 넘어) 지방정부가 자본시장에 쉽게 접근할 수 있도

254) KIEP 북경사무소, "중국 지방정부 부채 현황과 전망," 대외경제정책연구원 「KIEP 북경사무소 브리핑」 Vol. 13, No. 19, 2011년 12월 13일, p. 12. 다음의 통계를 보면 대부분의 금융회사가 융자플랫폼에 연계돼 있음을 알 수 있다. 중국의 회계감사기관인 심계서(審計署)에 따르면 지방정부 부채 중 은행대출이 차지하는 비율은 2010년 79%였지만, 2013년에는 57%로 뚝 떨어졌고, 대신 같은 기간 지방채 비율은 7%에서 10%로, 그림자은행 대출은 0%에서 무려 8%로 증가했다. 「중앙일보」, "中 지방정부, 그림자금융 의존 ↑ .. 일부 디폴트 가능성," 2014-01-07.

록 금융체제 자체를 개혁하는 것이 급선무다.[255)]

위와 같은 상황 전개는 두 가지 결과를 낳았다. 하나는 지방정부 채무의 급증이고 다른 하나는 과잉 부동산 개발이었다. 채무 관련 구체적인 통계치에 대해서는 나중에 소개하겠지만, 선진국의 지방 재정과 중국의 상황을 비교한 다음 설명을 보면 지방정부가 구조적으로 재정 압박을 받은 상황, 나아가 부채문제로부터 자유로울 수 없는 현실이 드러난다.

> 2012년 말 현재 중국 지방정부 부채는 2007년 규모의 무려 두 배로 늘어났다. 사회지출 증가, 토지 판매수익 위축, 투자의 수확체감 혹은 마이너스 수익, 현금 흐름의 악화 등을 고려하면 지방정부의 재정 상태는 향후 더욱 나빠질 것이다. 바로 이런 요인들이 지방부채를 위험하다고 보는 근거다. 지금의 중국과 흡사한 지방부채 문제는 미국에도 있었다. 1837-43, 1873-79, 그리고 1893-99년 미국 금융위기는 사실상 지방의 무모한 과잉대출에서 비롯됐다. 오늘날의 중국과 같이 당시 미국에게도 '도시화(unbanisation)'는 경제발전의 가장 중요한 동인이었다. 하지만 미국의 경우 지방은 재산세(property tax) 징수권이라는 강력하고 안정된 자금원이 있었다. 사회주의 색채를 못 벗어나고 있는 중국에서 재산세 부과는 정치적인 금기로 남아 있다.[256)]

---

255) Lili Liu, "Creating Regulatory Framework for Managing Subnational Borrowing," Jiwei Lou and Shuilin Wang, eds., *Public Finance in China: Reform and Growth for a Harmonious Society* (Washington D.C.: The World Bank, 2008), p. 182. 그림자 금융과 인프라 및 부동산 투자의 연계성은 시간이 갈수록 짙어지고 있다. 2013년 3분기 그림자금융 대출의 26%가 인프라 투자로 흘렀고, 부동산에는 9.3%, 그리고 산업 분야에 29.5%가 각각 할당됐다. Simon Rabinovitch, "China trusts bring contrasting fortunes," *Financial Times*, January 2 2014.

256) George Magnus, "China's national problems start in local government,"

선진국의 지방 세수구조를 살펴보면 중국 지방정부의 구조적인 고민을 알 수 있다. 1930년대 이후 확립된 미국 지방정부 세수의 경우, 2001년 지방정부 수입 중 재산세 71.5%, 일반 소비세는 12.4%를 차지 재산세가 핵심 세원 역할을 하고 있다. 영국과 캐나다는 재산세 비율이 각각 99.9%와 88.5%였다.[257] 중국의 경우 소유권은 없고 사용권만 있으므로 자본주의 사회의 재산세는 애초 존재하지 않는다. 부동산 혹은 토지 사용 및 점유에 대한 부동산세가 있지만, 2009년 이 부동산세는 지방 모두의 단순 세수입인 2.6조 위안 대비 3%에 불과했다. 도시토지사용세와 경지점유세 등도 존재하지만 그 비중은 위의 부동산세와 흡사하게 매우 낮다.[258]

7. 부동산 과잉과 부동산 시장 불균형

부동산 관련 사업이 중국경제 전체에서 차지하는 비중을 살펴보면 고속 성장의 핵심 동인인 투자와 부동산 사업의 연계성을 알 수 있다. 2013년 빌딩 판매와 주택 공급이 중국의 GDP에서 차지하는 비율은 무려 23%였다. 다른 비교를 통해서도 부동산 사업의 비중을 확인할 수 있는데, 같은 해 부동산 관련 투자는 중국 총 투자의 1/3이었고, 중앙 및 지방정부 수입에서 차지하는 비율 역시 40%로 대단히 높

Financial Times, May 20 2013.

257) Ehtisham Ahmad, "Taxation Reforms and the Sequencing of Intergovernmental Reforms in China: Preconditions for a Xiaokang Society," Lou and Wang, eds., *Public Finance in China: Reform and Growth for a Harmonious Society*, pp. 100-101, Table 6.1 and 6.2.

258) 강승호, "중국 부동산시장과 지방재정," p. 329, 표 8-2.

았다.[259] 이런 통계는 다음의 중요한 사실을 전해준다. 부동산 사업이 계속 활황이어야 투자 중심 고속성장이 유지되고, 지방정부 역시 수입을 증대시킬 수 있다. 다른 국가와 비교, 중국 부동산 관련 사업의 위상이 남다르다는 사실이 드러난다.

중국의 부동산 관련 경제구조가 위와 같기에 부동산 가격이 오르는 것은 이상한 일이 아니다. 2000-2009년 10년 동안 부동산 평균가격은 225% 상승했다. 2007-2009년 동안에만 부동산 가격이 무려 160% 급증했는데,[260] 중국 역사상 최고의 경제성장률과 부동산 붐은 시기적으로 거의 일치했다. 2007년 경제성장률 14.2%를 필두로 그 후 2년 동안 연평균 성장률이 10%를 상회했기 때문이다. 중국의 초고속 성장을 위해 부동산 관련 투자가 증가하고 부동산 가격이 상승하는 국면이 중요한 역할을 한다는 점을 부인하기 힘들다. 그렇다면 지방경제의 중심축인 토지판매 수익과 부동산 가격 상승은 어떤 관계일까?

베이징 토지가격은 2007-2009년 3배 폭등했다. 이 토지비용을 위에서 소개한 부동산 가격과 비교하면 흥미로운 사실이 드러난다. 2003-2007년 부동산 가격을 100으로 가정했을 때 토지비용(판매가)은 연평균 30-40였지만, 2008-2010년에는 매년 거의 두 배인 60을 기록했다.[261] 다시 말해 부동산 개발에 들어가는 총 비용 중 토지가격이 차지하는 비율이 시간이 갈수록 높아졌다는 의미다. 토지가격 상

259) Jamil Aderlini, "China weighs state rescue of developer," *Financial Times*, March 19 2014; Jamil Aderlini, "Property slowdown fuels China fears," *Financial Times*, May 14 2014.

260) Jing Wu, Joseph Gyourko, and Yongheng Deng, "Evaluating Conditions in Major Housing Markets," National Bureau of Economic Research, *Working Paper* No. 16189 (July 2010), p. 1.

261) Ibid., p. 3.

승률이 부동산 가격 상승률을 앞선 셈이므로, 지방정부의 토지 판매 수익은 시간이 흐를수록 증가했다. 부동산이 활황이어야 중국경제의 고속성장 엔진이 가동되고, 지방정부의 재정 수익 역시 증가하는 구조가 정착됐다고 보면 된다.

그렇다면 부동산의 지속적인 활황은 가능할까? 두 가지 쟁점을 통해 이 문제를 짚어볼 수 있다. 부동산 구매가 일반인들에게 꼭 필요한지, 즉 일반인이 다른 곳에 돈을 사용하여 자금의 효용을 높일 수 있었는데, 부동산을 구매함으로써 기회비용 손실이 발생하는 경우는 없는지 우선 짚어봐야 한다. 아울러 그토록 많은 신축 부동산에 대한 적정 수요가 있는지 여부도 매우 중요하다. 이 두 논제를 통해 경제적 관점에서 자원배분 왜곡 현상이 있는지를 가늠해 볼 수 있을 것이다. 다음의 설명은 첫 번째 논제(기회비용 손실)와 관련된 문제점을 보여준다.

> 중국 화동(華東)의 한 성(省)에서 일어난 사례를 통해 자세한 내막을 살펴보자. 낡은 농가를 철거한 뒤 정부가 정한 토지 위에 집을 지어야 한다는 규정에 따라 농부는 대략 10만 위안을 내고 집을 지었다. 그리고 농부는 과잉 생산된 철근 콘크리트를 사용함으로써 중국의 GDP는 상승했다(과잉 투자). 그렇다면 중국의 농부는 이후 어떤 생활을 할까? 집을 짓는 데 들어간 10만 위안으로 원래 농부는 장사를 할 생각이었다. 즉, 10만 위안은 다른 곳에 소비될 수 있었던 자금으로 (더욱 효율적으로) 생산을 촉진할 수 있었다. 한 마디로 소중한 생산성 자원이었던 농부의 10만 위안은 서민들에게 더 많은 수입을 가져다주었을지도 모른다. 하지만 불행하게도 농부의 소중한 자금은 철근과 콘크리트를 사느라 흔적도 없이 사라지고 말았다. 이처럼 (중국의 과잉생산과 투자 중심 경제의 특징인) 철근과 시멘트 소비가 늘어날수록 서

민은 가난해진다.... 결론적으로 인프라 건설에 투입될 자금을 서민에게 주어 그들을 부유하게 만들어야 한다는 것이 내 생각이다.... 이렇게 차근차근 서민의 소비를 뒷받침하면 내수 역시 자연스레 성장하지 않을까? 이것이 바로 국민을 부자로 만들어야 하는 구조적인 이유다. (국가 및 기업의) 이윤을 소비로 전환하는 방식만이 긴 호흡으로 중국경제를 이끌어 갈 수 있다. 이 점이 바로 다른 국가에서는 소비가 GDP의 무려 70-80 퍼센트를 차지하는 데 반해 중국은 35 퍼센트를 넘기지 못하는 이유다.[262)]

다음의 통계도 위와 비슷한 현실을 보여준다. 부동산 개발은 주로 도시를 중심으로 이루어졌다. 1인 주거면적 기준 도시 평균 주택가격을 도시민 1인의 연소득으로 나눈 비율(PIR: price to income ratio)의 경우, 1990년에는 수치가 5.58이었지만, 2000년 6.83으로 높아졌고, 이어서 앞서 소개한 부동산 과열 시기인 2007년 7.67, 그리고 2009년에는 8.31까지 급증했다.[263)] 개인의 소득 증가율보다 부동산 가격 상승률이 월등히 높았다는 뜻이므로 부동산 가격에는 거품이 끼었다고 볼 수 있다. 주택 1 평방미터의 평균가격을 1인당 GDP로 나눈 값의 국제 비교 역시 중국의 부동산 과열 양상을 보여준다. 2009-2010년 미국과 일본의 수치는 31.8과 35.8에 불과했지만, 중국은 거의 3배 높은 85.5였다.[264)] 중국에서 부동산 가격 상승률이 개인 소득 증가율보다 월등히 높았음이 분명해지는데, 기회비용 관점에서는 다

---

262) 랑셴핑(郎咸平), 『부자 중국 가난한 중국인』 이지은 옮김 (서울: 미래의 창, 2011), pp. 34-35, 43-44.

263) 현대경제연구원, "중국 부동산 시장의 향방과 시사점," 현대경제연구원 「VIP REPORT」 10-13 제440호, 2010.04.21., p. 3. 경제학에서는 6 이상이면 임계치를 넘는 것으로 간주한다(Ibid.).

264) Ibid., p. 4.

음의 해석이 가능하다. 개인은 소비 대신, 혹은 다른 분야에 돈을 투자하여 부가가치를 높일 수 있는 기회를 포기하는 대신 부동산 구매에 자금을 상대적으로 많이 사용했다. 비효율적인 자원배분인 셈이다. 위의 상황은 다음의 개인 수준 통계치를 통해 더욱 선명해진다. 주택담보대출 원리금 상환부담률(DTI: debt to income ratio)에서도 중국의 평균 수치는 60%여서 다른 국가의 평균치인 40%를 크게 상회했다.[265] 중국인들이 부동산에 과도하게 많은 돈을 지불하고 있음을 알 수 있다.

부동산 관련 사업이 그토록 활황이라면 당연히 돈(자원)도 그만큼 많이 투입됐을 것이다. 부동산 사업에 불이 붙기 시작한 2004년 금융권 신규융자 1.9조 위안 가운데 44.4%, 2005년에는 신규대출 1.8조 위안 중 70%가 부동산으로 흘러들어갔다. 2004-2005년은 부동산 가격이 가장 급등했던 시절이다. 2007년에는 추세가 다소 누그러져 총 신규대출 4.2조 위안 가운데 55.1%가 부동산 대출이었지만 수치는 여전히 높았다. 2009년의 경우 신규대출 9.6조 위안 대비 31.3%였으므로 외형상 자금의 부동산 집중도는 낮아졌다. 그러나 세계금융위기 대응책으로 약 4조 위안의 경기부양 자금이 풀렸고, 따라서 전체 대출 자체가 엄청나게 증가한 점을 감안하면 부동산 대출 규모가 작아졌다고 보기는 힘들다.[266] 결국 부동산 사업과 관련 개인적으로는 기회비용 손실, 국가 전체로는 자원배분의 왜곡 현상이 지속되고 있다. 경제 이론상 그런 상황이 지속되는 것은 불가능하다.

개인이 부동산에 얽매일 수밖에 없는 금융 구조상의 이유도 존재한다. 앞서 마이너스 금리에 대해 설명한 적이 있다: "마이너스 금

265) 오대원, "중국 부동산 가격 적정성과 금융부실화 가능성 점검," KDB산업은행 「조사연구」 2012/04/15, p. 13.
266) Ibid., p. 6.

리가 현실화된 것은 2003년 후반기였다. 2004년에는 실질금리가 -1.62%로 낮아졌고 고속성장이 더욱 탄력이 붙은 2008년 중반에는 -3.6%라는 믿기 어려운 예금자 손실이 현실화됐다."[267] 은행에 예금하는 것이 손해이므로, 개인 입장에서는 수익이 더 높은 투자처를 찾을 수밖에 없었다. 하지만 금융억압 때문에 다른 금융상품에 대한 투자는 한계가 있었다. 즉 "마이너스 실질금리와 주식시장의 극심한 변동성(위험성)으로 인해 주택시장이 자산운용 수단으로 활용된 측면이 컸다."[268] "2001-2012년 11년 동안 부동산 가격 연평균 상승률이 9.7%였다"는 통계는 부동산에 과도한 자금이 몰렸음을 보여준다.[269] 투입 중심 경제정책의 바로 옆에는 부동산 개발이라는 또 다른 이색적인 변수가 존재한다는 사실을 알 수 있다.

부동산 개발의 외형은 위와 같지만, 내막은 다음과 같이 더욱 구조적인 모습을 띠고 있다: "(2009년) 대규모 경기부양책의 최대 수혜자는 중앙 및 지방의 공기업들이었는데, 이들은 정부가 암묵적으로 보호한다는 국유기업의 이 점을 적극 활용하여 가치가 높은 토지를 다량 매입할 수 있었다. (예를 들어) 북경에서 거래된 토지 면적에서 공기업이 차지하는 비중은 2003년 40%에 불과하였으나 2010년 초에는 70% 이상으로 증가하였다."[270] 통화론적 관점에서는 대규모 경기

267) 각주 169 본문 재인용.

268) 장정모, "중국 주택가격 버블에 관한 논의," 자본시장연구원「중국 금융시장 포커스」2010년 10월, p. 1.

269) 메이젠핑(창장상학원 교수), "中 부동산 거품 막으려면 정부 토지 독점 폐지해야,"「한국경제」2013-01-07.

270) 장정모, "중국 주택가격 버블에 관한 논의," p. 5. 당시 베이징 토지 매입 경매에서 중앙정부 소속 국유기업은 다른 사업체에 비해 27%나 높은 토지 매수가격을 제시했다. 부동산 붐, 그리고 이어지는 토지가격 상승에 국유기업이 일조를 한 셈이다. Wu, et. al., "Evaluating Conditions in Major Housing Markets," p. 3.

부양책 실시 역시 부동산 붐에 일조했다. 2008년 세계금융위기 직후 인 2009년의 연간 M2 증가율은 27.6%를 기록, 당국의 목표치를 거의 50%나 넘었다. 당연히 인플레이션 기대 심리가 개인들을 엄습했고, 가치 보전에 유리한 부동산이 대안으로 떠올랐다.[271)]

이상이 기회비용 손실이 발생하는 이유와 그것이 중국경제 전체를 어떻게 왜곡시키는지에 대한 설명이다. 지금부터는 두 번째 논제인 '부동산은 과연 걸맞은 수요와 만나고 있는가'에 대해 알아본다. 중국 부동산의 과잉 여부와 관련된 질문이다.[272)] 앞서 11년 동안 부동산 가격 상승률이 연평균 9.7%였다는 사실을 소개했다. 이 상승률이 당시 중국경제 성장률과 거의 일치한다는 사실은 어떤 의미일까? 외형상 경제성장의 상당 부분을 부동산이 견인했다고 볼 수 있는 대목이다. 2011년 부동산 건설이 외형상 GDP에서 차지하는 비율은 12%였지만, "어떤 추계에 따르면 중국 GDP의 절반은 부동산 관련 활동과 연결돼 있다"는 주장이 있을 정도다.[273)]

당시 개인소득 증가율이 경제성장률의 절반을 조금 넘는다는 사실에 비춰 봐도 부동산 과잉을 아는 데는 무리가 없다. 2010년 9월 13일 톈진에서 열린 세계경제포럼(World Economic Forum) 연설을 통해 원자바오 총리도 다음의 현실을 솔직히 인정했다: "(거품 제거를 뜻하는) 주택가격 안정은 중국의 중앙 및 지방정부 등 모든 정부가 해결해야 할 가장 긴급한 현안이다." 총리 발언을 전한 언론은 다음의 구체적인 통계를 제시했다: "통계상으로도 6개월 혹은 그 이상 사람이 거주하지 않는 아파트 숫자는 무려 6,400만 채였다. 분석가들에

271) 현대경제연구원, "중국 부동산 시장의 향방과 시사점," p. 5.
272) 부동산 가격이 계속 상승하기에 주택 혹은 빌딩을 더 많이 짓고 그것이 반복되는 현상을 '부동산 과잉'이라고 부른다(Ibid., p. 5).
273) 손성원, "중국경제 연착륙, 부동산이 관건이다," 「한국경제」 2012-06-22.

따르면 가구 하나를 부부와 한 자녀로 상정할 때 6,400만 채는 1억 9,200만 명을 수용할 수 있는 수치다. 여기 더해 2009년에만 주요 도시의 부동산 가격은 50%나 폭등했다."[274]

대도시인 북경, 상해, 심천, 항주, 천진 그리고 청도 등의 평균 임대수익률 저하 현상도 부동산 과잉을 보여준다. 수익률은 2007년 부동산 가액의 5.05%였지만, 2009년에는 3.73%로 많이 하락했다.[275] 앞서 소개한 부동산 가격 상승률을 훨씬 밑도는 개인소득 증가율, 즉 양자의 괴리가 부동산 공급에 비해 수요가 못 미치는 현실로 나타나며 발생한 현상으로 이해할 수 있다. 가격이 계속 상승했던 2010년 중반이 되자 전문가들의 경고음은 더욱 높아졌다. 위에서 소개한 2007-2009년 대도시 부동산 수익률 저하에 기초 적정 부동산 가격이 제시된 적이 있다. 2010년 중반 평균 수익률이 2.2%로 상대적으로 낮았던 베이징을 기준으로 계산한 것인데, 향후 거의 절반 수준으로 가격이 떨어져야 정상이라는 주장이 개진됐다.[276] 다음의 실증적인 분석은 이해에 도움을 준다.

> 과거 몇 년 동안 전문가들은 중국 부동산 버블을 경고해 왔다. (2011년 12월) 현재까지 버블은 터지지 않고 있다. 그러나 현장의 모습은 사뭇 다르다. 2개월 전 상하이 부동산 개발업자는 호화 콘도를 기존 가격의 2/3로 판매하기 시작했다. 할인 이전 가격으로 구매한 사람들이 개발업자 사무실로 몰려와 항의하며 할인된 가격만큼을 되돌려달라고 주

274) *Asia News*, "Crisis in China: 64 million empty apartments," 09/15/2010 (www.asianews.it).

275) 현대경제연구원, "중국 부동산 시장의 향방과 시사점," p. 4. 2010년 3분기 14개 대도시의 부동산 거래량 역시 전년 동기 대비 평균 60% 하락했다. *Asia News*, "Crisis in China: 64 million empty apartment."

276) Wu, et. al., "Evaluating Conditions in Major Housing Markets," p. 20.

장했다. 일부는 유리창을 부수며 난동도 피웠다. 가격인하 경쟁은 전국으로 확산될 조짐이다. 베이징 부동산 중개업자 홈링크(Homelink)에 따르면 베이징도 11개월에만 신규 주택가격이 35% 떨어졌다고 한다.... 파장은 산업에도 전달됐다. 철강생산이 6월 이후 15%나 줄어들었고, 그 결과 철강업자의 1/3이 손해를 봤다.[277]

이를 통해 부동산 과잉을 아는 데는 무리가 없다. 위 현상은 부동산 공급과 수요 불일치로 일단 설명되지만, 상황이 그렇게 된 데는 투기 행위 역시 한 몫 했다. 수요 공급 불일치라는 경제 현상이 투기적 요인이 커지는 가운데 투기세력의 과다 부동산 점유 상황으로 발전하며 실수요와 공급 차이가 더욱 커졌다는 의미다. 결국 시장 왜곡을 의미하는바, 부동산 버블이 터져 왜곡이 정상화되는 것이 바람직하다는 의견이 개진되고 있다.

중국의 부동산 개발 사업은 매우 흥미로운 구조를 지니고 있다. 주택 실소유자를 의미하는 도시 거주자들은 부동산 붐의 주역이 아니다. 좋게 말하면 투자자들, 즉 부동산 투기꾼들이 주역인데, 이들은 장기수요에 기대 신규주택을 몇 채씩, 많게는 12채까지 보유하고 있다. 앞으로 가격이 오를 것(ever-rising price)이라고 예측하며 빈집 소유를 마다하지 않는다. 현재 입주가 안 된 주택 수는 아무도 정확히 모르지만, 적게는 1,000만 채에서 많게는 6,200만 채로 추정된다. 이것이 언론에 자주 보도되는 유령 타운의 모습이다.... 만약 투기자들이 부동산에서 돈을 회수하면 어떤 일이 발생할까? (이미 언급한 구조적인 문

277) Patrick Chovanec, "China's Real Estate Bubble May Have Just Popped," *Foreign Affairs Snapshot*, December 18, 2011. 중국에서 생산된 총 철강의 약 40%가 부동산 건설을 위해 사용된다. Wu, et. al., "Evaluating Conditions in Major Housing Markets," p. 26.

제의 연장선상에서) 이들은 회수금을 고수익 신탁상품, 즉 자산관리상품(WMP)에 투자하게 될 것이다. 문제는 그렇게 모인 자금 역시 부동산이 계속 오를 것이라고 생각하고 있는 부동산 개발업자 혹은 지방정부의 투자 포켓으로 흘러 들어간다는 사실이다. 결국 돌고 도는 셈인데, 바로 이것이 중국의 현실이다. 놀라시겠지만, 부동산 버블이 터지는 것이 나쁜 것만은 아니다. 집값 하락으로 일반인들은 집을 사기 위해 저축에 집착하는 정도를 완화시킬 수 있고, 결과적으로 소비가 촉진될 가능성이 높다. 부동산에 묶여 있던 많은 돈이 보다 생산적인 분야로 흘러가 건강한 성장을 유도할 수도 있다.[278]

지가와 주택 가격의 국제 비교 또한 중국의 부동산 과잉을 보여주는 중요한 지표가 된다. 과거 일본의 예는 좋은 비교 대상인데, 일본 도시 지가는 1991년이 정점이었다. 2000년 평균 지가가 100이라면 1991년 지가는 147.8이었다. 그러나 거품이 완전히 꺼진 2009년에는 61.4를 기록, 지난 20년 동안 1991년의 최고 가격 대비 절반 이하로 떨어졌다.[279] 이미 소개한 다음의 통계를 일본 및 미국과 비교해 보면 중국의 부동산 과잉을 알 수 있다: "주택 1 평방 미터의 평균가격을 1인당 GDP로 나눈 값의 경우 2009-2010년 미국과 일본의 수치는 31.8과 35.8에 불과했지만, 중국은 거의 3배 높은 85.5였다."[280] 일

278) Chovanec, "China's Real Estate Bubble May Have Just Popped."

279) 조경엽·허원제, 『일본의 잃어버린 20년과 한국에의 시사점』 한국경제연구원 정책연구 2012-08 (2012년 12월 13일), p. 33, 표 1. 상업지의 지가 폭락 수준은 기록적이었다. 2009년 기준 지가는 1991년 대비 1/4 정도였고, 산업지도 1/2 밖에 안됐다. 주거지는 지가 추락 폭이 덜해 1991년의 126.1에서 2009년 70.2로 하락했다(Ibid.). 주식 평균가격인 니케이지수 역시 폭락했다. 1989년 말 지수 40,000을 정점으로 이후 계속 하락, 2009년에는 10,000 이하를 기록했다(Ibid., p. 31, 그림 4).

280) 각주 264 본문 재인용.

본 부동산 가격이 2009년에 와서야 미국과 비슷한 수준이 된 셈이므로, 1991년 이후 일본의 지속적인 부동산 가격 하락은 정상적인 흐름이었다는 판단이 가능하다. 반면 중국 수치는 85.5였으므로 중국 부동산 가격은 당연히 지금보다는 많이 하락해야 한다.

중국정부 역시 부동산 과잉의 문제점을 알지만, 쉽게 해결책을 찾지 못하고 있다. 부동산과 중국경제의 구조적 연계가 핵심 원인인데, 부동산 붐이 꺼진 후 닥칠 경제성장률 하락을 두려워하기 때문이다. 지방정부 재정에 치명타가 가해진다는 점도 간과하기 힘들다. 많은 경우 부동산은 결국 개인 소유일 것이므로 개인 소유 부동산 가치 하락이 주민 동요로 이어질 가능성도 배제할 수 없다. 그밖에 다른 이유가 많지만, 위의 설명만으로도 부동산을 제어하는 것이 중앙 및 지방정부의 이해가 아니라는 점은 어느 정도 드러난다.

부동산 과잉이 "요지부동의 구매자(투기꾼) 수요, 지속되는 자금유입, 그리고 (부동산 값을 잡겠다는 공식 발표와는 달리) 상대적으로 느슨한 당국의 통화정책 등이 어우러진 결과"라는 주장이 나오는 배경이다.[281] 앞서 그림자금융 관련 설명에서 다음과 같은 분석을 소개한 바 있다: "그림자 대출이 마르게 되면 중국의 정말 큰 걱정은 금융위기가 아니라, 새로운 투자가 줄어들면서 가시화되는 저성장 문제일 것이다. 바로 이것이 중국정부가 왜 그토록 조심스럽게 그림자금융 부실을 높은 수준에서 약간씩 터트리며 관리하려는 이유다."[282] 결국 같은 논리가 부동산에도 적용되는 셈이다.

문제는 부동산 투자가 적절한 수요를 만나지 못하는 경우 빚이 쌓인다는 사실이다. 지방정부의 부동산 개발에 얼마나 많은 투자가 필

---

281) *Financial Times*, "Analysis: A place to call home," October 21 2013.
282) 각주 207 본문 재인용.

요한지 이미 살펴봤다. 아울러 부동산 개발의 투자 회임 기간이 길다는 자본 회전상의 어려움도 무시할 수 없는 변수였다. 그러나 더욱 중요한 것은 공급과 수요의 불일치, 즉 부동산 과잉인데, 방금 전의 설명이 통계치에 기초한 과잉 진단이었다면, 다음 분석은 도시화라는 거대한 프로젝트에 비춰 본 중국의 현실에 대한 관찰이다.

> 농부가 땅에서 밀려난 후, 각 층에 사람이 거주하며 엘리베이터는 없는 새로 건축된 플레이트식 아파트로 사실상 강제 이주하는 것을 중국 사람들은 '모셔진다(upstairsed)'고 표현한다. 강제된 도시화(urbanisation)를 의미하는바, 지방정부는 목표를 위해 우선은 땅을 취하는 것이 지상 과제가 됐다. 이렇게 해서 차오베이 신도시(Chaobei New City)에는 최근 무려 56블럭의 아파트단지가 들어섰다. 흥미롭게도 새 거주자는 사회복지 문제 때문에 (지방정부의 부담을 줄이기 위해) 여전히 농부로 분류된다. 하지만 공식 통계에서는 도시민으로 계산된다. (높은 GDP가 평가 받는 경우와 비슷하게) 도시화 업적에 엄청난 자부심을 가지고 있는 지방관료들에게 공식 통계, 즉 도시화율은 대단히 중요하다.... 2008년 세계금융위기 이후 중국은 경제성장을 위해 특히 도시화를 독려했다. 신도시가 들어선 베이징 동쪽 허베이성 시앙제(Xianghe)현의 경우 공식 통계상 50%인 현 도시화율을 2017년까지는 60%로 끌어올린다는 계획을 갖고 있다. 다른 지역의 60% 도시화율 기한이 2020년인 것을 감안하면 3년이나 빠른 것이다. 중앙의 경제성장률 집착과 지방의 도시화 의욕이 합해지면서 부채에 의존한 도시화 속도전이 벌어지고 있는 셈인데, 결과는 세계투자자들을 떨게 하는 빠르게 증가하는 엄청난 규모의 빚이다.[283]

283) *The Economist*, "Special Report China: Building the dream," April 19th 2014, pp. 8-9.

이상 부동산 과잉의 실체를 살펴봤다. 그렇다면 버블은 지속될 수 있을까? 특정 분야 혹은 지역의 특성은 존재하지만 버블이 계속될 수 없다는 것은 상식이다. 다음의 설명을 보면 버블이 지속될 수 없는 이유가 더욱 분명해진다.

> 버블은 예상보다 오래 지속되는 경우가 종종 있다. 미국의 인터넷 및 주택 버블도 첫 경고가 나온 지 몇 년 지난 후에야 터졌다. 중국의 부동산 버블이 과거 사례와 다른 점은 그것의 지속성이 아니라 얼버무려져 있는 모습이다. 부동산 가격은 2011년 초 정점에 도달한 후 떨어졌다가 2012년 다시 올랐다(2012년 하반기에는 2011년보다 더 높게 가격이 형성된 다음 2014년 다시 떨어지고 있다). 향후에도 지속될 이른바 도시화 추세에 부응하자면 매년 1,000만 채의 새집이 필요하다. 그러나 시간이 지나면서 부동산 광풍은 중국경제의 승리가 아니라 위협요인으로 바뀌고 있다. 첫 번째 두려움은 부동산 개발업자들이 잘못된 장소에 잘못된 사람(투기꾼)들을 위해 집을 짓는다는 사실이다. 도시의 과밀 인구를 잘 흡수해야만 효율적인 투자지만, 상황은 반대로 너무 많은 집이 비어 있다. 믿을 수 없는 주식시장과 낮은 이자율에 불만을 가지고 있는 사람들의 가치저장(store of value) 수단으로 부동산이 활용된다는 점이 그렇게 된 근본 이유다. 주택건설이 급작스레 위축되는 경우 경제 전체의 침체를 피하기 위해 중국정부는 재빨리 (부동산 건설에 배분되어 있는) 노동력과 자본을 다른 곳으로 재배치해야만 한다. 너무도 어려운 과제이므로 또 다른 두려움일 수밖에 없다. 결국 부동산 붐은 중국의 어떤 지역은 너무 많은 집을 갖게 된 반면, 다른 지역은 집이 부족한 현상으로 귀결됐다.... 바로 이런 주택 배분의 왜곡(misallocation) 때문에 버블이 특정 지역에서는 언제고 터질 수 있는 반면(급격한 가격 폭락), 다른 지역에서는 집값이 오르는 얼버무려진 모습이 나타나는 것이다. 그러므로 (그리스 신화의) 카산드라 예

언이 모두 맞지는 않지만, 어떤 곳에는 적중한다고 말할 수 있다.[284)]

8. 부채의 급증: 성장구조 붕괴와 경제위기 가능성

지금까지 대략 6개 영역으로 나눠 중국경제의 기본 구조를 살펴봤다. 투입 중심 경제발전 전략의 특징과 약점, 기업운영의 현실, 금융의 기본 구조, 민간금융의 발전과 그림자은행, 지방경제, 부동산 과잉 등 중국경제를 구성하는 핵심 영역에 대한 분석은 다음의 공통점을 보여준다. 지고의 가치인 경제개발, 그것도 빠른 경제발전을 추구한 결과 많은 문제가 누적됐지만, 각 영역의 작동이 결국에는 부채 증가로 귀결된다는 사실이 공통 요소로 존재한다. 1990년대 부채 급증과 부실채권 문제를 해결하기 위해 대대적인 개혁을 했으나 그 후에도 부채는 계속 증가했다. 그러나 중국 당국은 현재까지 뚜렷한 해결책을 내놓지 못하고 있다. 해법 제시 실패는 문제가 구조적이라는 점을 암시한다. 지금부터 핵심 영역에서의 경제활동이 결국 부채 문제로 귀결되는 이유를 살펴본다.

투입 중심 고도성장이 부채 증가를 유발할 수밖에 없는 핵심 이유는 두 가지였다. 자본의 한계효율, 즉 투자가 얼마나 많은 산출(output)을 유발하는가에서 효율이 좋은 경우 투자는 그 만큼의 경제성장으로 이어졌다. 하지만 시간이 갈수록 효율은 떨어졌다. 기술부족과 인금상승이 원인이었는데, 효율이 좋은 때에 비해 현재 자본의 한

284) *The Economist*, "Housing Market: Double bubble trouble," March 22nd 2014.

계효율은 1/4 수준으로 하락했다. 과거와 같은 고성장을 유지하기 위해서는 과거 대비 무려 4배의 자본 투입이 필요하다는 뜻이므로 그 많은 돈을 계속 동원할 수 있느냐가 관건이다. 현재의 6%대 성장을 위해서도 많은 투자가 있어야 하지만, 그마저 자본의 효율 저하로 투자만큼의 성장은 기대할 수 없다. 그래도 어느 정도의 성장률은 유지해야 하는데, 바로 이것이 중국의 부채가 계속 증가하는 핵심 원인이다. 성장률을 낮추기 전에는 부채 증가를 멈출 수 없다는 의미지만 중국 당국의 성장률에 대한 집착은 여전하다. 이상이 문제의 해결 기미가 보이지 않는 첫 번째 이유다.

대출(투자)은 결국 금융시스템을 통해 이루어지고, 부채는 금융기관과 연계되며 늘어난다. 중국 금융제도의 한 가운데 중대형 시중은행이 존재하고 거의 모두가 국유은행이라는 점은 중국경제만의 두드러진 특징이다. 사회주의 시장경제의 의미를 실감할 수 있는 대목이지만, 자금 배분이 시장이 아니라 국유은행을 통해 이루어진다는 점이 문제의 출발이었다. 고속성장에 필요한 체계적 전략, 즉 핵심 산업 육성을 위한 선택과 집중 정책이 활용되며 한시적으로는 효과를 봤지만, 결국 자원배분 왜곡 현상을 피할 수 없었다. 물론 이런 왜곡 현상의 중심에는 방대한 국유기업이 존재한다.

국유은행 자금은 국유기업에 주로 투입됐다. 그러나 비효율 때문에 국유기업 수익률이 민간기업에 비해 시간이 갈수록 떨어진 것이 문제였다. 위에서 언급한 자본의 한계효율 저하와 연계된 사안이었는데, 그럼에도 2000년 이후 국유기업에 대한 개혁은 늘 미흡했다. 자원(자금)의 비효율적 배분이었으므로 논리상 그런 상황이 지속될 수는 없다. 문제는 자원을 적절히 배분 받지 못한 중소기업에서 불거졌다. 대형은행에서 대출 받는데 한계가 있자, 이들 기업은 사금융에 눈을 돌릴 수밖에 없었고, 그 결과 그림자 은행이라는 거대한 사금융 영업이 번창하기 시작했다. 국유기업의 경우 수익률 저하에도 구조개혁이 없자 상황을 그럭저럭 유지하기 위해서는 대형은행으로부터 더 많은 돈을 차입하는 것이 불가피했고, 중소기업 혹은 그 밖의 민간기업은 높은 수익률에도 불구하고 고율의 이자로 자금을 활용할 수밖에 없었다. 이 두 요소 모두 기업 부채가 계속 늘어나는 원인이다.

중국만의 독특한 지방분권 및 지방경제의 운영 방식 또한 부채 증가와 밀접하게 관련이 있다. 분세제 이후 지방의 수입 급감은 앞서 소개한 바와 같지만, 이를 보전하기 위해 토지판매권을 지방에 모두 위임한 것이 문제의 출발이었다. 지방정부는 수입을 높이기 위해 노력했고, 그러기 위해서는 부동산 개발이 활성화돼야만 했다. 그러나 부동산 및 사회간접자본(SOC) 개발은 막대한 초기 투자를 필요로 했고, 투입 자본의 회임 기간 또한 너무 길었다. 여기서 토지 판매액과 그 밖의 지방정부 수입으로는 막대한 초기 투자를 감당할 수 없게 되자 대규모 대출은 불가피했다. 하지만 국유 시중은행 대출이 충분치 않자 사금융에 일정 부분 의존할 수밖에 없었다. 다양한 요소가 있지만, 이것이 지방정부 역시 부채 늪에 빠져들게 된 주된 이유였다. 고성장을 위해서는 투자가 지속돼야 하고 지방정부 입장에서는 가장 중요한 수단이 부동산 개발이었기에, 그런 연계 구도가 깨지지 않는 한 지방정부 부채 문제를 해결하기는 어려워졌다.

같은 맥락에서 부동산에 대한 지나친 투자의 결과인 부동산 과잉 문제가 불거졌다. 과잉의 핵심 이유 역시 구조적이었다. 부동산 관련 수입이 지방재정을 좌우하는 수준으로 늘어났고, 성장 지상주의의 영향으로 지방 관리의 경제성장에 대한 집착이 더해지자 지방정부는 부동산 개발에 사활을 걸 수밖에 없었다. 이 구조가 유지되려면 부동산 붐이 필요하지만, 수요가 뒷받침 되지 않은 부동산 판매는 또 다른 구조적인 문제를 야기했다. 부동산 공급 확대를 위해 필요한 큰 규모의 초기 투자금을 확보하기 위해 지방정부는 부채에 의존할 수밖에 없었다. 반면 개인 소득 증가를 웃도는 부동산 가격 상승을 상쇄하려면 개인의 자금 동원 능력을 의도적으로 향상시킬 필요가 있었다. 개인에 대한 대출 확대가 대안이었는데, 외형적으로는 문제가 해결된 것처럼 보이지만 개인 부채 증가라는 부작용은 불가피했다. 요컨대 지방정부 및 개인 부채 모두가 부동산을 매개로 증가하는 구조가 형성된 셈이다.

이상이 부채가 꾸준히 늘어 날 수밖에 없는 중국경제의 구조적 이유다. 다음의 분석은 부채 증가의 위험성을 보여준다: "중국정부가 위기를 피할 수 있다는 주장이 존재한다. 중국 지도자들이 자신의 능력을 구조개혁 연기에 사용하고 싶은 유혹에 빠지게 하는 주장일 뿐이다. 하지만 천만의 말씀이다. 부채에 의존한 경제성장이 무한히 계속될 수는 없다. 개혁과 균형성장은 필수적이다. 개혁 없이 (2016년으로 예정되어 있는) 자본자유화를 단행하면 결과는 치명적이다. 다시 한 번 강조하지만 개혁은 피할 수 없다. 빠르면 빠를수록 상대적으로 좋을 뿐이다."[285)]

앞서 언급했듯이 2008년은 중국경제의 분기점이었다. 이전 자본의 한계효율(산출/투입)은 거의 1에 가까울 정도로 높았지만, 그 후 급락 2016년 수치는 1/4로 떨어졌다. 세계금융위기 대응으로 2009년 시행된 대규모 경기부양책은 효율성 악화에 기름을 부었다. 구조조정이 필요한 시점임에도 경기가 꺼지는 것을 막기 위해 반대 방법,

285) Martin Wolf, "Debt troubles within the Great Wall," *Financial Times,* April 2 2014.

즉 돈을 살포했기 때문이다. 상황은 부채 통계에 그대로 반영됐다. 세계금융위기 직전인 2006년 중국의 총부채는 GDP 대비 150%였지만, 10년이 지난 2016년에는 260%로 늘어났다.[286] 총부채의 약 40%가 불과 10년 사이에, 나머지는 개혁개방 이후 사반세기에 걸쳐 누적된 셈이므로 부채가 느는 속도를 짐작할 수 있다.

다음의 비율 통계는 부채의 심각성을 입체적으로 보여준다. 총부채 증가율을 GDP 성장률로 나눈 수치(credit intensity of growth)의 경우 2005-2007년에는 1.1 정도였다. 즉 투입을 하면 거의 대부분 산출로 이어졌다는 의미다. 하지만 2008년 이후부터는 두 변수의 차이가 가시화되기 시작했고, 2013년 수치는 3.3로 높아졌다. 자본의 한계효율은 1/3로 떨어졌고 그와 비례 부채도 늘어났다는 뜻이다. 결국 "부채는 계속 늘어났지만, 경제성장은 오히려 둔화됐다. 지금부터는 부채가 너무 많아 경제성장률을 높게 유지하기 위해 더 많은 빚을 내는 것이 어려워졌고, 또한 위험해졌다."[287] 바로 이것이 부채 문제의 본질인데, 부채 누증에도 불구하고 경제성장률이 낮아지는 것은 물론 경제위기 가능성도 높아졌다는 현실이 중국경제가 안고 있는 구조적 문제의 핵심 내용이다.

중국정부의 행태를 보면 위의 딜레마가 더욱 확연해진다. 중국정부가 구조개혁에 어떤 입장을 가지고 있고, 이를 바탕으로 어떤 조치가 취해졌는지를 짚어보면 경제성장률 저하를 감수하며 개혁 의지가 있는지를 파악할 수 있을 것이다. 2013년 3월 리커창(李克强)이 총리가 된 후 그의 파격적인 발언이 전해지자 외형적으로는 중국경제의 분기점이 마련되는 듯 했다. 취임 직후부터 경제개혁 필요성을 강조했는

286) 각주 151 본문 참조.

287) *Financial Times*, Analysis "Addicted to debt," May 13 2014. 같은 기간 한국은 수치가 1.6에서 1.3으로 오히려 낮아졌다.

데, 내용은 그 동안 가장 큰 문제점이었던 성장률 집착에서 벗어나겠다는 것이었다. 같은 해 6월 영국의 바클레이즈(Barclays) 은행은 리 총리의 경제정책을 '리커노믹스(Likonomics)'로 부르기 시작했다. 요약하면, (성장률을 끌어올리기 위한 의도적인) 경기부양책 금지(no stimulus), (과도한 부채를 줄이는) 채무 절감(deleveraging), 그리고 구조개혁(structural reform)이 리커노믹스의 핵심 내용이었다.[288)]

중국 지도자들 역시 중국경제의 문제점을 정확히 인식하고 있는 셈이다. 하지만 저속 성장을 정말 받아들일 수 있는가에 대한 의문이 지속되자 리 총리는 "성장률이 7% 이하로 떨어지지 않는 한 중국은 구조개혁에 주안점을 둔다"고 발언했고,[289)] 그 후 중국경제 연·경착륙의 기준은 성장률 7%가 됐다.[290)] 그러나 "(2013년) 6월의 유동성 위기, 즉 두 차례에 걸쳐 정부채권 경매가 실패했고, 단기 금리가 급등

---

288) Yiping Huang, "Likonomics Policies in China," *East Asia Form* 7th July, 2013 (www.eastasiaforum.org/2013/07/07/lokonomics-policies-in-china). 용어를 소개한 바클레이즈의 보고서와 작성자는 다음과 같다: Yiping Huang, Jiang Chang, Joet Chew, "China: Postcard from Beijing-What to expect from Likonomics?" *Barclays Capital Hong Kong*, 27 June 2013.

289) Groden Chang, "China's New 'Secret Stimulus' Program: Likonomics Is Dead," *Forbes* 8/18/2013 (www.forbes.com/sites/gordenchang/2013/08/18/chinas-new-secret-stimulus-program-likonomics-is-dead). 고든 창은 중국의 이런 금융권 뒤 봐주기에 대해 '비밀 경기부양책(secret stimulus), 비공식(unofficial) 경기부양책, 혹은 조용한(silent) 경기부양책'이라는 용어를 사용했다.

290) 경착륙(hard landing)이란 일반적으로 연평균 경제성장률이 7% 이하인 경우를 지칭한다." James Kynge, "Beijing steps up crackdown on credit," *Financial Times*, April 16 2014. "민생(民生)증권 애널리스트인 관유칭(Guan Youqing)은 '중앙정부는 저성장을 감내할 의사가 있다. 하지만 고용이 안정돼 있다는 것이 조건이다'라고 말했다." Simon Rabinovitch, "Beijing 'put' falters as China balks at stimulus," *Financial Times*, May 1 2014. 7% 성장률이 안정적 고용의 하한선임을 알 수 있다.

했으며, 은행의 파산위기가 두 번 가시화되자... 중국 중앙은행은 비밀리에 유동성을 주입했고, 또한 (8월에는) 은밀하게 중국에서 대출규모가 가장 큰 공상은행을 포함, 유동성 위기를 겪는 은행들에게 구제금융을 제공했다. 바로 이런 정부의 행위 때문에 리커노믹스의 핵심 내용인 부채감소(deleveraging) 계획은 6월 말 이미 물 건너간 셈이 됐고, 8월에 시행된 대형은행 구제정책은 리 총리가 스스로 설정한 경기부양책 금지(no stimulus)라는 원칙에 구멍을 냈다.... 다시 말해 가장 긴급한 경제 현안인 전면적인 개혁을 이미 포기했다고 보면 된다."[291)]

개혁을 기대했던 전문가들은 2013년 말 중국공산당 제18기 중앙위원회 제3차 전체회의(3中全會, 11월 9-12일)를 다시 한 번 주목했다. 회의 결과인 '중국 공산당 중앙의 전면적 개혁 심화에 관한 약간의 중대한 문제에 대한 결정'에서 시장중심 경제로 전환한다는 원칙은 들어 있었으나, 구조개혁에 대해서는 별 언급이 없었다. 즉, '국유기업의 개혁,' '금융산업의 시장화와 그림자금융 문제의 해결,' '외환시스템의 개혁,' '지방부채 문제의 해소,' '부동산 버블의 관리,' '농지 소유권 문제' 등 주요 개혁 과제에 대한 언급은 존재하지 않았다.[292)]

291) Chang, "China's New 'Secret Stimulus' Program."

292) *Financial Times*, "China holds out a promise of reform: But only deeds, not words, will show Beijing's seriousness," November 14 2013. 3중전회 개막일에 리커창 총리가 외국 언론에 기고한 글 역시 구체적인 내용은 없었다: "우리는 고투자 중심의 낡은 모델을 더 이상 견지할 수 없다. 대신 우리는 안정된 성장, 구조적인 재정비, 그리고 개혁의 심화를 총체적 접근(holistic approach)를 통해 실현할 것이다." Li Keqiang, "China will stay the course on sustainable growth," *Financial Times*, September 9 2013. "지난 주 주석 시진핑은 '중국식 발전모델은 더 이상 지속 가능하지 않다'고 했다. (구체적인 내용은 없었지만) 이것만으로도 과거에 비해서는 정치적으로 성숙한 것이 아닐까?" *Financial Times*, "China should not fear slower growth," April 16 2013.

이상이 2014년부터 개혁 의지가 실종됐다는 다음의 주장에 힘이 실리게 된 배경이다: "리커창 총리가 이끄는 국무원은 (2014년) 4월 이후 지속적으로 경기부양책을 내놓고 있다. 중국 경제가 1분기에 정부 설정 목표치(7.5%)에도 못 미치는 7.4% 성장에 그친 데다 추가적인 경기 둔화 우려가 커지고 있기 때문이다."[293) 구체적으로 '120만개의 중소기업에 대한 소득세 50% 감면,' '470만 도시판자촌 개조사업에 4,700억 위안 투입,' '6,300억 위안을 투자 중서부에 6,600Km 철도 건설,' '농촌 상업은행과 협동조합의 지준율(지급준비율) 각각 2%, 0.5% 인하' 등 가시적인 경기 부양책이 실시됐다.[294)]

2013년 국제통화기금(IMF)은 다음과 같이 개혁의 절박성을 주장한 바 있다: "신용팽창을 억제하여 금융부문에 점증하는 위험을 방지하는 일이 가장 긴급한 과제다."[295)] 즉 신용팽창과 투자중심 경제성장 모델의 전환을 촉구한 셈이다. 아울러 "중국이 적극적으로 경제개혁에 나서지 않으면 성장률이 지금의 절반 수준인 4%대로 떨어질 수 있다"는 지적도 이어졌다.[296)] 이상이 중국경제 위기설이 수면 위로 부상한 배경인데, 다음과 같은 구체적인 설명은 위기설을 뒷받침했다: "중국경제는 불안한 상황이다. 지금까지의 성장 패턴은 지속 가능하지 않다. 위기를 맞을 수 있다. 다만 한국처럼 외환위기 형태는 아닐 것이다. 자국 내 경제위기(성장률 급감)로 나타날 가능성이 크다. 성장

293) 「한국경제」, "中 '리코노믹스' 1년 만에 종언 고하나," 2014-05-02.

294) Ibid.; 「중앙일보」, "7.5%... 중국, 성장속도 안 줄인다," 2014-03-06; 「한국경제」, "中, 돈 풀어 '7.5% 성장' 지킨다," 2014-03-06.

295) Simon Ravinovitch, "IMF warns China on reform timetable," *Financial Times,* July 18 2013. 이는 2013년 IMF의 연차 보고서(Yearly Report)에 나오는 내용이다.

296) 「한국경제」, "中 4% 성장 그칠 수도, IMF, 경제개혁 경고," 2013-07-18.

률이 3%까지 떨어질 수 있다는 예측이 설득력 있게 들린다."[297] 2014년 이후 현재까지 저성장의 용인, 나아가 가시적인 구조개혁 의지가 두드러진 적은 없었다. 중국경제 위기설이 다음과 같이 계속 회자되는 이유다.

> 중국의 경제위기는 점점 피할 수 없는 상황으로 가고 있다. 위기가 조만간 닥친다면 그것은 어느 정도 통제 가능한 수준이 될 것이다. 하지만 중국 정책결정자들이 위기의 순간을 늦추기 위해 경기부양책을 실시한다면 수년 내에 붕괴 수준의 위기가 닥칠 것이다. 중국경제는 역사상 최대 규모의 신용팽창(부채)에 의존 성장했다. 2009-2013년 중국의 M2는 무려 3배 증가했다. 같은 기간 미국 증가분의 4배에 달하는 엄청난 규모다. 원리상 중국경제가 7% 이상 성장하려면 경제 전체의 생산성 또한 같은 비율로 높아져야 한다. 그러나 노동집약 산업과 농업이 전체 산업의 50%를 차지하는 중국에서 그것을 기대하는 것은 불가능하다. 바로 이 점이 신용을 팽창시켜야 경제성장률이 유지되는 이유인데, 부작용은 수요가 뒷받침 되지 않는 과잉생산, 부동산시장 과열, 과도한 외환보유고 등으로 나타났다. 그럼에도 문제가 불거질 기미가 보이면 중국정부는 주저 없이 경기부양책을 남발해 왔다.... 결국 중국경제가 불균형임을 알 수 있는바, 당분간은 그런 상태를 유지할 수 있을 것이다. 하지만 한 가지 분명한 것은 그런 상황이 길어질수록 최종 결과는 더욱 악화된 모습을 띠게 된다는 사실이다.[298]

---

297) 「중앙일보」, "중국 경제 불안 이제 시작," 2013-07-23. 2013년 7월 15일 영국 파이낸셜타임즈(Financial Times) 편집장 울프(Martin Wolf)가 런던의 한국언론진흥재단 주최 기자 회견에서 밝힌 내용이다.

298) Prasenjit Basu, "China's crisis is coming – the question is only how big it will be," *Financial Times*, April 28 2014.

상황이 위와 같다면 중국의 부채 문제는 현재 필시 더욱 악화됐을 것이다. 앞서 2016년 총 부채가 GDP 대비 260%라는 통계를 소개한 적이 있다. 특히 2008년 이후의 부채 급증 현상이 부각됐다. 앞서 소개한 2013-14년 중국 당국이 수시로 부양책을 꺼낸 든 것을 보면 부채 감소를 기대하는 것은 애초 무리였다. 중국의 부채 통계 역시 다른 분야 통계와 마찬가지로 정확하지 않다는 점도 문제점으로 남아 있다. 위의 수치는 중국 당국의 공식 통계에 기초하고 있지만, 서방 금융기관은 부채 수준이 이보다는 높을 것으로 예상한다. 아무튼 가장 최근인 2017년 부채는 33조 달러로 GDP 대비 304%까지 늘어난 것으로 추정된다. 흥미롭게도 2016-1017년 1년 동안 선진국은 공공 및 민간 부채 2조 달러를 감축했지만, 신흥국은 반대로 3조 달러 정도 늘어났는데, 이 가운데 67%인 2조 달러가 중국의 부채 증가분이었다.[299] 중국 부채가 얼마나 빠른 속도로 증가하는지를 알 수 있는 대목이다.

---

299) 한우덕, "중국 총부채 33조 달러 ... GDP 대비 304% 경계 수준," 「중앙일보」 2017-06-29. 위의 통계는 국제금융협회(IIF)의 계산치다. 중국 부채 규모 추정치의 최고 수준은 호주 투자은행 맥쿼리가 계산한 GDP 대비 350%다. 「한국경제」, "부채비율 350% 위험한 수준.... 위안화 40% 폭락할 듯," 2016-05-25. 최근에는 중국 당국의 발표에 근거 다음과 같은 보다 구체적인 통계치가 제시됐다: "(2017년 8월 1일) 중국 사회과학원은 레버리지 해소 정책을 검토하는 보고서를 냈다.... 금융부문의 레버리지를 부채와 자산으로 구분해 부채 항목의 레버리지 비율은 71.2%, 자산 항목은 77.3%로 제시했다. 둘 중 어느 것을 취하든 실물경제와 금융부문의 레버리지를 더하면 중국경제의 레버리지 비율은 300%를 훌쩍 넘는다. 이마저도 지방 정부들이 회사채로 위장한 부채 등 잠재적인 정부 채무는 포함하지 않은 수치다.... 2016년의 발표에 기초 계산해 봐도 그 때 이미 총 부채비율은 300%를 넘었다. (위에서 소개한) IIF는 '중국의 사회융자총량 데이터에 기반 한 우리의 분석에 따르면 5월 기준 중국의 총 부채는 GDP의 304%를 초과했다'고 말했다." 「연합인포맥스」, "中 부채 GDP 대비 300% 넘은 듯... 中 언급 안 해," 2017-08-02.

그 동안 특히 문제가 됐던 것은 경제성장의 견인차 역할을 한 기업의 지속적인 투자 증가와 그 결과인 기업부채의 누증이었다. 2017년 기업부채 규모는 GDP 대비 170%를 상회하는 것으로 추정된다. 미국과 유로존의 100%, 미국의 70% 그리고 개도국의 106%에 비해 월등히 높은 수치다.[300] 중요한 것은 기업 자금 수혈의 10%만이 증시 등의 자본시장, 즉 직접금융으로 조달됐고, 나머지 90%가 은행을 통한 간접금융 방식에 의존했다는 사실이다. 기업 부채 위기가 은행위기로 발전할 수 있는 구조의 실체를 알 수 있다. 2017년 기준 은행 총 대출의 무려 75%가 국유기업에 몰려 있는 점도 과거와 비교 별반 다르지 않다.[301]

중국정부도 기업부채의 심각성을 우려 대출이 늘지 않도록 압력을 행사하고 있다. 하지만 경제에 풍선 효과라는 것이 엄연히 존재하듯 이번에는 가계 부채와 지방정부 부채가 다음과 같이 증가했다: "중국에 가계부채발 경보음이 켜지고 있다. 부동산 담보대출이 크게 늘면서 (2017년) 가계부채 규모가 6조 7,000억 달러로 늘었다. GDP 대비 50% 수준이다.... 작년(2017년) 말 기준 부동산 담보 대출은 전체 가계대출의 59%를 차지했다. 이어 중소기업과 자영업자의 운영자금 대출 22%, 신용대출과 자동차 담보대출 등 소비 관련 대출이 19%로 뒤를 이었다."[302] 2011년 GDP 대비 28%에 불과하던 가계부채가 GDP 대비 비율 기준만으로도 2017년 거의 두 배 증가한 사실을 확인할 수 있다. 2016-2017년 1년 사이의 가계부채 증가율은 2011년 이후 최대

300) 「중앙일보」, "中, 부채위기? 곪아 터질 때까지 경제는 달릴 수밖에: 중국 경제는 하드랜딩(경착륙)할 것이다. 부서질 수밖에 없다." 2017-05-16.

301) Ibid.

302) 「한국경제」, "가계빚 벌써 7조 달러 ... 中 경제성장 견인해 온 내수 빨간불," 2018-04-26.

였다. 위험 요소는 "중국 가계의 가처분 소득에서 부채가 차지하는 비중이 무려 82%"라는 통계에 숨겨져 있다. 또한 "2008년 이후 중국 가계의 가처분소득은 연평균 12% 늘어나는 데 그친 반면 부채는 연평균 23% 증가했다"는 지적은 가계의 빚 부담이 한계치에 이른 상황을 보여준다.[303)]

가계부채 증가에 부동산 대출이 핵심 역할을 했다면 논리상 부동산 개발의 주역인 지방정부 부채 역시 늘어날 수밖에 없다. 문제는 지방부채 측정이 대단히 어렵다는 점이다. 2010년 말 중국정부가 공개한 지방정부 총부채는 10.7조 위안이었다. 그러나 지방의 재정적자 규모, 지방정부 투자 프로젝트 증가율, 그리고 2011-2012년 (추정) 상환연장 채무 등을 모두 합하면 2012년 부채는 14조 위안으로 추정된다.[304)] 그러나 1998-2003년 재정부장을 역임한 샹화이청(項悔誠: Xiang Huaicheng)이 2013년 언론 인터뷰에서 밝힌 부채 규모는 충격적이었다. 2012년 부채 규모가 20조 위안으로 GDP 대비 무려 40%라고 언급했기 때문이다. 공식 통계의 두 배 정도 규모인데, 많은 빚이 감춰져 있다는 현실을 암시한다.[305)] 의심이 불거지자 중국정부 역시 나설 수밖에 없었다. 2013년 회계 전문가를 동원 실사가 이루어졌는데, 2013년 6월 말 공식 집계된 지방정부 빚은 10.9조 위안이었지만, 명시 혹은 묵시적인 지방정부 채무 보증을 합산하면 부채는 GDP 대비 약 1/3인 17.9조 위안이라는 실사 결과가 발표됐다.[306)]

---

303) Ibid.

304) 이은영, "중국 지방정부 부채 리스크와 경착륙 가능성 점검," KDB산업은행 「글로벌 경제이슈」 (2013-06-26), p. 66.

305) Szu Ping Chan, "China's local government debt may be 1 trillion pound than estimated," (www.telegraph.co.kr/finance/china-business/9977951).

306) *The Economist*, "Local-government debt: Counting ghosts," January

세계금융위기 극복을 위해 2008년 말부터 시행된 대규모 신규 은행대출은 2012년부터 원리금 상환이 이루어지는 조건이었다. 2011-2015년 지방정부 의무 상환액은 공식 채무 10.7조 위안의 약 70%에 해당하는 7.5조 위안으로 대단히 많았다.[307] 그러나 2012년 말 지방정부에 빌려준 총 대출액의 3/4에 이르는 약 4조 위안의 채무를 중국은행들이 상환 연기시켰다는 사실이 전해졌다.[308] 2018년에도 중국 고위층을 중심으로 지방부채 규모에 대한 논쟁이 재현됐다. 중국 전국인민대표대회 재정경제위원회 인중칭(Yin Zhongqing)이 "지난해(2017년) 말 지방정부의 공식 부채는 16조 5,000억 위안이지만 그것은 축소된 것이라고" 주장했기 때문이다. 기업 부채(corporate debt) 등으로 숨겨지거나 위장된 빚이 적어도 20조 위안이라는 계산이 이어졌다. 이 둘을 합하면 지방정부 부채는 공식 통계의 두 배 이상인 최소 36조 5,000억 위안이 된다(GDP 대비 약 1/3). 인중칭은 "이는 우리 머리 위로 강물이 지나가는 것과 같은데, 만약 강물이 새게 되면 우리는 익사할 것"라고 결론 내리고 있다.[309] 지방정부가 부채를 정상적으로 상환하는 것이 불가능한 수준에 이른 셈인데, 적어도 지방부채 문제가 누적 악화되고 있는 것만큼은 분명해 보인다.[310]

4th 2014. 중국정부는 보증 채무를 총부채에 합산하는 것을 거부한다. 보증 채무는 위급한 경우에만 문제가 되기에 그런 상황을 미리 상정하는 것은 비현실적이라는 판단이다.

307) KIEP 북경사무소, "중국 지방정부 부채 현황과 전망," 대외경제정책연구원 「KIEP 북경사무소 브리핑」 Vol. 13, No. 19, 2011년 12월 13일, p. 7.

308) Simon Rabinovitch, "China's banks stave off local government loan default," *Financial Times*, January 30 2013.

309) Frank Tang, "'One leak and we'll all drown': top Chinese lawmaker raises alarm over river of local government debt," *South China Morning Post*, 14 March 2018.

310) 중국의 중투증권연구소(中投證券研究所)는 차환발행(refunding)과 부분적인 자금난 해소를 위해 신용대출을 확대하더라도 지방정부는 2012년 1조 1,800

2018년 초가 되자 문제의 심각성을 인식, 중국 재정부는 '금융기업이 지방정부 및 국유기업에 투자하는 규범에 관한 통지문'을 발표했다. "일부 지방정부가 위법한 방법으로 자금을 조달하고 있다"고 지적하며, "이들의 자금 조달 방식은 날이 갈수록 다양하게 진화해 부채 위험이 계속 커지고 있다"고 경고했다.[311] 지방정부 채무 문제의 심각성을 공식 확인한 셈이지만, 지방정부가 활용하는 투자 재원 마련 방안이 비정상적인 방향으로 진화하고 있다는 사실은 당국의 눈에도 우려 사항이었다. 신용이 위와 같이 팽창했다는 것은 통화의 과도 팽창 가능성을 암시한다. 앞서 부실채권 정리에 발권력이 동원됐다는 사실을 소개했다. 원래는 정부가 채권을 발행 메워야 하지만, 중국 채권시장의 한계 및 채권 발행 시 공개될 부실 규모와 정부 책임론 등이 어우러지며 중국정부가 손쉬운 방법에 의존했다는 점을 알 수 있다. 여기서 통화량이 경제가 급팽창하는 것과 시기적으로 일치하며 불어났다면 무슨 의미일까?

투입 중심 경제는 투자가 계속 늘어나야 고성장이 유지된다. 하지만 대략 2005년 이후 자본의 한계효율 저하 현상이 서서히 가시화되면서 과거 보다는 더 많은 투입이 있어야 고성장이 유지되는 상황이 전개됐다. 투입을 위한 더 많은 자금 조성이 은행활동으로 충분치 않다면 통화의 의도적인 주입 외에 다른 방안은 존재하지 않는다.[312] 다음은 그런 정책의 결과를 보여 준다: "문제는 유동성(통

위안에 이르는 자금 부족 상황을 맞을 것이라고 예측했다. 2012년 4조 위안의 지방정부 채무가 만기 연장된 데는 이유가 있었던 셈이다. KIEP 북경사무소, "중국 지방정부 부채 현황과 전망." pp. 7-8.

311) 「매일경제」, "급증하는 中 지방정부 부채 ... 대수술 나선 시진핑," 2018-04-24.

312) 다음의 통계는 통화팽창의 효과를 보여준다: "인민은행 자산이 2007년 이후 두 배 늘어나자 (2009년 경) 국내총생산(GDP) 기준 총부채 비율은 166% 정도에서 209%로 높아졌다." 「중앙일보」, "중국, 은밀한 돈 풀기... 또 71조원

화 및 신용 팽창)이다. 지난해(2015년) 중국의 사회융자총액(Total social financing: 중국경제에 도는 자금량)은 중국의 명목 국내총생산(GDP)보다 4배 빠르게 증가했다. 돈은 한 곳에 머무르지 않는다. 늘어난 유동성은 부동산과 금융 자산으로 흘러들어 간다.... 현 상황에서 중국 정부가 후퇴할 법도 한데, 중국정부는 오히려 지금의 정책기조를 강화하고 있다.... 중국의 대출 규모는 지난(2016년) 1월에만 67%, 1분기에는 43% 증가했다. 중국 정부는 돈으로 경제성장을 사고 있다."[313)]

다음의 설명은 중국 당국이 본원통화(base money)를 팽창시키는 가운데 어떻게 경제를 고속으로 운영했는지를 구체적으로 보여준다. 크레디트 스위스(Credit Suisse) 은행의 아시아 지역 수석 이코노미스트 타오동(陶冬)이 처음 밝힌 중국의 통화팽창 정도는 충격적이었다. 2004년까지 중국의 통화공급은 안정적이었다. 하지만 2005년부터 통화팽창이 가시화된 후, 2008년이 되자 2004년 통화량의 두 배가 늘어났다. 2008년 세계금융위기 대응책 이후에는 통화팽창이 더욱 가속화됐는데, 2008-2015년 팽창률은 2008년 통화량 기준 또 다시 거의 두 배였다. 이상을 수치로 환산하면, 2004년 말 달러화 기준 약 9,000억 달러였던 본원 통화는 그 후 급속하게 팽창, 2014년에는 5조 3,000억 달러 정도로 무려 5배 이상 증가했다.[314)]

더욱 놀라운 사실은 미국 통화량과의 비교다. 2008년 금융위

긴급 투입," 2014-12-16.

313) 크리스토퍼 발딩, "거품 경제 부르는 中 정부... 이제 그만 신용 억제 정책 써라," 「조선일보」 2016-05-14; 앤디 셰 역시 같은 문제점을 짚고 있다. 앤디 셰, "거품 키우는 부양책, 자금 수혈 중독된 환자 같아," 「조선일보」 2017-04-29.

314) 타오동 CS 수석 이코노미스트 인터뷰, "중국 2005년부터 양적완화... 자산 거품 키웠다," 「중앙일보」 2014-09-03.

기 이전 미국 통화량은 9,800억 달러로 2004년 중국의 그것과 비슷한 수준이었다. 금융위기가 닥치자 미국 당국은 그 유명한 양적완화(money printing)를 실시했는데, 2008년 중반 이전 1조 달러 미만이던 본원통화는 2014년 약 4조 4,100억 달러로 늘어났다. 흥미롭게도 경제위기가 없었던 중국의 2014년 통화량은 미국보다 오히려 1조 달러 정도 많았다는 사실을 알 수 있다. 중국의 통화 과잉은 중국 경제 규모를 미국과 비교해 보면 분명해진다. 2014년 미국의 총 GDP는 약 17조 달러, 중국은 9조 달러 정도였다. 경제규모가 미국의 절반 수준인 중국의 통화량이 미국보다 약 25% 많다는 점이 드러난다.[315)]

문제는 여기서 그치지 않는다. 그토록 많이 공급된 통화는 필히 은행의 신용창조 메커니즘을 통해 몇 배의 신용(credit)을 만들어내기 때문이다. 2009-2013년 신용팽창을 모두 포함한 건 아니지만 중국의 광의통화(M2)는 3배 증가했다. 같은 기간 미국 증가분의 4배에 해당하는 규모였다.[316)] 같은 맥락에서 다음의 놀라운 통계와 마주치게 된다: "2007-2015년 중국의 신용창조는 세계 총 규모의 63%를 차지했다."[317)] 그렇게 되는 이유는 당연히 은행의 돈 밀어내기, 즉 대출 폭증 때문인데, 다음의 계산은 문제점을 보여준다: "세계금융위기 이전 중국의 총 GDP의 매 위안(every Yuan) 단위는 모든 은행예금과 총 유통 현금 기준으로 1.5 위안에 해당했다. 하지만 2015년까지

315) Ibid.

316) 각주 298 재인용.

317) McMahon, *China's Great Wall of Debt*, p. 122. "대출을 포함한 은행권 자산은 (2017년 말 기준) 5년 전 GDP 대비 240%에서 현재는 310%로 급격히 불어났다"는 통계는 위의 주장을 뒷받침한다. Robin Wigglesworth and Gabriel Wildau, "After the financial crisis, a group of investors placed big bets on the collapse of China's economy..." *Financial Times*, 22 January 2018.

그 비율은 2 위안으로 높아졌다."[318] 결국 GDP 성장률보다 훨씬 많이 신용이 팽창했다는 뜻이므로 다음과 같은 결론이 가능해진다: "중국 은행들은 지속적으로 대출을 확대했지만 그런 대출 규모가 경제성장을 많이 웃돌면서 엄청난 돈이 생산적이지 않은 목적(no productive purpose)으로 활용됐음을 알 수 있다."[319]

앞서 부동산 과열 및 투기, 수익률이 떨어지는 기업에 대한 과잉 대출 등 중국의 과잉경제를 살펴봤다. 위의 통화량과 신용창조에 대한 분석은 그렇게 되는 이유를 통화론적 관점에서 보여주고 있다. 흥미롭게도 상기 통화 및 신용팽창은 중국의 초고속 성장률과 거의 일치한다. 1997-2003년 중국의 연평균 성장률은 8% 미만이었다. 그러나 2005년 통화팽창이 가시화된 후 성장률은 8% 이상이 됐고, 세계 금융위기 직전에는 무려 14%의 연평균 성장률이 기록됐다. 그 후 금융위기에 대응하기 위해 다량의 통화가 살포되면서 중국경제는 경착륙을 피하며 2012년까지 8% 이상의 성장률을 유지할 수 있었다.[320] 앞서 "중국 정부는 돈으로 경제성장을 사고 있다"는 주장이 나오게 된 배경을 알 수 있다.

위의 상황을 반영 최근에는 중국경제 위기설에 힘이 실리고 있다. 중국의 경제운영 방식에 비상식적인 것이 많고, 그 결과 경제구조 자체가 많이 왜곡돼 있다는 점은 이미 확인됐다. 하지만 중국 당국은 개혁을 위한 가시적인 조치를 취하지 않았다. 모순이 그대로 덮어지며 경제가 앞으로 계속 나간 셈인데, 그것과 비례 위험 가능성이 높아지고 있다고 진단하는 것이다. 위험 요인이 거의 밝혀졌고, 그것을 어떻게 처리해야 하는지도 알고 있지만, 이를 방치하는 경우 위기가 불

318) Ibid.

319) Ibid.

320) Keyu Jin, "Overhauling China," Project Syndicate, Feb 11, 2016.

가피해 진다는 논리를 최근에는 '회색 코뿔소론(Gray Rhinos)'이라고 부른다.

세월이 흐르며 잊힐 뻔 했던 코뿔소론은 2017년 5월 24일 국제신용평가사인 무디스(Moody's Corporation)가 28년 만에 처음으로 중국 신용평가등급을 한 단계 강등시키면서(Aa3 → A1) 되살아났다.[321] 이어 중국의 인민일보가 위험성을 경고하는 보도를 하자 중국경제 위기설은 만인의 관심 대상으로 떠올랐다. 세계정책연구소(World Policy Institute) 대표 미셸 부커(Michele Wucker)가 2013년 1월 다보스포럼에서 처음 사용한 이 단어는 2017년 7월 17일 중국정부 기관지인 인민일보(人民日報)가 인용, 중국경제의 위험성을 지적하면서 중국의 현실을 잘 설명하는 용어가 됐다. 중국금융의 위험성을 예상 가능한데도 방치한 회색 코뿔소에 비유하며 중국경제가 위태로운 현실에 직면해 있다는 것이 인민일보의 지적이었다. 중국 당국이 기관지를 통해 숨기고 싶은 현실을 인정했다는 점은 과거에는 거의 없던 일이다. 중국 경제 수뇌부가 "자신들이 해야 할 일을 하지 못했다"고 인정한 셈인데, 부커의 '회색 코뿔소' 실수를 저질렀다는 의미로 해석되고 있다.[322]

이어 미국의 주요 언론이 '회색 코뿔소'를 집중 보도하면서 중국경제의 위험성이 세계적으로 알려졌다: "중국경제는 붕괴 직전의 일본을 연상시킨다. 특히 별 가치가 없는 해외 트로피 자산(trophy asset)을 마구잡이로 사들이는 것은 30년 전 일본의 행태와 빼 닮았다. 그

321) 「매일경제」, "짙어지는 중국발 경제 스모그... 세계 경제도 숨이 턱," 2017-05-30.

322) *South China Morning Post*, "Beijing watches out 'grey rhino' and 'black swan' in the jungle of financial risks," 19 July, 2017.

런 직후 일본경제는 위기의 수렁에 빠졌다."[323] "중국경제는 회색코뿔소 경고를 되새겨야한다. 문제는 그렇다고 해서 (이미 불거진 덩치 큰 문제점들인) 회색 코뿔소를 죽인다면 경제 불안이 커질 수 있다는 점이다."[324] 중국 당국의 고민을 알 수 있는 대목인데, 그동안 말을 아꼈던 경제학자들 역시 다음과 같이 가세했다.

> 이 달은 동아시아 금융위기가 발발한 지 20년이 되는 시점이다. 위기의 원인이 정실자본주의(crony capitalism) 폐해 때문이었다는 주장과 역내 금융시장을 휘저은 서방 금융자본 탓이라는 주장이 병존한다. 둘 다 맞는 말이다.... (내 판단으로는) 위기의 가장 큰 이유는 동아시아 국가들의 성장모델이 당시 상황과 어긋난 것이었다. 아시아 성장모델은 두 가지 핵심 기제에 의존하고 있었다. 수출을 계속 늘리는 데 필요조건인 안정된 환율과 두 자릿수 성장을 지탱할 수 있는 지속적인 투자가 그것이다. 동아시아 국가들은 해외 차입을 늘리며 국내 투자 부족분을 보충했다. 하지만 1997년에 이르자 더 이상 투자만으로는 고성장을 뒷받침할 수 없는 임계점에 도달했다. 투자 효과가 감소하면서 해외 차입을 통해 조성한 자금에는 문제가 생길 수밖에 없었고, 결과는 경제위기로 귀결됐다.... 중국은 지금도 정해진 목표치의 성장률 달성이 특징인 경제모델에 집착하고 있다. 경제 엔진을 계속 돌릴 수 있다면 그것을 위해 필요한 유동성 팽창을 마다하지 않는다. 위기 전 태국과 비슷한 위험한 행위를 하고 있는 셈이다. 성장 동력인 투자 활성화를 위해 기업의 해외 차입을 허용한 결과, 특히 국유기업의 외채는 눈에 띄게 늘어났다. 그러면서도 변동환율제를 거부함으로써 기업들

323) *The Wall Street Journal*, "A Chinese Echo of 1980s Japan," July 25, 2017.

324) *The New York Times*, "In China, Herd of 'Gray Rhinos' Threatens Economy," July 23, 2017; "China's Wanda Signals Retreat in Debt-Fueled Acquisition Binge," July 10, 2017.

이 외화로 표시된 빚으로부터 빠져나와야 하는 동기를 꺾고 있다(환율 고정 때문에 외화표시 채무가 위험하지 않다고 생각). 중국은 이제 20년 전 동아시아 국가의 상황과 같은 처지에 놓여 있다. 즉 자신의 능력보다 웃자랐다. 중국 지도자들이 동아시아 경제위기를 공부해야 하는 이유다. 안 그러면 중국도 동아시아의 경험을 반복하게 될 것이다.[325]

기존의 많은 국내 부채에 해외차입이 더해지면서 더욱 위험해졌다는 지적이 과거와는 다른 최근 위기설의 특징이다. 2008년 이후 중국기업이 해외에서 빌린 돈은 무려 1조 6,000억 달러에 달한다. 문제는 이중 대부분이 단기 외채라는 사실이다.[326] 위의 아이켄그린(Eichengreen) 지적과 비슷한 상황을 중국이 맞고 있는 셈인데, 과거 동아시아 경제위기가 강한 달러화 시절 도래했듯이 비슷한 상황이 전개되는 지금 안심할 수 없다는 관찰이 다음과 같이 이어진다: "1981년 남미위기, 1994년 멕시코 외환위기, 이 두 경제위기에는 공통점이 있다. 바로 미국의 긴축이다.... 최근 긴축으로 돌아선 미국과 중국 경제의 거품, 성장률 둔화가 전 세계 금융시장을 불안으로 만들고 있다.... 중국경제 위기론이 제기되는 이유는 미국의 긴축으로 인한 강달러 가능성과 중국의 (국내외)부채 때문이다."[327]

중국경제 위기 가능성을 가장 단정적으로 예견한 사람은 전 영국 금융감독청장 아데어 터너(Adair Turner)였다: "중국의 경우는 정부의 신용공급 확대 정책이 문제였다고 봅니다.... 기업대출을 늘려 투자와 건축 붐을 일으켰지만 기업부채가 지나치게 급증했어요.... 중국 정

325) Barry Eichengreen, "Asia's Unhappy Anniversary," *Project Syndicate*, July 10, 2017.
326) 「한국경제신문」, "위안화 약세 지속, 中 외환위기 올 수 있어," 2016-12-31.
327) 「중앙일보」, "미국, 긴축 모드로 돈줄 더 죄면 중국 경제 짓누르는 빚 폭탄 터질까," 2017-07-06.

부가 앞으로 5년 정도 더 신용확대를 용인하는 정책을 유지하는 가운데 자본시장 자유화가 진행된다면, 2022년쯤엔 중국 발 금융 위기가 닥칠 수 있습니다."[328] 흥미로운 점은 금융의 전선에 있는 금융 투자자 혹은 투기자들의 행동이었다. 2017년 중국경제 위기 도래에 금융사들이 실제 베팅을 했지만, 중국경제가 멀쩡하자 350억 달러 이상의 손실을 입었다.

하지만 손실의 주요 당사자 중 하나였던 키니코스(Kynikos) 창립자 채노스(James Chanos)는 다음과 같이 상황을 정리했다: "변한 것은 없다. 중국 당국은 다른 국가의 정부가 했던 대로 하고 있다. 통을 길거리에 차버리는 것이다. 중국의 경우는 이 부채의 통이 엄청나게 크다는 점이 다르다. 통 차기가 언제 정확히 끝날지는 나도 모른다. 그러나 그것이 지속 가능하지 않다는 점은 안다."[329] 다음과 같은 역사적 통찰이 더해지면 위 언급의 설득력은 배가된다: "경제 거품은 가치평가(valuation)가 아닌 과다신용(credit excess)으로 가장 잘 확인된다. 현재 중국경제만큼 과다 신용을 보이는 경우는 없었다."

중국경제에 대한 회의론은 다음과 같이 요약될 수 있을 것이다: "당신이 암에 걸렸고 의사는 3개월 살 수 있다고 진단했다. 그런데 당신은 그보다 훨씬 오래 살았다. 하지만 암은 여전히 몸에 남아 있다면, 당신은 의사를 찾아가는 것을 그만두고 의사가 얼마나 틀렸는지 비웃을 것이다."[330] 하지만 암이 치유된 것은 아니니 위기는 언제고 닥칠 수 있다. 그렇다면 아데어 터너가 제시한 시한인 2022년 이전 중

328) 「조선일보」, "아데어 터너 전 영국 금융감독청장이 보는 브렉시트·글로벌 경제," 2016-07-03.
329) Wigglesworth and Wildau, "After the financial crisis, a group of investors placed big bets on the collapse of China's economy."
330) Ibid.

국정부가 개혁을 단행할 가능성은 없을까? 금융 전문가들은 놀랍게도 정치적 이유를 들어 회의적이다: "당국은 성장률의 가시적 저하 현상을 감내할 의사가 없다. 공산당의 권력 장악력에 치명적이기 때문이다. 지옥으로 향하는 다람쥐 쳇바퀴 도는 행동은 끝나지 않았다. 그들은 계속 투자를 할 것이다. 과거에도 "과잉에 브레이크를 걸어 경제가 흔들리면 언제 그랬냐는 식으로 방향을 (경기부양으로) 바꿨다."[331] 그렇다면 이제 경제 움직임의 정치적 조건 및 경제와 정치의 연계구도 등을 살펴볼 때가 됐다.

---

331) Ibid.

제3장
중국 경제발전의 정치적 제약

제3장
중국 경제발전의 정치적 제약

1. 지속적인 번영의 조건: 경제·정치 연계 이론

앞서 경제와 정치의 연계에 대한 짤막한 설명을 소개한 적이 있다: "국가 핵심 구성 요소 간의 분명한 권력분립은 개인 재산의 안정성을 증가시켰고, 자유 계약의 효력 역시 강화됐다. 중요한 것은 서구의 경제적 진보가 국가의 정치체제가 변화에 적응할 수 있도록 천천히 이루어졌다는 사실이다."[332] 부를 창출하는 기본 기제인 시장과 권력이 반비례 관계라는 사실이 암시돼 있다. 다소는 단정적인 표현이지만 시장이 부의 원천이라는 점은 중국의 경우에도 예외일 수 없다. 덩샤오핑 이후 개혁개방이 시장원리의 수용 과정이었고, 시장 작동의 핵심 동인인 이윤 추구와 이윤의 사유화를 인정하는 결단이었기 때문이다. 바로 그 덕택에 덩의 개혁개방 이후 중국과 중국인은 가난에서 벗어날 수 있었다.

332) 각주 76 본문 참조.

앞서 천안문 사태를 통해 국가는 어느 정도 개인의 자유를 허용해야 하는가, 시장의 작동은 어느 수준까지 인정할 것인가 등이 쟁점으로 떠오른 상황을 소개했다. 이는 역으로 국가가 움켜쥐고 있는 권력을 어느 정도 민간에 이양해야 하는가의 문제였는데, 경제적으로는 민영화와 소유권의 확대, 정치적으로는 민주화를 의미했다. 당시 중국 지도자들의 분명한 입장 정리가 없었던 점은 앞서 설명한 바와 같다. 상황은 다소 어정쩡한 봉합이 이루어지는 데 그치며 종식됐다. 그렇다면 그런 조건에서 형성된 중국 정치경제 구조는 어떤 모습일까, 또 어떻게 작동하고 있을까? 그동안 발전한 경제와 정치 연계이론은 답을 구하는 데 도움을 준다.

근대 자본주의와 민주주의를 처음 발전시킨 영국 역사 전문가의 다음과 같은 분석은 논의의 디딤돌을 제공한다: "유럽은 왜 중국과 다른 길을 갔고 결국 세상을 제패할 수 있었나? 유럽의 특징으로 가장 중요하게 언급되는 것은 경쟁 체제와 과학기술의 발달, 그리고 사유재산권을 포함한 근대적 제도의 확립이다. 즉 경쟁체제가 빚어낸 정치적 군사적 다원화와 지적 자유가 낳은 과학기술, 그리고 사유재산권이 주는 경제적 동기의 끊임없는 상호작용이었다."[333] 그렇다면 역으로, "중국은 왜 유럽과 비슷한 기적을 경험하지 못했나? 간략히 정리하면 지정학적으로 중국은 국가 독점체제였고 그렇기 때문에 역동성을 결여하고 있었을 뿐 아니라 중국 문화와 종교적 정신이 초기부터 질서, 획일성, 전통을 강조함으로써 변화와 발전을 억제했기 때문이다."[334] 이런 논리를 바탕으로 유럽의 기적을 선도한 영국의 상황을 조명해 보면 다음의 세부 모습을 엿볼 수 있다.

333) 박지향, 『근대로의 길: 유럽의 교훈』, pp. 21-22.
334) Ibid., p. 29.

(영국에서 자유가 확산 확립되는 과정을 살펴보면) 역사적으로 자유를 낳은 것은 소유였다. 소유와 자유는 상호보완적이고 서로 밀접하게 연계돼 있었다. 자유가 있어야 자신이 이룬 부를 소유할 수 있고, 부가 있어야 더욱 자유로울 수 있었다. 자유는 법만으로는 보장되지 않는다. 역사상 자유를 확보한 가장 중요한 무기는 소유였다. 자유가 없어도 소유는 가능하지만 소유가 없으면 자유는 불가능했다. 자유는 소유와 법과의 긴밀한 관계 속에서 서서히 성장했음을 알 수 있다. 자유와 소유는 궁극적으로 권력의 분산을 가져온다. 영국 역사는 일반적으로 국가의 부를 통제하는 사람이 정치를 통제한다는 사실을 입증해준다. 영국은 자유와 소유와 권력이 상대적으로 가장 넓고 고르게 분포된 나라였다. 국가의 부가 비교적 많은 사람에게 분산되어 있었고 그렇기 때문에 비교적 많은 사람이 정치적 권력을 누리게 되었다. 그것을 위해서는 일단 전제적인 왕권을 제한하는 것이 필요했다. 영국인들은 자신들의 부를 미끼로 왕의 권력을 제한하고 자유를 요구하면서 점차 나라 전체를 자유로운 사회로 발전시켜 갔다.[335]

이 정도면 중국이 나가야 할 방향은 이미 정해진 셈이 된다. 중국에서 고등교육을 마친 후 미국에 유학 현재 예일대학 교수로 있는 천즈우(陳志武) 교수의 다음과 같은 진단은 중국 지향하는 바와 현실 간의 괴리를 잘 보여준다.

(지속적인 경제적 번영을 위해서는) 첫째 정치권력에 대한 견제와 균형이 필요합니다. 많은 사람이 정치권력이 경제와 무관하다고 하지만,

335) Ibid., pp. 41-42. 밀튼 프리드먼(Milton Friedman)의 다음과 같은 주장도 궤를 같이 한다: "경제적 자유는 정치적 자유의 필요조건이다." *The Economist*, "The flight of the renminbi: Economic repression at home is causing more Chinese money to vote with its feet," Oct 27th 2012.

그렇지 않습니다. 중국 정부는 강력한 징세 권한을 가지고 있고, 어떤 지역에 어떤 산업을 육성할지 결정하는 자원 분배 권한이 있습니다. 중국 정부는 올해 8조 위안의 세금을 거둬들였습니다.... 정치 개혁을 통해 정부가 너무 많은 부를 가계나 기업으로부터 가져가는 것을 막아야 합니다. 둘째, 민간 부문의 사유재산을 정부 기관으로부터 확실히 보호해야 합니다. 셋째, 정부가 보유한 국영기업과 국영기업의 보유 자산을 민영화해야 합니다.... 지금이라도 파국을 막기 위해서는 앞서 말씀 드린 세 가지 개혁을 해야 합니다. 하지만 현재 중국 정부는 정치적인 의지가 없습니다. 30년 전에는 모두가 가난했고 가진 게 없었기 때문에 개혁도 가능했겠지만, 지금 중국은 그렇지 않습니다. 현 체제 속에서 이득을 얻는 이익집단이 존재하기 때문입니다. 현실적으로 중국 정부가 가까운 미래에 자발적으로 나서서 근본적인 개혁을 할 가능성은 아주 낮아요.[336]

정치권력에 대한 견제, 사유재산의 보장, 그리고 민간기업의 성장이 핵심 논제라는 주장이다. 이는 결국 권력 분립 및 민간에 의한 권력 감시와 견제, 그것을 바탕으로 가능해지는 소유권의 보장, 나아가 권력의 민간 이양, 즉 전체적으로는 정치와 경제의 민주화를 의미한다. 그렇게 되는 이유를 경제학에서는 다음과 같이 설명한다. 아담 스미스(Adam Smith)의 경우 다양한 업적이 있지만 부(wealth)의 팽창과 관련 가장 뛰어난 분석은 생산성 향상의 기본 기제인 분업(division of labour)에 대한 통찰이었다. 유명한 핀 공정 사례를 통

336) 천즈우(陳志武), “중국식 발전 모델은 없다… 4~5년 내 심각한 위기 맞을 것,” 「조선일보」, 2010-10-23~24. 구체적으로 다음의 통계를 제시하며 과도한 권력의 경제적 의미와 민간 부의 팽창이 제한되는 현상을 설명하고 있다: “제 계산에 따르면 중국 정부가 세금 등으로 거둬들인 부(富)의 규모는 지난 14년간 10배 성장했습니다. 같은 기간 도시 인구의 가처분 소득은 2.2배, 농민은 1.5~1.6배 정도 늘었습니다(Ibid).”

해 분업 시의 생산성 향상을 다음과 같이 설명하고 있다: "한 사람이 핀을 만드는 전 과정을 담당하는 경우 공정을 분할하고(18 divisions) 그렇게 분할된 서로 다른 공정을 합할 때와 비교, 생산량은 240분의 1은커녕 4800분의 1도 안 될 것이다."[337)]

하지만 그렇게 생산된 핀은 시장에서 팔려야 하므로, 분업의 정도는 시장의 능력에 좌우된다고 봤다: "시장이 작으면 분업 원칙에 의해 나누어진 특정 작업에 노동자가 진력을 다할 동인이 약화된다. 왜냐하면 자신의 노동으로 생산된 물품 중 자신이 소비하고 남은 잉여 부분을 남이 생산한 물건 중 자신이 필요한 것과 교환할 수 있는 능력이 떨어지기 때문이다. 따라서 분업의 발전은 시장 활성화(교환 능력) 정도에 제한된다고 볼 수 있다."[338)]

당시 기준으로는 전례 없는 탁견이었지만, 분업 뒤에 깊이 숨어 있는 정치사회적 의미는 다음과 같이 한참 후에야 밝혀졌다.

> (분업의 일반적 용어인) 특화가 상당히 진행된 사회는 효율적이고, 일반적인(impersonal) 계약의 준수를 요구하게 된다. 왜냐하면 복잡하고 일반적인 거래방식이 부각되면서 개인적인 친분, 자발적인 구속, 집단의 규율 등을 이탈하는 사람에 대한 강제추방 등은 더 이상 효과가 없기 때문이다. (결국 발전의 막바지 단계에 이르면) 특화 때문에 사회가 가지고 있는 더 많은 자원이 거래에 개입될 것이고, 거래 부문이 국민생산에서 차지하는 비율은 당연히 클 수밖에 없다. 바로 이것이 거래를 담당하는 대단히 전문화된 조직이 필요한 이유임은 물론이다. 비슷한 맥락에서 자본시장이 그 안에서 활동하는 사람들의 신뢰에

---

337) Adam Smith, *An Inquiry into the Nature and Causes of the Wealth of Nations*, Edwin Cannan, ed., with an introduction by Max Lerner (New York: The Modern Library, 1965, first published in 1776), p. 5.
338) Ibid., p. 17.

기초 성장하기 위해서도 국제수준의 특화와 노동 분업은 국경을 넘어 소유권을 보장할 수 있는 제도나 조직을 요구하게 된다.[339]

거래를 담당하는 시장이 왜 중요한지, 사적(personal) 관계가 아닌 서로 모르는 사람들의 연계를 의미하는 일반적 관계가 더욱 중요해지는 가운데 그것을 가능하게 하는 사적 자치, 즉 권력이 배제된 개인의 자발적인 의사에 기초 이루어지는 계약이 무슨 의미인지, 나아가 이런 모든 행위의 최종 목적인 이윤 추구와 그렇게 얻어진 수익이 왜 보장돼야 하는지가 분명해진다. 여기서 정치의 역할에 대해서는 다음과 같은 설명이 가능하다: "(계약이 원활히 체결되고, 계약이 지켜지고, 소유권이 보장되기 위해서는) 우선 입법부가 객관적인 법률을 만들어야 할 것이다. 법률을 위반한 사람에게는 적절한 제재가 가해져야 하는바, 제재의 판단과 이행은 사법부과 행정부가 맡아야 한다. 결국 권력은 견제와 균형의 원칙에 따라서 분리돼야 하고, 그것에 기초 합리적인 입법과 법 집행상의 객관성 유지가 가능해질 때 (위에서 소개한) 제도경제학의 주장이 현실화된다는 뜻이다."[340]

339) Douglas C. North "Institutions," *Journal of Economic Perspectives*, Vol. 5 No. 1 (Winter 1991), pp. 101–102. 위의 설명은 다음과 같이 이해할 수도 있다: "특화 때문에 모르는 상대방과 관계를 맺기 위해서는 과거와 같이 개인적인 친분에 의존할 수만은 없다. 특화가 중요한 것은 거래를 활성화시킨다는 점인데, 만약 객관적인 계약과 그것을 이행시킬 수 있는 제도가 제대로 작동한다면 출구는 열리는 셈이 된다. 경제적인 관점에서 계약이 보장해야 할 핵심 내용은 돈이므로 계약을 통해 소유권이 철저히 보장돼야 한다는 결론이 가능해진다. 세계화된 요즘은 같은 원칙이 국경을 넘어서도 철저히 지켜져야만 한다. 거래의 활성화를 위해 반드시 필요한 자본시장의 발전 요건 또한 계약에 기초한 제도임은 말할 필요가 없다. 요컨대 제도가 시장과 거래를 얼마나 활성화시키는지가 관건임을 알 수 있다." 김기수, 『중국경제 추락에 대비하라』(파주: 살림출판사, 2012), pp. 45–46.

340) Ibid., p. 46.

이상의 논의를 고도의 시장경제에서만 가능한 지식기반 경제에 적용해 보면 중국경제의 현실은 물론 위의 논의가 왜 중요한지를 더욱 선명하게 엿볼 수 있다.

> 특화가 상당히 진행된 사회는 효율적이고, 일반적인(impersonal) 계약의 준수를 요구하게 된다. 제조업은 3차 산업, 특히 금융업에 비해 쉽게 성장하고, 실물시장이 금융시장보다 속이기가 더 어렵기 때문에 제조업 시장의 발전은 제도 메커니즘에 의존하는 정도가 비교적 낮은 것이 사실이다. (얘기를 다시 돌려) 자동차 시장과 증권시장을 비교하면 모두에는 (정보가 소비자에게 정확히 전달되지 않는) 정보의 불완전성과 (좋은 물건을 판매하려는 사람이 정보의 혼탁 때문에 제값을 받지 못하게 되자 시장을 아예 떠나버리는) 역선택의 가능성이 존재한다. 하지만 거래 당사자 간의 정보 비대칭성 정도는 전자가 후자보다 훨씬 낮아, 제도 메커니즘에 대한 요구도 적다. 이것이 중국에서 제조업은 발전할 수 있지만(더욱이 제조업은 중국의 노동력 우위를 십분 활용하고 있다), 증권(금융)시장은 발전하기 어려운 이유다.[341]

고도 시장경제의 특성, 그리고 그것을 지원하는 경제 및 정치제도의 속성 등을 아는 데는 무리가 없다. 이상의 논의는 오랜 자본주의 역사를 지닌 서구의 사례와 연구에 기초하고 있다. 문제는 중국의 경우 위와 같은 메커니즘을 스스로 발전시킨 적이 없다는 사실이다. 봉건제를 없앴다는 중국 공산주의도 분명 소련으로부터 수입된 것이고, 덩샤오핑의 개혁개방 역시 서구자본주의, 조금 더 좁게는 기적의 경제성장을 이룬 한국, 대만 등의 개발 모델을 유사하게 복제한 것이다.

---

341) 천즈우(陳志武), 『중국식 모델은 없다』, 박혜린·남영택 옮김 (서울: 메디치, 2011), p. 177.

그렇다면 후진적 경제 및 정치제도를 가지고 있는 국가는 어떤 과정을 통해 앞서 소개한 선진 시장경제로 발전할 수 있을까? 질문에 대한 답을 구하려는 학문적 노력이 유명한 현대화 이론(modernizing theory)이다.

이상의 논의가 암시하듯이 개도국의 현대화는 결국 서구의 예에서 보듯이 핵심 요소가 선순환적인 영향을 미치며 발전하는 선형 모델일 수밖에 없었다. 즉 "근현대 사회발전의 매 연속 과정(successive stages)이 단절 없이 계속 누적되면서 발전이 이루어졌다는 의미다. 바로 이것이 막스 베버(Max Weber)가 전통사회와 현대사회를 구분한 이유인데, 따라서 현대화 이론은 베버의 연구로부터 지대한 영향을 받았다고 볼 수 있다."[342] 모든 사회에서 전통적 공동체의 모습은 같지만, 앞서 소개한 근대 혁명 후에는 발전이 선형으로 지속됐고 이윽고 현대사회로까지 이어졌다는 해석이다.

초기 개도국 발전이론도 큰 틀에서는 비슷한 궤적을 그리고 있다: "나라가 잘 살게 될수록 민주주의가 자리 잡고 유지될 가능성은 그와 비례해서 커진다." 경제가 발전하면 교육 수준이 높아지면서 의식이 깨이게 되고, 도시화가 급속히 진행되면서 특히 밀집된 거주 지역에 대단히 효과적인 대중매체가 활성화됨으로써 민주화의 토대가 마련된다는 설명이다.[343] 원래 현대화 이론은 제2차 세계대전 이후 공산주의 팽창에 맞섰던 미국이 공산주의 침투에 특히 취약한 개도국을 미국 편으로 돌리는 것은 물론, 한 걸음 나아가 자본주의와 민주주의의 세계적 확산이라는 원대한 목적에서 출발했다. 개도국의 경제발전

342) Ronald H. Chilcote, *Theories of Comparative Politics: The Search for a Paradigm* (Boulder: Westview Press, 1981), pp. 278-279.

343) Seymour Lipset, *Political Man: The Social Bases of Politics* (New York: Doubleday, 1960), p. 31.

을 위해서는 경제원조가 필요했는데, 원조 결과 경제가 발전하면 과연 민주화가 가능한지가 관심의 대상이었다.

하지만 개도국의 민주화 사례가 어느 정도 축적된 1970년대가 지나면서 경제발전이 많은 경우 반드시 민주화로 이어지지는 않는다는 사실이 밝혀졌다. 예측을 빗나간 현실을 설명하기 위해 민주화 여정에 과도기(transition)라는 것이 존재한다는 현실 타협론이 등장했다. 즉 "민주주의를 위해 권력을 어떻게 배분할 것인가라는 과거의 논의로부터 민주적이든 다른 형태의 정치체제든 정치질서의 확립, 즉 안정을 위한 권력집중이 전환기에는 중요할 수 있다는 새로운 논리로 논제가 변했다."[344] 이 말은 과도기에는 민주주의냐 권위주의냐가 중요한 게 아니라 지속적인 경제발전을 위해 권력의 효율적 집중과 활용이 더 소중하다는 의미를 담고 있다.

현실 수용론은 이론의 발전을 위해 새로운 도전을 시도했다. 초기의 이론이 경제발전과 정치적 민주화라는 두 개의 변수에 의존한 반면, 새 변형 이론에서는 구조개혁(structural reform)이라는 변수가 하나 더 추가됐다. 이 세 변수는 서로 의존적이어서, 경제발전이 사회 전체의 구조개혁으로 이어지고 이를 바탕으로 진정한 의미의 민주화가 가능하다는 논리였다. 즉 "구조적인 변화(structural change)와 정치적 민주화는 경제성장의 과실(gains)을 공평하게 분배하는 데 반드시 필요한 조건"이라는 논리가 개진됐다. 사회과학에서 구조적라는 용어는 사실상 해결책을 찾기가 어렵다는 의미인데, 언론에 흔히 등장하는 '문제가 구조적이어서 해법을 찾기가 쉽지 않다'는 말은 구조의 뜻을 함축한다.

344) Samuel P. Huntington, "The Goals of Development," Myron Winer and Samuel P. Huntington, eds., *Understanding Political Development* (Boston: Little, Brown and Company, 1987), p. 5.

결국 '구조(structure)'를 분해, 이해한다는 것이 지난했으므로 이런 주장을 한 전문가들 역시 구조에 대해 뚜렷한 설명을 제시하지는 못했다: "(세 변수의 상관관계를 주장하는 전문가들도) 이 변수들이 전문가들이 원하는 방향으로 (선순환적으로) 작동하지 않는다는 사실을 인정할 수밖에 없었다. 즉 단기적으로는 세 변수가 서로 상충될 가능성이 높지만, 장기적으로는 그들이 서로를 강화시켜주는 것으로 기대하거나 바랄 수밖에 없다는 결론이 내려졌기 때문이다. 설사 그 말이 맞더라도, 문제는 여전히 남게 된다. '그렇다면 중기적으로는 어떨 것인가라는 질문에 대해서는 여전히 답변이 없어서다.'"[345)]

결국 경제발전이 이루어진다고 정치 민주화가 자동으로 이어지는 것은 아니라는 점이 밝혀진 셈이다. 이해하기 힘든 구조적인 개혁이라는 또 다른 변수가 함의하듯 우리가 모르는 메커니즘을 통해 민주화가 이루어진다는 추론이 가능할 뿐이었다. 최근에야 이 난제에 대한 해법의 단초가 제시됐는데, 새로운 접근은 과거 이론과는 달리 지속적인 경제발전 자체가 특정의 조건 하에서만 가능하다는 논리를 펴고 있다. 다시 말해 과거 현대화 이론의 단점이 "포용적인 정치 및 경제제도가 경제성장에 결정적인 영향을 미친다는 사실을 간과한 데 있다"고 봤다.[346)] 이 말을 뒤집어 보면 경제발전이 민주주의로 이어진다

---

345) 이상의 분석은 다음의 연구를 요약 및 인용했다: Robert A. Packenham, *Liberal America and the Third World: Political Development Ideas and in Foreign Aid and Social Science* (Princeton: Princeton University Press, 1973), 특히 pp. 123-129; Arthur Schlesinger, Jr., "The Alliance for Progress: A Retrospective," Ronald G. Hellman and H. Jon Rosenbaum, eds., *Latin America: The Search for a New International Role* (New York: Wiley, 1975), Huntington, "The Goals of Development," pp. 8-9 재인용.

346) Daron Acemoglu and James A. Robinson, *Why Nations Fail: The Origins of Power, Prosperity, and Poverty* (New York: Crown

는 논리와는 반대로 민주화, 즉 적절한 정치체제 없이 지속적인 경제 발전이 가능한가라는 역 논제가 제시됐다고 볼 수도 있다.

"어떤 경제제도를 채택하느냐에 따라서 사회의 경제행위와 자원 배분은 달라진다.... 결국은 정치권력이 경제제도를 결정한다는 사실이 분명해진다"는 분석을 소개한 바 있다.[347] 이 말은 중국과 같이 공산주의로 출발한 국가는 그 자체로 경제행위와 자원배분이 민간에 의해 이루어지지 않는, 즉 국가 수탈적 경제체제를 공산주의 정치체제에 맞게 수용할 수밖에 없었다는 점을 암시한다. 논리는 구체적으로 다음의 두 변수를 통해 전개됐다. 크게 봐 정치와 경제체제는 수탈적(extractive) 혹은 포용적(inclusive) 성격을 띤다고 가정한다.

수탈적 경제체제는 "사회 특정 계층의 소득과 부가 다른 계층으로 이전 되면서 착취되는 시스템을 뜻한다." 당연히 수혜 계층은 극소수의 지배계급에 한정될 수밖에 없다. 포용적 경제체제는 이와는 반대로 착취가 없어 부가 다수의 시민에게 배분되는 제도다.[348] 그렇게 되려면 포용적 체제는 다음과 같은 특징이 있어야 한다: "개인에게 그들의 적성에 가장 맞는 직업을 선택할 자유를 보장하고, 공정한 경쟁의 무대(level playing field)를 제공하는 포용적인 시장(inclusive market)의 존재가 필수다."[349] 비슷하게 수탈적 정치체제는 권력이 소수 지배계층에 의해 독점된 반면, 포용적 체제는 반대로 권력이 사회 전체에 고르게 배분되어 자의적인 권력행사가 억제되는 다원적인 성격을 띠게 된다.[350]

Business, 2012), p. 444.

347) 각주 12의 본문 참조.

348) Acemoglu and Robinson, *Why Nations Fail*, p. 76.

349) Ibid., pp. 76-77.

350) Ibid., pp. 79-80.

결국 경제 및 정치적으로 네 가지 조합이 가능하지만, 현실적으로는 다음과 같은 이유로 조합에는 한계가 있다. "속성상 수탈적인 경제제도는 자신의 생존을 위해 자연스레 수탈적인 정치제도와 어울리게 된다." "수탈적인 경제제도의 특징인 소수 계층이 부를 독점하는 현상이 유지되기 위해서는 정치적 지배력에 의존, 다른 계층에 대한 통제가 필수적이기 때문이다." 하지만 "수탈적인 경제 혹은 정치제도와 포용적인 것이 만날 때는 일반적으로 사회 전체가 불안정해진다. 특히 포용적 정치제도 하에서 수탈적 경제제도가 오래도록 생존할 가능성은 대단히 낮다. 비슷한 맥락에서 포용적인 경제제도 역시 수탈적인 정치제도를 지원하지도 않고, 또한 그것으로부터 지원받지도 않는다."[351)]

여기서 경제가 발전한다고 정치가 포용적으로 전환되지는 않는다는 사실을 알 수 있다. 경제발전에 의해서가 아니라면 수탈적 정치체제는 어떻게 긍정적으로 변할 수 있을까? "수탈적인 정치제도를 변화시키는 유일한 방법은 지배 엘리트로 하여금 다원적 사회를 만들도록 (일반 대중들에 의해) 힘이 행사되는 경우밖에 없다. 이 말은 뒤집어 특정 시점을 지나면 (구체적으로 경제가 발전하면) 정치제도가 자동적으로 다원화될 이유는 존재하지 않는다는 사실을 의미한다."[352)] 이상의 논의를 중국 경제와 정치에 적용하면 어떤 모습이 그려질까?

> 마오쩌둥의 죽음으로 중국에 결정적인 계기가 마련된 것은 사실이다. 우선 권력 공백이 있었고, 이어 벌어진 권력투쟁의 결과, 덩샤오핑의 개혁개방정책이 시행될 수 있었기 때문이다.... 덩의 경우 과거와는 대

351) Ibid., pp. 81-82.
352) Ibid., p. 87.

단히 다른 개혁개방정책을 시행한 것은 분명하지만, 중요한 것은 애초부터 진정한 의미의 포용적 경제제도를 도입한다든가, 혹은 공산당의 경제에 대한 통제를 가시적으로 축소시키는 것은 옵션이 아니었다는 사실이다..... 하지만 그렇다고 수탈적인 제도가 경제성장과 반드시 거리가 멀다는 얘기는 아니다. 수탈적 정치 및 경제체제에서도 경제성장은 물론 가능하다. 구소련이 대표적인바, 비록 정치 및 경제제도 모두가 수탈적이었더라도 소수 지배계층이 권력을 이용, 자신들이 통제하고 있는 당시로서는 생산성이 높은 분야에 자원을 집중 투입하는 경우, 경제성장은 당연히 가시화될 수 있었다. 중국은 이보다 형편이 조금 더 나아, 비록 완전한 모양새를 지닌 포용적 경제제도는 아니지만 포용적 요소가 상당히 포함된 형태의 경제제도(인센티브의 강화)와 수탈적인 정치제도를 운영하고 있으므로, 경제성장은 더욱 폭발적일 수 있었다. 여기서 중요한 것은 수탈적인 정치체제에 의존하고 있는 지배계층과 이들의 수중에 있는 정치권력에 위협이 되지 않는 한, 포용적 경제제도가 그 수준까지는 확장될 수 있다는 사실이다. 바로 이 점이 수탈적인 정치제하에서도 경제가 성장할 수 있는 이유가 된다.[353]

경제성장이 수탈적 정치체제 하에서도 가능한 이유와 그럼에도 불구하고 수탈적 정치치제는 변하지 않는다는 사실을 확인할 수 있다. 그렇다면 수탈적 정치체제와 제한적 포용 경제체제 하에서 경제성장은 어디까지 지속될 수 있을까? 수탈적 정치 및 경제체제를 유지했던 구소련은 국가 설립 후 약 70년이 지난 1990년대 초 붕괴됐다. 따라서 이것은 중국에 대한 질문인 셈이다.

353) Ibid., pp. 91-92 그리고 pp. 423-424.

> 가장 중요한 것은 정치와 경제 어떤 것이든 수탈적인 제도 하에서는 지속적인 경제성장이 어렵다는 사실이다. 지속적인 경제성장을 위해서는 우선 기술혁신이 필요하다. 문제는 그런 혁신 자체가 과거의 것을 대체 혹은 파괴하는(destructive) 속성을 지니고 있다는 점이다. 당연한 결과로 혁신은 경제영역에서 과거의 것을 새 것으로 대체시키는 것은 물론, 기존의 정치권력 관계 역시 불안정하게 만들 수 있다. 같은 연장선에서 수탈적 체제를 지배하고 있는 엘리트들은 공포를 느끼게 되므로, 이들은 저항할 것이고, 결과적으로 수탈적인 체제에서 싹튼 경제성장은 수명을 다하게 된다. 다음으로 사회 다른 계층의 이득을 자기 것으로 만드는 수탈적 체제를 지배하는 자들의 능력은 결국 그것을 가능하게 하는 권력을 선망의 대상으로 만들게 된다. 그러므로 많은 사회그룹과 개인은 권력을 얻기 위해 싸울 수밖에 없다. 결과적으로 권력투쟁의 강력한 힘이 수탈적 정치체제를 정치적 불안정(political instability)로 몰고 가는 것은 필연이 될 수밖에 없다.[354]

결국 어느 시점에 이르면 경제성장이 꺾이며 위기가 온다는 점을 설명하고 있다. 지금까지 논의된 수탈과 포용 두 변수에 대한 분석을 확장 중국에 적용하면 다음과 같은 흥미로운 그림을 그릴 수 있다: "아이러니하게도 경제성장이 자연스레 수탈적인 (정치)체제의 종말로 이어지지는 않는다는 바로 그 사실 때문에 수탈적 체제하에서 경제성장이 가능하다고 볼 수도 있다. (즉 지배계급이 경제성장을 통해 기존의 수탈적 정치체제가 위협당하지 않고도 자신의 부를 확장할 수 있음은 물론 경제발전을 그 밖의 다른 이해 확장에 활용할 수 있기 때문이다) 같은 맥락에서 수탈적 제도를 통제하고 있는 사람들이 경제성장이라는 업적을 – 중국 공산당이 1980년대 이후 줄곧 그렇게 생

354) Ibid., p. 430.

각했던 것과 같이 – 자신들의 레짐을 위협하는 것이 아니라, 지지하는 변수로 간주한다는 점은 일반적으로 받아들여지는 명제다."[355] 이 말을 뒤집어 보면 경제발전이 지속되는 한 지배계급들이 현재 향유하고 있는 기존 정치질서를 변화시키려는 의지는 당연히 약해진다는 의미가 된다. 따라서 과거 현대화 이론과 비교해 정반대의 결과가 도출된다는 점을 다시 한 번 확인할 수 있다.

앞서 '수탈적인 체제에서 싹튼 경제성장은 수명을 다하게 된다'는 예측과 같이 수탈적 정치체제는 경제발전에 중장기적으로 부정적인 영향을 미친다는 사실이 개진된 바 있다. 이 주장을 중국에 적용해도 상황은 부정적일 텐데, 문제는 언젠가 포용적 체제가 들어선다고 해도 그 후의 전망 역시 긍정적이지 않다는 다음과 같은 진단이다.

> 첫째, 중국의 권위주의적인 수탈 정치체제하에서 경제성장이 당분간은 가능할지 몰라도 지속적인 성장 모드로 바뀌지는 않을 것이다. 즉 포용적 정치 및 경제제도로 가능한 진정한 의미의 경제성장은 없다는 뜻이다. 두 번째, (반복되는 얘기지만) 권위주의적 성장이 민주주의와 포용적 정치제도로 발전한다고 믿을 이유 또한 없다. 권위주의 체제를 유지하며 얼마간의 경제성장을 유지하고 있는 특히 중국, 러시아와 같은 국가들은 스스로의 자각에 의해서건 혹은 반대 세력의 강압에 의해서건, 향후 언젠가 그들의 현 권위주의 정치체제를 포용적인 제도로 바꾼다고 하더라도 그 전에 이미 권위주의 경제성장의 한계에 도달할 가능성이 높다.[356]

355) Ibid., p. 445.
356) Ibid., pp. 445-446.

수탈적 체제의 결과 경제가 하강 국면에 들어간 후에는 포용적 체제가 들어선다 하더라도 이미 한계에 도달한 경제발전 동력이 회복되기는 힘들다는 분석이다. 이상의 논의는 서두에서 소개한 영국 사례의 적실성을 분명히 해주는 측면이 있다. "영국은 자유와 소유와 권력이 상대적으로 가장 넓고 고르게 분포된 나라였다. 국가의 부가 비교적 많은 사람에게 분산되어 있었고 그렇기 때문에 비교적 많은 사람이 정치적 권력을 누리게 되었다"는 역사적 사실은 포용적 체제에서만 가능하기 때문이다. 중국의 수탈적 체제는 다음과 같은 통계를 통해서도 확인할 수 있다.

앞서 중국이 개혁개방을 단행 가시적인 경제성장에 성공했어도, "국가는 돈을 벌었으나 개인소득은 상대적으로 증가하지 않는 것으로 나타났다"는 설명을 소개한 바 있다.[357] "1989-2002년 중국의 연평균 실질 GDP 성장률은 8.1%였지만, 1인당 개인소득 증가율은 5.4%에 불과했다." 중국이라는 국가 자체는 성장했으나, 그 혜택이 개인에게 돌아가지는 않았다는 뜻이다. 흥미롭게도 이 두 변수의 격차는 1980년대 가장 적었고, 그 후에는 점점 벌어졌다. 다시 말해 1980년대 덩샤오핑, 후야오방 그리고 자오쯔양 등이 집권하던 시절, 즉 더욱 개방적이고 자유로운 경제정책을 시행하던 시기에는 개인소득 증가율이 그 이후보다 상대적으로 높았다. 1989년 천안문 사태 이후 권력을 더욱 강화한 정부가 개인에 대한 권력 이양을 거부한 채 정부주도의 경제정책을 강화하자, 국가는 돈을 벌었지만 개인소득은 많이 증가하지 않는 현상이 가시화됐음을 알 수 있는 대목이다.[358]

부가 국가에 집중됐다는 사실은 세금 통계를 통해서도 확인할 수

357) 각주 47 본문 재인용.

358) Huang, "Rethinking the Beijing Consensus," pp. 4-6.

있다: "중국 정부가 세금 등으로 거둬들인 부(富)의 규모는 (2010년 기준) 지난 14년간 10배 성장했습니다. 같은 기간 도시 인구의 가처분 소득은 2.2배, 농민은 1.5~1.6배 정도 늘었습니다"[359] 국가의 부 중 개인이 차지하는 비율을 가장 잘 보여주는 근로 소득 통계 역시 이상의 추세를 거의 그대로 답습하고 있다. GDP에서 근로소득이 차지하는 비율의 경우 2009년 미국 58%, 영국 56%였지만, 중국은 8%밖에 되지 않았다. 한국의 44%와 비교해 봐도 엄청난 차이가 나고, 개발도상국인 동남아시아 국가들의 평균 27%에 비해서도 대단히 낮은 수치다.[360]

결국 정치 및 경제적으로 수탈적 체제를 유지한 결과 '국가는 돈을 많이 벌었지만 국민은 상대적으로 가난해졌다'는 결론이 가능해진다.[361] 수탈적 체제 하에서 기득권층의 경제적 능력 또한 시간이 갈수록 증대됐음도 확인할 수 있다. 앞서 소개한 천즈우 교수의 언급을 보면 그것의 정치적 의미를 이해하는 데는 무리가 없다. "30년 전에는

359) 각주 336 재인용.

360) 랑셴핑(郎咸平), 『부자 중국 가난한 중국인: 중국인의 삶은 왜 여전히 고달픈가』, 이지은 옮김 (서울: 미래의 창, 2011), p. 25.

361) 빈부격차를 보여주는 경제학 통계치인 중국의 지니계수(Geni coefficient) 역시 지금까지의 논의를 뒷받침하고 있다. 2010년 중국의 지니계수는 5.0으로 폭동이 일어날 가능성이 있을 정도로 높은 수치였다. 같은 해 미국은 0.408, 한국 0.341 그리고 일본 0.249였으므로 중국의 상황이 얼마나 심각한지를 알 수 있다. 위에서 중국 인민의 소득 불평등이 시간이 갈수록 심화됐다는 통계가 소개됐다. 지니계수의 변화 역시 그런 추세를 거의 반영한다. 1978년, 즉 개혁개방 직전의 수치는 0.2-0.27였다. 2010년의 수치가 5.0이었으므로 30년 동안 지니계수가 거의 두 배 증가하며 불평등은 심화됐다. 부자와 빈자의 재산 격차도 그런 추세를 간접적으로 보여준다. 2009년 상위 10% 부자가 지닌 자산 규모는 전체의 80%였다. 상황이 그렇기에 부유층과 빈곤층의 소득 격차가 무려 40배라는 현실은 이상할 것이 없다. 2004년의 32배와 비교해 보면 시간이 갈수록 빈부격차가 뚜렷해졌다는 사실이 분명해진다. 「조선일보」, "中 빈부격차 한국보다 심각: 부자들 미친 듯이 명품 사냥," 2011.03.10.

모두가 가난했고 가진 게 없었기 때문에 개혁도 가능했겠지만, 지금 중국은 그렇지 않습니다. 현 체제 속에서 이득을 얻는 이익집단이 존재하기 때문입니다. 현실적으로 중국 정부가 가까운 미래에 자발적으로 나서서 근본적인 개혁을 할 가능성은 아주 낮습니다"라는 주장은 위의 현상을 대변한다.[362]

앞서 "중국은 왜 유럽과 비슷한 기적을 경험하지 못했나? 간략히 정리하면 지정학적으로 중국은 국가 독점체제였고 그렇기 때문에 역동성을 결여하고 있었을 뿐 아니라 중국 문화와 종교적 정신이 초기부터 질서, 획일성, 전통을 강조함으로써 변화와 발전을 억제했기 때문이다"라는 분석을 소개했다. 중국 공산주의가 봉건제를 붕괴시킨 업적은 이미 기술한 바와 같지만, 국가 중심 경제 및 정치 운영 원칙은 상대적인 차이는 있지만 여전히 고수되고 있다. 여기서 이론은 그런 시스템이 지속적인 번영을 기약하지 못한다고 본다. 앞서 살펴본 중국경제에 대한 구조 분석은 중국식 정치경제 원칙을 고수한 결과 중국경제가 왜곡되는 현상을 상세히 보여줬다. 그렇다면 경제에서 권력을 분리시키는 것은 중국의 현실에 비추어 정말 불가능한 일일까?

362) 각주 336의 본문 재인용. 공산주의 역사에 비추어 다음과 같은 대단히 부정적인 진단이 나오는 것도 무리는 아니다: "이전 공산권 국가들을 보면, 민주체제로의 이행은 공산정권의 갑작스런 몰락 이후 가능했다. 공산정권이 유지된 채 민주화가 이루어진 국가는 역사상 단 한 곳도 없다." Minxin Pei, *China's Trapped Transition: The Limits of Developmental Autocracy* (Cambridge: Harvard University Press, 2006), p. 18.

2. 경제를 제약하는 정치: 정경 유착과 변화 거부 이해 집단의 확대

출발부터 공산주의 국가였던 중국이 경제에 정치, 즉 권력이 개입하는 상황을 지금도 벗어나지 못하고 있는 것은 운명일 수도 있다. 그 정도가 자본주의 시장경제 국가와는 비교할 수 없는 수준이기에 경제관계에 내재돼 있는 정치 변수를 주목하는 것이다. 제1절에서 중국 공산주의 초기의 경제 및 정치체제를 자세히 살펴봤다. 공산주의 공유재산제가 실시된 후 중국경제는 비극을 맞았다. 대약진 운동은 비극의 상징이었다. 경제가 엉망이 될 때마다 자본주의 요소를 도입하며 위기를 극복했지만, 경제회복의 대가는 극한의 권력투쟁이었다. 문화대혁명은 이데올로기가 공산주의 국가의 경우 정치경제적 측면에서 어떤 역할을 하는지를 보여줬다. 이 과정에서 경제는 다시 한 번 희생됐다.

위의 긴 시행착오를 통해 시장 요소를 도입하지 않는 한 중국경제가 부흥하지 못한다는 점이 분명해졌다. 아무튼 덩샤오핑의 '개혁개방정책'에 이르는 길은 대단히 복잡하고 길었다. 처음 가는 길이었기에 당연히 두려움을 떨치기 힘들었다. 시장원리를 도입하지만, 어느 정도 수준이어야 기존의 중국체제가 흔들리지 않을 것인가가 고민의 중심에 있었다. 시장원리를 많이 도입하는 경우 기존 체제, 특히 정치시스템에 충격이 가해지는 것은 원리상 불가피했기 때문이다. 고민에 대한 답변이 제시됐는데, 해법으로 조롱경제론(鳥籠經濟論)이 등장했다.

"1982년에 열린 당 12기 전국대표대회에서 '계획경제 주(主), 시장조절 보(補)' 방침이 제시되었고, 이러한 방침은 주보론(主補論)이라고 알려져 있다.” 다소는 추상적일 수 있는 주보론은 이를 주장한 천윈(陳雲)에 의해 다음과 같이 쉽게 풀이됐는데, 그의 설명을 조롱경제론이라고 부른다: “진운은 경제활성화를 새에 비유하고, 국가계획을 새장에 비유하면서 경제활성화를 위해 새장의 크기를 조절할 수 있지만 새장이 없으면 새는 날아버리기 때문에 반드시 새장인 계획의 지도하에서 새인 경제활성화가 추진되어야 한다고 주장했다. 이러한 진운의 조롱경제론(鳥籠經濟論)은 개혁 과정에서 보수파 논리의 골간이 되었다. 조롱경제론은 시장경제 요소가 새는 될지언정 새장은 될 수 없다는 논리로 중국은 어디까지나 사회주의가 근간임을 강조하고 있는 것이다.”[363)]

앞서 천안문 사태를 소개했다. 그 중심에는 개혁개방의 선두 주자였던 자오쯔양(趙紫陽) 중국공산당 총서기가 있었다. 여기서 자오의 새로운 경제관을 살펴보면 조롱경제론이 어떤 방식으로 도전 받았는지 알 수 있다: “(조롱경제론의 경우) 새를 경제에, 새장을 계획에 비유할 때, 새를 새장으로부터 풀어주면 날아가 버리지만 그렇다고 해서 어느 정도 자유롭게 움직일 수 있도록 하지 않으면 새는 죽어버린다. 그래서 계획의 틀을 계속 부여하면서도 일정의 자유(시장)를 용인하려고 한다. 그에 비해 자오쯔양의 이상은 새장으로부터 새를 풀어주고 새장으로 되돌아오도록 하는 것이었다. 사회주의는 시장경제가 고도로 발전한 자본주의 다음에 오는 것이기 때문에 사회주의 초기 단계에서는 시장을 발전시켜야 했다. 그가 천안문 사건으로 실각하기 1년 전 제13기 사중전회(四中全會)에서 채택된 ‘국가가 시장을 조절하고 시장이 기업을 이끄는 시스템’이란, 그 후 ‘사회주의시장경제론’으로

363) 송기호, 『중국경제의 이해』, p. 110.

연결되는 시장우위론이었다고 할 수 있다."[364]

앞서 설명한 바와 같이 자오쯔양은 시장 확대와 정치적 민주화를 동전의 양면으로 봤다. 하지만 정치적 이유로 자오가 숙청되면서 민주화와 시장 확대의 연계 고리는 사실상 사라졌다. 그렇다면 민주화 없이 자오가 주장한 시장 우위는 가능할까? 앞서 소개한 경제정치 연계이론들은 그것이 불가능하다는 점을 보여준다. 중국의 현실을 살펴봐도 그런 사실을 확인할 수 있는데, 당시 중국기업 관련 다음의 일련 조치를 통해 사안은 더욱 분명해진다. 민주화는 없었지만 경제 자유화가 활발했던 시기는 주룽지 총리 때였다. 가시적인 경제개혁이 시행됐지만, 그러나 당시 정해진 대기업에 대한 원칙은 개혁 시기에서 조차 경제자유화에는 한계가 있음을 보여준다.

개혁개방 지속이 천명된 남순강화 직후인 1994년 중국정부는 국유기업을 대형과 중소형으로 나누는 조대방소(抓大放小) 정책을 시행했다. 조대방소는 "큰 것은 붙잡고 작은 것은 놓아 준다"는 의미인데,[365] 따라서 "대형 국유기업에 대해서는 여전히 국가의 집중적인 관리 하에 두면서 경쟁력 있는 기업으로 양성하기 위해 개혁을 추진한다(抓大). 그 후 국유기업은 M&A(인수·합병)를 통해 점차 대형화되고 기업집단으로 육성된다. 반면 중소형 국유기업에 대해서는 시장원리에 입각한 개혁을 추진하게 된다. 즉 시장원리에 따라 주식합작, 개조, 연합, 임대, 매각, 위탁경영, 파산 등 다양한 방법으로 개혁을 진행한

---

364) 나카가네 카츠지, 『중국 경제발전론』, 이일영·양문수 역 (서울: 나남출판사, 2001), p. 252.

365) 배리 노턴, 『중국경제: 시장으로의 이행과 성장』 이정구·전용복 옮김 (서울: 서울경제경영출판사, 2010), p. 403 [원본: Barry Norton, *The Chinese Economy: Transition and Growth* (Mass.: Massachusetts Institute of Technology, 2007)]. 이 저술에서는 위의 정책 발표가 1997년 제15차 당대회에서였다고 밝힌 반면, 구기보의 국제금융론은 1994년이라고 기술하고 있다.

다(放小). 그 결과 국유기업은 중소형기업보다는 대형기업을 중심으로 전략적 재편이 이루어지게 된다."[366]

조대방소의 정치경제적 함의는 다음과 같았다: "큰 것을 붙잡는다고 할 때, 정책 담당자들은 가장 거대하고 전형적인 중앙통제 기업들에 초점을 맞추어, 이들을 거대하고 바라건대 더욱 경쟁력 있는 기업 집단으로 재편할 뿐 아니라 이들을 구조조정하고 자금을 지원하여 여전히 국가의 통제 하에 두고자 했다. 작은 것을 놓아 줄 때 정책 담당자들은 지방 정부가 자신들의 기업을 스스로 구조조정 하도록, 특히 그 중 일부를 민영화하거나 파산시킬 수 있는 더 큰 권한을 지방 정부에 부여했다."[367] 경제개혁이 한참이던 시절 대형 국유기업에 대한 운영 원칙이 시장원리를 완전 배제하는 방식으로 정리된 점은 경제 자유화의 한계를 보여준다. 중국경제 왜곡의 가장 근본 원인 중 하나인 국유기업의 대형 독점화, 비효율 및 부실화, 그리고 그런 비생산적인 분야에 막대한 자금이 흐르는 자원배분 왜곡 문제 등은 1990년대에 이미 가시화됐다고 볼 수 있다. 이상이 경제 논의라면, 국유기업에 대한 지속적인 국가 통제는 권력적 측면에서 다음과 같은 의미가 있었다.

> 공산당은 국유기업을 렌트(권력을 이용한 부당한 이윤)와 정실 결탁의 마지막 보루로 간주한다. 따라서 개혁 기간에도 재정 보조와 은행 대출을 통해 영원한 지원을 하며 국유기업을 존속시켰다. 당연히 자원(capital) 배분의 왜곡이 심화됐다.[368] 대부분의 독재체제는 관료, 군부, 사업가 등 핵심 세력들의 지지를 얻기 위해 강압과 정실 이득을 동시에 활용한다. 중국의 경우 2001년 기준 국가는 260,000만개의 기업

366) 구기보, 『중국금융론』(서울: 삼영사, 2010), pp. 51-52.
367) 노턴, 『중국경제: 시장으로의 이행과 성장』, p. 403.
368) Pei, *China's Trapped Transition*, p. 23.

을 관리했다. 이들의 총 자산은 167조 위안으로 중국 GDP의 177%에 이르는 방대한 규모였다. 그런 자산에 대한 통제가 담보하는 정실주의는 공산당 생존에 핵심 요소다. 방대한 정실주의 시스템(patronage system)의 핵심 역할은 정권 지지자들의 충성 확보이고 그것을 위해 렌트를 지지자들에게 분배하는 것이기 때문이다. 공산당은 국유기업 매니저의 81%, 모든 기업 매니저의 56%를 임명한다. 1990년대(주룽지 총리 시절) (국유)기업에 대한 가시적이 개혁 시에도 이와 같은 기업 지배 시스템에는 별 변화가 없었다.[369)]

지방분권화의 일환으로 중소기업에 대한 지방정부 자율권 확대 조치는 정치적으로 다음과 같이 이해할 수 있다: "공산당 통제를 완화하거나 없애는 자유화는 우선순위가 렌트가 얼마만큼 집중돼 있는가에 따라서 결정된다. 렌트 요소가 적을수록 자유화될 가능성이 높은데, 중국의 경우는 경기업, 소매업, 농업 등이 이에 해당한다."[370)] 하지만 분권이라는 측면에서는 또 다른 모습이 드러난다: "지방으로의 권한 이양은 나쁜 측면에서는 (지방정부 및 관리들의 공공재 혹은 민간에 대한) 약탈적인 행위를 증가시킬 수 있지만, 다른 한 편으로는 개혁에 긍정적인 동기를 잠재적으로 만들어낼 수도 있다. 권한 이양의 경우 지방 엘리트의 책임 의식이 고취되는 현상으로 귀결되기도 한다. 중국 특색의 관점에서 중요한 것은 권한 이양이 자본, 노동, 그리

369) Ibid., p. 31. 1990년대 그나마 활발했던 개혁이 정체됐다는 점을 알 수 있다: "특히 2001년 중국이 WTO에 가입하면서 자유주의식 개혁은 탄력을 받았다. 하지만 2006년부터는 개혁이 꺾이게 되는데, 중국경제에 대한 비판가들이 전하듯, 바로 그때부터 (국유기업을 민영화시키는 것이 아니라) 엄청난 자금을 쏟아 부으며 국유기업을 오히려 키우면서 경제의 중심에 서도록 한 사실에 비추어, 그렇게 판단하는 데는 무리가 없다." *The Economist*, "State-owned enterprises the stat advances." October 6th 2012.

370) Pei, *China's Trapped Transition*, p. 31.

고 시장과 관련 지방 간 경쟁을 부추긴다는 사실이다. 위의 두 가지, 즉 지방의 책임 의식 고취와 지방 간 경쟁 강화는 지방 엘리트와 시민사회 그룹이 지방 수준에서 공동으로 덫에 걸린 지지 부진한 이행 과정(trapped transition)을 타개하기 위한 새로운 제도 개혁을 시험할 수도 있을 것이다."[371]

위의 개혁이 시행되던 시기 기업 주식제가 도입되면서 국유기업의 변화 가능성이 점쳐지기도 했다. 1993년 중국공산당 제14기 3중전회의 '사회주의시장경제체제 건립과 관련한 몇 가지 문제에 대한 결정'을 통해서 중국회사의 투자 주체를 다변화하는 정책이 채택됐다. 이른바 회사의 주식제 전환 조치였는데, 그렇다면 주식을 소유한 주체는 자본주의 체제에서와 같이 소유권까지 갖게 되는 것일까(생산 수단의 사유화)? 당국의 입장은 다음과 같이 단호했다: "소유제와 주식제는 별개라는 입장을 통해 이 논쟁을 마무리 짓고 있다. 즉 주식제는 소유제의 형식이 아니라 일종의 자본조직 형식 혹은 기업조직 형식이라고 파악하고 있다."[372] 즉 기업의 자본 조달 방식 다양화를 위해 주식제를 실시하지만 주식을 소유한다고 해서 기업 소유자의 권한인 주주권 행사가 용인되는 것은 아니고, 주식회사의 경영 및 운영 주체인 이사회와 같은 조직을 갖추겠지만 이 또한 주주권 행사의 결과는 아니라는 의미였다.

자오쯔양의 노력에도 불구하고 조롱경제론은 여전히 살아 있는 셈이다. 아름답게 들리는 새장 역시 엄밀히 말하면 권력을 뜻한다. 권력적 이해가 침해되지 않는, 즉 공산당 권력이 작동하는 데 문제가 없는 수준에서 경제가 움직여야 한다는 원칙에 큰 변화가 없음을 알 수

371) Ibid., p. 211.
372) 구기보, 『중국금융론』, pp. 51-52.

있다. 그런 상황을 받아들이면 앞서 소개한 중국경제의 왜곡 현상에 대한 이해가 상당 부분 가능해진다. 권력을 통해 경제운영의 기본 골격이 오래 전 형성된 셈이므로, 권력구도 변화 없이 중국경제의 자유화를 기대하기는 힘들게 됐다. 바로 이 점이 미국을 비롯한 서방 측 오해의 핵심 요인인데, 얼마 전부터 서방이 중국의 변화 가능성에 대해 부정적인 인식을 갖게 되자 서방은 중국에 등을 돌렸고 중국경계론이 급부상했다.

앞서 국유기업과 권력 관계를 설명하며 정실주의를 소개했다. 여기서 정실주의는 렌트(rent) 획득과 분배에서의 결탁을 의미한다. 렌트는 정의상 부패를 포함하기 때문에 렌트와 부패는 서로 분리될 수 없다. 개혁개방 이전 공유제 시절 부패는 별 문제가 아니었다. 따라서 권력 경쟁은 정책의 실패 혹은 개인과 집단의 사고에 기초 이루어졌다. 대약진 운동과 문화대혁명을 통해 그렇게 판단하는 이유를 알 수 있다. 하지만 자본주의 요소가 도입되자 중국사회는 부패하기 시작했고 부패는 정치화됐다. 다소는 추상적인 표현이지만, 부패가 정치 투쟁의 도구가 됐다는 점을 암시하는데, 이 점에 대해서는 후술하기로 한다. 그렇다면 중국에서 부패는 어느 정도이고 그것의 정치 및 경제적 의미는 무엇일까? 답변을 위해 우선 경제적 관점에서 부패의 원인과 파급 효과를 짚어본다.

> 중국식 정실자본주의는 덩샤오핑식 권위주의 경제현대화 모델의 필연적인 결과다. 제어 장치가 없는 권력의 중심에 있는 정치 엘리트들은 경제발전의 산물인 부(wealth)를 가로채는 데 유용한 권력을 절제하지 못했다. 결국 중국의 부패는 공산당 일당 체제와 시장 간 혼인의 자손인 셈이다.... (위의 현상은 다음과 같이 중국경제를 크게 위협하고

있다) 부패는 시간이 갈수록 경제사회 전 영역으로 전파되면서 경제 비용을 증가시켰다. 당연히 경제성장이 저하됐는데, 그런 상황은 소수가 가져가는 막대한 소득을 다른 사람에게 전환시키는 비용 역시 올라가는 상황을 초래했다. 향후 경제성장은 더더욱 창의적인 기업가에 의존하게 되지만 정실자본주의는 그 자체로 그런 상황을 제약한다.... 레닌(Lenin)식 일당독재 국가는 법을 통해 국민을 지배하지만 그 법에 의해 (집권층이) 구속되지는 않는다는 특징이 있다. 당이 법위에 존재하는 독특한 체제이므로 위와 같은 시장경제의 기본 요건을 충족시키는 것은 애초부터 무리일 수밖에 없다. 레닌식 원칙의 복원과 시장 자유화를 조화시키려는 시진핑의 노력이 작동하지 않는다는 것이 확인되면 경제는 물론 중국 전체가 심각한 위기를 피할 수 없을 것이다.[373)]

앞서 지속적인 번영의 조건을 살펴봤다. 시장의 작동이 가장 중요한 조건이었다. 그렇게 되려면 사적 자치가 필요하지만, 그런 조건이 미비한 상태에서 시장과 권력이 만나면 부는 권력에 의해 강탈당할 수 있다. 경제적 관점에서는 바로 이것을 부패로 간주한다. 시장에는 이미 부패 요소가 어느 정도 들어 있다는 사실을 암시하는 대목이다. 경제적 관점에서는 부패에 기초한 이상의 왜곡 현상이 경제발전을 저해한다는 사실이 중요하다. 문제를 극복하기 위해서는 법률을 통한 권력 제어와 시장 보호가 필요한데, 이유는 이론적으로 이미 설명한 바와 같다. 여기서 중국의 부패 동인과 정도를 조금 더 자세히 살펴보면 이해는 더욱 깊어질 것이다.

덩샤오핑의 개혁개방 선언 이전인 1976-1978년 자본주의 요소를 적극 수용, 이른바 '쓰촨의 기적'을 일으킨 자오쯔양을 소개한 바 있

373) Martin Wolf, "Too big, too Leninist: A China crisis is a matter of time," *Financial Times*, December 13 2016.

다. 최고의 자리에 올랐지만 1989년 천안문 사태를 끝으로 실각한 비극적인 인물이었다. 자본주의 요소를 가장 적극적으로 수용한 당사자였고, 지속적인 번영을 위한 조건을 가장 잘 이해한 인물이었기에 중국 부패에 대한 그의 설명은 설득력이 있을 수밖에 없다.

> 문제는 중국 공산당이 레닌주의에 기초 설립됐다는 사실이다. 그 결과 개인의 소유권이 외형적으로 합법화되고 시장경제가 작동되는 데도 여전히 국가의 모든 자원은 공산당이 통제한다. 그러니 공산당은 당연히 부패할 수밖에 없다. 권력을 가진 자들은 사회의 부를 자신의 개인 것으로 만들기 위해 앞으로도 분명히 그들의 자원 통제권을 활용할 것이다. 이들은 거대하고 단단한 이익집단이 됐다.... 현재 중국이 가지고 있는 것은 가장 나쁜 형태의 자본주의다. 서구 자본주의도 초기에는 그와 같이 좋지 않았다. 하지만 시간이 지나면서 개선되고 진보했다. 그러나 자본주의의 가장 나쁜 모습을 하고 있는 중국은 향후 그렇게 진보할 능력 가지고 있지 않다.[374)]

진보 능력이 없다는 것은 현 체제에서 이득을 보는 집단이 방대하고 또한 잘 조직화돼 있다는 사실을 암시한다. 이들이 자원을 통제하고, 그것에 기초 하부 계층을 다룰 수 있는 한 변화를 거부하는 것은 이상한 일이 아니다. 하지만 경제적 의미의 렌트 추구 욕망 이외에 앞서 소개한 중국의 정치체제도 기득권 수호의 동인을 강화시키는 측면이 있다. 권력의 분립, 투명성, 그리고 규칙성이 없는 상황에서는 권력 자체에 대한 두려움 때문에 집권층의 결속이 강화되며 변화를 거부하

374) 위의 언급은 가택 연금 시절인 2014년 7월 자오가 오랜 친구와의 대화에서 한 말이다. Mingpao, January 30, 2005, A4, Pei, *China's Trapped Transition*, pp. 8, 225에서 재인용.

는 성향이 짙어진다는 지적이다.

> 중국의 현 지도층은 경제체제의 변화 때문에 흔들리고 있는 중국사회의 최정상에 계속 남기 위해 필사적으로 투쟁하면서, 자신들 스스로는 왜소하다고 느끼고 있다. 다시 말해 중국 지도자들의 경우 국내적으로 깊은 불안감에 휩싸여 있다는 말이다.... 지도층 내의 라이벌들은 언제고 상대방을 내칠 수 있고, 대규모 군중 시위 또한 지금의 체제를 뒤엎을 수 있다는 사실에 비추어 보면, 위의 설명이 무리한 추론일 수는 없다. 여하간 정치투쟁에서 패하면 자신과 가족의 사회적 안위는 물론 심지어는 생명까지도 위태로운 상황에 몰릴 수 있다는 점이 중국의 현실이다. 중국 지도자들이 공산당 중심의 현 체제 유지에 그토록 집착하는 이유는 역설적으로 바로 여기에 있다.[375)]

앞서 정실주의의 실체를 살펴봤다. 정실주의는 기본적으로 자원을 통제할 수 있는 권력이 그것을 활용 부를 축적하는 상황, 즉 렌트 추구 현상으로 이해됐다. 그렇다면 렌트 추구의 지속성은 어떻게 보장되는 것일까? 이에 대한 일반 정치 분석과 중국만의 특성을 알아본다.

> 동적인 세계에서 각 개인은 오늘의 경제적 이득뿐만 아니라 미래의 이득도 생각하게 된다. 당연한 결과로 이들은 자신들이 현재 쥐고 있는 사실상의 권력(de facto power)을 현재는 물론 미래의 이득을 안전하게 보전하고 취하기 위해 활용하고 싶어 한다. 그러나 과거에 빚진 것이 없을 가능성이 있는 미래의 권력자들이 향후 중요한 결정을 내리는 상황이 가능하기에 미래의 경제적 배분을 확신할 수는 없다. 이 말

375) Susan L. Shirk, *China: Frgile Superpower* (New York: Oxford University Press, 2007), pp. 6-7.

> 은 뒤집어 현재의 권력이 어느 정도는 일시적이라는 것을 의미하므로, 순전히 현재의 실제 권력에만 의존한 정책 혹은 제도는 미래에 뒤집어지기 십상이다. 근세 영국 역사를 보면 위의 사실이 분명해지는데, 바로 그런 점을 귀족과 상인계급이 알았기에 스튜어트 왕조와의 싸움에서 승리를 거둔 후, 경제제도를 바꾸는 것에 그치지 않고 (미래의 권력인) 정치제도와 그것의 현실화인 법적(de jure) 권력의 미래 배분을 변화시켰던 것이다.[376)]

기득권층은 현재와 미래의 부를 동시에 생각하므로 부를 지속적으로 확보할 수 있는 방안을 강구할 수밖에 없다. 바로 그 과정에서 공통의 이해가 형성되면서 서로 뭉치는 현상이 가시화된다. 이를 위해 미래 권력을 같은 방향으로 극대화 및 제도화시킨다는 사실을 알 수 있다. 과거 서구의 경우는 "투자에 중대한 이해를 지니고 있는 더 많은 그룹에 정치권력이 고르게 배분됨으로써 소유권이 더 잘 보장되는 메커니즘을 통해" 문제를 해결했다.[377)] 그렇다면 중국은 어떤 방식을 취하고 있을까?

> 중국에는 공산당 내에 공산혁명을 주도한 가족들이 주된 구성원인 특별한 이익집단이 있는데, 이들 모두가 공유하고 있는 불변의 이해는 하나로 모아진다. (현재의 이해를 뒷받침하고 있는) 현 정치경제 시스템의 안정이 바로 그것이다. 즉 현 체제가 유지되는 경우에만 자신들의 정치 및 경제적 이해를 추구할 수 있다는 현실이 반영된 이해임을 알 수 있다..... 중국 공산당이라는 지배적인 정치 단위 안에 특별한 이해 집단이 공존하고 있는 그런 중국의 정치체제는 전체적으로 보면

376) Acemoglu, Johnson, and Robinson, "Institutions as a Fundamental Cause of Long-run Growth," pp. 394-395.

377) Ibid., p. 395.

부스러지기 쉬운 모습을 하고 있다. 따라서 개혁이 지속될 수 없는 것은 이상한 일이 아니다. 여기서 중국의 정치경제 구조를 움직이는 것은 시장, 즉 수요와 공급의 법칙이 아니라, 정치적으로 지배계급을 형성하고 있는 혁명 가문들의 특수한 이해 위에 조성됐으며 정교하게 균형을 이루고 있는(balanced) 사회 메커니즘이다. 중국은 기본적으로 가족 사업에 기초하고 있다. 여기서 지배계급이 바뀌면, 이해의 균형도 변하게 된다. 때문에 특정의 지배 패밀리들은 다른 패밀리들에 대해서 공동의 이해를 가질 수밖에 없는바, 사회적 안정이 바로 그것이다. 현 질서의 유지를 의미하는 사회적 안정만이 이 특별한 집단의 이해 추구를 가능하게 하므로 그럴 수밖에 없다. 바로 이것이 '조화로운 사회(Harmonious Society)'라는 용어가 나온 배경이다.[378]

조화로운 사회(和諧社會)는 후진타오와 원자바오가 새로운 경제발전 전략으로 제시한 정치 슬로건이다. 조화사회가 공식화된 것은 2005년 10월 제16기 5중 전회에서 채택된 11차 5개년 규획에서였다. '조화로운 사회'는 덩샤오핑과 장쩌민 시대의 경제성장만을 위한 양적 팽창(선부론과 불균등발전)을 넘어 균등발전을 추구하는 질적 성장을 의미한다.[379] 과거보다는 평등하고 질적인 성장으로 포장된 외형과는 달리 조화로운 사회는 결국 기득권 유지에 절대 필요한 사회 안정을 위한 정치적 슬로건이었음을 알 수 있다.

이상 권력이 어떻게 돈과 결탁되는지를 살펴봤다. 초점은 권력자

---

378) Walter and Howie, *Red Capitalism*, pp. 20-21.

379) 서진영, 『21세기 중국정치』, p. 355. 2007년 17기 당 대회에서 당헌이 개정된 후 조화사회는 중국공산당 헌장에 공식 명기됐다. 조화사회 이행 전략으로는 과학발전관(科學發展觀)이 등장했다: '사람이 중심이 되는 발전,' '경제와 사회 등 각 분야가 골고루 협력·발전하는 전면적이고 균등한 발전,' 그리고 환경과 자원 등과 관련된 모순을 극복하는 가운데 '지속 가능한 발전'을 통한 '조화사회'의 실현 등(Ibid., p. 148).

의 입장에서 권력을 활용 어떻게 부를 차지하는지에 맞춰졌다. 그렇다면 반대로 부를 직접 만들어내는 주체인 경제인의 입장에서 위의 현상은 무엇을 의미할까? 정치적으로 혁명가문 출신이 아닌 개인이 돈과 관련 권력과는 어떤 관계를 맺는가라는 질문이다. 개혁개방을 통해 민간기업 설립이 허용되면서 기업의 자율경영과 상당 수준의 소유권이 보장됐다. 기업을 통해 돈을 번 사람이 많아지자 공산당의 입장에서 자본주의 시장경제의 근간인 이들을 어떻게 다룰 것인가는 피할 수 없는 논제가 됐다.

해결책은 2000대 초 기존 공산당 성격을 새로 정의한 이른바 '3개 대표론'으로 현실화됐다. 2000년 2월 광둥성 지방 당정간부회의에서 주석 장쩌민은 중국 공산당의 정체성을 새롭게 정의한 적이 있다. 지금부터 중국 공산당은, '가장 선진적인 사회생산력,' '가장 선진적인 문화,' 그리고 '가장 광범위한 인민대중의 근본적인 이익'을 대변해야 한다고 주장했는데, 이를 3개 대표론이라고 부른다.[380] 특히 세 번째 항목은 과거 무산대중의 정당인 공산당이 다른 계급도 대표해야 한다는 의미였기에 공산당의 정체성이 변한 것만은 분명했다. 다음해 7월 당 창건 80주년 기념 연설에서는 '중국의 신생 자본가 계급이라 할 수 있는 사영기업가들에게도 당원 자격을 개방해야 한다고 선언'함으로써, 기업인의 공산당 입당은 현실이 됐다.[381]

권력 주체인 공산당이 시장에서 부를 축적한 새로운 부유층과 연계되면서 부와 권력이 하나로 엮여지는 계기가 마련됐다. 개혁개방 이전에는 부가 배제된 가운데 전통적 의미의 권력만이 지배와 피지배를 나누는 기본 틀이었다. 하지만 위의 조치로 기존 권력 집단과 부로 무

380) Ibid., p. 351.
381) Ibid., pp. 351-352.

장한 계층이 유착하면서 지배계급의 면적은 더욱 넓어졌다. 정치적으로 중요한 것은 이들 모두가 개혁개방 이후 새로운 경제질서의 특혜 집단이었기에 기존 틀이 변하는 것을 바라지는 않는다는 점이다. 아무튼 권력과 부가 유착되는 결정적인 계기가 조성된 것만은 분명했다.

개인 기업이란 속성상 정부의 간섭이 최소화된 가운데 시장에서 자유로운 경제활동이 가능한 상황을 바라기 마련이다. 당연한 결과로 정치 및 경제개혁을 유발하는 동인을 제공한다는 점이 과거 서구의 역사였다. 그러나 다음 설명은 중국의 특수한 상황 때문에 그렇게 되는 것이 어렵다는 현실을 보여준다.

> 개혁개방 당시 급성장한 개인기업의 경우 과거와는 비교할 수 없을 정도의 독립성(autonomy)을 유지하고 있는 것은 사실이다. 특히 외국과 연계돼 있는 사업가는 이념적으로 더욱 독립성을 강조하는 경향이 있다. 논리상 사업가들이 경제개혁 심화와 심지어는 정치개혁에 대해서도 대단히 강한 욕구를 지니는 것은 이상한 일이 아니다. 하지만 이들이 앞장서서 정치적 행동을 보이는 경우는 결코 없었다. 중국 사업가들은 기본적으로 무정치적(apolitical)이라 보는 것이 옳다. 당연한 결과로 이들 대부분은 (전체 비즈니스 환경의 개선보다는) 자신만의 사업을 위한 지극히 개인적인 이해를 취하기 위해, 권력을 지닌 공직자들과 사적 친분을 형성하고 그것을 강화하는 데 힘을 쏟는다. 특히 문화대혁명 시기 사업가들이 자신들의 이해를 표출하는 경우 어떤 결과가 초래됐는지에 대한 경험은 이들을 더욱 그렇게 만들었다. 사업가들의 이해 전체를 대표하는 조직은 당연히 형성되지 않고 있다. 어쨌건 이상이 중국 사업가의 경우 정치 색깔을 배제한 채, 어떻게 보면 대단히 이기적이고 개인적인 '사업우선(business first)' 전략을 철저히 택하는 이유다.... 결국 기업가 혹은 사업가들의 정치적 힘은 없다는

사실이 분명해지므로, 대신 대안 전략을 구사하는 것은 이상할 게 없다. 소위 말하는 관시(關係-personalistic ties)를 강화해 공직자에게 그나마 영향력을 행사하는 방안이 바로 그것이다.[382]

중국 사업가는 사업을 더욱 확장할 수 있는 자유로운 경제체제와 다원적 정치체제를 포기하고 있는 셈이다. 이해가 전체가 아닌 개인에 한정된다는 의미이므로 권력 있는 자들과의 개인적인 친분은 당연히 중요할 수밖에 없다. 결과적으로 기업가 집단 또한 기득권 수호자로서의 역할을 공동으로 떠안은 모양새가 됐다. 중국식 정경유착을 알 수 있는바, 문제는 공산당 자체가 다음과 같이 부패 구조에 엮이게 된다는 점이다.

장쩌민 전 주석은 기업가들을 처음으로 공산당에 입당시켰다. 그 후 부패 규모는 상상할 수 없을 정도로 커졌다. 부패를 모니터하는 상하이 소재 후룬(Hurun) 보고서에 따르면 서구의 의회에 해당하는 전국인민대표회의 멤버 중 가장 잘사는 사람 70명의 재산을 합하는 경우

382) Margaret M. Pearson, *China's New Business Elite: The Political Consequences of Economic Reform* (Berkeley: University of California Press, 1997), pp. 137-139. 동구권을 포함 구공산주의 국가에서도 비슷한 현상을 목격할 수 있다: "(동구권에서는) 정치체제의 다원화(pluralization of polity) 없이, 시장과 기업의 독립성이 확장되는 것(경제의 탈정치화: depoliticization of the economy) 자체만으로도 기업 경영상의 이해를 충족시키는 데는 문제가 없었다. (과거 서구 민주자본주의 형성 과정과는 완전히 다른 현상인데) 희한하게도 국가로부터 더욱 독립적이 될수록 (사업 영역의) 비정치적인 성향이 강해졌다, 같은 맥락에서 철저히 개인의 (경제적) 이해만을 추구하는 비정치적인 경향이 두드러졌다." Wlodzimier Brus, "Political Pluralsism and Markets in Communist Systems," Susan G. Solomon, ed., *In Pluralism in the Soviet Union: Essays in Honor of H. Gordon Skilling* (New York: St. Martin's Press, 1983), pp. 108-130, Ibid., p. 138, 재인용.

그 규모는 900억 달러에 이른다고 한다. 또한 작년에는 중국 중앙은행이 1990년대 중반과 2008년 사이 해외로 재산 빼돌리기에 18,000명이 연루됐고, 해외로 반출된 총 금액은 자그마치 1조 270억 달러라고 발표한 적이 있다.[383)]

다음의 분석은 정경유착의 현실을 더욱 자세하게 보여준다.

현재 중국의 부패는 중국 역사상 최고 수준이라고 보면 된다. 권력에 의해 통제되는 시장경제가 그렇게 만들었다. 모든 사업은 힘 있는 사람의 도움과 승인을 필요로 한다.... 중국에 오래 있으면 있을수록 모든 것이 수 백 명밖에 안 되는 소수의 권력 있는 가족에 의해 통제된다는 사실을 알게 된다. 상황이 그렇다 보니 중국에 진출한 외국기업의 경우 사업 기회를 갖기 위해서 이들 가족의 아들이나 딸을 고용하는 것은 이상할 게 없다.... 고위층 자제들이 처신을 바로 하건 그렇지 않건 그것은 문제가 아니다. 집에 가만히 조신하게 있어도, 사람들은 문을 두드리며 이들을 만나 돈을 줄 것이고, 한직이라도 맡아 달라고 요구할 것이기 때문이다. 이 소공자(princelings)들의 이름이 은행대출, 땅, 그리고 그 밖의 자원을 얻는 지름길임은 두 말할 필요가 없다. 따라서 문제가 소공자들에게 있는 것은 어느 정도 사실이지만, 중국의 나쁜 제도는 문제의 더 근본적인 원인이라는 현실을 알 수 있다."[384)]

기업가의 공산당 입당 허용 후 정치 및 경제적 이해가 동질화됨으로써 하나의 큰 이해 덩어리가 만들어졌다. 역설적이게도 기존 질서를 유지하려는 동력이 과거보다 오히려 강해졌다는 추론이 가능해진

383) *Time*, "Crossing the red line," May 7, 2012.

384) *Financial Times*, "The family fortunes of Beijing's new few," July 11 2012.

다. 말을 뒤집으면 정치개혁은커녕 경제개혁조차 어려운 상황이 전개된 셈인데, 권력 축소와 정치경제 자유화만이 해결책임은 이미 설명한 바와 같다.[385] 중요하게도 위 현상은 경제 전체를 왜곡시키는 보다 근본적인 문제를 일으켰다.

> 더욱 큰 문제는 자기들 끼리만의 거래 때문에 부채와 각종 금융상품의 적정 가격에 대한 정보가 감추어진다는 사실이다. 외국인도 참가하는 경쟁입찰제가 있어야 적정 가격이 매겨지고 정보가 공개되는데, 그런 것이 없다는 의미다. 이런 경우 당연히 자본배분 왜곡 현상이 가시화되고, 결국에는 곪아 터지게 된다. 많은 고위 관료가 문제점을 모르는 것은 아니지만 개혁을 하려면 이번에는 정치적 이해가 걸림돌이 된다. 서로 다른 지방(省)들이 모든 금융사업에 동시에 관여 이득을 취하고 있으므로, 기존 체제에 대한 개혁 혹은 개방은 지방이 중앙정부에 등을 돌리게 되는 상황을 만들어 내기 때문이다.[386]

이상이 부패가 경제에 미치는 부정적인 효과에 대한 미시적 관찰이라면, 거시적으로는 다음과 같이 더욱 심각한 문제가 발생한다: "(경제적 관점에서) 부패란 불법적이고 부당한 방법으로 물질적 혹은 사회적 이득을 취하는 것으로 공공영역으로 확산될수록 경제적 사회적 비용을 증대시키는 특성이 있다. 즉, 부패는 공공투자와 관련된 정책결정 과정을 왜곡시키거나, 민간의 투자활력을 저하시키는 등 다양한 경로를 통해 경제성장을 저해하는 요인으로 작용한다."[387] 아울러

385) 각주 336 천즈우 교수 분석 참조.
386) *The Economist*, "China's financial system," December 11th 2010.
387) 한재진·이부형, "부패와 경제성장: 부패만 해소 돼도 잠재 성장률 수준 회복," 현대경제연구원 「경제주평」 12-18 (제 489호) 2012.5.25., Executive Summary.

"부패는 부패한 개인이나 특정 집단에 이익을 발생시키는 한편 타인이나 타 집단에게는 상대적인 박탈감을 느끼게 할 뿐 아니라 국가경제 전체의 안위를 위협하여 국가경제의 성장을 저해하는 요인으로 작용한다."[388] 경제적으로는 경제성장 저하와 부의 부당한 배분, 그리고 사회적으로는 박탈감과 동기 감소를 유발하며 부패의 부정적인 파급 효과가 사회 전체를 옥죈다는 점을 알 수 있다.

공산당이 기업인을 받아들인 이유는 권력자들의 렌트 추구 행위 강화와 기득권층 확장이 목적이었지만 정치 전문가들은 그 이상의 전략적 포석이 내재돼 있다고 지적한다. 이른바 포섭전략(co-optation)을 의미하는데, 내용은 다음과 같다: "1990년대 들어 중국에는 정치권력, 지식, 자본이 비교적 강고하게 지배연합(ruling coalition)을 형성하여 노동자, 농민, 자영업자 등 일반 국민을 통치하는 현상이 나타났다. 이것은 공산당이 지식인과 경제엘리트(특히 사영기업가)를 체제내로 끌어들이는 선취전략(co-optation strategy) 또는 포섭전략(inclusion strategy)을 성공적으로 실시한 결과다.... 사영기업가를 중심으로 한 경제엘리트에 대한 공산당의 포섭전략은 2000년대에 들어 구체화되었다.... 중국의 사영기업가들은 국가권력과의 밀접한 관계(부패 포함)를 통해서 부를 축적했(기에),... 원래부터 체제 순응적이던 기업가들은 공산당 일당지배체제를 더욱 옹호하는 세력으로 변화했다."[389]

그렇다면 새로운 전략의 시대 및 이론적 배경은 무엇일까? 다음의 분석은 답을 제공한다.

388) Ibid., p. 6.

389) 조영남, "중국공산당 통치의 지속성과 정치적 기초," 현대중국학회 한중국제학술회의, 「동아시아 신국제질서와 한중관계의 미래」 발표 논문, 2007년 10월 5일, pp. 6-8.

선택적 억압(selective repression) 정책을 견지한 중국 공산당은 보완재가 필요했다. 억압의 반대 개념인 포섭, 즉 사회 엘리트를 품는 정책이 활용됐는데, 공산당 지지 기반이 확장됐다는 측면에서 결과는 매우 성공적이었다. 시기적으로는 1989년 민주화 운동인 천안문 사태 이후였다. 민주화 운동을 억제하는 새로운 전략이 필요했던 것이다. 정치 전문가들은 이론상 공산당의 위와 같은 정책을 '국가 조합주의(state corporatist) 레짐'을 구축하기 위한 노력으로 간주한다. 우선 경제성장의 결과 공산당이 더 많은 자원을 통제할 수 있는 상황이 정책의 기반이 됐다. 특정직에 대한 임명, 승진, 혹은 금전적 보상 등이 부분적인 경제 개혁과 정실의 수단으로 활용되면서 새로운 전략은 효과를 발휘할 수 있었다.... (특히 두 분야에서 포섭전략이 적극 추진됐는데 우선 지식인 포섭을 살펴보면) 공산당은 1980년대 줄곧 지식인들과 불편한 관계에 있었다. 그러나 1989년 천안문 사태를 계기로 자오쯔양과 같은 자유주의 리더들이 숙청되자 이를 지지하던 지식인들도 구심점을 잃었다. 공산당으로서는 위기가 기회였던 셈인데, 그 후 지식인에 대한 적극 포섭전략이 구체화됐다.... (두 번째 핵심 공략 대상은 기업인이었는데) 2001년 장쩌민이 '3개 대표론(Three Represents)'을 발표하기 전까지는 민간기업인의 위상이 불투명했다. 1995년만 해도 당중앙조직부 부부장이 공산당은 사영기업을 받아들이지 않는다고 단언할 정도였다. 3개 대표론이 큰 전환점이었음을 알 수 있는 대목이다. (두 가지 정도가 그렇게 된 주요 이유였다) 우선 브루스 딕슨(Bruce Dickson)의 연구에 따르면, 위의 조치 이전 중국 사영기업의 약 80%가 가입돼 있는 전국공상업연합회(공상련) 등의 비즈니스 조직에 공산당은 많은 연계 고리를 이미 만들어 놨다.... 더욱 흥미로운 점은 국유기업(주로 중소기업)의 민영화 때문에 구 국유기업의 공산당 운영자가 자연스레 민영화된 민간기업의 주인이 된 경우가 많았다는 사실이다. 이들은 처음부터 공산당원이었고 그 자격이 그대로 유지됐으므로 민영기업 소유주가 공산당이 되는 자연스런 결과가 초래됐

다.[390)]

이상의 논의는 중국정치와 경제의 특이한 연계 구도를 보여준다. 서구의 경우와는 분명 차이가 난다. 서구는 현재와 미래의 경제 이득 배분을 이해집단의 다변화와 권력분산을 통해 해결했지만, 중국은 경직된 권력 시스템의 독점과 독점 주체의 부분적인 확산에 의존했다. 온갖 모순과 심각한 권력투쟁에도 불구하고 공산당이 그나마 현재까지 유지된 배경이다. 다음과 같은 공통 이해가 형성된 것이 특히 중요했다: "(시진핑의 후계 승계를 사실상 확정한 2008년) 5중전회의 폐막 직후 공산당이 발표한 성명서는 '당의 지도 견지'를 명백히 밝혔다. 파벌투쟁에 의한 자멸은 피해야 한다는 것이 중국 정계의 공통된 인식임을 보여주었다."[391)] 즉 공멸 의식의 공유가 붕괴 저지의 마지막 보루인 셈이다.

경제개발 5개년계획이 통과된 2011년 3월 정협(人民政治協商會議)과 전인대(全國人民代表大會)의 최종 결과를 보면 위의 진단이 옳음을 알 수 있다. 제12차 5개년개발계획, 즉 12.5 규획(2011-2015년)은 양적에서 질적 성장으로 전환한다는 점을 분명히 했지만, 정치분야는 개혁의 대상이 아니었다.[392)] 우방궈(吳邦國) 전인대 상무위원장의 발언을 보면 이 점이 분명해진다. "1997년 의법치국(依法治國)을

390) Pei, *China's Trapped Transition*, pp. 92-94.

391) 마사루, 『시진핑 시대의 중국』, p. 82.

392) 전가림, "국부에서 민부로의 이동: 민생과 소득증대, 인플레이션 억제가 관건," 대외경제정책연구원 「CFS중국전문가포럼」 2011/03/29, pp. 1-2. 소득분배, 사회보장제도 개선, 의료보험 확대, 그리고 인플레이션 억제 등 일반인의 소득 향상과 내수 진작을 위한 조치가 포함돼 있었다(Ibid., pp. 2-3); 강준영, "2011년 양회(兩會)의 4대 경제 이슈, 난제와 주요과제 분석," 대외경제정책연구원 「CFS 중국전문가포럼」 2011/02/22, p. 2.

선언한 이래 불과 14년 만에 관련 법체계가 완성됐다"고 공언했으나, "서방의 다원화와 삼권분립, 양원제와 연방제, 그리고 사유화의 개념 등은 도입하지 않을 것이며 다당제를 통한 정권교체도 하지 않겠다"고 단언했기 때문이다.[393] 서구 정치경제이론의 예측, 즉 경제가 발전하면 민주화가 가능하다는 가정이 맞지 않는다는 사실을 알 수 있다.

> (후진타오가 등극하던) 10년 전 만해도 중국 전문가들의 경우, 중국의 차세대 지도자들에 대한 정보가 부족했던 것은 사실이지만, 후진타오 시절에는 중국의 경제적 자유화와 걸맞게 정치 역시 개혁될 것으로 예측했다. 당시 그런 예측은 더욱 힘을 얻어서, 어느 누구도 후 정부가 뒷걸음질 칠 것이라고 예견한 사람은 없었다. 하지만 실제로는 정치적 통제가 오히려 강화됐는데, 이는 분명 현재의 환경에 비추어 어울리지 않는 상황이다.... 다음 정권의 주역인 시진핑과 그의 측근들 역시 억압적인 현 체제의 끈을 풀어줄 의사를 비치지 않고 있다.... 물론 정치사회적 안정에 집착한 결과이기는 하지만, 문제는 그런 안정이 부패를 줄이지는 못한다는 사실이다.[394]

3. 부의 정치화: 부패의 구조화와 권력투쟁 수단의 변화

그렇다면 중국의 부패는 어느 정도일까? 다른 나라와 다른 중국만의 특색은 존재하는가? 중국의 부패가 세계적 수준임은 모두가 알지만, 중요한 것은 그것이 중국 특색의 구조적 성격을 띠고 있다는 사

393) 전가림, "국부에서 민부로의 이동," p. 3.
394) *Time*, "Big Brotherhood," October 22, 2012.

실이다. 일반적으로 부패는 사업을 하는 사람들이 허가, 인가 등 사업 관련 권한의 획득, 혹은 사업의 원활한 진행을 위해 권한을 가진 자들에게 주는 뇌물로 인식된다. 사업과 관련된 분야에서 뇌물이 시작되지만, 이것이 보편화되면 사회 모든 분야에 부패가 스며든다. 심지어는 학교, 군대, 개인 간의 사업 등에도 부패가 자리 잡는다. 중국의 경우도 다음과 같은 사례가 보도되는 것을 보면 부패가 사회 곳곳에 침투한 것을 알 수 있다: "중국 인민해방군 부패가 심각한 수준이다. 장성으로 진급하려면 상관에게 최소 1000만 위안(약 18억 원)을 뇌물로 바쳐야 하고 대령이 되려면 500만 위안(약 9억 원) 이상을 줘야 한다는 것이다. 사회적으로 인정받는 인민해방군 사병으로 입대하기 위해 1만 위안(약 180만 원)을 뇌물로 주는 경우도 있다."[395]

이상이 사회 곳곳에 스며든 부패의 단면이라면, 다음의 설명은 부패의 구조적인 모습을 보여준다. 우선 다른 국가에서는 목격하기 힘든 권력과 부 모두가 대물려 세습되는 현상이 관심을 끈다: "중국 전 최고지도자 덩샤오핑의 유일한 손자인 덩줘디가 지방 부현장으로 공직생활을 시작한 데 이어, 중국 건국 원수인 예젠잉(葉劍英)의 증손자 예중하오(葉仲豪·30)도 지난 2009년 공직에 입문한 것으로 밝혀졌다. 중국 내에서는 정·재계에 걸쳐 막강한 파워를 행사하고 있는 태자당이 부와 권력을 계속 대물림하려는 것 아니냐는 비판이 나오고 있다."[396]

당연히 과거 공산정권 핵심 권력층의 후손들은 권력을 이용 엄청난 부를 축적했을 것이다. 다음의 보도를 통해 그 정도가 드러난다: "중국에는 마오쩌둥 사후 개혁개방을 이끈 덩샤오핑, 왕전, 천윈, 리

395) 「중앙일보」, "중국군 별 달려면 18억원 사병 입대는 180만원 뇌물," 2015-03-14.

396) 「중앙일보」, "중국도 3代에 걸쳐... 태자당 권력·富 대물림," 2013-05-07.

셴녠, 펑전, 쑹런충, 양상쿤, 보이보 등 8대 원로가 있는데, 이들은 불멸의 패밀리를 형성하고 있다.[397] 이중 덩의 손자 헤핑, 천윈의 아들 첸유안, 그리고 왕장군의 아들 왕전 등 단 세 명이 경영하는 국유기업 총자산이 2011년 기준 무려 1조 6,000억 달러였다.[398] (성격상 이들은 국유기업들의 사실상 소유주인 셈이다). 8대 원로의 직계 후손 혹은 배우자를 추적한 결과 국영기업 임원에 26명, 민간기업 임원 43명, 정부 및 공산당 간부 30명, 군부 관련 인사 25명, 금융업 27명, 부동산업에 16명 등이 근무하고 있었다."[399] 과거 공산당 원로의 가족 대부분이 엄청난 재산을 축적했고, 정부 요직을 사실상 독차지하고 있다는 사실을 부인하기 힘들어진다.[400]

상황이 그러하니 공직의 인기가 치솟는 것도 이상한 일은 아니다. 국가통계국 충칭 조사부의 입사 경쟁률은 2014년 기준 무려 9411:1이었는데, 1000대 1을 넘는 부서만 37개였다.[401] 다음의 설명은 중국의 현실을 보여준다.

> 권력을 좇는 중국 사회 심리도 (공무원 지원자 급증의) 원인으로 지목된다. 지난 여름 공산당 기관지인 인민일보(人民日報)사의 주간지, 인

397) Bloomberg, "Mapping China's Red Nobility," (www.bloomberg.com/multimedia/mapping-chinas-red-nobility); "Immortals Beget China's Capitalism," (Immortals-beget-chinas-capitalism).

398) Bloomberg, "China's Princelings Build the Wrong Kind of Capitalism," (www.bloomberg.com/china-s-princelings-build-the-wrong-kind-of-capitalism).

399) Ibid.

400) *Financial Times*, "The family fortunes of Beijing's new few." 이 신문은 시진핑, 후진타오, 장쩌민, 원자바오 등 거의 모든 고위 관료의 가족이 엄청나게 축재한 사실을 보도하고 있다.

401) 「중앙일보」, "뇌물에 혹 했나... 중국 '과거시험' 지원자 20년 새 344배," 2013-11-08.

민논단이 중국인 수천 명을 상대로 조사를 했는데 응답자의 72.3%가 "돈보다 권력을 좋아한다"고 했다. 이에 따라 68.5%가 가장 선호하는 직업으로 '당정 기관의 공무원'을 꼽았다. 연봉이 훨씬 많은 '외국기업의 화이트칼라' '국유기업 직원' 등 다른 선호직업을 합쳐도 31.5%에 불과했다. 더욱 충격적인 것은 공무원을 꼽은 응답자들 가운데 73.7%가 공무원 선택 이유로 '회색수입'을 들었다는 점이다. 회색수입은 음성적 수입, 즉 뇌물을 말한다.... 실제로 지난 6월 중국 검찰과 공안부 등이 해외로 도피한 부정부패 공무원 자료를 발표했는데, 2011년까지 12년 동안 1만 8487명을 적발해 회수한 부패 자금만 542억 위안(약 9조4000억원)에 달한다. 회수하지 못한 자금은 이보다 10배나 많은 100조원으로 추정했다.[402]

앞에서는 부와 권력이 결탁되는 기본 구도를 소개했다. 덧붙여 거대한 규모의 대세습이 뿌리내린 현실에 대한 설명이 이어졌다. 상황이 그러하기에 중국의 권력-돈 결탁이 중국 특색의 역사 및 구조적인 성격을 띠고 있다고 보는 것이며, 이는 결국 개혁이 극히 어렵다는 엄연한 현실을 암시한다.

개혁개방 이전 돈이 정치 투쟁에서 문제가 된 적은 거의 없었다. 사유화 부재 상황에서 그런 현상은 당연한 측면이 있다. 하지만 자본주의 수용으로 일정 부분 사유화가 가능해졌고, 여기에 권력이 스며들자 상상을 초월하는 부패가 중국 정치경제체제에 뿌리내렸다. 이것이 정치경제적으로 어떤 의미를 지니는지는 이미 살펴본 바와 같다. 그런데 흥미로운 점은 돈의 정치화가 부패 현상에만 그치지 않는다는 사실이다. 중국의 부패가 극심해졌지만 세상 어디에도 부패를 공식적으로 용인하는 국가는 유사 이래 존재하지 않는다. 분명 불법행위일

402) Ibid.

터이므로 그것이 발각되는 경우 처벌은 불가피해진다. 그러면 누가 부패를 발각하고 통제하는 것일까? 다음의 설명은 중국정치의 새로운 면모를 보여준다.

> 중국에서 많은 사람들은 열심히 일한 결과 혹은 성실성이 아니라 부패로 돈을 벌 수 있다고 생각하는 것 같다. 경제생활에서 중국 정부는 여전히 핵심 역할을 하기 때문에 부와 권력은 아주 긴밀하게 연계돼 있다. 최고 지도자들 사이에서도 부패가 고질화됐다는 일반인들의 인식은 정치적 냉소주의를 강화시킴은 물론 공산당 지배에 대한 일반의 지지를 잠식한다. 부패의 만연은 당 지도력의 연합 강도(party leadership united)도 떨어뜨린다. 모든 지도자 혹은 간부들이 부패 혐의에 노출되는 취약한 상황에서 - 자신은 깨끗하더라도 친인척이나 가까운 사람은 그렇지 않을 수도 있다 - 부패 적발과 기소는 권력 경쟁에서 대단히 유용한 수단이 됐다. 고위층의 부패 소식은 미디어나 일반인들의 관심을 강하게 끌어 모으고 있다. 2006년 봄 북경 부시장의 올림픽 건설 관련 부패 적발, 해군 부원수의 부패, 같은 해 가을 정치국위원이자 상하이 공산당 서기의 뇌물 스캔들.... 등 부패 사건은 셀 수 없이 많았다. 더욱 심각한 것은 위와 같은 부도덕이 학계에도 스며들었다는 사실이다. 논문 조작과 베끼기가 만연해 있는데, 후일 외국 발명품을 복제한 것으로 판명됐지만 디지털 컴퓨터 칩을 발명했다는 공로로 상하이 지아오통 대학의 연구자가 국가 영웅으로 칭송받는 일까지 발생했다.[403)]

403) Shirk, *China: Frgile Superpower*, pp. 31-32. 다음의 분석은 당 지도력이 실추된 사실을 보여준다: "1997-1998년 베이징에서 일하는 타지역 노동자 818명에 대한 여론조사에서 응답자의 5%만이 지방 당 간부들이 공동체를 위해 일한다고 대답했고, 60%는 이들이 자신 개인의 이득을 위해 권력을 사용한다고 응답했다. 1996년 공식 노동조합 회원에 대한 조사에서도 단지 15%만이 공산주의가 자신의 최상 가치라고 대답했고, 70%는 개인의 행복 추구가 자신들의 최우선 관심사라고 답했다.... 1980년대만 해도 관직을

중국에서 반부패가 권력투쟁의 중요한 수단으로 자리 잡은 사실을 확인할 수 있다. 결국 사법 권력을 쥐고 있는 자가 부패를 적발하고 단속하므로 바로 그런 권한을 손에 넣으려는 경쟁은 당연히 격화될 수밖에 없었다. 부패 조사에 발각되지 않으려는 정적에 대해서는 부패를 적발하려는 경쟁이, 그것을 가능하게 하는 직접 권력을 획득하기 위한 또 다른 경쟁이 가열됐다는 의미다. 논리상 권력 핵심부와 그것의 운영 상황이 외부와 단절돼 있으면 권력 유지가 훨씬 용이하다. 하지만 외부와의 단절막에 금이 가는 경우 과거와는 다른 권력 투쟁이 전개되면서 예전과 같은 권력 유지 및 운영은 힘들어진다. 앞서 개혁개방 이전 중국 권력투쟁 양상과 이후의 그것이 다르다는 점을 소개했다. 다음의 역사적 설명은 그렇게 된 이유를 밝혀준다.

> 중세 때 유럽의 교황은 어떻게 그토록 막강한 권력을 가질 수 있었을까?...... 다양한 요인이 있지만, 가장 중요한 것 중 하나는 교회의 권위를 속세와 분리시키는 것이었다. 이를 위한 핵심 수단이 성경에 대한 해석권을 독점하는 것이었는데, 당시 성경이 라틴어로만 되어 있었던 이유를 알 수 있는 대목이다. 즉 라틴어를 모르는 일반신도는 성경을 읽을 수 없었으며, 때문에 성경 말씀에 대한 해석은 라틴어를 배운 성직자의 몫이었다. 종교가 지배하는 세상에서 기독교의 근간인 성경에 대한 해석의 권리가 권력인 것은 말할 필요가 없다. 여기서 권력 메커니즘의 핵심은 성경의 해석권을 일반 신도와 분리시킨 것이었다. 다시 말해 외부와 차단된 성직자만의 권력(insulated power)이 존재했

돈 받고 파는 행위(매관매직)는 별로 없었다. 그러나 1990년대 들어서는 그것이 만연해 있다.... 가장 우려스러운 것은 공산당 자신도 부패가 야기하는 엄청난 위협에도 불구하고 내부 규율을 강화하지 못한다는 점이다." Minxin Pei, "China's Governance Crisis," *Foreign Affairs*, Vol. 81 No. 5 (September/October 2002), p. 102.

다는 의미다... (하지만 절대권력의 부패가 필연이듯) 교회는 (부패 때문에) 세속권력으로부터 서서히 트집을 잡히기 시작했다.... (성베드로 성당 건축을 통해 권위를 회복하려 했지만) 막대한 (건축) 자금을 충당하기 위해 교황청이 다량의 면죄부(indulgences)를 발행한 것이 문제였다.... (논리적으로 말이 안 되는 교황의 행위는 혁명으로 연결됐다) 1517년 종교개혁(Protestant Reformation)의 시발점, 즉 면죄부의 오류를 지적한 유명한 95개조의 반박문을 내건 다음에 루터가 성서를 독일어로 번역하는 일에 착수한 것은 무슨 의미일까? 물론 일반 신도들에게 성경 내용을 처음 알리기 위한 것이었지만, 이것의 정치적 의미는 대단히 심대했다. 일반인들도 성경을 읽을 권리가 있다는 것이고, 성경 어디에 돈 주면 죄가 사해져 천당에 간다는 내용이 있냐고 확인해보라는 것이었으므로, 앞서 말한 외부와 차단된 교권(insulated power)에는 치명상이 가해질 수밖에 없었다.[404)]

중국 역시 개혁개방 이전 권력의 핵심은 외부와 단절돼 있었다. 그러나 자본주의와 함께 돈이라는 변수가 인입되자 권력이 경제화되면서 부패가 고개를 들었다. 그런데 이 부패가 권력투쟁의 수단이 된다면 위의 외부 단절막에는 금이 가게 된다. 개혁개방 이후 가장 큰 정치 스캔들이었던 보시라이(薄熙來) 충칭 당서기 사건을 보면 이 점이 분명해진다. 보시라이는 보이보(簿一波)의 아들이다. 과거 부총리를 지냈고, (개혁개방 이후) 중국 8대 원로 중 한 사람인 아버지를 둔 소위 태자당의 핵심 인물이었다. 아버지 보이보가 장쩌민 전 주석과 대단히 친했기 때문에 장쩌민이 리더인 상하이방과도 연계돼 있었다.[405)] 당시 보시라이는 정치국위원겸 충칭시 서기였다. 차후 정치국

404) 김기수, 『중국경제 추락에 대비하라』, pp. 250-251.

405) 다음의 설명은 보와 장쩌민의 관계를 보여준다: "보시라이의 부친 보이보는 장쩌민의 은인이다. 보이보는 둘째 아들 보시라이를 당 총서기로 옹립하기

상무위원이 유력시 됐기에 그의 거취는 어떤 방식으로든 차기 중앙 권력구도에 영향을 미칠 수밖에 없었다.

문제의 발단은 2011년 11월 보시라이 및 그의 부인 구카이라이(谷開來)와 가까운 영국인 사업가 헤이우드(Neil Heywood)의 죽음이었다. 2012년 2월 2일 이 죽음의 뒷수습을 했던 보시라이의 오른팔 왕리쥔(王立軍)이 공안국장 자리에서 해임된 뒤 시의 교육과학기술청장이라는 한직으로 발령이 나자, 4일 후 청두(成都)의 미국 영사관으로 찾아가 망명 신청한 후 사건이 불거졌다. 전직 이후 두려움을 느낀 왕이 신변 보호를 위해 보시라이 관련 사건을 공론화했던 셈이다.[406] 여기서 돈이 개입되는 과정은 다음과 같다.

보 부부와 헤이우드는 사업상 깊은 관계였다. 보시라이는 막대한 재산을 해외로 도피시키거나, 외국회사에 대형 프로젝트를 발주할 때 중개인이 필요했는데, 그 중 핵심 인물이 헤이우드였다. 여기서 중계료 문제가 불거졌다. 적정 수수료에 대해 양측이 대립하게 되자, 헤이우드는 도피 자산의 자료를 활용 보 부부를 압박했고, 그것이 도화선이 되어 구카이라이가 헤이우드를 살해했다는 것이 서방 언론에 보도된 사건의 내용이다.[407] 그 후 헤이우드 사후 수습을 왕이 담당하면서 사건의 진실을 모두 알게 됐고, 이것이 후일 보시라이가 자신을 해칠 동

위한 계획을 수립하고 장쩌민과 손 잡았다... 덩야오핑은 보수파인 천윈과 리셴녠이 발탁한 장쩌민을 마뜩잖게 여겼다. 1992년 88세의 노구를 이끌고 남순강화를 하며 장쩌민을 내치려던 덩샤오핑을 뜯어말린 것도 보이보다... 보이보는 2007년 1월 99세로 숨지기 전까지도 장쩌민의 든든한 우군이 되었다." 정승욱, 『새로운 중국 시진핑 거버넌스』(고양: 함께북스, 2013), pp. 135-136.

406) Alice Miller, "The Bo Xilai Affair in Central Leadership Politics," *China Leadership Monitor*, No. 38, p. 1.

407) *Financial Times*, "Shaking China," July 21-22 2012; *Time*, "Crossing the red line."

인이 될 수 있다는 생각이 들자 왕은 자신의 안전을 위해 충칭을 떠났다.[408] 왕이 미국 영사관으로 도피하며 문제는 불거졌고, 이윽고 중앙정부가 개입 왕을 조사하면서 사안을 덮기는 힘들어졌다. 결국 2012년 3월 15일 보시라이는 충칭 서기직에서 해임됐다. 해임 이유를 리위안차오(李源潮) 당 중앙조직부장은 '왕리쥔 사건이 불러온 엄중한 정치적 영향에 따른 것'이라고 설명했다.[409]

"보시라이 사건도 원인은 결국 돈이었다. 돈이 개입되지 않았다면 문제는 불거지지 않았을 것이다. 이 말은 뒤집어 덩샤오핑 이후 중국 권력층이 그들의 권력을 지키기 위해 그토록 심혈을 기울여 완성한 외부와 단절된 권력구도를 스스로 붕괴시켰다는 것을 의미한다. 권력을 등에 업고 돈 벌이에 직접 개입한다는 것은 권력과는 성질이 다른 돈이라는 또 다른 외부 세계에 발을 들여놓는 것이기 때문이다. 보시라이 사건이 중요한 까닭은 바로 이에 있는데, 권력과 돈이 합해지면, 그 자체의 동력 때문에 권력의 은밀한 부분이 외부로 노출될 가능성

---

408) 정승욱, 『새로운 중국 시진핑 거버넌스』, pp. 120-121. 밀러는 다른 이유를 소개했다. 왕이 부패 조사에서 보의 가족이 연루됐다는 사실을 보에게 보고한 후 왕이 한직으로 물러났다는 것이다. Miller, "The Bo Xilai Affair in Central Leadership Politics," p. 1. 아무튼 어떤 경우든 돈이 사건의 단초였다. 밀러의 설명은 홍콩 언론 보도에 기초하고 있는 것으로 보이는데, 홍콩 언론의 설명은 다음과 같았다: "(홍콩 언론들은 '중국 공산당 중앙판공청의 왕리쥔 사건 결과 보고서'를 입수 보도했다) 보도에 따르면 충칭시 공안국장을 겸직하며 '조폭과의 전쟁'을 진두지휘했던 왕 전 부시장은 (2012년) 1월 28일 보 전 서기 가족의 부패와 관련된 혐의를 적발했다. 보 전 서기는 이를 괘씸하게 생각해 2월 1일 왕 전 부시장을 공안국장 자리에서 해임했다. 보 전서기는 여기에 멈추지 않고 왕 전 부시장과 그의 부하에 대한 수사를 지시했는데, 이에 위협을 느낀 왕 전 부시장이 2월 6일 미 총영사관에 들어가 망명을 시도했고, 이 소식을 들은 후진타오 주석이 조사를 지시했다는 게 이 문건의 내용이다." 「조선일보」, "왕리쥔, 보시라이 가족 부패 조사하다 괘씸죄," 2012-03-19.

409) 「조선일보」, "보시라이 8일 전 회견이 해임의 도화선 됐다," 2012-03-17.

이 높아진다는 것이 그렇게 보는 이유다. 권력만이 분리되어 다뤄지는 경우도 앞서 살펴 본 바와 같이 문제가 없는 것은 아니지만, 거의 모든 문제가 외부로 표출되지 않은 채 덮어질 가능성은 충분히 있다. 그러나 돈이 개입되는 경우는 여러 사람이 돈과 관련될 수밖에 없으므로 권력과의 유착 정보를 효과적으로 덮는 것은 상대적으로 어려워질 수밖에 없다. 보시라이 사건에서는 이것이 두드러지지 않지만, 돈을 더 벌기 위한 권력 간의 경쟁 또한 배제하기 힘들어진다."[410]

보시라이 실각 사건 이후 벌어진 상황은 돈의 정치화, 특히 돈이 권력 투쟁의 수단이 된 점을 분명하게 보여준다. 보시라이의 공직 낙마가 전부는 아니었다. 보시라이와 연계된 다양한 정치 커넥션 전부가 영향을 받았기 때문인데, 이는 사실상 체제 수준의 권력투쟁 가능성을 암시한다. 여기서 이해를 위해서는 먼저 당시 중국의 권력구도에 대한 설명이 필요하다. "(2011년이 되면서 새로운 권력 윤곽이 드러났다) 보시라이가 후진타오의 직책인 주석, 당총서기, 중국군 사령관 등 최고 자리를 노리지는 않은 것 같다. 왜냐하면 최고 자리는 이미 시진핑에게 돌아가는 것이 확실시 됐기 때문이다. 리커창이 원자바오(溫家寶)의 현 직책인 총리에 오르는 것도 확실시 됐다. 대신 (사법, 경찰 등) 국내 치안과 사법권을 쥐고 있는 정치국상무위원 저우융캉(周永康)의 정법위원회 서기 자리가 보시라이에게 제안될 가능성이 대단히 높았다. 이유는 저우가 보시라이와 대단히 긴밀한 정치적 유대 관계를 맺고 있었기 때문이다."[411] 결국 보의 낙마는 저우융캉에게도 영향

410) 김기수, 『중국경제 추락에 대비하라』, pp. 244-245.

411) *The Economist*, "China's New Leaders: The princelings are coming," June 25th 2011. 보가 상하이방 거두 저우와 긴밀한 관계를 맺었다는 점은 앞서 설명한 보의 아버지 보이보와 장쩌민의 관계를 통해 충분히 짐작할 수 있다.

을 미칠 수밖에 없다는 의미인데, 그 후 펼쳐진 상황은 예측 그대로였다.

보시라이는 직책 박탈에 그치지 않고 처벌됐다. 2012년 말부터 재판이 진행된 후 2013년 10월 무기징역이 확정됐는데, 죄목은 뇌물 수수, 공금횡령, 직권 남용, 여성들과의 부적절한 관계 등이었다. 권력투쟁을 가장한 부패 처벌이라는 여론이 생성되자, 공산당 중앙위원회는 '보시라이 사안을 엄정하게 조사하고 처리한 것은 완전히 정확한 것이며 당과 인민의 지지를 받는 것'이라고 발표했다.[412] 하지만 위의 권력 구도가 암시한대로 불길은 보시라이와 연대한 정치 커넥션으로 번졌다. 저우융캉과 링지화(令計劃) 등 보시라이 연계 정치 커넥션의 주역들도 처벌받았기 때문이다. 다음의 분석은 수면 아래 흐르던 정치적 배경을 보여준다.

> 중국에선 2014년 한 해를 부패척결 원년(元年)이라 부른다. 국가 지도자급 거물만 4명이 낙마했다. 문·무관의 최상위에 위치했던 저우융캉(周永康) 전 정치국 상무위원과 쉬차이허우(徐才厚) 전 군사위원회 부주석이 몰락했다. 세 차례나 성(省) 당서기를 역임해 중국 정계의 상록수로 불리던 쑤룽(蘇榮) 전 정치협상회의 주석도 철창 신세가 됐다. 그리고 연말엔 링지화(令計劃) 당 통일전선부장의 낙마 소식이 전해졌다.... (링은 후진타오(胡錦濤)의 비서실 우두머리였다).... 중국 매체 재신망(財新网)은 '링지화와 저우융캉, 그리고 보시라이(薄熙來·전 충칭시 당서기) 사이엔 모종의 동맹관계가 있었다'고 전한다. 링의 몰락을 설명해 주는 가장 핵심적 내용이다. 링이 시진핑(習近平) 국가주석이 결코 용인할 수 없었던, 즉 시진핑의 권력을 넘봤던 도전 세력인 보시라이·저우융캉 등과 연(緣)을 맺고 있었다는 시사다. 그것도 아

412) 「연합뉴스」, "보시라이 처벌은 반부패 투쟁의 위대한 승리," 2013-11-09.

주 깊게 말이다.... 보다 확실하게 알려진 건 링지화와 저우융캉의 관계다.... (링지화의 정치적 약점을 봐주는 대가로 둘 간에는 밀약이 체결됐다) 중요한 건 '모종의 정치적 약정'이 무엇이냐는 점이다. 시진핑 정권을 넘어서는 저우융캉-보시라이-링지화 세력 구축으로 해석되고 있다. 일각에선 링이 보시라이 타도에 앞장섰던 원자바오(溫家寶) 전 총리 등 중국 일부 영도 일가의 축재 사실을 해외에 흘렸다고 전한다. 돌이켜 보면 시진핑의 친인척이 거대한 부(富)를 쌓았다고 미국 블룸버그 통신이 전한 게 2012년 여름이기도 하다. 그러나 더 중요하면서도 잘 알려지지 않은 이야기 하나가 있다. 시진핑에 대한 테러 기도다.... 시진핑은 다행히 화(禍)를 면했지만 아차 하는 순간 운명을 달리할 수 있는 매우 위험한 순간이었다. 그해 내내 중국 정가에 정변(政變)을 둘러싼 괴담이 떠돌게 된 배경이다.[413]

---

413) 유상철, "링지화는 왜 몰락했나," 「중앙일보」 2015-01-07. 시진핑 암살설은 당시 많은 언론이 보도했다. 심지어 장쩌민 전 주석의 거세도 계획에 포함돼 있었다는 보도도 있었다: 「동아일보」, "저우융캉, 정변 모의... 장쩌민도 제거 시도," 2013-12-23; 「조선일보」, "中 저우융캉, 시진핑 암살하려 했다(홍콩 명경망 보도)," 2013-12-06; 「중앙일보」, "쌍규 통보하자 쓰러진 저우융캉... 보시라이와 공모해 시진핑 암살 시도 혐의," 2013—12-06. 시진핑 집권 이후 무려 6 차례의 암살 시도가 있었다는 보도도 있다. 「중앙일보」, "궁지에 몰린 부패 관료의 역습... 시진핑 6차례 암살 모면," 2015-02-26. 다음의 보도는 구체적인 시점을 적시하며 정변이 사실이었음을 확인하고 있다: "보시라이 전 충칭시 서기가 낙마하자 당대 최고의 권력을 가지고 있던 저우융캉 세력의 발호가 시작된다. 이른바 중국 권력 신 4인방의 반격이다. 신 4인방은 저우융캉 전 정치국 상무위원 겸 정법위 서기, 보시라이 전 충칭서 서기, 쉬차이허우 전 중앙 군사위 부주석, 링지화 전 중앙판공청 주임이다. 이들은 보의 실각이 가시화되자 2012년 3월 무장 경찰을 동원해 쿠데타를 도모하지만 사전 정보 누설 등으로 실패로 끝난다. 이때부터 시진핑은 반부패를 앞세워 신 4인방 세력의 제거에 돌입한다. 그리고 4인방 모두에게 부패 혐의를 적용해 무기 징역형에 처한다. 쉬차이허우는 조사 도중 2015년 3월 방광암이 악화돼 사망했다." 최형규, "최고 권력에서 최고 참모로 전락한 수재," 「중앙일보」 2017-12-08. 시진핑이 경호를 강화한 사실도 보도됐다. 「조선일보」, "경호 투톱 교체,.. 커지는 시진핑 신변 위협설," 2015-03-26.

이제 부패 적발과 처벌이 권력투쟁의 수단으로 진화한 사실을 숨기기는 힘들어졌다. 보시라이 처벌에 대한 서방 전문가들의 판단도 같았다: "보시라이 재판의 경우도 죄목은 늘 그랬던 것처럼 예외 없이, '뇌물, 부패, 불법 폭력' 등이었다. 그것이 이유라기보다는 다음과 같은 중국 공산당 방식이 적용됐다고 봄이 옳을 것이다. 공산당 권력은 지난 60년 동안 도전 받은 적이 없었고, 공산당 간부들은 (1978년) 경제개혁의 결과 엄청난 부를 취할 수 있었다. 바로 이 원칙, 즉 공산당 권력에 대한 도전 불가 원칙을 보가 위반했기에 처벌받았다고 보는 것이 맞다. 하지만 경제가 서서히 추락하면서 일반인에게 열렸던 기회와 당 상위계층의 그것 간의 간극은 더욱 심각한 마찰을 불러일으키고 있다. 도마 위에 올라온 것은 보시라이뿐만 아니라 공산당 자신이다. 당은 자신을 철저히 조사하는 대신 자신의 권위에 도전하는 자들을 앞으로도 계속 처벌할 것이다."[414]

2014년 말에는 저우융캉이 처벌됐다. 죄목 7개 중 4개가 돈과 관련이 있었다: 직무를 이용한 불법 사익 취득 및 뇌물 수수, 직권을 이용한 편의와 이익 제공, 본인 및 가족들의 타인 재물 접수, 권력과 금품을 이용한 간통 등. 링지화에 대한 처벌 이유도 비슷했다. 이어 저우융캉이 부정 축재한 재산이 무려 900억 위안(16조 2000억 원)이라는 보도가 나왔다.[415] 링지화의 축재액 역시 837억 위안(14조 6000억 원)에 달했고 그 중 해외로 빼돌린 재산이 45억 달러(4조 9000억 원)라는 보도가 이어졌다.[416]

---

414) *Financial Times*, "Bo Xilai is not alone in the dock," August 26 2013.

415) 「조선일보」, "저우융캉, 16조원 넘게 부정 축재... 정부 29명 둔 백계왕," 2014-12-08.

416) 「중앙일보」, "링지화 축재 15조원," 2015-01-21. 최근에는 고위직 인물 등의 해외 재산 도피가 구체적으로 드러난 적이 있다. 2016년 국제탐사언론인보도협회(International Consortium of Investigative Journalists)는 조세

흥미로운 점은 위의 모든 과정에서 예외 없이 부패를 트집 잡는 방법이 동원됐다는 사실이다: "시진핑 반부패 투쟁에서 보이는 특징은 부패분자에 대한 타격 방법이 바깥에서 안으로의 형식이라는 점이다.... 핵심 인물을 치기 전에 (부패 혐의로) 주변 인물부터 잡아들여 공격 대상에 대한 각종 비리를 폭 넓게 모으며 숨통을 조인다. 이어 고립된 적에게 화력을 집중시켜 단숨에 궤멸시키는 방식이다.... 마지막 특징은 낙마 인물에 호색(好色)의 낙인을 찍는다는 것이다."[417] 즉 '비리를 흘려 압박하고, 불륜을 터뜨려 대못을 박는 방식'이 활용됐다.

이상의 논의는 중국정치에 부가 투영되면서 돈이 어떻게 정치화됐는지를 보여준다. 최근 들어 부패가 정적 제거의 핵심 역할을 하는 빈도는 과거에 비해 더욱 많아졌다. 앞서 기업인들을 공산당에 받아들이며 공산당이 체제 지지 기반을 확장한 사실을 소개했다. 겉으로는 굳건해 보이는 이 거대 지배 조직도 권력 심부에서는 균열이 가속화되고 있는 현실을 위의 설명을 통해 알 수 있다. 저우과 같은 정치국 상무위원에 대한 공개 처벌은 전례가 없었다. 그럼에도 그런 과감한 일이 벌어지는 것을 보면 공산당 설립 이후 유지됐던 권력 운영의 기본 원칙이 많이 무너진 사실을 부인할 수 없다. 부패를 매개로 한 권력투쟁이 2000년대 들어오면서 급속히 확산된 점은 돈과 권력이 결탁된 중국경제의 특성을 빼고는 설명하기 힘들다. 문제는 위의 처벌 대상만이 아니라 거의 모든 권력층이 부패에서 자유롭지 못하다는 현실이

피난처 리스트인 파나마 페이퍼(Panama Paper)를 폭로했다. 이 문건에 등장하는 중국인은 무려 2만 명이었는데, 더욱 충격적인 것은 당시 정치국상무위원 7명의 이름이 올라 있었고 전직 최고위층 8명의 가족들이 포함돼 있었다. Michael Forsythe, "Panama Papers Tie More of China's Elite to Secret Accounts," *New York Times*, April 6, 2016.

417) 유상철, "비리 흘려 압박, 불륜 터뜨려 '대못... 시진핑 부패척결 공식," 「중앙일보」 2015-01-26.

다. 부패 처벌은 정치적 목적을 달성하기 수단일 뿐 부패를 진정으로 뿌리 뽑는 시도는 아니라는 주장이 나오는 배경이다. 부패 문제는 제도에 의해 해결됐다는 역사적 사실도 이 설명의 타당성에 힘을 실어준다.

4. 권력의 과도한 개입: 취약한 기업 소유권과 경제통계 왜곡

공산당에 기업인을 받아들인 조치는 다소는 불분명했던 기업인의 위상을 확인시켜주는 효과가 있었다. 그렇다면 공산당이 기업을 인정하는 것만큼 기업인의 소유권은 강화된 것일까? 이 점이 중요한 이유는 자본주의 시장경제에서 사실상의 주체는 기업이기 때문이다. 덩샤오핑 개혁개방의 핵심 내용 역시 기업운영 자율화와 기업이윤 유보제 등을 통한 생산성 향상 도모였다. 원리상 기업 소유권이 보장되지 않으면 기업의 자율 경영 또한 제한을 받는다. 과거 서구 자본주의 시장경제 발전 과정에서 확립된 핵심 내용인데, 그 결과 서구 기업의 독립성과 자율성, 즉 소유권은 현재 신성불가침의 경지에 올라있다. 외형적으로는 활발한 기업 활동으로 포장돼 있는 중국경제지만 기업 소유권이 안정적으로 유지되기는 힘들다는 것이 최근의 관찰이다.

2018년 2월 충격적인 사건이 일어났다. 중국 3위 민간 보험회사로 3,160억 달러의 자산을 지니고 있고, 무려 58개 회사를 산하에 두고 있는 안방보험이 사실상 국유화됐다. 중국 보험감독관리위원회, 인민은행 등 다섯 개 부처로 구성된 정부 팀이 안방보험(安邦保險)을 향후 1년 간 위탁 경영한다는 당국의 발표가 있었다. 기업 소유주인 우샤오후이(吳小暉) 역시 경제사범으로 18년 징역형에 처해졌다.[418] 안방보험이 왜 소유권을 박탈당했는지가 의문으로 떠올랐다. 다음의 설명은 중국 대형 민간기업이 어떻게 형성됐고, 어떤 경로를 통해 발전했는지, 그리고 중국식 자본주의의 특징이 무엇인지를 보여준다. 우 회장은 정치권과 깊은 연대를 갖고 있었는데, 중국 특색 기업문화의 전형이었다. 예전에도 유력 권력자의 자녀와 결혼하며 기업을 키웠지만, 2004년 덩샤오핑의 외손녀 덩저루이(鄧卓芮)와 세 번째 결혼하며 그의 사업은 큰 전기를 맞았다. 그 해 안방보험을 설립했고, 당시까지만 해도 국유보험회사가 전부였던 중국에서는 최초의 민간보험회사였다.[419]

안방보험이 정치권력을 뒤에 업고 출범했다는 점이 분명해진다. 실질 소유주가 누구냐는 질문이 이어졌다. 미국 뉴욕타임즈(NYT)가 2016년부터 조사한 자료는 흥미로운 사실을 전해준다. 등기상 안방보험의 주인은 놀랍게도 우회장의 고향 가족, 친척, 그리고 지인 등 평범한 사람들이었다. 실소유주가 따로 존재한다는 사실을 강하게 암시하는 대목이다: “우는 안방보험의 창립자이자 회장이다. 그러나 소유권을 보여주는 공식 기록(등기)에는 그의 이름이 존재하지 않는다. 대신 몇몇 불분명한 이름과 이들에 의해 통제되는 조개 사업 관련 기업의 계승자들이 나타난다. 그와 같은 소유권 정지작업은 중국에서는 흔한 일이다. 부유하고 정치권과 연계된 사람들이 다른 사람의 이름

418) Henny Sender and Don Weinland, “Within a year, Wu Xiaohui has gone from being one of China's most high-profile businessman to facing an 18-year jail sentence,” *Financial Times*, 15 may 2018.

419) 「중앙일보」, “중국판 버핏 우샤오후이(안방보험 회장)의 몰락... 태자당 돈줄 끊기,” 2018-02-26; 「한국경제신문」, “안방보험 전격 국영화... 中자본의 민낯,” 2018-02-24.

을 빌려 재산을 소유하는 곳이 중국이기 때문이다."[420] 회사를 실제로 운영하는 이사회에는 중국 10대 혁명 원로인 천이 전 부총리 아들 천샤오루(陳小魯)가 포함돼 있었다. 주룽지 총리의 전 아들 주윈라이(朱雲來)도 안방보험 등기이사를 지냈고, 룽용투(龍永圖) 전 외무장관은 안방보험 창립멤버로 참여했다.[421] 안방보험이 권력 실세들의 회사라는 의문이 제기되는 배경이다.

그렇다면 안방보험이 처벌 받은 이유는 무엇일까? 겉으로는 방만한 회사 경영 때문에 당국이 개입한 것으로 치부되지만 이를 믿는 사람은 거의 없다. 처벌의 원인에 대해서는 다양한 해석이 존재한다. 큰 회사의 사업 모델이 위험해지는 경우 그것이 터지면 국가경제 전체가 타격을 입을 수 있기 때문에 권력이 개입해서 이를 정리한다는 설명이 존재한다.[422] 안방보험은 자금 조성을 고수익 고위험 자산관리상품(WMP) 판매에 많이 의존했다. 그렇게 모은 자금 역시 고위험 고수익의 주식과 신탁회사가 제공하는 고수익 단기 상품 등에 투자했다. 그러므로 이를 제 때 관리하지 못하면 금융권 전체의 위험으로 발전할 수 있다는 당국의 판단에 따라 안방보험에 철퇴가 가해졌다는 해석이다: "(시진핑 집권 이후) 공산당이 중국경제 곳곳에 개입을 강화하고 있는 시점에 발생한 우의 몰락은 너무 크게 자라서 기존 이해 구조를 뒤흔들 수 있는 개인기업의 충격적인 이야기다. 공격적이고 위험한 전략으로 중국 금융시스템 전체의 안정성을 해칠 위험이 있다고

420) Keith Bradsher and Alexander Stevenson, "Beijing Takes Over Anbang, Insurer That Owns Waldorf Astoria," *New York Times*, February 22, 2018.

421) 「중앙일보」, "중국판 버핏 우샤오후이(안방보험 회장)의 몰락… 태자당 돈줄 끊기."

422) Sender and Weinland, "Within a year…"

판단되는 기업에 대한 일종의 경고인 셈이다."[423]

다음과 같은 다른 경제적 해석도 눈에 띈다. "안방보험, 완다(万达) 그룹 등은 막대한 자금을 빌리거나 유치한 다음 해외로 진출 미친 듯이 외국자산을 인수 합병했다. (이들의 실소유주가 누구인지를 감안하면) 이는 분명 유력 인사의 해외 재산 도피 행위로 간주할 수 있어 제제가 불가피하다는 해석이 있다. 또한 실 자산가치 이상의 자금을 지불하는 경우가 많아 수치스런 중국 사업 행태를 외국에 보여줬다는 비난도 피할 수 없었다. 국유은행 대출 역시 많은 상황에서 이들이 붕괴하는 경우 위험이 국유은행에 전이될 수 있다는 점도 간과하기 힘들었다."[424]

만약 이것만이 이유라면 금융감독 당국은 제 몫을 한 셈이 된다. 하지만 실소유주에 대한 의구심, 그리고 주위의 복잡하고 방대한 정치 커넥션을 고려하면 정치적 요인이 없다고 단정하기는 힘들어진다. 다음 설명을 통해 그렇게 되는 이유를 짐작할 수 있다.

> 중국의 가장 저명한 사업의 큰 손들이 지금의 상황을 맞은 데는 역사 및 정치적 배경이 있다. 고대 중국에서 상인은 농민, 군인, 수공업자보다 낮은 사회 최하위 계급이었다. 한나라 시절에는 소금 등 핵심 산업을 국가가 독점했다. 상인계급은 황제와 귀족들이 필요한 물건을 대는 역할에 충실했을 뿐이다. 마오쩌둥은 모든 개인기업을 없애버렸다. 2002년 공산당이 기업인을 받아들이기 전까지 사업 행위는 다시 등장한 상업계급들에 의해 이루어졌는데, 엄밀히 말하면 사실상 이는 위법이었다. (앞서 설명한 바와 같이 장쩌민의 3개 대표론은 이 족

423) Ibid.

424) Jamil Anderlini, "Enduring suspicion weighs on capitalists in China," *Financial Times*, 1 March 2018.

쇄를 완전히 없앤 셈이지만 국유기업 위세가 여전해) 인터넷, 부동산 등 비국유기업 분야에만 거대 개인 기업이 존재한다. 따라서 금융분야에 우회장과 같은 거물 사업가가 등장한 것은 대단히 예외적이다. 문제는 이들이 해외 사업을 급팽창시키며 국가와 당의 기존 정실주의(patronage)에서 벗어나기 시작했다는 점이다. 여기서 우회장 같은 사업 거물이 구속된다는 것은 그가 자신의 부를 정치적 영향력 확장에 활용하려 했다는 사실을 강력히 암시한다.... 그러므로 향후 국가의 정실주의 시스템에 기초 우회장과 같은 독립적인 거물에 대한 처벌은 더욱 강화될 것이다.... 알리바바, 텐센트, 그리고 바이두 같은 인터넷 개인 기업들은 엄청난 수익도 내지만 현대 경제의 생명줄이라 할 수 있는 자료(데이터)를 통제한다. 바로 이것이 알리바바 마윈(馬雲) 회장의 경우 '국가가 요구하면 나는 언제고 회사를 기꺼이 국가에 넘기겠다'고 반복적으로 말하는 이유다.[425)]

---

425) Ibid. 국가 정실주의로부터 기업이 이탈하려는 움직임은 이미 5년 전에 포착된 적이 있다: "중국에서 부동산으로 가장 성공한 사업가 중 한 사람인 장신(Zhang Xin) 여사는 '민영화(privatization)와 친시장적 개혁만이 중국경제를 제자리에 올려 놀 수 있다'고 말했다.... 나아가 '모든 눈은 정부로 향해 있다. 정부 정책이 분명해지기 전에는 누구도 투자하려 하지 않을 것이다'라고 강조했다.... '경기부양책(stimulus)'이 지속되는데, 그래야 봐야 돈은 국유기업으로 흘러 국유기업만 강화시키지만, 반대로 민간시장은 그만큼 위축된다." Josh Noble and Paul J Davies, "China billionaire calls for reforms," *Financial Times*, August 22 2013. 공산당 노선에 반대하는 목소리가 이미 5년 전에 나온 셈이다. 당국이 대기업 통제를 강화하는 이유의 일단을 알 수 있다. 마윈의 언급은 최근 현실화됐다. 2018년 9월 10일 마윈은 은퇴를 선언했는데, '창업 20주년인 내년에 알리바바 회장에서 물러나 교육 사업에 헌신하겠다'는 것이 이유였다. "마윈은 지금 중국 최고의 부호다. 바꿔 말하면 상당히 위험한 자리에 앉아 있다는 뜻이다. 중국 역사가 이를 증명한다. 과거 사례를 살펴보면 부호 목록에 오른 중국의 억만장자들은 그들의 사업이 중국 정부의 이익을 침해한다고 여겨질 경우 가차 없이 숙청당했다.... (마윈이) 회장 자리를 반납한 것도 알리바바가 중국 정부의 눈 밖에 나기 전에 자진해서 내린 현명한 결단이라는 평가가 대부분이다.... 마윈의 은퇴는 '중국에서 사업하고 싶다면 너무 몸집이 불어나선 안 된다'는 것을 보여주는 명백한 증거로 남을 것이다." 니사 고팔란, "마윈이 은퇴한 진짜 이

우의 정치적 연계와 그것과 관련된 정치 투쟁에 대한 보도가 이어졌다: "(안방보험의 실소유주가 분명치 않다는 설명의 연장선에서) 안방보험이 중국 최고위층의 '바이쇼우타오(白手套·흰 장갑 – 다른 사람을 위해 자산을 관리하는 제3자)'의 역할을 해왔다는 의혹이 제기됐다.... 우 회장이 중국 권력층의 '흰 장갑' 의혹을 받는 것은 중국 혁명원로 자녀인 홍얼다이(紅二代)이자 태자당(太子黨) 등을 든든한 후원세력으로 확보한 그의 인간관계에 기인한다. 최고위층 권력자와의 '관시'(關係·관계)는 그의 탄탄한 동아줄이었다.... 안방보험과 우 회장이 몰락의 위기에 처한 것은 시진핑 국가주석이 홍얼다이를 겨냥해 칼을 뽑아서다. 역사학자인 장리판(章立凡)은 명보에 '안방보험의 (정부) 위탁 경영을 통해 홍얼다이 세력 돈줄을 끊어 시 주석에게 정치적으로 대항할 수 없게 만들었다'고 평했다."[426]

안방보험에 이어 2018년 3월에는 중국 석유회사 중 네 번째로 큰 민영회사(1–3위는 국유기업)인 CEFC 그룹[화신(華信)그룹]의 예젠밍(葉簡明) 회장이 구금 조사를 받았고 재산도 빼앗겼다. 불과 5년 만에 지금의 덩치로 급성장했다는 점, 그리고 해외 에너지 관련 자산을 거침없이 인수·합병했다는 사실이 안방보험과 비슷했다.[427] 국유기업이 지배하고 있는 분야에서 성장한 민영기업이라는 점도 안방보험과 궤를 같이 한다. 물론 정치적인 이유도 흘러나왔다: "예회장의 구금을 처음 보도한 (중국 경제매체) 차이신은 '화신의 성장에 결정적인 도움을 준 건 상하이 군부 세력'이라며 상하이방을 배후로 지목했다. 장쩌

유,"「조선일보」 2018-09-14~15.

426)「중앙일보」, "중국판 버핏 우샤오후이(안방보험 회장)의 몰락... 태자당 돈줄 끊기."

427) Eric Ng and Xie Yu, "China detains CEFC's founder Ye Jianming, wiping out US$153 million in value off stocks," *South China Morning Post*, 2 March, 2018.

민 전 주석을 정점으로 한 상하이방은 시주석의 최대 견제 세력이다. 특히 작년 10월 중국 공산당 제19차 당 대회 폐막 직후 시 주석이 상하이에서 장쩌민 전 주석을 비밀리에 만나 국가주석직 임기 철폐의 뜻을 전하자, 장 전 주석은 '절대 안 된다'며 반대했다고 일본 아사히 신문이 전했다."[428] 다음의 설명은 더욱 노골적이다: "시 주석이 재벌들을 파리 목숨처럼 날리는 공포정치를 통해 반대 목소리를 잠재우면서, 동시에 재벌들의 배후에 있는 권력층 내 정적들을 제거하기 위한 다목적 포석이라는 분석이 나온다."[429]

사정의 칼날은 안방보험과 화신그룹에 그치지 않았다. 곧이어 밍톈(明天)그룹 강제 매각이 정부에 의해 단행됐다. 237억 달러의 밍톈 자산이 매각됐는데 겉으로는 이 자금을 그룹의 빚을 갚는 데 쓴다고, 즉 금융 위험의 조기 차단을 위해서라고 했지만 정부의 강권이 동원된 것은 분명했다. 그룹 총수인 샤오젠화(肖建華)는 홍콩에서 실종된 후 최고위급 뇌물 공여와 시장조작 협의로 당국의 조사를 받았다.[430]

---

428) 「조선일보」, "시진핑, 석유재벌 '화신'도 국영화... 상하이방 옥죄기," 2018-03-05; 「매일경제」, "석유재벌 예젠밍 구금 정적 제거 고삐 죄는 시진핑," 2018-03-03.

429) 「조선일보」, "시진핑, 中석유재벌 구금... 장기집권 위해 '반대파 돈줄' 제거," 2018-03-03. 다음의 분석도 맥을 같이 한다: "재벌 잡기에는 또 다른 목적이 있다. 시 주석에게 도전할 가능성이 있는 자들을 통제하기 위해서다.... 성공한 많은 사업가들은 공산당 엘리트 및 이들의 가족과 깊은 관계를 맺고 있다. 따라서 개인기업을 때리는 것은 독립적인 (재정적) 지원 자원을 소공자(princeling) 그룹으로부터 빼앗는 것을 의미한다. 결국 자신의 현 지위와 재물을 보존하고 싶으면 이들은 시 주석에게 의존할 수밖에 없다." Lucy Hornby, "Beijing's crackdown on private companies is part of an effort to exert more control over the economy as fears grow of risks to national security," *Financial Times*, 10 August 2017.

430) Xie Yu, "China's battle plan against tycoons prompts Xiao Jianhua firms to sell US$23 billion of assets," *South China Morning Post*, 09 March 2018; Choi Chi-kyu, "The big questions about missing tycoon: why and why now?" *South China Morning Post*, 20

이어 "홍콩 빈과일보는 시 주석이 화신에너지를 비롯해 안방보험, 다롄완다, 하이난(海航)항공(HNA), 푸싱, 밍톈, 센추리 등 태자당과 연루된 7대 그룹을 표적으로 삼고 있다고 전했다."[431] 다음의 홍콩 경제 전문가 논평은 이해에 도움을 준다.

> 역사 및 문화적으로 사업가들은 늘 다음의 우려를 접지 못했다. 첫째, 국가가 규제를 강화하거나 세금을 올려 사업 행위를 제한하는 데 대한 염려가 있었다. 둘째, 과거 황제, 술탄, 영주 등 절대 권력자들이 자의적인 결정을 하는 데 대한 우려였다. 이들은 언제고 힘을 활용 사업가들의 재산을 몰수할 수 있었다.... 세 번째는 지배자들과 공동으로 사업을 같이 해야 하는 염려가 있었다. 국가와 사업을 같이 한다는 것은 양날의 칼과 같았다. 국가를 업고 독점권을 차지함으로써 엄청난 수익을 올릴 수는 있었다. 반면 지배자의 성향에는 취약할 수밖에 없었다. 더욱 우려스런 것은 그와의 결탁이 부패의 고속도로일 수밖에 없으며, 그런 연합이 특권을 통한 렌트 추구 행위 그 이상도 이하도 아니라는 사실이었다. 이 경우 사업가는 (혁신자가 아니라) 정치적 로비스트나 족벌 혹은 하수인으로 전락하게 된다.... 과거의 경험과 이론을 통해 시장 경쟁이 혁신, 생산성, 그리고 자원의 효율적 활용을 촉진하며 최종 소비자 이익을 증대시킨다는 점을 알고 있다. 아담 스미스의 혁신적인 생각은 국가의 부를 지배자의 번영이 아닌 소비자의 그것과 연계

February, 2017.

431) 「한국경제신문」, "시진핑 '태자당 재벌'에 칼날 화신에너지 경영권도 박탈," 2018-03-22. 푸싱(復星)그룹과 완다(万达)그룹은 이미 사정의 대상에 오른 적이 있다: "중국의 워런 버핏 소리를 듣던 궈창광(郭廣昌) 푸싱그룹 회장은 2015년 금융 비리와 관련해 중국 당국의 조사를 받던 도중 잠시 행방불명됐다.... 완다그룹의 왕젠린(王健林) 회장 역시 영국 런던 부동산 매입 계획을 추진하다가 중국 당국으로부터 차입 과다와 관련한 강도 높은 조사를 받은 이후 부동산과 쇼핑몰 사업을 정리하고 있다." 니사 고팔란, "마윈이 은퇴한 진짜 이유."

시킨 것이었다.... 위에서 소개한 세 번째 우려 사항은 늘 상존하는데, 그것이 바로 아담 스미스가 가장 우려했던 점이다. 왜냐하면 국가와 사업을 같이하게 되면 법의 지배가 사업에 영향을 미치는 유일한 변수가 되지 않기 때문이다.[432]

결국 사업가의 소유권과 시장을 통한 공정한 경쟁이 보장되지 않는 경제는 혁신과 효율성 상실 때문에 지속적인 번영이 불가능하다는 사실을 확인시켜 주고 있다. 공산당의 중국기업에 대한 장악력이 위의 극단적인 사례에 그치지 않는다는 점은 더욱 문제다. 다음의 분석은 평시에도 기업은 공산당의 영향력에서 벗어나기 어렵다는 엄연한 현실을 보여준다.

중국 정부가 상하이와 선전증시에 상장된 모든 기업에 당위원회(당 조직) 설치를 의무화하는 방안을 추진하고 있다. 기업에 대한 공산당의 통제를 강화하기 위한 조치로 분석된다. 당위원회는 기업이 주요 의사결정을 할 때 이사회에 조언하는 역할을 한다. 중국 증권감독관리위원회는 최근 '중국 내 모든 상장기업은 공산당 당장(黨章·당헌)에 따라 사내에 반드시 당위원회를 만들어야 한다'는 내용의 '상장기업 관리규정 수정 초안'을 발표했다. 이 수정안에는 '상장 국유기업은 당위원회 설치를 사칙에 명기해야 하고 당의 지도와 회사 관리를 일치시켜야 한다'는 내용이 포함됐다. (이에 따르면) 상하이증시에 상장된 1396개 기업과 선전증시에 상장된 2110개 기업 등 총 3506개 기업에 당위원회가 구성돼야 한다. 중국 공산당은 2015년부터 기업 내 당위원회 설치를 의무화했지만 기업은 이를 상징적인 지침으로 받아들여 왔다. 국유기업은 대부분 당위원회를 구성했지만 상당수 민간기업은 아직까

432) Richard Wong, "The Chinese billionaire who rides the tiger can never get off," *South China Morning Post*, 07 February 2017.

지 당위원회를 설치하지 않고 있다. 작년(2017년) 말 기준 국유기업의 93%, 민간기업의 70%가 당위원회를 구성한 것으로 조사됐다. 시진핑(習近平) 국가주석 집권 2기 체제가 본격 출범한 올해 들어선 중국에 진출한 외국 기업에까지 당위원회를 설치하라는 압박이 커지고 있다. 중국에 진출한 외국인 투자기업 중 10만 6000여 곳에 당위원회가 세워졌다.[433]

중국경제에 대한 권력 간섭의 또 다른 측면은 오랫동안 논의의 대상이었고, 지금도 의문을 불러일으키고 있는 경제통계 조작 가능성 논쟁에서도 드러난다. 국가 전체 통계는 분명 정부가 집계한다. 정부가 주도하므로 특히 개도국의 경우 정부가 마음먹기 따라서 통계를 조작할 가능성은 늘 존재한다. 아니면 개도국의 특성상 특히 민간부문의 통계 집계가 어려워 정부의 의도와는 무관하게 정확한 통계 산정에 한계가 있는 경우도 있다. 어쨌건 경제통계 항목이 엄청나게 많아서 이 모든 것을 일치시키는 것은 쉬운 일이 아니다. 중국 경제통계에 대한 서방의 의문은 주로 분야별 통계와 전체 통계 불일치에 근거하고 있다. 통계가 의도적으로 왜곡될 수밖에 없는 정치경제 구조가 형성돼 있는가도 관찰의 대상이다. 만약 그렇다면 통계 집계 역시 구조적 문제를 지니고 있을 가능성이 있고, 이는 그것을 개선하는 것이 쉽지 않다는 점을 암시한다.

433) 「한국경제신문」, "중국 모든 상장사에 공산당 조직 강제 설치," 2018-06-20. "2017년 말까지 홍콩 상장 30개 대형 국유기업을 상대로 회사의 운영원칙인 사칙(社則)에 '공산당이 이 조직의 핵심'이라는 문구를 넣도록 조치를 취하고 있다. 과거에는 당 대신 정부라는 표현을 썼지만 그것을 당으로 교체하라는 것이다. 기업 자유를 증진시킬 것이라는 일반의 예상과는 정반대 조치를 취하고 있는 셈이다." Jeniffer Hughes, "Communist party control written into laws at China's big companies," *Financial Times*, 15 August 2017.

중국 경제통계에 대한 불신은 어제 오늘의 일이 아니다. 오래 전부터 불신이 지속됐는데, 2001년 다음의 보도는 현실의 일면을 보여준다: "중국경제는 (2001년) 2분기 7.8% 성장했다.... 그러나 많은 경제전문가들은 중국의 실질 성장률은 잘해야 이 수치의 절반에 불과하다고 말한다."[434] 2015년 9월 미국 경제일간지 월스트리트저널은 대단히 흥미로운 여론 조사 결과를 발표한 적이 있다. 미국의 연방준비은행(FRB) 빌딩에서 64명의 미국 경제학자들을 대상으로 실시한 조사는 다음과 같이 충격적이었다: "중국은 지난 2분기(2015년) 경제가 7% 성장했다고 발표했다. 조사 결과 응답자의 96%는 중국통계를 믿을 수 없다고 답했다. (구체적인 성장률 수치 물음에서는) 중국경제가 7% 혹은 그 이상 성장했을 것이라고 답한 경제학자는 단 한 사람도 없었고, 약 절반 정도가 성장률이 5-7%일 것이라고 대답했으며, 1/3은 3-5%로 응답했다.... 암허스트피어폰트 증권(Amherst Pierpont Securities)의 수석 경제분석가인 스티븐 스탠리(Steven Stanley)의 경우는 '중국의 공식 경제통계는 정부의 언급을 그대로 맞춰 만들어진다'고 말했다."[435] 서방 경제 전문가들의 중국 공식 통계에 대한 불신을 알 수 있다.

통계 왜곡이 구체적으로 인정되기 시작한 것은 총리 리커창의 이름을 딴 리커창 지수 관련 논쟁부터였다. 리커창이 랴오닝성 당 서기였던 2007년 클라크 랜트(Clark Randt, Jr.) 주중 미국 대사와의 만찬에서 "중국의 공식 통계는 의도적으로 만들어진(man-made) 것이

434) Craig S. Smith, "China Reports 7.8% Growth in Economy," *New York Times*, July 18, 2001.

435) Jeffrey Sparshott, "WSJ Survey: China's Growth Statements Make U.S. Economists Skeptical," *Wall Street Journal*, September 12, 2015.

어서 참고 자료일 뿐이고, 대신 자신은 '전기 소비량,' '철도 운송량,' 그리고 '은행 대출 규모' 등을 중국 GDP 계측 지표로 활용한다"고 언급한 바 있다. 이 말은 미국 본국에 비밀리에 보고됐는데, 폭로 전문 사이트 위키리크스(Wikileaks)가 자료를 입수한 후 공개하며 세상에 알려졌다.[436] 서방 경제전문가 및 언론은 이 세 경제지표를 '리커창 지수'라고 부르며 활용하고 있다.

그 후 리커창은 중국경제 운영의 최고위직인 총리 자리에 올랐으므로 위의 언급에는 힘이 실릴 수밖에 없었다. GDP는 지방정부가 집계한 통계를 중앙정부가 수합 최종 계산한다. 결국 지방정부의 통계 집계에 문제가 있다고 추론할 수 있는데, 특히 GDP 통계와 관련해서는 바로 이 문제가 전문가들 사이에 집중 조명되고 있다. "광저우에서 발행되고 있는 남방도시보는 '중국 31개 성시(성과 직할시)가 각각 산출해 합산한 중국의 지난해(2012년) GDP는 57조 6900억 위안으로 국가통계국이 지난달 내놓은 2012년 GDP 51조 9300억 위안에 비해 5조 7600위안 (약 1000조)이나 많은 것으로 나타났다'고 보도했다. 1985년 중앙과 지방이 각각 별도로 GDP를 집계하기 시작한 이후, 해마다 두 통계 간에 차이가 발생했다. 문제는 지난 수년간 통계의 신뢰도를 위협할 정도로 그 격차가 큰 폭으로 늘어나고 있다는 사실이다. 중국정부는 이 문제를 해결하기 위해 2009년 통계 수치를 바꾸거나 조작하는 지방 공무원과 기업인을 징계하거나 처벌할 수 있도록 '통계

---

436) Reuters, "China's GDP is 'man-made,' unreliable: top leader," December 6 2010. 로이터가 익명의 중국 근무 외국계 은행 경제전문가와 인터뷰를 통해 밝힌 내용은 다음과 같다: "중국의 GDP 통계는 믿을 수 없습니다. 특히 지방의 통계가 그렇죠. 그건 새삼스런 것이 아닙니다. (리커창 총리가 말한) 세 가지 경제지표는 대단히 흥미로운 점이 있습니다. 왜냐하면 지방에서 이 세 가지 지수를 조작할 동기는 약하기 때문입니다. 하지만 이 세 지수도 전체의 부분만을 보여줄 뿐 전체 지표는 아닙니다."

위법위반 행위에 대한 처분 규정'을 발표하는 등 해마다 엄벌 방침을 밝히고 있다. 지역 경제성장률이 지방 관리의 능력을 가늠하는 중요한 실적 수치가 되면서, 지방 단위의 통계 조작이 만연하고 있는 점이 큰 요인으로 꼽힌다."[437]

2016년에는 중앙정부가 지방정부의 통계 조작을 공식 인정한 적이 있다: "닝지저(寧吉喆) 중국 국가통계국장은 8일 공산당 기관지인 런민르바오(人民日報)에 기고한 '법에 의거한 통계가 통계 수치의 정확성을 담보한다'는 제목의 칼럼에서 "현재 일부 지방 통계가 조작되고 있으며, 통계법을 위반하는 사기와 속임수가 때때로 일어나고 있다"고 밝혔다. 그는 지난 10월 11일 시진핑 중국 국가주석이 중앙전면심화개혁영도소조 회의를 개최한 자리에서 '통계 관리 시스템의 개혁 및 통계의 진실성에 대한 의견'을 발표했다는 점을 강조하고 앞으로 통계의 진실성과 정확성을 높이고 이를 위반하는 자에게는 강력한 처벌을 할 것이라고 밝힌 점을 강조했다.... 다만 해외 이코노미스트와 투자자들이 제기한 중앙정부의 통계 조작 의혹에 대해서는 밝히지 않은 채 '일부 지방정부 통계'로 한정했다."[438] 2016년부터 공식적으로 밝혀지기 시작한 통계 조작 사례와 중앙정부의 의도는 다음의 설명을 통해 알 수 있다.

> 중국 북부 도시 톈진의 시영 라디오 방송은 경제특구인 빈하이 지역 총생산(GDP)이 2016년 1조 위안이었지만, 최근 다시 실사한 결과 실제로는 그것보다 약 1/3 적은 6,654억 위안(1,030억 달러)이었다고 보도했다. 이것은 빈하이만의 문제가 아니다. 내몽고성 정부 역시 며칠 전 발표된 2016년 역내 산업생산의 40%, 재정수입은 26%가 부풀려졌

437) 「조선일보」, "중국의 '고무줄 GDP' 또 논란," 2013-01-31.
438) 「문화일보」, "中 '지방정부 경제통계 조작' 시인," 2016-12-09.

다고 인정했기 때문이다. 중국 중공업 지역인 랴오닝성도 예외는 아니어서 2011-2014년 성 GDP가 20% 정도 의도적으로 불려졌다고 인정했다.... 오래 전부터 생산증가 업적이 지방 관리들 승진의 핵심 기준이었기에 지방관리들은 경제성장률을 부풀리는 습관에 젖어 왔다.... '다른 지방 정부도 통계치를 부풀렸을 것이지만 지금은 시 주석이 워낙 허위를 싫어하기 때문에 압력을 받고 있다'고 인민일보의 해외판 소셜미디어인 시아케다오가 전했다.... 그러나 베이징의 통계 수합 작업이 지방정부의 간섭으로부터 완전히 자유스런 것은 아니다. 지방정부가 통계 조작에 직접 나서는 대신 역내 기업에 압력을 넣어 산출을 부풀리는 작업을 일삼기 때문이다. 시 주석은 지난 해 3월 통계 조작은 경제 상황 판단을 흐리게 할 뿐 아니라 공산당 이념과 진실을 추구하는 전통을 해친다고 강조했다.... 그러나 통계를 조작한 관리가 처벌되는 경우는 거의 없었다. 위에서 소개한 빈하이, 내몽고 등이 통계 조작을 시인했지만 조작에 가담한 관리 중 누구도 처벌 받지 않았다.[439)]

이상의 논의는 두 가지 가능성을 열어 놓고 있다. 하나는 중앙정부 노력에도 불구하고 지방정부의 통계 조작으로 인해 그것에 기초한 중국경제 전체 통계, 특히 GDP 수치가 왜곡될 수밖에 없다는 지적이다. 다른 하나는 그런 현상을 부인할 수는 없지만 중앙정부 자체도 통계 왜곡에서 자유로울 수 없다는 주장이다. 앞서 소개한 '중국의 공식 경제통계는 정부의 언급을 그대로 맞춰 만들어진다'는 스티븐 스탠리의 언급은 이를 대변한다. 중앙정부의 최근 노력에도 불구하고 앞서 소개한 바와 같이 서방 경제 전문가들은 중앙정부 발표 GDP 통계를 인정하지 않고 있다. 의심에는 여러 근거가 있는데, 우선 리커창 총리의 개혁 선언이 지켜지지 않은 현실이 의혹의 단초였다.

439) Frank Tang, "Why Chinese officials are suddenly coming clean over cooking the books," *South China Morning Post*, 17 January 2018.

앞서 경기부양책 금지, 채무 절감, 그리고 구조개혁이 핵심 내용인 '리커노믹스(Likonomics)'를 소개했다. 하지만 그의 약속은 지켜지지 않았다. 수시로 경기 부양책을 활용했고, 위기의 금융기관을 구제하기 위해 돈을 주입했다. 여기서 단초는 "성장률이 7% 이하로 떨어지지 않는 한 중국은 구조개혁에 주안점을 둔다"는 발언이었는데, 이 말은 뒤집어 성장률이 떨어지는 경우 언제고 경기 부양책을 활용한다는 의미였다. 그렇다면 이미 소개한 서방 전문가들의 2015년 경제성장률에 대한 불신, 즉 중국정부가 발표한 7%가 과장됐다는 주장에 기초, 만약 실질 성장률이 4-5% 혹은 그 이하라면 중앙정부는 이를 발표할 수 있을까? 아마 쉽지 않을 것이다. 7% 이하로 떨어지면 경기부양책을 쓰겠다고 이미 말한 바 있고, 더구나 저성장 인정은 정부의 무능과 경제추락 및 실업을 의미하기 때문이다. 정부가 가장 두려워하는 경제사회적 혼란이 이어질 수도 있다. 바로 이런 점이 중앙의 노력에도 불구하고 중앙정부 역시 통계 왜곡 의혹에서 자유롭지 못한 이유다.

전문가들은 그 동안 중국정부의 의도와 상관없이 중국통계 왜곡 정도를 과학적으로 밝히기 위해 노력해왔다. 순수 경제적 접근법이 우선 활용됐는데, 다음의 연구는 왜곡이 있었음을 보여준다. 인구 및 고용 통계, 인적 자본 스톡, 무형서비스(non-material services), 중국 산업생산 인덱스, 그리고 순자본스톡 등의 변수를 활용, 중국의 경제성장률을 분석한 결과는 다음과 같았다: "1인당 구매력(per capita PPP) 기준으로 2000달러에서 8000달러까지 상승하는 시기를 구해보면 중국경제는 1994-2015년이었고, 일본 1950-1968년, 한국 1969-1989년, 대만 1966-1987년이었다. 이 시기 연평균 경제성장률은 일본 9.2%, 한국 8.7%, 대만 9.1%였지만 중국은 7.6%에 불과했다.

아무튼 1등은 아니었다"[440] 연평균 성장률이 10%였다는 공식 통계와 상당히 차이가 나는 것은 물론, 알려진 바와는 달리 중국의 성장률은 다른 초고속 성장 기록보다 낮았다. 중요한 것은 분석에 활용된 기초 자료 모두가 중국정부가 발표한 자료였다는 사실이다.

정확한 경제성장률을 계산하기 위해서는 명목 GDP 증가율에서 물가상승을 감해야 한다. 이것을 GDP 디플레이터(deflator)라고 부르는데, 그런 변수에 대한 정밀 분석에서도 중국의 성장률이 과대 포장됐다는 연구 결과가 발표된 적이 있다.

> 중국 통계국 인플레이션 통계와 다른 데이터를 비교한 결과 가시적인 차이가 발견됐다. 중국정부는 2000-2011년 12년 동안 도시 자가 주택 거주 중국인이 단지 6%의 집값 상승을 경험했다고 발표했다.... 하지만 월세 등 세입자가 실제로 경험한 누적 임대료 상승률은 같은 기간 50%를 넘었다. 하지만 중국 통계국은 이들 세입자들을 모두 자가 주택 거주자로 간주 낮은 집값 상승률을 경험한 것으로 처리했다.... 2000년을 기준으로 중국 전체 인구의 2/3는 농촌에 거주했다. 그러나 중국통계국은 도시와 농촌의 가중치를 80:20으로 역으로 적용했다.... 결국 중국 당국이 통계를 의도적으로 조작했다고 볼 수 있는데, 이들 변수를 중국 당국이 발표한 또 다른 데이터를 통해 교정해 보면 위 기간 중국 GDP는 8-12% 낮아져야 한다. 이는 미화로 1조 달러 정도가 된다.[441]

---

440) Harry X. Wu, "China's Growth and Productivity Performance Debate Revisited: Accounting for China's Sources of Growth with New Data Set," The Conference Board New York, *Economics Program Working Paper Series* #14-01, January 2014, pp. 1, 67-70. 그렇게 계산된 핵심 이유는 중국 정부가 생산성 향상률은 과대 평가한 반면 인플레이션은 과소 평가했기 때문이다.

441) Christopher Balding, "How Badly Flawed is Chinese Economic

중요한 것은 위의 분석 역시 중국의 공식 자료를 역으로 추적 분석했다는 사실이다. 이상의 설명은 중국의 실제 GDP를 알아보기 위한 경제적 접근이었다. 하지만 통계가 왜곡됐을 때 혹은 그렇지 않았을 때라도 통계를 해석하는 데는 또 다른 주의가 필요하다. 위의 분석을 제공한 볼딩(Christopher Balding)은 다음과 같이 예리하게 곡해 현상을 지적하고 있다.

> GDP는 중국 경제 상황을 두 가지 면에서 왜곡할 수 있다. 우선 GDP 지표 자체가 잘못된 경우다. GDP가 과대 집계됐다면 중국 경제의 리스크는 실제보다 작은 것처럼 보일 수 있다. 둘째 GDP 통계는 맞지만, 이 지표가 잘못 해석될 가능성도 있다.... 지난 2013년 6월 이후 (3년 동안) 중국 상장기업들의 매출은 13.6% 증가했다. 같은 기간 중국의 GDP가 24% 늘어난 것과 비교하면 낮은 수준이다. 중국의 GDP가 정확하다면, 상장기업들의 매출 역시 GDP와 비슷하게 늘어나는 것이 타당하다.... 1인당 GDP를 보자. 미국의 경우 GDP의 90% 가량을 차지하는 1인당 GDP(개인소득)는 소비자의 구매력을 측정하는 데 적절하다. 그러나 중국의 경우 1인당 GDP가 전체 GDP에서 차지하는 비중이 44%에 불과하다. 중국 경제 성장에 크게 기여하는 고정자산 투자는 개인들의 소비 활동과 큰 상관이 없지만, GDP 증가에는 기여한다. 이런 상황에서 중국 소비자들의 지출 능력과 대출 능력을 단순히 1인당 GDP(GDP를 인구수로 나눈 수치)로 판단하면 어떻게 될까. 중국 소비자들의 능력이 과대평가 될 수 있다.... 베이징 시민의 연간 평균소득은 10만 위안(약 1638만원)이 넘는다. 중국 전체 국민 평균소득은 5만 위안이다. 중국의 PIR(가구소득 대비 주택가격 비율)은 베이징 시민의 평균소득을 기준으로 구할 경우 40이다. 40년 동안의 가구 소득

Data? The Opening Bid is $1 Trillion," (www.papers.ssrn.com/sol3/id=2307054), Long Abstract and pp. 5, 19-23

을 통째로 모아야 집 한 채를 살 수 있다는 뜻이다. 그러나 가계소득이 나 부채 상환 능력을 고려하면 PIR은 80까지 치솟는다. 중국의 부동산 시장은 투자자들이 생각하는 것보다 훨씬 불안정한 것으로 해석된다. 중국 관련 경제 지표를 볼 때 일반적인 상식을 그대로 적용해서는 곤란하다.[442]

앞서 소개한 리커창 지수도 빠지지 않고 등장한다. 중국 당국이 발표한 경제수치와 리커창 지수의 일치 여부를 검증하는 작업이 이어졌다. 중국정부는 2015년 2분기 경제성장률을 7%라고 발표했지만, 같은 기간 리커창 지수, 즉 '전기 소비량,' '철도 운송량,' 그리고 '은행 대출' 증가율은 4.3%에 불과했다. 일부에서는 리커창 지수가 서비스 산업을 배제한 약점이 있다고 하지만, "이런 주장은 중국경제의 무게 중심이 국유 제조업에서 민간 서비스업으로 옮겨지고 있다는 사실에 기초하고 있다. 중국이 현재 가장 필요한 것이 바로 그런 움직임이다. 만약 이것이 사실이라면 조작돼 너덜한 중국의 경제 지표에 은색 도금을 하는 셈이 될 것이다."[443] 하지만 중국 서비스업 비중이 위의 계산을 뒤집을 정도로 중요해졌다는 증거는 찾기 힘들다. 위의 2분기에 대한 분석에 이어 같은 해 3분기 분석도 이어졌는데, "리커창 지수를 검토한 결과 중국의 실질 성장률은 3%에 불과했다."[444]

---

442) 크리스토퍼 발딩(베이징 HSBC 경영대학원 교수), "중국 GDP만 보고 시장 진출하지 마라 망하기 싫으면," 「조선일보」 2016-10-01.

443) David Pilling, "China's economic facts and fakes can be hard to tell apart," *Financial Times*, September 17 2015. 미국의 경제일간지도 이 주장에 동조했다: 리커창 지수를 계산해 보면 2015년 3분기 성장률은 당국이 발표한 6.9%보다 많이 낮은 4-5%였다. Mark Magnier, "China's Better-Than-Expected GDP Prompts Skepticism From Economists," *Wall Street Journal*, 19 October, 2015.

444) Victor Reklaitis, "China's GDP at 6.9%? Try 3%: Analysts react

고속 성장하던 시기 개도국의 주요 경제 변수를 비교한 연구도 흥미로운 결과를 전해준다. 일본, 대만, 한국, 그리고 중국의 고속성장 시기 4년을 선택한 후 에너지 소비량, 고용, 그리고 소비자 물가의 변화를 살펴본 다음 이를 GDP 성장률과 비교하는 방법이 사용됐다. 일본의 경우 1957–1961년 4년 동안 에너지 소비량 40.1%, 고용 4.6%가 각각 늘어났고, 물가는 10.6% 상승했는데, 그 결과 GDP 증가율은 52.8%였다. 대만은 1967–1971년 에너지 85.2%, 고용 17.0%, 물가상승 20.6%, GDP 증가율은 49.7%였다. 한국의 경우는 1977–1981년 에너지 33.6%, 고용 9.4%, 물가 111.7%, 그리고 GDP는 21.6% 성장했다. 그러나 1997–2001년 중국 당국 발표 경제성장률은 무려 34.5%였지만, 에너지 –5.5%, 고용 0.8%, 물가 –2.3%의 성장 혹은 상승률이 각각 기록됐다.[445] 일본, 대만, 한국의 경우는 세 가지 변수의 변화가 GDP 성장률과 비슷한 트렌드를 보이며 거의 일치하는 반면, 중국에서는 반대 현상이 나타났다는 사실을 알 수 있다. 중국 당국이 발표한 경제성장률 34.5%에 문제가 있는 셈인데, 변수에 맞춰 다시 계산한 당시 중국의 성장률은 0.4–11.4% 사이로 대단히 낮았다.[446] 따라

to latest growth figures," (https://www.marketwatch.com/story/chinas-gdp-at-69-try-3-analysts-react-to-latest-growth-figures-2015-10-19), Oct 19, 2015. 이 분석은 Fathom Consulting의 국장, 대니 가베이(Danny Gabay)가 영국 BBC 방송과 인터뷰한 내용을 인용한 것이다. 위의 에세이는 2011년 1월부터 2015년 9월까지 리커창 지수 세 가지 변수의 양과 변화를 그래프로 정확히 보여주고 있다.

445) Thomas G. Rawski, "What is happening to China's GDP statistics?" *China Economic Review* 12 (2001), p. 349, Table 2.

446) Ibid. 중국도 1987–1991년에는 세 변수와 성장률이 상당 부분 일치했다. 에너지 19.8%, 고용 23.2%, 물가상승 46.6%, 그리고 경제성장률은 31.8%였다. 그러나 각 변수가 일치하지 않는 사례가 더 많았는데, 다음의 설명도 이를 지적하고 있다: "금년(2013년) 초 경제전문가들은 중국의 월별 무역통계가 기대치와 대단히 다르다는 점을 발견했다. 2주 전에는 제조업의 핵심 측

서 "최근 몇 년 동안(2000년 전후) 연평균 경제성장률이 7-8%였다는 중국의 공식 통계는 진정한 경제적 산출이 아닌 (당국이 설정한) 공식 목표치의 결과라는 결론이 가능해진다."[447)]

미국 연방준비은행 경제전문가는 과거 연구를 최근 다음과 같이 재조명한 적이 있다: "그동안 다양한 변수를 활용한 연구가 있었다. 이들을 종합해 보면 중국 경제성장률은 계획경제에서 시장경제로의 이행 시기에 과대평가된 것으로 보인다. 산출(output)의 과장은 결국 세계경제에서 차지하는 중국경제의 규모 역시 과대 평가됐다는 것을 의미한다."[448)] 중국의 경제성장률이 7% 이하를 기록한 것은 2015년부터였다. 그런데 2015-2017년 성장률이 거의 일률적으로 6.9% 등, 6% 후반 대라는 당국의 발표가 계속되자 의혹의 눈초리는 더욱 강해졌다. 왜냐하면 7%가 리커창 총리가 언급한 마지노선이었기 때문이다. 즉 7%에 의도적으로 짜맞춘 발표라는 의심이 강하게 제기됐다.

실제 경제 상황이 나쁜데도 불구하고 당국이 그런 진실을 어떻게 가리고 있는지를 지적한 다음의 비판을 보면 경제통계에 중앙정부가 개입하지 않는다는 주장은 설득력이 떨어진다.

> (2016년 2월 기준) 중국 주가는 연 초 대비 1/5이 떨어졌다.... 정부는 경제에 대한 자신감을 잃을까봐 다양한 조치를 취했다. 시 주석 또한

정치인 공식 및 민간 구매담당 매니저에 대한 조사가 서로 다른 방향을 나타냈다. 많은 통계가 불일치한다는 의미인데, 인플레이션 통계 역시 예외는 아니다." Kelly Olsen, "Lies, damn lies, and China's economic statistics," August 15, 2013 (www.theage.com.au/action/id=4664081).

447) Rawski, "What is happening to China's GDP statistics?" p. 353.

448) Michael T. Owyang and Hannah G. Shell, "China's Economic Data: An Accurate Reflection, or Just Smoke and Mirrors?" The Federal Reserve Bank of St. *Louis, The Regional Economist*, Second Quarter 2017, p. 12.

공산당에 잘 투영될 수 있는 좋은 소식에만 초점을 맞추도록 중국 언론에 압력을 가했다. 중국경제를 분석하는 제이캐피탈(J Capital)의 공동 창업자 앤 스티븐슨-양(Anne Stevenson-Yang)은 '부정적인 경제 데이터는 급히 사라진다'고 했다.... 지난 9월 북경에 있는 영국업체인 마킷 이코노믹스(Markit Economics)와 카이신 미디어(Caixin Media)는 (제조업 동향을 가장 잘 보여주는) 중국업체의 구매 담당자 월별 조사 보고서 발행을 중지했다.... 중국인민은행과 통계청은 통계 수치를 빼고 삽입하는 것을 반복함은 물론 통계치도 변화시키고 정의(definition)도 수시로 바꾼다. 베이징 대학 볼딩(Christopher Balding) 교수는 이것이 우연을 아니라고 본다.... 런던의 연구기관인 캐피탈 이코노믹스(Capital Economics)는 '경제성장률은 정치적으로 대단히 민감한 부분이다. 따라서 조작 가능성은 높아질 수밖에 없다'고 했다. 이 기관이 계산한 작년(2015년) 중국의 경제성장률은 (공식 통계치 6.9%가 아닌) 4.3%였다.[449)]

5. 시진핑의 반부패 운동: 돈의 정치화와 부패의 권력투쟁 도구화

2013년 3월 시진핑은 국가주석이 됐다. 시진핑의 등극 과정은 앞

449) Edward Wong and Neil Gough, "As China's Economic Picture Turns Uglier, Beijing Applies Airbrush," *New York Times*, February 25, 2016. 영국 경제전문지도 위의 수치에 동의하고 있는 것은 물론 왜곡 기간이 더 길었다는 점을 밝히고 있다: "우리가 독자적으로 분석한 바로는 중국 경제성장률은 정부 발표와는 거리가 멀다. (2016년 기준) 과거 최소 3년 이상 연평균 성장률은 5% 이하였다." Diana Choyleva, "Weaker China growth is exactly what the global economy needs," *Financial Times*, 21 January 2016.

서 잠깐 소개한 적이 있지만, 여러 설이 있을 뿐 현재까지 그 과정이 정확히 밝혀진 적은 없다. 권력의 투명성이 결여돼 있는 중국의 현실을 잘 보여준다. 2010년 10월 시진핑은 중국 공산당 중앙군사위원회 부주석이 됐는데, 전문가들은 이에 기초 당시 이미 시진핑이 차기 최고 지도자로 결정된 것으로 간주했다. 결정이 있은 직후 영국의 경제 주간지 이코노미스트지는 다음과 같은 논평을 냈다: "시진핑의 등장은 최근 북한의 김정은이 낙점되는 방식과 섬뜩할 만큼 흡사하다. 일반인에게는 전혀 공개되지 않은 가운데 문이 굳게 닫힌 공산주의 비밀회의에서 그의 중국 공산당 중앙군사위원회 부주석 직이 결정됐기 때문이다"[450] 아울러 시진핑에게는 '차기의 황제(the next emperor)'라는 봉건시대의 타이틀을 선사했다. 2013년 시진핑은 주석이 됐고, 동시에 리커창은 경제를 총괄하는 국무원 총리 자리에 올랐다. 그가 어떤 과정으로 총리가 됐는지는 여전히 베일에 가려져있지만, 취임 초기 리 총리는 앞서 소개한 리커노믹스를 발표하며 경제개혁 의지를 강하게 피력한 바 있다.

아무튼 새로 선출된 최고 지도자들의 개혁에 대한 의지가 확인된 가운데, 지금은 시진핑 주석의 트레이드 마크가 된 부패 척결 운동이 본격화됐다. 당시 전문가들은 경제개혁을 위해 반드시 필요한 부패 색출과 처벌을 중국 정치 및 경제 개혁의 신호탄으로 받아들이는 경향이 강했다. 앞서 중국 최고위층이 부패 혐의로 처벌된 사례를 소개한 적이 있다. 보시라이가 2012년 말부터 재판을 받은 후 2013년 무기징역이 확정되며 처벌됐다. 이어 2014년에는 정치국 상무위원을 지낸 저우융캉이, 다음 해에는 후진타오의 비서실장이었던 링지화가 철

---

450) *The Economist*, "China's Succession: The next emperor," October 23rd 2010, p. 13.

장 신세가 됐다. 같은 시기 쉬차이허우 전 군사위원회 부주석과 쑤룽 전 정치협상회의 주석도 몰락했다. 그 외에도 많은 고위층 인사가 부패 혐의로 낙마했는데, 불과 1년여 사이에 저토록 많은 정치 거물이 부패를 빌미로 숙청된 경우는 중국 공산당 역사에 존재하지 않는다. 중요한 것은 시진핑의 반부패운동 초기만 해도 새 지도층의 경제개혁 의지와 맞물리며 긍정적인 평가가 꽤나 있었다는 사실이다.

> 시진핑이 반부패 운동을 시작한 것은 (주석이 되기 직전인) 2012년 말이었다. 의문은 어느 수준을 조준하고 있느냐였는데, 2014년 7월 저우융캉이 조사를 받고 있다는 소식이 전해지며 답이 나왔다. 저우는 전 정치국상무위원이었고, 국내 치안 관련 모든 권한을 쥐고 있던, 아마도 덩샤오핑 이후 가장 막강한 권력자였을 것이다. 저우가 문제가 됐던 시기는 충칭 서기 보시라이가 숙청된 2012년이었던 것 같다. 보시라이는 시진핑의 주석 등극을 극력 반대했고, 저우는 보의 가장 강력한 우군이었던 것으로 보인다. 그러나 일련의 사건이 중요한 이유는 중국의 최고 지도부가 (덩샤오핑 이후 처음으로) 심각하게 분열됐다는 데 있다.... 저우가 문제로 떠오른 가장 큰 원인은 보와 함께 엄청난 권력을 축적함으로써 서로 다른 파벌과 이해의 정교한 균형에 기초하고 있는 집단지도체제를 위협한다는 데 있었다. 공산당 발표에 따르면 시진핑과 그의 측근 왕치산은 2013년 반부패 운동을 본격화한 후 (2014년 8월까지) 20만 명의 공직자를 처벌했다. 거기에는 36명의 장관과 지방 고위층, 그리고 국유기업 임원이 포함돼 있었다.... 저우의 처벌 과정을 보면 부패가 권력투쟁의 수단이라는 전통적 요소가 많이 발견된다. 그럼에도 낙관론자들은 시진핑이 경제 및 사회 개혁을 위해 권력을 사용한 것이고 앞으로도 그럴 것이라고 예상한다.... 보통 중국인은 시스템 자체가 썩은 것이 가장 큰 문제라고 보지만, 당 지도부는

그것은 두 번째고 우선 썩은 인간을 도려내야 한다고 생각한다.[451]

당시만 해도 부패 척결이 경제사회 개혁을 위해 어느 정도는 필요한 조치로 인식됐다는 사실을 알 수 있다. 앞서 부패가 경제에 어떤 영향을 미치는지를 살펴봤다. 비효율 증대와 쓸데없는 비용 증가를 유발하며 궁극적으로는 경제성장에 심각한 저해 요인이 된다는 것이 경제적 분석이었다. 당시 중국도 예외는 아니어서 중국 지도부는 부패 척결의 당위성을 경제개혁을 통한 성장 촉진에서 찾고 있었다: "지난 7월(2014년) 루지웨이(樓繼偉) 재무부 장관은 '부패가 윤활유 역할을 하며 경제성장을 촉진한다고 주장하는 사람은 그 자체로 멍청이'라고 말했다. 부패 척결은 중국경제에 당연히 도움이 된다는 주장이 이어졌다. 대부분의 경제학자 또한 요즘은 과거와는 달리 부패가 개도국 경제 사업 바퀴의 윤활유 역할을 한다고 간주하지 않는다."[452]

이상의 논의가 사실이더라도 위의 설명 중 정치적으로는 대단히 중요한 관찰 하나를 발견할 수 있다: "일련의 사건이 중요한 이유는 중국의 최고 지도부가 (덩샤오핑 이후 처음으로) 심각하게 분열됐다는 데 있다." 덩샤오핑이 구축한 집단지도체제의 붕괴를 암시하는 대목이다. 앞서 보시라이 사건을 통해 중국에 자본주의가 도입된 후 돈이 권력에 투영되면서 돈이 권력 확장과 투쟁 수단이 된 점을 살펴봤다.

---

451) *The Economist*, "Corruption: No Ordinary Zhou," August 2nd 2014, p. 23. 위의 처벌 규모에 더해 2015년 한 해에만 지난 20년 동안 최고 수준인 무려 336,000명이 처벌됐다고 반부패 집행 공무원이 전했다. *The Economist*, "Chairman of everything: In his exercise of power at home, Xi Jinping is often ruthless. But there are limits to his daring," April 2nd 2016, p. 29.

452) *The Economist*, "Corruption and the Economy: Is anti-graft anti-growth?" August 2nd 2014, p. 24.

비경제적 요인에 기초 과거에는 일반 계층과 단절된 권력(insulated power)이 돈을 매개로 어떻게 뚫리는지가 논의의 핵심이었다.

공산당이 기업인을 받아들이며 중국의 지배 계층이 더욱 두터워졌고, 그 결과 공산당 지배력이 향상됐다는 사실을 소개했다. 하지만 기업인의 공산당 가입 이후 돈과 권력은 긴밀하게 밀착했고, 당연히 렌트 추구행위는 더욱 노골화됐다. 그 결과 기업인이 권력 형성과 유지에 중요한 역할을 하게 되면서 특정 정치인에 대한 권력 투쟁을 위해서는 이들과 관련된 기업인에 대한 공격이 우선 필요했다. 앞서 소개한 중국 재벌에 대한 단죄 사례는 그런 해석의 타당성을 보여준다. 하지만 돈이라는 매개 변수를 제외한 다음과 같은 순수 정치적 분석 역시 중국식 집단지도체제가 유지되기는 힘든 현실을 설명하고 있다.

> 사우디아라비아의 서른두 살 왕세자 무함마드 빈살만이 이달 초(2017년 7월)부터 자신보다 서른 살 많은 사촌형 등 유력 왕자 최소 11명과 수십 명의 전·현직 장관, 종교인을 긴급 체포하는 등 숙청의 칼날을 휘두르고 있다.... 조선왕조 태종 이방원이 일으킨 피의 숙청을 방불케 하는 사우디판 '왕자의 난'이 벌어지고 있는 것이다.... 사우디 국부(國父)인 초대 국왕 압둘아지즈는 1953년 숨을 거두기 전 "왕위를 형제끼리 연장자 순으로 상속하고 아들에겐 물려주지 마라"는 유언을 남겼다. 그는 건국 과정에서 아라비아반도의 부족들을 통합하기 위해 20여개 부족장의 딸과 혼약을 맺었고, 이들 사이에서 왕자만 44명을 낳았다. 첫째 아들과 막내아들의 나이는 웬만한 부자지간 이상으로 벌어졌다. 압둘아지즈는 한 왕자가 왕위를 받아 자신의 아들에게 세습하는 식으로 가면 삼촌이 조카의 왕위를 빼앗기 위한 '왕자의 난'이 끊이지 않을 것을 우려했다. 그래서 낸 대안이 '형제 계승'이다.... 하지만 '형제 계승'에는 문제가 있었다. 왕위가 한 세대에서 수평 이동을 하다

보니 국왕의 나이가 점점 많아졌다. 2대 국왕 사우드가 취임할 때 나이는 51세였는데, 3대 파이살은 58세, 4대는 62세, 5대는 61세, 6대는 81세에 왕좌에 올랐다. 왕이 되기를 기다리다 먼저 죽는 왕세제가 나왔다. 사우디 왕실에 '노인 정치(gerontocracy)'라는 별칭도 붙었다.... (무함마드 빈살만의 아버지) 살만은 2015년 1월 80세의 나이로 국왕에 오르면서 자신을 마지막으로 형제 상속의 전통을 끊었다. 취임 직후에는 왕세제로 자신의 이복동생 무크린을 책봉했지만, 석 달 뒤 그를 실각시켰다. 대신 자신의 큰조카인 무함마드 빈나예프를 제1 왕세자, 친아들인 빈살만을 제2 왕세자로 지명했다. 왕위 계승이 초대 국왕의 아들 세대에서 62년 만에 손자 세대로 넘어간 것이다.... 이 구도도 다시 요동을 쳤다. 빈살만이 지난 6월 친위 부대를 동원해 사촌형인 빈나예프를 감금하고 '왕세자' 자리를 빼앗은 것이다. '1차 왕자의 난'이다.... 군·정보 기관을 장악한 빈살만은 이달 들어 공격 태세로 전환했다. 지난 4일 정예군을 동원해 잠재적 정적(政敵)인 사촌형 왕자들과 그의 측근들을 부패 혐의로 대거 체포하는 '선제공격'에 나섰다. '2차 왕자의 난'이다.... (그는) 개혁·개방 성향이 강한 것으로 알려졌다. 빈살만이 여성 운전 허용, 비키니 착용 가능 관광특구 설치 같은 파격적인 정책을 추진하게 된 것도 두바이·아부다비 모델을 참고한 것이다. 반면 50·60대의 왕실 기성세대에 퍼져 있는 이슬람원리주의에 대해서는 강한 거부감을 보여왔다.... 월스트리트저널은 7일 사우디 정부 소식통을 통해 "사우디 정부가 체포한 왕자들의 개인 은행계좌 1200여개를 동결했다"면서 "부패 혐의를 단속해 8000억 달러(약 892조3200억원) 상당의 자산을 압류하는 것을 목표로 하고 있다"고 전했다.[453)]

---

453) 「조선일보」, "형제에 주던 왕권, 아들 주려다… 사우디판 이방원의 난," 2017-11-09. 형제 상속의 단점이 극명하게 드러난 최근의 상황은 빈살만에게 필연이자 행운이었다: "서른두 살 왕세자의 마음이 급해 보인다. 그는 사실 갑자기 부상한 인물이다.... 선왕 압둘라 국왕이 장수하면서 뜻밖의 기회가 왔다. 왕위 계승자였던 술탄과 나이프, 두 삼촌이 먼저 세상을 떠나면서 아버지가 국왕이 된 것이다. 이후 삼촌 무크린 왕자와 사촌형 무함마드 왕자

중국과 전혀 상관이 없어 보이는 사우디아라비아의 권력 계승과 투쟁을 소개한 이유는 역사적으로 민주체제 이외에 권력 승계에 성공한 시스템은 없다는 것을 설명하기 위해서다. 권력 투쟁 방지를 위해 선택한 형제 권력 승계 원칙은 고령의 권력자를 양산하며 권력의 탄력성을 앗아갔다. 현 국왕이 2015년 왕위 승계 시 무려 80세였다는 점은 이를 상징한다. 모순을 극복하기 위해 정치시스템 개혁이라는 명목하에 형제 계승 원칙을 버리고 자손 승계제를 택하면서 기존 정치체제는 붕괴됐다. 그렇다면 형제상속의 정치적 특징은 무엇이었을까?

"(이번 사태의) 목표는 로얄 패밀리 내의 합의[consensus 및 종교적 원칙에 대한 타협(compromise)]에 기초한 기존 정치체제를 왕 중심 권력 핵심부로 권력이 집중되는 체제로 근본적으로 변화시키려는 시도로 보인다."[454] 한마디로 집단지도체제가 한사람에게 권력이 집중되는 정치 시스템으로 변한다는, 즉 집단지도체제의 붕괴를 의미한다. 여하간 기존 체제의 붕괴는 다음과 같이 비밀 권력이 대중에게 공개되는 효과가 있었다: "지금까지 사우디 왕가는 내부 일을 비밀리에 처리 운영했다. 그러나 금 번 대규모 체포로 조용하고 묵시적인 운영 방식은 종족, 가족, 그리고 종교적 분파 간 공개적인 투쟁과 권력 쟁탈전으로 바뀌게 됐다."[455]

부패를 빌미로 정적을 제거했다는 점과 개혁을 강조한 것 역시 흔한 권력 투쟁의 모습이다: "빈 살만은 '부패 척결'을 숙청 명분으로

를 차례로 쫓아내고 왕세자에 올랐다." 인남식, "사우디 왕자의 난... 앞으로 무슨 일이," 「매일경제」, 2017-11-29.

454) Zack Beauchamp, "The purge in Saudi Arabia: It is the most volatile period in Saudi history over a half-century," *Vox*, Nov 6, 2017 (www.vox.com/world/2017/11/6/16613088/saudi-arabia-princes-arrested-mohammed-bin-salman).

455) Ibid.

내걸고 여성 운전을 허용하는 등 '신세대 군주' 이미지를 쌓기도 했다."[456] 이런 움직임은 전체에 대한 개혁이라는 더 큰 어젠다와 연계돼 있다: "32세의 왕세자 빈 살만은 변혁을 진두지휘하고 있다. 그는 사회적 자유화를 자신이 주도하는 과격한 경제 현대화의 핵심 부분으로 생각한다. 그 결과 그의 조국을 보다 느슨한 형태의 이슬람 국가로 만들려고 한다.... 세계에서 여성 운전이 유일하게 금지된 전통이 올해 여름에는 폐기될 것이다. 35년 동안 금지됐던 영화 상영도 곧 허용될 예정이다. 타부 시 되어 뒷 장소에서만 암암리에 공연되던 음악도 개방될 것이다. 지난 금요일에는 여성의 운동장 출입이 처음 허용됐다."[457] 반부패 운동이 개혁과 절묘하게 어우러져 있는 셈인데, 앞서 소개한 대규모 고위층 체포도 다음과 같이 '개혁에 동참하는 애국심'으로 그럴듯하게 포장되며 마무리 단계로 진입했다: "(체포됐던 왕자 등이 하나씩 풀려났다) '이들은 정부 재정에 도움이 되고자 애국적인 재정적 공헌을 했다'는 명목으로 대중들에게 알려졌다."[458]

하지만 권력 투쟁임은 분명하므로 다음과 같은 냉혹한 평가를 피하기는 힘들어진다: "사우디 국왕에게는 세 가지 권력 기반이 있다. 바로 '왕실, 이슬람, 그리고 돈'이다.... (빈 살만의 경우) 정치적으로는 왕자들의 입을 막고, 왕자들의 돈줄이었던 아람코를 거두고, 사회 통제 기제였던 이슬람도 바꾸겠다는 것이다.... 왕세자는 왜 반발을 무

456) 안용현, "피바람 부는 사우디 왕가," 「조선일보」 2017-11-07.

457) Margherita Stancati, "Mohammed bin Salman's Next Saudi Challenge: Curtaining Ultraconservative Islam," *Wall Street Journal*, January 10, 2018. "빈 살만은 국제적으로도 '개혁가'로 각인돼 있다." Beauchamp, "The purge in Saudi Arabia."

458) Summer Said, Benoit Faucon and Georgi Kantchev, "Plea for Money Preceded Saudi Crackdown on Elites," *Wall Street Journal,* January 29, 2018.

릅쓰며 파격 조치를 했고, 또 대대적인 왕자 검속에 나섰던 것일까? 이유는 간단하다. 왕실 내에서 빈 살만은 어리고 미숙한 왕자로 각인되어 있다. 왕세자를 비판하는 목소리들도 흘러나온다. 어차피 이런 분위기에서는 권력을 잡아도 제대로 왕 노릇 하기 힘들다고 판단한 듯하다. 차제에 왈리드 왕자를 비롯한 왕실 내 거부들의 재산을 몰수하여 가용 재원도 늘리고, 경쟁자의 힘도 빼려 한다. 부패혐의 단죄를 명목으로 왕세자가 칼을 높이 치켜든 이유다."[459] 어떻게 포장을 해도 권력 투쟁 그 이상도 이하도 아니라는 설명이다.

사우디 왕가의 권력 투쟁은 흥미롭게도 시진핑이 주도한 반부패 운동과 놀랍도록 흡사하다. 우선 사우디 왕가 특유의 집단지도 체제와 덩샤오핑이 구축한 중국 식 집단지도체제가 원리상 유지되기 힘들다는 사실을 확인할 수 있다. 그것이 붕괴되는 과정은 다소 차이가 나지만, 합의가 어려운 권력 특유의 속성(불신, 보복, 그리고 공포)과 돈의 침투에 의한 권력구조의 복잡성 때문에 체제 유지가 어려워진다는 점은 두 사례 모두 매우 유사하다. 다음으로는 부패를 정적 숙청의 수단으로 활용하고, 이것이 개혁으로 포장돼 국민 지지를 유도한다는 사실도 공통점이다. 정적 제압을 통한 권력 강화라는 궁극의 목적에도 차이는 없다.

반부패 운동에 대한 순수 정치적 평가는 위와 같이 냉혹하다. 앞서 경제발전을 위해 부패 척결이 필요하다는 정치경제적 진단은 따라서 설득력이 떨어질 수밖에 없다. 비슷한 맥락에서 다음의 분석은 부패 운동의 궁극적 목적은 무엇인지, 나아가 부패가 어떻게 줄어들 수 있는지를 정치적 관점에서 지적하고 있다.

---

459) 인남식, "사우디 왕자의 난… 앞으로 무슨 일이."

> 시진핑은 과거의 것과 거의 판박이인 자신의 반부패 운동이 왜 성공할 것이라고 생각할까? 답은 다음 같아야 할 것이다. 그의 궁극적인 목적은 공산당의 악화되고 있는 고질적인 부패를 척결하는 것이 아니라 나쁜 인간들에게 강하게 대처한다는 인상을 줌으로써 공산당의 지속적인 지배를 위한 대중의 지지(popular support)를 끌어내기 위한 것이다. 만약 시 주석이 진정 부패 척결을 원한다면, 당 권력에 대한 독립적인 견제와 균형 장치를 도입해야 하고, 강하게 통제되고 있는 언론이 공직자의 범법 행위를 보도할 수 있도록 허용해야 하며, 나아가 대중이 어떻게 누구로부터 지배받고 있는지를 알게 해야 한다. 하지만 시의 반부패 운동은 '보편적 가치,' '언론 자유,' '서구의 법치 민주주의,' '인터넷 루머의 유통' 등을 사악한 것으로 치부하며 강력하게 이루어지고 있다.... (결론적으로) 시 주석은 중국의 오랜 정치 전통(권력투쟁)이 강하게 배어 있는 행동 지침을 그대로 따르고 있는 셈이다.[460]

부패는 합리적 제도가 아니고서는 줄일 수 없으므로 그런 시스템 구축에 관심이 없는 시 주석의 반부패 운동은 정치적 목적 달성을 위한 수단 그 이상 이하도 아니라는 주장이다.[461] 역사적으로 민주체제 이외의 정치시스템에서 죽고살기 식의 권력투쟁과 정치 보복을 막아 본 적은 없다. 민주체제의 두드러진 특징, 즉 권력의 투명성,

---

460) Jamil Anderlini, "Xi's crackdown on corruption is strictly by Chinese book," *Financial Time*, September 5 2013.

461) 중국정치 전문가는 다음과 같이 구체적으로 문제점을 지적하고 있다: "제대로 된 반부패 운동은 부패의 체제 혹은 제도적(systemic) 원인에 초점을 맞춰야 한다. 즉 투명성 결여, 독립적 언론 매체 결여, 독립적인 사법체제의 부재, 렌트 추구 행위, 느슨한 회계 및 세제 시스템, 정치 경쟁의 결여 등이 체제적 원인인데 바로 이들이 개혁의 대상이라는 의미다. 그러나 시진핑의 반부패 운동은, 뇌물, 개인 빌라, 호화생활, 사치품, 첩 등 드러난 부패 행위에만 초점을 맞추고 있다." David Shambaugh, *China's Future* (Malden, MA: Polity Press, 2016), p. 120.

규칙성, 권력 분립이 그렇게 되는 이유인데, 여기에 한 가지를 더 추가한다면 부패를 막는 견제 시스템이 구축돼 있어야 한다는 점이다. 이것이 권력 운영과 관련 오랜 역사를 지닌 민주체제의 가장 큰 공헌인데, 시진핑은 바로 그런 시스템의 수용을 다음과 같이 전면 거부했다: "(2013년) 중국의 새 지도자 시진핑의 승인을 받은 문건 9호(Document No. 9)가 교육을 위해 당 간부들에게 전해졌다. 놀랍게도 여기에는 중국을 위협하는 7개의 위험 요소가 다음과 같이 적시돼 있었다: '서구의 헌정 민주주의,' '인권 등과 같은 보편적 가치,' '서구의 영향(Western-inspired)을 받은 언론 독립 혹은 시민의 정치 참여,' '친 시장적 신자유주의,' '중국 공산당의 과거 충격적인 역사에 대한 허무주의,' 등.[462] 부패를 극복할 수 있는 체제를 거부한 셈이므로 부패가 권력 강화 수단이라는 주장에는 힘이 실릴 수밖에 없다.

다른 관점에서 시진핑 주도 반부패 운동의 진실성을 의심하는 경우도 있다. 우선 법치의 중요성에 비춰 보면 다음과 같은 주장이 가능하다: "좋은 지배구조와 법치에 기반을 둔 민주주의 체제는 다른 어떤 대안보다 성공적으로 번영을 이끌 수 있다. 지난 30년간 중국이 보여준 유례없는 경제성장은 수 억 명을 빈곤에서 해방시켰다. 이것은 일부가 주장하듯 현명한 정부 계획의 결과라기보다 분권화된 경제와 더 자유롭고 경쟁적인 시장이 가져온 것이다. 중국의 미래는 앞으로

462) Chris Buckley, "China Takes Aim at Western Ideas," *New York Time*, August 19, 2013 (www.nytimes.com/2013/08/20/world/asia/chinas-new-leadership-takes-hard-line-in-secret-memo.html). "위의 문건 9호는 중국 중앙 지도부의 핵심 행정 관할 사무실인 (당) 중앙위원회 판공청(General Office)에서 발행한 것인바, 시진핑과 그 밖의 핵심 지도자들이 허락해야만 배포되는 문건이다. 따라서 문건은 시진핑 승인을 득한 것은 물론, 시진핑의 생각이 담긴 것으로 봐야 한다고 베이징의 정치평론가이며 전 잡지 편집인인 리 웨이동(Li Weidong)이 말했다."

얼마나 더 민주화를 증진하고 법치를 강화하느냐에 따라 달라질 것이다."[463] 법치의 중요성에 비추어 시진핑의 반부패 운동이 진정한 의미의 부패 추방과는 거리가 멀다는 지적이 있다.

"만약 반부패 운동이 진정 부패 척결이 목적이라면, 그것은 실패할 것이다. 우선 부패와의 전쟁 방법에 문제가 있다. 독립적인 사법기관 없이 심판이 이루어진다. 법에 의해서가 아니라 공산당의 자의적 판단에 의한 심판이다. 쥐도 새도 모르게 구금된 사람은 거의 유죄로 판결이 난다. 상황이 그렇다 보니 일반인은 구체적인 혐의 사실을 알 수 없다. 부패 처벌이 겉으로는 성공적인 것처럼 보일지라도, 궁극적으로 대중의 눈에는 그런 행동이 정치적 동인에 기초 자의적인 처벌로 비쳐질 뿐이다. 다음 처벌 방식 또한 마오 시대를 그대로 답습하고 있다. 전격적으로 사람을 잡아넣고 곧 이어 처벌이 이루어지면서 고위관료, 재벌 등 모두를 회오리바람에 휩싸이게 한다. 사람들은 뻔한 일이 또 일어났다고 생각하며 결국에는 면역이 된다. 이번의 처벌이 그와 같다면 전직 최고위층 혹은 고위 관료들은 과연 깨끗할까라는 냉소주의에 젖는다."[464]

법치와 인권의 실종이라는 측면에서 다음의 지적은 중국 식 처벌이 진정성을 늘 결여할 수 있다는 점을 보여준다: "중국에서는 공개망신 주기 식 처벌이 일반화돼 있다. 학생의 경우 학생 단체모임 앞에

---

463) 제프리 게드민(레가툼연구소 소장), "경제 번영 원한다고? 문제는 바로 지배구조와 法治야," 「조선일보」 2013-11-02-03. 게드민 소장은 다음과 같은 역사적 통계를 제시했다: "최근 레가툼 연구소에서 개발한 '레가툼 번영지수'는 지배구조와 법치를 성공을 위한 필수조건으로 꼽았다. 경제적으로 발전한 전 세계 30개국 중 27개국이 민주주의를 택하고 있다(싱가포르 등이 아주 예외적인 사례). 반면 하위 30개국은 민주주의와는 거리가 멀다."

464) David Pilling, "China's hunt for tigers and flies is doomed to fail." *Financial Time*, July 24 2014.

서서 자신의 과오를 고백하며 자책해야만 한다. 당해 보지 않은 사람은 당사자가 얼마나 뼈저린 창피를 느끼는지 알 수 없다. 문제는 그런 부당한 중국의 전통이 시진핑이 정권을 잡은 후 최근 2년 동안 더욱 성행한다는 사실이다. 시진핑 시절의 공산당은 창피주기 처벌을 중국의 도자기나 실크와 같은 예술의 경지까지 끌어올렸다.... 보편적 가치에 기초해 보면 개인의 인권, 심지어는 잘못을 저지른 사람의 인권도 존중돼야 하지만 중국에서 그런 것은 아무 의미가 없다."[465] 보시라이 및 저우융캉과 같은 거물의 재판 역시 예외가 아니었다. 두 사람 모두 TV 카메라가 상세히 상황을 찍고 있는 가운데 법정에서 참회의 고백을 해야만 했다.

결국 처벌이 그런 방식이라면 부패 척결의 순수성을 믿기는 힘들어진다. 마침 중국은 시 주석 시대를 맞아 2014년 11월 공산당 4중전회에서 '의법치국(依法治國),' 즉 법치국가 건설을 전면 추진한다고 결의했다. 하지만 위의 처벌 과정은 다음과 같이 법치와는 거리가 멀었다: "지난 (2015년 6월) 11일 긴급뉴스로 저우융캉의 무기징역 판결 소식이 급히 들어왔다. 외신 기자 모두가 당혹했다. 재판이 시작된 줄도 몰랐는데 TV에 판결 뉴스가 나왔으니.... 무엇보다도 공개재판의 원칙이 이번에도 깨졌다.... 유감스럽게도 법치의 진전이 아니라 후퇴라 해야 할 정도의 완전한 비공개 재판이었다.... 저우가 시진핑 국가주석의 집권에 반기를 들고 정변을 기도했다는 의혹은커녕 누구에게 무슨 명목으로 뇌물을 받고 어떤 이권을 넘겼는지 등의 구체적인 범죄사실이 아무것도 밝혀진 게 없다. 아마 공산당 고위직이 저지른 비리행위 하나하나를 드러내고 싶지 않은 공산당의 치부였기 때문에 숨

465) Murong Xuecun, "Shame on China," *New York Times*, March 21–22, 2015.

겼을 것이다.... (아무튼) 법치보다 당치(黨治)가 우위에 있는 나라임을 재확인시켜준 것이다. 중국 법정이 쓴 판결문은 재판장이 아니라 공산당이 쓰는 셈이다."[466]

앞서 돈이 권력에 투영되면서 중국의 정치경제 구도가 어떻게 변했는지 살펴봤다. 과정은 계속 진화하여 돈이 권력의 도구가 되는 현상과 그 반대로 돈과 관련된 부패가 대단히 유용한 정치투쟁 수단으로 발전한 현실을 확인했다. 반부패 운동의 정치적 분석이 위와 같기에 부패가 정쟁의 핵심 수단이 됐다는 사실을 아는 데는 무리가 없다. 그러므로 앞서 소개한 경제발전을 위한 부패 척결의 당위성 주장은 설득력이 떨어진다. '법치가 퇴보했다'는 위의 지적은 정치가 오히려 경제발전에 치명적인 독이 되고 있다는 점을 보여준다. 앞서 소개한 문건 9호가 보도된 직후 '시장 선생님'으로 불리며 중국에서 가장 존경받는 경제학자인 우징롄은 다음과 같은 솔직한 견해를 피력했다.

> 가장 저명한 중국의 경제학자 우징롄(吳敬璉) 박사는 '절반 정도밖에 안 되는 개혁이 지금 경제를 옥죄는 문제의 뿌리'라고 진단한다. '개혁을 제대로 완수하지 못한 것이 셀 수 없는 많은 관료가 돈맛을 알고 나서 경제 붐에 편승하며 중국에 부패가 만연된 원인'이라고 오랫동안 주장했다. 바로 그것이 다음 개혁은 정치 시스템을 직접 겨냥해야만 하는 이유라고 그는 생각한다. 그래야 경제가 지속적으로 성장하는 토대가 마련된다고 우박사는 판단한다.... 그의 다음과 같은 고백은 의미

466) 예영준(베이징 특파원), "'의법치국(依法治國)' 어디로 갔나," 「중앙일보」 2015-06-15. 법원의 조직상의 위상을 통해서도 위의 상황을 이해할 수 있다: "형식상 (중국) 법원은 전국인민대표대회(전인대/국회격) 상무위원회 소속이지만 실제로는 공산당 정법위원회 지휘를 받는다. 법원도 공산당의 일개 조직인 셈이다.... 법원을 지도하는 정법위원회는 공산당 중앙기구(14개) 중 하나로 검찰과 공안까지 총괄한다." 안용현(베이징 특파원), "中 법원은 黨 하부 조직... 獨自 판결 못해," 「조선일보」 2013-08-27.

심장하다: '나는 과학과 산업 발전이 사회제도 및 정치상황과 밀접하게 연계돼 있다는 사실을 날이 갈수록 절감한다.'... 따라서 우박사는 법원 독립, 개인의 권리가 보장된 새로운 헌법의 제정, 언론 자유화를 주장하는데, 이 모두는 공산당의 방대한 권력을 제어하는 장치라는 특징이 있다.... 결론적으로 경제개혁은 반드시 정치 변화와 함께 가야한다고 진단한다. 그러나 우박사의 저서를 영어로 번역한 캘리포니아 대학(UC San Diego) 노튼(Barry Naughton) 교수는 '지금 이 순간 모든 것이 후퇴하고 있는 것만은 분명하다'고 평가했다. '정치 개혁 없는 시진핑 시대의 경제개혁은 더 나 갈 것이 없다'는 것이 그의 최종 판단이다.[467)]

6. 시진핑 주석의 권력 강화와 장기 집권

시진핑 시대 대대적인 부패 척결의 궁극적인 목적이 무엇이냐에 대한 설왕설래가 있었지만, 시간이 지나면서 상황은 정리됐다. 시진핑이 장기 집권의 토대를 마련했고, 이를 위해 부패 척결을 활용 정적을 견제하는 가운데 다수 자신의 인맥을 구축한 사실이 드러났기 때문이다. 시진핑 권력 초기 가장 큰 부패 스캔들이었던 보시라이, 저우융캉, 링지화 처벌과 관련 세 사람 모두는 시진핑의 제일 큰 정적이었다. 당시 쿠데타설, 시진핑에 대한 암살설 등이 있었던 것을 보면 법치가 사실상 존재하지 않는 중국에서 무력의 효험은 여전히 대단하다고 볼 수밖에 없다. 특이하게도 중국은 내치를 담당하는 국내 치안

467) Andrew Browne, "Mr. Market Seeks True Reform," *Wall Street Journal*, October 23, 2013.

부서와 국방을 담당하는 군부 모두가 무력의 중심축을 이루고 있다. 다른 나라와는 달리 치안부서가 무력 중심에 위치하는 데는 나름 이유가 있다.

중국만큼 시위가 빈번한 나라는 지구상에 없다. “집단 시위는 50명 이상이 모인 경우를 말하는데, (2013년 기준) 한 해 18만 건 이상의 집단시위가 벌어진 것으로 추측된다. 이 가운데 농민 주도 시위는 40%를 차지한다.”[468] 당연히 치안 비용은 올라갈 수밖에 없었다. 2017년 중국의 치안비용은 1조 2,400억 위안(1,960억 달러)으로 국방비 1조 200억 위안보다 많았다.[469] 중요한 것은 시진핑 집권 이후 치안비와 국방비의 역전 현상이 나타났다는 사실이다. 2014년 국내치안 비용이 국방비를 앞선 후 2017년까지 같은 기조가 유지됐는데, 그 격차는 점차 벌어지고 있다.[470] 시진핑 시대 치안비용이 가시적으로 증가한 이유는 시위 건수가 늘어나 그것의 대처 비용이 증가한 경우

---

468) 리롄창(홍콩중문대 교수), “중국 시위 하루 500건 넘어 이 중 40%는 농민이 주도,” 「중앙 SUNDAY」 2013-02-03.

469) Josh Chin, “China Spends More on Domestic Security as Xi's Powers Grow,” *Wall Street Journal*, March 6, 2018. 흥미로운 점은 미국과의 비교다. 여기서 치안비용은 경찰, 법원, 검찰, 그리고 형무소 유지 운영비 등을 포괄한다. 2017년 미국의 경우 1인당 치안비용은 520 달러로 전체로는 약 1,560억 달러를 사용한다. 반면 미국보다 경제규모가 훨씬 작은 중국의 치안비용은 위의 언급대로 1,960억 달러로 훨씬 많다(Ibid.). 여기에 미국의 방대한 법원체계 그리고 다른 국가에 비해 비용이 많이 드는 고가의 형무소 등을 고려하면 경찰력에 투입되는 비용의 비율은 중국이 미국보다 당연히 높을 수밖에 없다. 또한 6,960억 달러(2017년 10월~2018년 9월)에 이르는 미국의 국방비는 중국의 공식 국방비 1,600억 달러보다 월등히 많으므로 중국 치안비용의 상대적 규모가 대단히 크다는 사실을 알 수 있다.

470) 「매일경제」, “내부의 적이 무서워... 中 , 치안에 210조원 썼다,” 2018-03-06. 2013년만 해도 국방비 7,790억 위안, 치안비 7,140억 위안을 기록 국방비 비중이 높았다. 하지만 2014년 치안비 8,360억 위안, 국방비 8,290억 위안으로 치안비가 처음 국방비를 앞선 후 격차는 점차 벌어져 2017년에는 위의 수치가 기록됐다(Ibid.).

거나, 혹은 시위에 대해 과거보다 더욱 많은 경찰 병력을 투입하며 강경 진압하는 경우 등 둘 중의 하나일 것이다.

중국의 치안 비용 규모를 소개한 이유는 적어도 국내정치에 관한 한 군부와 견줄 정도의 막강한 무력으로 중국경찰이 무장하고 있다는 점을 보여주기 위해서였다. 중요한 것은 바로 이 경찰 총수가 저우융캉이었다는 사실이다. 저우의 추락은 경찰 내 저우 인맥의 몰락으로 이어졌을 것이므로 경찰력이 시진핑 주석의 수중에 들어왔다는 것을 암시한다. 여기서 무력의 또 다른 축인 군부를 장악하면 중국 무력에 대한 통제권은 사실상 완성된다. 저우의 낙마와 시기적으로 비슷하게 군부의 핵심 인물들이 다음과 같이 처벌받으면서 시진핑의 군부 장악 역시 완결됐다.

> 지난 3일 베이징에서 차로 2시간 거리에 있는 허베이성 바오딩(保定) 중국 육군 112사단. 얼룩무늬 군복에 검은색 털방한모를 쓴 시진핑 주석이 연병장을 시찰했다.... "권력은 총구에서 나온다"는 마오쩌둥 말대로 집권 1기 5년에 걸쳐 군부를 완전 평정했다는 자신감의 표출이라는 분석이 나온다.... 중국 국가주석은 당 총서기와 중앙군사위(군 최고 사령탑) 주석을 겸하는데, 중앙군사위 주석이 됐다고 해서 군이 절로 손아귀에 들어오지 않기 때문이다. 천안문 사태(1989년) 직후 당 총서기에 임명된 장쩌민은 다음해 군사위 주석이 되고도 노골적으로 홀대받았다. 당시 군부 실권자이던 양상쿤(국가주석)·양바이빙(중앙군사위 비서장) 형제가 장쩌민에게 알리지도 않고 군사위 회의를 열어 대사(大事)를 결정할 정도였다. 장쩌민은 1992년 두 사람을 축출한 뒤에야 군부를 틀어쥘 수 있었다. 후임인 후진타오 주석은 10년 임기 내내 장군 승진 인사도 제대로 못 하는 허수아비 신세였다. 쉬차이허우, 궈보슝 등 두 중앙군사위 부주석은 '상황(上皇)'인 장쩌민에게 충성

을 다했다. 이런 실태를 꿰뚫은 시 주석은 일찌감치 숙군(肅軍)에 나섰다. 2010년 10월 중앙군사위 부주석에 임명된 지 2개월 후인 다음 해 1월, 류샤오치 (전)국가주석의 아들로 자신의 오랜 친구인 류위안 상장(한국의 대장 격)을 총후근부 정치위원으로 승진시켰다. 류위안은 2012년 2월 구쥔산 총후근부 부부장을 면직한 데 이어 2014년 장쩌민 군맥(軍脈)의 핵심인 쉬차이허우와 궈보슝 2명을 부패 혐의로 제거해 시 주석의 군 기반을 굳게 다졌다.... 시 주석은 빈자리를 '시자쥔(習家軍)'이라고 하는 자기 인맥과 '젊은 피'로 교체했다. 만 11년간 해군 소장(별 1개)이던 먀오화 현 정치공작부 주임을 2012년 중장(별 2개)으로 진급시키고 다시 3년 만인 2015년 인민해방군 최고 계급인 상장(별 3개)으로 초고속 승진시켰다.... 강효백 경희대 교수는 "공산당 서열 2위인 리커창 총리부터 7위 장가오리 부총리까지 모두 두세 지역의 성장이나 당서기를 지냈지만 해당 군구 통수권까지 장악했던 이는 시진핑이 유일하다"고 말했다.... 시 주석은 작년(2017년) 10월 제19차 공산당 대회에서 중앙군사위원을 11명에서 7명으로 줄여 군부 통제력을 극대화했다. 그가 마오쩌둥·덩샤오핑을 능가하는 '1인 체제'를 구축해 막강 권력자가 된 것은 이런 군부 장악 성공 덕분이 크다.[471]

471) 최유식, "시진핑, 장쩌민계 軍 장성 등 440명 날리고 군부 틀어쥐었다,"「조선일보」 2018-01-31. 다음은 시자쥔(習家軍)이라고 불리는 시진핑계 군부 인맥에 대한 분석이다: "시진핑 중국 국가주석의 인민해방군 수뇌부 물갈이가 정점을 향하고 있다. 합참의장 격인 연합참모부 참모장, 당(黨)과 군을 잇는 실세인 정치공작부장 등 중앙군사위원회의 핵심 보직과 육·해·공·로켓군·전략지원부대 등 5대 군종의 사령원(사령관)이 전원 교체됐다.... 먀오화(苗華·62) 해군 상장의 발탁이다. 군 인사를 총괄하는 정치공작부장에 임명됐다. 북한의 황병서 총정치국 국장과 비슷한 실세 보직이다.... 두 사람이 푸젠(福建)성에서 맺은 오랜 인연이 바탕이 됐다.... 새로 육군사령원으로 임명된 한웨이궈(韓衛國·61)와 공군사령원으로 발탁된 딩라이항(丁來杭·60) 역시 시 주석과 같은 시기에 푸젠성에서 근무한 경력이 있다.... 주목해야 할 시자쥔은 장유샤(張又俠·67) 상장이다. 그는 중국 군부에서 시진핑 주석과 가장 가까운 인물로 분류된다. 역시 인민해방군 상장에 올랐던 그의 부친 장쭝쉰(張宗遜)은 시 주석의 아버지 시중쉰(習仲勳)의 고향 친구이자 전우였다.... 류샤오치(劉少奇) 전 국가주석의 아들인 류위안(劉源) 상장은 총

위의 경우도 예외 없이 부패 문제가 숙청의 도구로 활용됐고, 이를 성공적으로 완수한 집단이나 개인은 막대한 권력을 손에 쥘 수 있었다. 이쯤 되면 반부패 운동이 국가발전을 위한 것이라거나, 지속적인 경제발전을 위해 추진된다는 주장에는 힘이 실릴 수가 없다. 중국 권력구도에 대한 지금까지 논의는 흥미로운 사실 하나를 전해준다. 주석, 총리, 정치국 상무위원, 정치국 위원 등 공식 직책이 일단 권력구도의 실질 내용을 결정하지만, 이들 직책은 다양한 파벌에 의해 메워진다는 점을 알 수 있다. 다음 그들의 주변에 금권을 지원하는 세력, 주로 중국식 재벌이 포진하고 있다는 사실도 밝혀졌다. 핵심 직책을 후원하는 무력집단 또한 중요할 수밖에 없는데, 거기에는 군부와 국내 치안조직이 포진하고 있었다.

결국 권력 강화는 이 세 차원에서 동시에 이루어져야 하고, 그것이 성공해야 권력 확장이 가능하다는 점을 알 수 있다. 위의 설명은 시진핑이 2010년에 시작한 후 2014년을 정점으로 군부를 장악했다는 사실을 보여준다. 앞서 설명했듯이 2017-2018년에 가시화된 후 지금도 지속되고 있는 중국 민영재벌에 대한 공격을 통해 반대파의 돈줄을 죄는 작업도 단행됐다. 지금까지는 성공적인 것으로 보이는바, 이상의 논리가 맞다면 시진핑은 단계적으로 중국의 핵심 권력 요소를 차례로 모두 장악한 것이 된다. 중요한 것은 어느 경우든 예외 없이 돈의 정치화, 즉 부패가 정적 숙청의 핵심 수단이 됐다는 사실이다. 퍼즐의 마지막을 맞추기 위해서는 자신의 직책을 오래 유지하는 것과

후근부 정치위원 시절인 시 주석 집권 초기 쉬차이허우(徐才厚)와 궈보슝(郭伯雄) 등 두 명의 전 군사위 부주석을 부패혐의로 제거함으로써 시 주석의 군 기반을 다진 일등공신이었다.... 시자쥔의 약진이란 점 이외에 시진핑 군 인사의 또 한 가지 특징은 '젊은 피' 수혈이다." 예영준, "별 하나가 3년 만에 별 셋... 시진핑, 측근으로 군권 장악,"「중앙일보」2017-09-25.

정치국 상무위원 등의 핵심 직책에 자신의 인맥을 넓히는 작업이 필요했다.

우선 보시라이, 저우융캉, 링지화 등 핵심 정치인과 쉬차이허우, 궈보슝 등 군부 실세의 숙청으로 장쩌민 계열의 상하이방은 치명상을 입었다. 2013년 상하이방이 지배하고 있던 핵심 국유기업인 중국석유(페트로차이나)를 비롯 석유업계에 대한 대규모 숙청으로 상하이방 돈줄을 차단하는 작업도 진행됐다.[472] 모두를 종합하면 시진핑은 권력을 얻자마자, 보시라이와 저우융캉을 수뇌로 하는 상하이방을 먼저 겨냥, 이들 권력을 붕괴시키기 위해 진력했음을 알 수 있다. 상하이방은 결국 핵심 정치 인물과 군부 인맥이 붕괴되고, 돈 줄 또한 상당 부분 차단됐으므로 사실상 괴멸 수준으로 축소될 수밖에 없었다.[473]

또 다른 거대 계파인 공청단파에 대한 압박이 가시화됐다는 소식이 흘러나왔다: "(2016년) 리커창 총리의 핵심 지지 기반인 공산주의청년단(공청단)이 설립 100여 년 만에 최대 위기를 맞고 있다. 공산당 중앙기율위원회가 공청단에 대해 대대적인 감찰을 벌인데 이어 예산마저 대폭 삭감하면서 시 주석과 리 총리 간 갈등이 최고조에 달했다는 평가가 나온다.... 공청단에 대한 정부지원은 지난해보다 50.9%나 삭감된 3억 627억 위안이었다.... 당 기관지인 인민일보는 '공청단이 혁

472) "지난 달 4명의 페트로차이나 고위 간부와 전임 회장이 구금됐다... 조사는 전적으로 정치적인 이유에서인데, 저우융캉의 (재정) 지원 세력을 붕괴시키기 위한 것으로 보인다." Simon Rabinovitch, "Corruption investigation at the oil group will spark profound commercial message: Probe points to shake-up for Petro China," *Financial Times*, September 18 2013.

473) "중국 3대 정파 중 하나인 상하이방은 저우융캉 전 상무위원 등 간판 인물들이 지 주석 집권 이후 반부패 개혁의 된서리를 맞으며, 이미 몰락의 길을 걷고 있다." 이길성(베이징 특파원), "태자당 출신 시진핑, 전임 후진타오 세력에 칼 빼들다," 「조선일보」 2016-05-14.

신하지 않으면 존재 가치를 잃게 될 것'이라고 경고했다.... (공청단 출신인) 후진타오 전 주석 재임 시절 10년간 공청단파는 중앙과 지방정부의 요직을 차지한 바 있다."[474]

공청단파가 위축됐다면 시진핑과 그의 파벌 시자쥔(習家軍)에 맞설 세력은 사실상 존재하지 않는다. 상황은 권력의 핵인 정치국 상무위원 선출에 사실상 그대로 반영됐다. 2017년 10월 25일 열린 공산당 1차 중앙위원회 전체 회의(1중전회)에서 기존의 시 주석과 리총리 외에 5명의 신임 정치국 상무위원이 선출됐는데, 이들의 면모를 보면 시 주석의 권력 강화가 분명해지기 때문이다. 리잔수(栗戰書), 왕양(汪洋), 왕후닝(王滬寧), 자오러지(趙樂際), 한정(韓正) 등이 그들인데, 공천단파는 왕양, 그리고 상하이방은 한정 등 각각 1명만이 선출됐고 나머지 모두는 시자쥔이었다.[475]

---

474) 박만원(베이징특파원), "시진핑·리커창 갈등에 中공청단 벼랑끝," 「매일경제」 2016-05-03. 두 파벌의 충돌 사례는 다음과 같이 구체적이었다: "시진핑 주석, 개혁소조 조장 맡아 (리커창 소관인) 경제분야까지 친정, 공산당원 100여명, 공개 서신 통해 시진핑 주석의 '월권' 비판, 내년 10월 공산당대회에서 리커창 총리의 조기 퇴임설 제기, 미국에 서버를 둔 중화권 매체, 리커창 총리 '교통 사고'설 제기(Ibid.)." 다음의 분석도 참고할 만하다: "공청단의 추락은 지난해(2015년) 7월부터 시작됐다. 당시 시 주석은 군중조직업무회의에서 공청단에 대해 '현장에서 아무 기능을 하지 못하는 사지 마비 상태'라고 질책했다. 이후 당 기관지 인민일보 등에서도 공청단에 대한 비판이 이어졌다. 시 주석의 복심으로 통하는 왕치산 상무위원이 이끄는 당 기율위원회는 작년 10-12월 공청단에 대한 감찰에 착수해 올 2월 귀족화, 기관화, 행정화, 오락화 등 '사화(四化)'를 공청단 죄목으로 발표했다. 공청단파의 차세대 주자로 '리틀 후진타오'로 불려온 후춘화(胡春華) 광둥성 서기마저 최근 '사화 문제는 반드시 고쳐야 한다'며 공청단 때리기에 합류했다." 이길성, "태자당 출신 시진핑, 전임 후진타오 세력에 칼 빼들다." 특히 공청단의 핵심 인물인 후춘화의 행동이 주목을 끄는데, 그가 시진핑파에 기울고 있다는 점을 암시하기 때문이다. 만약 이 설명이 맞다면 공청단파 역시 힘을 상당히 잃고 있는 셈이다.

475) 예영준, "새 상무위원 5인: 시진핑의 칼 자오러지, 복심 리잔수... '중국 키신저' 왕후닝," 「중앙일보」 2017-10-26.

다음의 설명은 파벌 간 힘의 배분이 어떻게 조정됐는지를 보여준다: "공산주의청년단 계열의 리커창 총리는 왕양 부총리를 얻었다. 상하이방은 4명이 퇴임하고 부총리를 맡을 것으로 예상되는 한정 상하이 서기 1명으로 몰락했다. 시 주석으로서는 지난 5년 고향이 같은 왕치산 중앙기율검사위 서기 (한명만)의 지원 아래 5대 2로 고군분투하던 것에 비하면 운신의 폭이 넓어졌다.... 딱 한 가지 시 주석은 중요한 관행을 깨뜨렸다. 후계자를 미리 내정해 지도자 수업을 쌓게 하는 관행이 사라진 것이다. 많은 언론은 (공청단의)후춘화(胡春華·54)·(시진핑계의)천민얼(陳敏爾·57)의 상무위 진입을 예측했지만 시 주석은 둘 다 발탁하지 않았다. 시 주석의 국가주석 임기는 5년 뒤 끝나지만 그의 후계자가 누구인지는 오리무중이 됐다.... 시자쥔의 정치국 장악은 예상을 뛰어넘었다. 정치국 25석 가운데 반수가 넘는 13석을 시자쥔이 차지했다. 범시자쥔을 합하면 15석에 이른다. 시 주석이 표결로도 모든 정책을 관철할 수 있다는 의미다."[476] 시자쥔의 대약진과 상하이방의 몰락을 알 수 있다. 그렇다면 외형상 줄어든 것으로 보이는 공청단파의 실제 입지는 어느 정도 일까? 다음의 분석은 공청단파 역시 힘을 쓰기에는 세력이 너무 축소된 현실을 보여준다.

> 리 총리, 두말할 것 없이 중국 권력 2인자다. 그런데 2인자에 부합하는 권력을 갖고 있느냐 하면 좀 의문이다. 부정적인 답변이 지배적이다.... 집단 지도체제인 중국에서 총리는 경제 정책을 총괄해야 하고 행정부인 국무원을 쥐락펴락해야 맞다. 행정에 관한 한 그는 직책과 직위가 1인자이기 때문이다. 그런데 시 주석 1인 권력이 강화되면서 총리의 위상은 추락을 거듭하고 있다. 2017년 10월 말에는 '당 중앙

476) 신경진(베이징 특파원), "시, 후계자 지명 않고 정치국 장악... 장기집권 길 열었다," 「중앙일보」 2017-10-26.

집중 영도 강화 호위에 관한 약간의 규정'이 당 중앙 정치국에서 통과됐다. 이에 따르면 총리도 시 주석에게 매년 서면으로 업무보고를 해야 한다. 정치국 상무위원 개개인에게 담당 분야 최고의 결정권이 위임됐던 이전 집단지도체제는 사라진 것이다. 총리마저 주석과 상하 관계가 돼야 하는 중국 신(新) 권력 체계의 부상이다. 공청단은 후진타오(胡錦濤) 전 국가주석과 리 총리의 권력을 기반으로 공청단 고위직을 지낸 인사들의 정치 세력을 말한다. 한데 공청단 지도부가 거의 와해 상태다. 친이즈(秦宜智) 공청단 제1서기가 2017년 9월 국가질량감독검험검역총국(질검총국) 부국장으로 좌천된 이후 2017년 말 현재 후임 인선이 안 되고 있어서다.... 후 전 주석의 비서실장(당 중앙판공청 주임)을 지낸 링지화(令計劃) 전 통일전선 공작 부장이 2015년 8월 부패 혐의로 낙마한 것이 결정타였다. 공청단의 좌장인 후 전 주석의 최측근이자 공청단의 핵심 중 핵심인 링 부장이 실각했으니 더는 의지할 곳이 없었다. 그 여파는 폭풍에 가까울 정도였다. 2017년 10월 19차 당대회에서는 리위안차오(李源潮) 국가 부주석마저 중앙위원에서 탈락했다. 당시 그의 나이는 67세로 '7상8하'(67세면 유임, 68세는 은퇴) 관례 적용 대상이 아니었다. 사정이 이러니 요즘 공청단은 공청단 출신이라는 걸 숨기기에 바쁘다.... 총리 권력의 추락은 정치적인 이유도 있다. 전술한 대로 보시라이 전 충칭시 서기가 부인의 살인 사건을 계기로 낙마하자 당대 최고의 권력을 가지고 있던 저우융캉 세력의 발호가 시작된다.... 시진핑은 반부패를 앞세워 신 4인방 세력의 제거에 돌입한다. 그리고 4인방 모두에게 부패 혐의를 적용해 무기 징역형에 처한다.... 문제는 이 과정에서 총리인 리커창의 역할이 거의 전무했다는 사실이다. 4인방과 그 추종 세력 수백 명 제거에 성공한 시진핑의 권력은 이미 당 총서기(2012년 11월)나 국가 주석(2013년 3월) 당시의 권력이 아니었다. 군과 공안 등 무장 권력은 물론 당내 모든 핵심 인사가 시 주석 권력 권 내로 수렴됐다.... 그(리커창)에게 당대 최고의 '참모

엘리트'라는 비아냥이 나온다.[477)]

이상의 분석은 리 총리와 공청단파 모두가 사실상 몰락했다는 점을 분명히 하고 있다. 결국 상하이방과 공청단이 권력을 상실했다는 뜻이므로 그 자체로 집단지도체제는 역사 속으로 사라진 셈이 된다. 시진핑 주석의 권력 장악이 이 정도라면 권력 강화를 위한 마지막 과제는 자신 직책의 장기 보전으로 좁혀진다. 시진핑 1인 장기집권 가능성 주장은 이미 몇 년 전부터 제기됐다: "시진핑 집권 이후 수 년 동안 그는 경제, 군부, 그리고 다른 권력 기재들을 개인화, 즉 자신에게 종속되도록 해 왔다. 이는 1976년 마오쩌둥이 사망한 후 1인 지배를 방지하기 위해 도입된 집단지도체제를 뒤엎는 것이다. 다수의 공산당 내부 인사들은 '시가 69살이 되는 2022년 이후에도 자리에 남기 위해 다음해(2017년) 후계자 승진(혹은 후계자 지정)을 막는 조치를 지금 강구하고 있다'고 전한다.... 시의 권력 강화가 단기적으로는 정치 안정에 기여하고 경제개혁에 도움이 될 수 있지만, 마오 사후 정착된 정부 내의 유연성 확대와 그나마 규칙성이 있었던 권력 승계 원칙을 마감하는 큰 위험을 내포하고 있다."[478)]

---

477) 최형규, "최고 권력에거 최고 참모로 전락한 수재."

478) Jeremy Page and Lingling Wei, "Xi's Power Play Foreshadows Historic Transformation of How China Is Ruled," *Wall Street Journal*, December 26, 2016. 주석의 두 번째 임기 시작 직전 정치국 상무위원을 새로 선출하는데, 그 가운데 차기 주석을 미리 정하는 제도를 시진핑은 자신의 장기 집권을 위해 무시할 가능성이 있다는 분석이다. 이를 통해 격대지정 원칙도 무너졌다는 해석이 가능하다: "시 주석이 명시적인 후계자 없이 집권 2기를 시작했다는 시각도 있다. 후진타오의 낙점을 받은 후춘화 광둥성 서기와 시진핑이 밀고 있는 천민얼 충칭시 당서기는 이번에 상무위원에 들어가지 못하고 정치국원에 머물 것이라는 예상이 지배적이다. 그렇게 되면 공산당의 권력 승계 시스템인 '격대지정(전임 지도자가 한 세대를 건너 뛰어 그 다음 지도자를 미리 지정하는 것)' 관례가 사실상 깨지게 된다."

장기 집권 징후는 또 있었다. 2016년 10월 24일 폐막된 제18기 공산당 중앙위원회 6차 전체회의(6중 전회)가 시 주석에게 '핵심'이란 명칭을 선사했기 때문이다: "지난 4년간 당의 공식 문건에서 '시진핑 동지를 총서기로 하는 당 중앙'이라 표현하던 것을 '시진핑 동지를 핵심으로 하는 당 중앙'으로 바꾼 것이다. 전임 후진타오에겐 10년 내내 사용되지 않던 표현이 부활한 건 시 주석이 반대파의 견제를 누르고 당내 싸움에서 승리한 것을 뜻한다."[479] "이어 2017년 10월 24일 폐막된 공산당 제19차 전국대표대회(당대회)에서 시 주석이 제시한 통치철학(治國理政–치국이정)이 공산당 최고 지도이념인 당장(黨章–당헌)에 명기됐다. 시 주석의 위상과 권위는 덩샤오핑을 넘어 중국 건국의 아버지로 불리는 마오쩌둥 반열에 올라서게 됐다. 중국이 '시진핑 1인 천하 시대'로 들어섰다는 평가가 나온다."[480] 위의 당 대회에서는 204명의 정치국 중앙위원과 172명의 후보위원도 선출됐다. 새로 선출된

강동균(베이징 특파원), "'시진핑 사상' 中國 공산당 당헌에 명기... 1人 천하 굳혔다." 「한국경제신문」 2017-10-25.

479) 예영준, "'핵심 당 중앙' 호칭 꿰찬 시진핑, 장기집권 걸림돌 제거," 「중앙 SUNDAY」 2016-10-30. 7상 8하(67세 이하는 유임될 수 있고, 68세 이상은 은퇴한다는 원칙) 역시 지켜지지 않을 가능성이 있고 이는 시진핑의 장기집권 길을 열어줄 것이라는 예측도 있었다: "시진핑이 7상8하(七上八下) 원칙을 무너뜨릴 것이라는 강한 예측이 나왔다. 이 인사 원칙은 당헌에는 존재하지 않는다. 2002년 장쩌민에 의해 도입됐는데, 인사 원칙의 가장 큰 목적은 자신의 퇴임 시 정적이 정치국상무위원으로 남아 있지 못하게 하는 것이었다.... 그 후 후진타오가 이 원칙을 충실히 따르면서 일종의 묵계로 자리 잡았다. 문제는 이것이 규정은 아니라는 사실이다." Tom Michell, "China speculation grows Xi will defy two-term tradition," *Financial Times*, 12 October 2016.

480) 강동균, "'시진핑 사상' 中國 공산당 당헌에 명기... 1人 천하 굳혔다." "공산당 당장엔 마르크스-레닌주의, 마오쩌둥 사상, 덩샤오핑 이론, 3개 대표론, 과학적 발전관에 이어 '시진핑 사상'이 지도이념에 포함됐다.... 공산당이 중요도에 따라 주의, 사상, 이론, 관(觀) 순서로 이념을 표시하는 점을 감안할 때 시 주석이 마오쩌둥 급 지도자가 됐음을 뜻한다(Ibid.)."

인물로 구성된 19기 당 중앙위원회가 다음날 개최됐는데, 25명의 정치국 위원과 7인의 정치국 상무위원 선출이 위원회의 가장 중요한 결정 사항이었다. 바로 그 결과가 시진핑계의 약진을 보여준 앞서 소개한 새 정치국상무위원 명단이다.

이상의 논의는 이미 수 년 전부터 시진핑의 1인 지배체제 강화와 장기집권 계획이 차근차근 진행됐음을 보여준다.[481] 마지막 과제인 시진핑의 주석 자리 보전 방안은 2018년 3월 11일 개최된 중국의 입법기관 전국인민대표대회(전인대)를 통해 공개됐다. 헌법에 명시된 국가주석 2차례 이상 연임 방지 조항을 삭제시키며 시 주석 장기 집권의 길을 열어준 개헌을 찬성 2958, 반대 2표로 통과시켰기 때문이다. 전인대는 상징적 통과 의례였고, 2018년 1월 18일부터 열린 공산당 19기 2중전회에서 헌법 수정안이 확정되면서 사실상 개정이 이루어졌다(이 안이 전인대에 제출됨).[482]

---

481) 국내 중국정치 전문가는 다음과 같이 분석했다: "권력 연장이 계획된 것이라는 말인가? – '2012년 11월 집권하자마자 준비한 것으로 생각된다. 오랜 시간에 걸쳐 이뤄야 할 거대한 비전인 중국몽(中國夢)을 정치적 목표로 내세운게 시작이다.'" 「중앙일보」, "유상철의 전격 인터뷰: 시진핑의 장기 집권 야망 말하는 중국학 개척자 서진영 교수: 국가주석 임기 없앤 시진핑 최소 2035년까지 집권 생각," 2018-03-09.

482) 수정 내용은 다음과 같다: 과거 헌법 제79조 3항은 "중화인민공화국 주석, 부주석 매번 임기는 전국인민대표대회의 매번 임기와 같으며, 연속 임직은 2번을 초과할 수 없다"였다. 수정 헌법은 "중화인민공화국 주석, 부주석 매번 임기는 전국인민대표대회의 매번 임기와 같다"로 단순화시키며 "연속 임직은 2번을 초과할 수 없다"의 문구를 삭제했다. 김한권, "2018 중국 양회와 한중관계," 국립외교원(IFANS) 「주요국제문제분석」 2018-17, p. 9. 다음의 변화도 있었다: 헌법 서언(序言)에 '시진핑 신시대 중국 특색 사회주의 사상'이 삽입됐고, 1조 2항의 '사회주의 제도는 중화인민공화국의 근본 제도다'에 '중국공산당의 영도는 중국 특색 사회주의의 가장 본질적 특징이다'가 추가됐다(공산당 우위론 관철). 아울러 제3장 '국가기구' 항목에 제7절을 신설하며 '감찰위원회'를 명기 헌법기관으로 만들었다(반부패 운동의 지속 의지)(Ibid.).

7. 권력 집중의 정치경제적 함의: 중국경제의 어두운 미래

시의 장기 집권 길을 열어준 개헌의 정치적 의미는 심대했다. 정치 전문가들은 집단지도체제 붕괴를 가장 큰 충격으로 간주한다: "시진핑은 집단지도체제라는 공산주의 전통을 거부했다. 대신 지극히 중앙집권화된 정치체제에서 스스로를 압도적인 지도자로 만들었다."[483] 우선 당우위론 확립이 전체 권력구도 변화의 핵심 내용이라는 지적을 살펴본다: "올해(2018년) 2월 중국 공산당 10기 3중전회(중앙위원회 3차 전체회의)에서 '당과 국가 기구 심화 개혁 방안'이 의결됐다.... 핵심은 당 기구 개혁안의 첫 두 문장에 담았다. '중국 공산당 영도는 중국 특색 사회주의의 가장 본질적인 특징이다'는 구절로 2중전회에서 다룬 헌법 개정안 1조에 추가됐다. 두 번째 문장은 '장, 정부, 군부, 민간, 학계, 동서남북까지 당이 모든 것을 이끈다'이다.... 문화대혁명이 한창이던 1974년 1월 1일자 인민일보 창사 기념일 사설에 인용된 마오쩌둥의 어록이다. 이는 지난해 19차 당 대회 정치보고와 당장에 이어 조직 개편의 기조가 됐다. 1980년 덩샤오핑이 정치국 확대회의에서 내린 '당과 정부를 나누지 않아 당이 정부를 대신하는 문제를 해결하라'는 지침이 끝났다는 증거다. 당정분리로 문화대혁명의 재발을 막겠다던 정치실험이 40년 만에 종지부를 찍었다.... (결국) 전문가들은 '덩샤오핑의 당정분리는 파산했고, 마오쩌둥식 군중 정치가 부활했다'고 평가했다."[484]

---

483) Elizabeth C. Economy, "China's Imperial President: Xi Jinping Tightening His Grip," *Foreign Affairs*, November/December 2014, p. 80.

484) 신경식, "중국 당정기구 개편: 덩샤오핑式 당정분리 종언.... 당 조직이 전면에 나서 실행력 강화 위한 위원회 확대와 세제 개편에 주목해야," 「Chindia Plus」 May/June 2018, p. 54.

마오쩌둥 대중 정치의 부활을 의미하는바, "이는 집권 기반을 관료 대신 인민에게서 찾는 중국 특색의 포퓰리즘이다. 이렇게 되면 중국에서 '견제와 균형'은 사라지게 된다. 헌법 조문에 적시된 당 절대우위 체제만 남는 것이다."[485] 반부패 운동이 부패를 지긋지긋하게 여기는 대중에게 심리적 만족을 선사함으로써 시 주석에 대한 대중지지 강화의 목적이 있다는 앞의 분석은 포퓰리즘이라는 관점에서 맥을 같이 한다. 하지만 그렇게 형성된 중국식 포퓰리즘은 확대될 가능성이 높고, 다음과 같은 위험성 또한 증가하게 된다: "이는 우리가 아는 중국이 아니다. '새로운 중국'이다. 새로운 대국은 새로운 질서를 요구하기 마련이다. 중국 국내적으로는 애국주의 열풍이 부국강병식 국가주의와 결합해 전체주의 통제사회로 회귀하는 조짐이 뚜렷하다.... 자긍심과 우월감으로 충만한 '새로운 중국'은 미국적 질서 대신 중국 중심의 국제질서를 만드는 데 돈과 힘을 아끼지 않는다."[486] 결국 국제적으로도 충돌을 유발할 수 있다는 의미다.

마오쩌둥이 그토록 유용하게 활용했던 이데올로기와 개인 우상화 중심 정치 노선이 사실상 부활했다는 점을 알 수 있다.

광기의 홍위병들이 마오쩌둥이 일으킨 문화대혁명을 광신적으로 찬양

485) 신경식, "'당 우위' 시진핑 개혁안 ... 덩샤오핑 노선 지고 마오쩌둥 정치 뜬다,"「중앙일보」2018-04-23. 다음의 지적도 당 중심 체제로의 회귀를 보여준다: "이번 달(2016년 11월) 공산당은 당원들에게 상대방에 대한 인사 용어로 '동무(comrade)' 사용을 명했다. 지위와 타이틀에 맞춰졌던 자연스런 인사말을 무계급(classless)의 혁명적 조직이 바로 공산당이라는 것을 인식시키려는 목적으로 바꾸고 있다." Lucy Hornby, "Revival of 'comrade' as approved party greeting leaves gay China in confusion," *Financial Times*, 15 November 2016.

486) 지해범, "'시(習) 황제의 중국'을 다시 봐야 하는 진짜 이유,"「조선일보」2017-08-23.

하던 시절 이후 현재와 같이 공산당 당원들이 시진핑 우상화(cult)에 열심인 적은 없었다.... 시진핑은 마오가 활용했던 전략을 사용하고 있다. 대중을 규합하고 자신의 개인 지배를 광내기 위해 마르크스 및 마오 사상을 중국에 다시 주입하는 것은 대표적인 사례다. 수많은 공산당 간부들이 그들이 믿는바, 재부상하는 중국을 약화시키려는 외국 세력에 반기를 들고 있는 시진핑 정부의 방침에 동참하라는 압력을 받고 있다. 과거 마오와 흡사하게 시 역시 중국 예외주의는 물론 중국 공산당을 괴멸시키려는 세력인 서구의 가치에 중국이 종속될 수 있다고 생각한다.... 솔직히 마르크스 역시 독일 태생이고 공산주의 또한 서구의 사상이 아닌가! 그런데도 대학 캠퍼스에서는 외국 서적들이 학생의 생각을 오염시킨다는 명분으로 금서(禁書)화되고 있다. 중국 문제 전문가 샴보(David Shabaugh) 교수는 '중국 공산당은 지금 자산들이 서구 특히 미국과 이념 전쟁(ideological war) 중이라고 굳게 믿고 있다'고 말한다.... 핑샹의 국유 석탄 광산 8개 중 3개만이 가동 중인데, 세계적인 석탄 과잉 공급 때문이다. (2016년) 2월 말과 3월 초 수 백 명의 석탄 광부들이 저임금에 항의 중국에서는 드문 시위를 했다. 중국의 현 주석이 되살리려고 하는 마르크스 사상의 한 가운데 존재하는 국가 구원의 약속이 (절대 해고되지 않는) 철밥통을 의미하는 것은 아니지 않은가?[487)]

487) Hannah Beech, "China's Chairman: While growth on the economy slows, Xi Jinping builds a personality cult with echoes of Mao – and some members of the Communist Party aren't happy," *Time*, April 11, 2016. 다음의 러시아 공산혁명에 대한 진단도 시진핑의 이념 강화와 그것의 한계를 이해하는데 도움을 준다(이하는 러시아 (혁명) 전문가인 영국 옥스퍼드 대학 스티브 스미스 교수의 인터뷰 내용): "장기적 관점에서 보면 러시아혁명은 자본주의에 일격을 가하지 못했다. 노동계급의 승리를 표방했지만 노동자들의 처지는 악화됐다. 소련은 '노동자들의 국가'가 아니었다. 혁명의 일차적인 목표는 성과가 없었다.... 강한 권위주의 국가와 계획경제로 구성된 스탈린식 혁명 모델은 1930년대에서 제2차 세계대전까지 성공을 거두었다. 1960년대까지도 소련은 글로벌사우스(Global South·제3세계)에서 대안적 근대화 모델로 인식됐다. 소련 모델이 지리멸렬하게 된 것은 산

위의 설명은 중국이 되살리려고 하는 마르크스주의의 현실적 모순, 특히 중국의 현실에 비춰 본 논리적 결함을 지적하고 있다. 덩샤오핑의 개혁개방과는 반대로 서구에 대한 불신에 기초 또 다른 서구의 논리인 공산주의에 집착하는 모습도 감출 수 없다. 하지만 그런 추세는 다음과 같은 위험성을 내포한다.

> 시진핑은 이념을 활용하기 시작했다. 당이 지배하는 국가에서는 정통성이 절실히 요구된다.... 그러나 이념은 매우 위험한 힘이라는 점을 직시해야 한다. 이념은 정치적 필요에 따라 만들어지지만 일단 이념이 확실히 자리 잡게 되면 정치 지도자들은 스스로 만든 이념의 포로가 된다. 이념은 역사를 설명하고 우리의 운명을 결정하고 그 이념에 빠진 사람들에게는 그것을 모두 진실로 받아들이도록 한다. 이념이 신념체계가 되면 지도자든 국민이든 모두 그 이념의 신봉자로 전락하게 된다. 히틀러주의, 스탈린주의, 마오주의는 이념이 얼마나 파괴적인가를 잘 보여준다. 이념적 진실을 신봉함으로써 가장 잔혹한 수단들도 정당화될 수 있다. 강력한 지도자가 이념을 이야기할 때 거기에는 항상 위험이 도사리고 있음을 직시해야 한다.... 이념은 결코 순수하다고 볼 수 없다. 이념의 유혹에 빠지면 걷잡을 수 없는 폭력을 방출하게 된다. 이념에 경도된 1인지배체제 국가는 실용주의에 근거한 집단지도체제 국가와는 근본적으로 다르다.[488]

업의 중심이 점차로 중공업에서 정보기술(IT)로 바뀌는 제3차 산업혁명이 시작되면서다. 지나치게 관료화된 소련은 혁신을 구현할 수 없었다. 소련이 붕괴한 근본적인 원인은 경제다. 소련은 새로운 발전단계에 진입한 자본주의와 경쟁할 능력이 없었다." 「중앙일보」, "인터뷰: 볼셰비키 혁명 이후 암울한 러시아 봤다면 마르크스 경악했을 것," 2017-11-04. 결국 공산주의는 사회의 모든 기제와 인간을 경직화시키고 종당에는 혁신이 불가능한 단계에 이른 후 붕괴될 수 있다는 설명이다.

488) 스타인 링겐(옥스퍼드대 명예교수), "이념화하는 시진핑의 중국에 대한 경고," 「중앙일보」 2016-04-06.

이상의 설명은 독재 권력의 경우 1인의 판단과 성격에 좌우되는 경향이 농후하고, 그 결과는 파멸적일 수 있다는 다음의 논의로 발전한다: "독재체제는 작동할 수 있다. 그러나 중국과 같이 고품질의 관료체제를 역사적으로 오래 간직한 국가에서도 독재는 대단히 위험한 시스템이다. 이른바 '나쁜 황제' 문제가 그것인데, 견제 없는 독재가 필연적으로 사람의 성향과 변덕에 국가를 과도하게 노출시키는 현상을 의미한다. (여기서 그 사람이 나쁜 황제라면 비극이 찾아온다) 독재는 효과적일 수도 있다. 하지만 그것은 언제고 전체적인 과도함으로 향할 수 있다(과도한 권력 행사, 숙청, 통제 등). 이 문제를 민주주의는 다음과 같이 해결한다. 처칠이 말했듯이, 누구도 민주주의가 완벽하고 늘 현명한 체제인 척 하지는 않는다... 그러나 민주주의에서는 좋지 않거나 시간만 허비하는 정치 지도자를 평화적으로 제거할 수 있다."[489]

시진핑의 정치 행보 중 가장 두드러진 것은 정적 제거를 통한 권력강화, 그리고 그것을 공고히 하기 위한 이념 및 통제의 집중 활용이었다. 그렇다면 정적 제거를 통한 안정화는 가능한 것일까? 다음의 정치 분석은 그것이 쉽지 않음을 보여준다: "지난 66년 기간의 중국공산당 역사에서 가장 힘든 시기는 지배 엘리트 간의 균열과 긴장이 조성됐을 때였다. 시진핑 스타일의 지배는 그런 힘들고 격동하는 상황을 누적시킬 뿐이다. 시진핑이 공포와 무자비한 무력을 동원 정적과 싸우면 싸울수록 적은 더더욱 많아지게 된다."[490] 정적을 너무 많이 만들어 놓으면 어떻게 될까? "시진핑이 자발적으로 권좌에서 내려오지 않거나, 아니면 내려올 수 없다는 점은 과거 오랜 역사를 볼 때 명백하다. 특히 반부패 운동을 통해 시는 너무 많은 적을 만들었다.

489) Martin Wolf, "China is now exposed to one man's whims," *Financial Times*, 28 February 2018.

490) *The Economist*, "Beware the cult of Xi," April 2nd 2016, p. 9.

이런 상황에서는 그가 앞으로 가기를 원해도 그렇게 되지 않을 것 같다."[491]

결국 어떤 경우라도 집단지도체제가 1인 독재보다는 낫다는 결론이 가능해진다. 앞서 시진핑의 권력 강화로 덩샤오핑이 만든 집단지도체제가 사실상 무너졌다는 설명을 반복적으로 소개했다. 중국정치 전문가의 다음과 같은 분석은 지금까지의 설명을 간략하게 잘 요약하고 있다.

> 다수의 정치국 상무위원이 국가를 이끄는 집단지도체제는 중국의 장점 아닌가? – 맞다. 중국 학자 후안강(胡鞍鋼)은 덩샤오핑이 설계한 집단지도체제가 있었기에 중국의 정치가 안정돼 경제가 발전할 수 있었다고 말한다. 이 집단지도체제를 지탱하는 세 개의 기둥이 있다. 우선 임기제다. 국가주석 2연임 규정 등. 두 번째는 정치국 상무위원의 경우 67세는 가능하지만 68세는 안 된다는 칠상팔하(七上八下) 규칙과 같은 연령제다. 이 같은 임기제와 연령제가 있으면 절대 권력이 생길 수 없다. 그리고 끝으로 차차기 후계자를 미리 정하는 격대지정(隔代指定)의 전통이다. 이것은 권력투쟁을 순화시키는 장치다. 한데 시진핑은 이 모두를 정면으로 훼손해 현재 집단지도체제는 와해 단계다./ 시진핑 장기 집권이 중국에 미칠 영향은? – 양날의 칼이다. 단기적으론 효율성 측면에서 이점이 있다. 1인 체제로 강한 개혁 드라이브를 걸 수 있고 정책의 일관성과 집중성을 높일 수 있을 것이다. 그러나 장기적으론 권력 이양의 제도적 장치가 제대로 작동하지 않으면서 권력투쟁이 격화되고 정치적 긴장이 높아질 것이다./ 시진핑이 도전세력을 모두 부쉈는데 어떤 권력투쟁이 벌어진단 말인가? – 민주주의의 가장 큰 장점은 권력의 퇴장이 제도화돼 있다는 점이다. 평화적 퇴출 장치가 있기에 안정을 유지할 수 있다. 독재는 그렇지 않다. 긴장

491) Wolf, "China is now exposed to one man's whims."

이 계속 높아지다 어느 시점에 이르면 폭발하고 만다. 시진핑의 미래를 주목해야 할 이유다.[492]

그렇다면 시진핑이 권력을 과도하게 강화하는 궁극적인 목적은 무엇일까? 권력은 무한 팽창의 속성이 있는데, 정치학에서는 그 원인을 개인의 안위 보장 목적에서 찾는다. 자신이 안전하기 위해서는 더 많은 권력이 필요하고 이것이 무한 권력 추구의 기본 동인이라는 해석이다. 말을 뒤집어 보면 안전의 반대가 위해, 즉 위해를 입을 염려 혹은 공포이므로 공포가 그런 행동의 원인이라는 설명도 가능하다. 다음은 이런 논리로 시진핑의 권력 강화를 이해하고 있다.

시진핑은 과거 수 십 년 동안 전례 없는 수준으로 모든 권력 수단을 가져갔다. 그러나 분석가들은 이와 같은 행보가 권력의 단순 강화에 그치는 것이 아니라 자신의 불안전(insecurity)에 대한 대비로 본다.... 로이연구소(Lowy Institute)의 수석연구위원이자 'The Party: The Secret World of China's Communist Party'의 저자인 리차드 맥그리거(Richard McGregor)는 장기 집권의 걸림돌을 시진핑이 제거한 것은 아마도 자신의 생명을 보존하기 위한 움직일 것이라고 진단했다. 단기적으로는 입지 강화로 비쳐지지만, 여기에는 공포(fear)와 불안전이 내재돼 있다고 설명한다.... '권위주의 시스템은 그 안에 있는 핵심인사를 먹어치우는 속성이 있고, 시는 반부패 운동을 통해 대부분의 고위층 인사를 손봤다. 너무 많은 적을 만든 셈인데, 따라서 권좌에 오래 있으면 있을수록 반부패 운동을 통해 어려움을 줬던 인물들의 잠재적 타깃에서 자신이 벗어날 가능성이 높아진다'고 시진핑은 판단한다. '정적을 계속 코너로 몰 수 있는 권력 이상의 권력을 추구할 수밖에 없

492) 「중앙일보」, "유상철의 직격 인터뷰: 시진핑의 장기 집권 야망 말하는 중국학 개척자 서진영 교수: 국가주석 임기 없앤 시진핑 최소 2035년까지 집권 생각."

다는 논리가 가능해지는 대목이다.'... 미디어에 시에 대한 부정적인 보도나 언급이 나오면 즉시 삭제되는데, '바로 이것이 (시 자신의) 취약성(weakness)을 보여준다'고 맥그리거는 판단한다.... 옵서버연구소(Observer Research Foundation)의 연구위원 마노이 조시(Manoi Joshi) 역시 다음과 같이 진단한다: '대부분의 권력 기제를 손에 넣음으로써 시는 중국에서 일어나는 좋고 나쁜 모든 일에 대한 책임을 지게 됐다. 더 많은 직책과 권력을 취하는 것은 역설적으로 그가 원하는 방향으로 정책을 추진하기 힘들다는 징조다. 만약 경제나 외교에서 무언가 잘못되면 중국인들은 시진핑에게 모든 비난의 화살을 퍼부을 수 밖에 없다.'[493]

이로써 권력 분립, 권력의 투명성, 규칙성을 확보한 제도, 혹은 중국의 집단지도체제와 같이 1인 독재와는 달리 최소한의 유연성과 규칙성에 기초한 정치체제가 1인 독재보다는 우월하다는 사실이 분명

493) Gavin Fernando, "Xi Jinping's abolition of the two-term limit is based on weakness, analysts say," (https://www.news.com.au/finance/work/leaders/xi-jinpings-abolition-of-the-twoterm-limit-is-based-on-weakness-analysts-say/news-story/faa22ea87ba9fde813ad99b34be1100c) February 28, 2018. 참고로 news.com.au(Australia's No 1 news site)는 호주 소재 인터넷 뉴스 사이트다. 향후 '시진핑의 개인 성향과 변덕에 중국의 장래가 맡겨졌다'는 주장과 일맥상통한다. 바로 그런 상황에서 문제가 발생하면 시진핑이 모든 것을 뒤집어쓸 가능성이 크다는 현실을 의미하기 때문이다. 미국의 중국정치 전문가 역시 이것의 위험성을 다음과 같이 지적하고 있다: "신권위주의 체제로 사회가 질식되고, 예스맨으로 둘러싸여 자기 교정 능력을 상실한 중국은 '잘못된 결정으로 큰 실수를 할 위험이 상존한다'고 (수전) 셔크는 1인 체제의 부작용을 꼬집었다. 김충남(베이징 특파원), "꼡리스크 中 최대 불확실성,"「문화일보」 2018-03-23. 미국의 정치학자 역시 시진핑 체제가 근본적으로 취약하기 때문에 강성 정책을 취한다고 진단한다: "통제 강화는 내적인 믿음이 없고 자신의 국민들을 믿지 못하는 체제의 취약성과 권력에 대한 죽고 살기 식 제로섬 접근을 반영할 뿐이다. 억압은 강건함이 아니라 취약성을 대변하기 때문이다." Shambaugh, *China's Future*, p. 126.

해진다. 독재체제는 그 자체로 권력투쟁을 심화시킨다는 점도 밝혀졌다. 그렇다면 시진핑의 권력 강화는 중국경제에 어떤 영향을 미칠까? 우선 권력 및 이념을 강화시키는 경제적 동인을 살펴보면, "그동안 정당성의 근거로 활용되던 경제성장이 멈칫하자 점점 더 이념에 의존하게 된 것이다"라는 주장을 발견할 수 있다.[494] "원래 당연히 해야 할 시장 중심 경제개혁은 접어둔 채 시진핑은 경제 대신 정치에 몰두하며 오히려 마오 시절로 돌아가 버렸다. 하버드 대학의 맥파쿼하(MacFarquhar) 교수는 다음과 같이 진단한다: 마르크스주의가 다시 살아나고 서구에 대해 쇄국을 하는 것은 현재의 중국에 비추어 어울리지 않는다. 이런 식으로 중국이 얻을 것은 아무 것도 없다. 솔직히 처절한 마지막 몸부림이라고나 할까."[495]

과거 체제와의 단순 비교만으로도 시진핑 정치의 경제에 대한 부정적 영향을 알 수 있다: "덩샤오핑이 1970년대 말 개혁개방으로 마오의 상처를 치유하기 시작한 이후 중국 공산당은 이데올로기가 아닌 경제발전을 정통성의 근거로 삼았다.... 하지만 중국경제 성장률은 저

494) 링겐, "이념화하는 시진핑의 중국에 대한 경고."

495) Beech, "China's Chairman: While growth on the economy slows, Xi Jinping builds a personality cult with echoes of Mao - and some members of the Communist Party aren't happy," p. 20. 덩샤오핑 시대와는 달리 서구에 대한 쇄국정책으로 돌아선 이유는 그들의 전통적인 서구에 대한 반감, 위기감, 혹은 공포가 원인이라는 분석이 있다: "대외적으로 시진핑은 새로운 국제기구를 만들고 군사력을 강화시키는 방식으로 중국을 띄우려 하고 있다. 그의 그런 비전은 깊숙이 내재된 공포를 포함한다: 서구의 정치 및 경제적 사고에 중국을 개방한다는 것(open door)은 중국의 힘을 잠식하는 행동이라는 두려움." Economy, "China's Imperial President: Xi Jinping Tightening His Grip," p. 81. 중국인의 그런 사고는 뿌리가 깊다. 앞서 평화적 진화(peaceful evolution) 혹은 화평연변을 소개한 바 있다. 서구에 대한 두려움이 역사적으로 계속 반복되고 있는 셈이다(각주 52 본문 참조). 그리고 각주 487 본문 '중국의 대미 이데올로기 전쟁' 참조.

하됐다 – 작년(2015년)의 경우 베이징은 7% 성장률 목표를 달성하지 못했다 – 금년 목표는 6.5–7%지만, 그것도 통계 조작을 통해서만 가능한 수치다. 수 십 년 동안 가장 소중했던 목표, 경제성장의 가치를 잃은 공산당은 당연히 위험에 처할 수밖에 없다."[496] 이데올로기에 대한 집착을 버리고 경제성장을 기본 가치로 택한 후 중국경제가 발전했으므로 이를 뒤집는 행위는 그 자체로 성장에 위해가 된다는 해석이다.

위와 같은 위험한 선택으로 몰린 데는 경제에 대한 무지와 무능도 한몫 했다: "고도의 정치행위에서는 시진핑은 무자비하며 대담했다. 세부적인 위험도 정확히 계산할 정도였다. 그러나 사회 전체를 다루는 데는 대담하지 못했고 너무 소심했다. 경제분야는 더해 시진핑은 방향 감각을 상실했고, 모든 경제정책은 혼란의 연속이었다."[497] 부패 척결을 위한 권력 강화 그리고 이를 통한 경제 활성화라는 주장에 대해

---

496) Beech, "China's Chairman," p. 20.

497) *The Economist*, "Chairman of everything." 그가 내건 경제 슬로건 자체도 시진핑 체제의 경제적 모순과 무능을 보여준다: "시진핑은 2017년 10월 19차 당대회에서 중국의 주요 모순을 '인민의 아름다운 생활에 대한 수요와 불균형, 불충분 간의 모순'으로 새롭게 정의했다.... 그런데 찬찬히 따져보면 시진핑의 모순에서 중국이 안고 있는 고민이 보인다. 우선 모순이 담고 있는 모호성이다. '아름다운 생활'이 무엇인지, 어느 정도가 불균형하고 불평등한 것인지 명확하지 않다. 모순이 단순하고 명확해야 거기서 실천의 힘이 나온다는 것은 마오쩌둥과 덩샤오핑이 보여준 교훈이다. 시진핑은 이 교훈을 따르지 않았다. 주요 모순을 해결하기 위한 해법도 상충된다. 기업을 통한 경제 혁신은 강조하면서 불평등 해소를 위한 정부의 시장개입은 강화한다. 안에서는 통제를 강화하면서 밖에서는 자유무역에 기반을 둔 세계화를 외친다. 앞뒤가 맞지 않는 느낌이다. 최근 시진핑 사상에 정통하다는 중국 공산당원에게 '시진핑 사상의 핵심'을 물었다. 그는 한마디로 요약하면 '불망초심(不忘初心)'이라고 답했다. 초심을 잃지 말자는 얘기다. 사회주의를 과학으로 신봉하는 중국 공산당원의 설명치고는 비과학적이고 추상적이다.... 공산당의 지도라는 이름 아래 독재가 심해지면 하부구조인 경제와 상부구조인 정치 사이의 괴리는 더 커질 수도 있다." 노영우, "시진핑의 모순,"「매일경제」 2017-11-20.

서도 다음과 같은 따끔한 지적이 있다: "러시아의 푸틴도 경제개혁가로 시작했다. 하지만 시간이 지나자 침체된 도둑정치(kleptocracy)를 만들었다. 권력은 부패하기 마련이고, 절대 권력은 절대적으로 부패한다는 격언이 실감나는 대목이다."[498] 권력을 강화하는 한 부패가 없어지기는커녕 더 부패한다는 해석이므로 부패가 만연된 경제가 잘 나갈 것이라고 예측하는 것은 그 자체로 무리다.

시진핑 식 정치가 향후 경제발전에 부정적인 영향을 미친다는 점이 어느 정도 선명해진다. 그렇다면 정치경제 이론가들은 이 문제를 어떻게 바라보고 있을까?

> 시진핑의 현 정권은 억압정책을 의미하는 경성권위주의(Hard Authoritarianism)를 견지할 가능성이 높다. 지난 7년 동안 그랬고 지금도 변화의 기미는 보이지 않는다. 당연히 이미 불거진 중국 사회 내의 긴장, 그리고 당과 사회 간의 갈등이 더 고조될 수밖에 없다. 경성권위주의는 이미 진행 중인 공산당 위축과 쇠퇴를 가속화할 뿐이다. 통제 강화는 강건함이 아니라 취약성(weakness)을 대변한다.... 이러한 진단은 두 종류의 렌즈를 통해 다시 투영해 볼 수 있다. 우선 비교적 접근이 있는데, 새로 산업국가가 된 다른 권위주의 국가들과 견주어 보면, 권위주의 정치체제를 유지한 국가가 중진국 함정을 넘어 성공적으로 발전한 경우는 단 한 차례도 없었다. 민주적 정치제도를 동시에 성취한 국가도 존재하지 않았다. 위의 이행에 실패한 국가는 대부분 권위주의 정권으로 남게 된다. 여기서 경제개방과 정치개방이 상관관계가 있다는 점이 분명해진다. 따라서 경성권위주의가 지속되면 3중전회에서 채택된 경제개혁 방침을 실천할 수 있는 조건을 만들 수가 없다. 당연히 질긴 중진국 함정에 기약 없이 걸릴 수밖에 없고, 현

---

498) Wolf, "China is now exposed to one man's whims."

체제가 직면하고 있는 사회 문제는 더욱 악화된다.... 또 다른 렌즈는 레닌주의 공산당과 중국 공산당을 비교해 보는 것이다.... 역사적으로 레닌주의 공산당 국가가 오랜 기간의 조정에 성공한 사례는 존재하지 않는다. 한 가지 예외가 있다면 외형적으로는 공산당 국가가 아니지만 경성권위주의였던 대만의 국민당 정권이 1986년부터 레닌식 국민당 체제를 완전한 민주체제로 전환한 경우다.... 시진핑 이후 억압, 통제, 관료화 등으로의 회귀는 레닌식 레짐의 위축을 상징한다. 위축의 증거는 다음에서 찾을 수 있다. 먼저 당은 계속 선전선동을 강화하지만, 공산당 간부, 당원 그리고 일반 시민은 그것을 따르는 척을 할 뿐 진심으로 충성하지는 않는다.... 다음 레짐은 내부로 계속 썩어 들어가고 있다. 많은 경우 공산당원이기도 한 경제 엘리트들이 여차하면 중국을 떠날 준비를 마쳤다는 사실이 증거다.... 고액 자산 보유자의 무려 64%가 이민을 가거나 계획 중이라는 여론 조사가 존재한다.... 바로 이런 논리 때문에 중국식 레닌주의, 즉 경성권위주의는 경기침체, 사회불안, 그리고 공산당 정치의 쇠락으로 이어진다는 예측이 가능한 것이다.[499]

499) Shambaugh, *China's Future*, pp. 125–129. 특히 2012년 중국 고위층들의 재산 빼돌리기 열풍이 집중 보도된 적이 있다: “미국에 서버를 두고 있는 반중(反中) 인터넷 신문 보쉰(博訊)은 17일 국가민항총국(國家民航總局) 소식통을 인용, “올 한 해 베이징의 당·정 기관 내 과장급 이상 간부 중 베이징 공항을 통해 해외로 도주한 인원은 총 354명으로 사상 최고 기록을 세웠다”고 보도했다.... 보쉰은 이들이 3000억 위안(약 52조원)에 이르는 재산도 밀반출했다고 보도했다.... 중국 중앙은행인 인민은행은 지난해 6월 발표한 보고서에서 1990년대 중반 이후 해외로 도피한 부패 관료의 수가 1만6000~1만 8000명이며 이들이 반출한 재산이 8000억 위안이라고 밝힌 바 있다. 1인당 평균 5000만 위안(약 86억원) 전후였다.” 최유식, “中관료 354명, 11월 당대회前 거액 들고 해외도주: 출장 휴가로 출국 뒤 연락 두절, 새정부 출범에 司正 우려한 듯, 외환보유액도 급격히 줄어,” 「조선일보」 2017-11-20. 지난 10년간 실제로 빠져나간 돈은 훨씬 많다는 보도도 있다: “국제자금흐름을 추적하고 있는 미국 워싱턴의 그로벌파이낸셜인테그리티(GFI)는 2001–2010년 10년간 검은 돈 유출 규모가 중국 2조 7400억 달러(1위), 멕시코 4760억 달러(2위) 등이라고 보고서에서 밝혔다. 레이먼드 베이커 GFI

경제와 정치가 어떤 관계인지는 앞서 이론적으로 살펴봤다. 위의 분석 역시 정치경제학의 이론적 함의를 그대로 전하고 있다. 경제는 자유로워야 번영할 수 있고, 그것을 위해서는 권력이 통제, 절제, 정제돼야 한다는 간단한 논리가 또 다시 맞다는 사실이 드러나기 때문이다. 위의 설명은 경제침체(위기)와 정치체제 위축(붕괴)이 동시에 진행된다는 점을 보여준다. 경제와 정치의 상관관계를 따져보는 이유를 알 수 있는 대목이다. 그렇다면 시진핑 집권 이후 경제개혁 문제는 어떻게 처리됐을까? 앞서 리커창 총리가 선언했던 경제개혁 의지와 내용이 얼마 지나지 않아 경기부양책 남용으로 퇴색된 사실을 소개했다. 때문에 성장률의 급속한 하락을 두려워한 나머지 개혁 의지가 소멸된 것이 아니냐는 의구심이 불거졌다. 경제개혁의 후유증, 즉 저성장과 실업 증가, 그리고 국유기업의 가시적인 위축 등이 자아낼 사회 소요 사태 등 정치적 파장에 대한 염려가 당시 개혁을 주저한 원인으로 인식됐다. 다음을 통해 경제개혁이 미진했던 정치적 이유를 알 수 있다.

소장은 '중국은 엄청난 자금 불법 유출로 장기적인 사회 질서 유지가 불가능할 수도 있다'며 '중국경제는 시한 폭탄을 안고 있다'고 지적했다." 장진모(워싱턴 특파원), "中서 10년간 해외로 나간 '검은 돈' 2조7400억弗," 「한국경제신문」 2012-12-19; *The Economist*, "The flight of the renminbi." 그렇게 되는 이유를 전문가들은 다음과 같이 이해하고 있다: "자본이 해외로 유출되는 원인으로 정치사회적 문제를 들었다. 한 국내 중국전문가는 '중국은 공산당 수뇌부에서 지방관료까지 해외 밀반출이 일반화돼 있다'며 '정권의 풍향에 따라 부정 축재한 돈이 언제 압류될지 모르기 때문'이라고 말했다.... 뤄관(裸官: 벌거벗은 관리)은 중국에서 부패로 모은 재산을 해외로 빼돌리기 위해 부인과 아이들을 미리 국외로 내보낸 채 홀로 생활하는 관료를 말한다.... 뤄관들이 돈을 해외로 빼돌리는 이유는 부패 때문이다. 부패 관련 감찰이 진행될 조짐이 있으면 언제든 해외로 도망가 살 수 있다." 「한국경제신문」, "中 앞날 불안... 1년새 2257억弗 해외 도피," "권력이용해 돈 빼돌려 '裸官' 들통나면 해외로 도주," 2012-10-29.

정치적 안정, 이념 개방, 그리고 고속 경제성장은 개혁 시기 중국의 두드러진 특징이었다. 그러나 그것들은 이제 끝났다. 중국은 반개혁(counter-reform) 시기로 들어가고 있는 중이다. 개혁 시기 중국을 안정시켰던 요인은 한마디로 요약할 수 있다: '부분적 정치 제도화(partial political institutionalization).'… 시진핑 시절 초기에는 중국 지도자들이 이행(transition) 경제를 잘 운영 완수할 것이라는 낙관론이 있었다. 그러나 현재 낙관론은 약해지고 있다. 2013년 공산당 3중 전회에서 시진핑이 국유기업에 대한 철저한 개혁, 자원 배분에서 시장의 결정적인 역할 독려 등을 천명했을 때 많은 사람들은 그것을 반드시 필요한 구조 개혁 실행의 약속으로 간주했다. 그러나 그 후 개혁은 거의 이루어지지 않았다. 이 점에 대해 중국경제 연구기관인 케이브칼 용경제(GaveKal Dragonomis)의 간부 아더 크로버(Arther Kroeber)는 다음과 같이 설명했다: '경제개혁은 별 견인력이 없는 것 같다. 왜냐하면 그건 시진핑의 우선 관심 사항이 아니기 때문이다. 시의 최우선 순위는 공산당이 모든 일을 지도하는 것과 공산당 내에서 자신의 권력을 극대화시키는 것이다.'… 현재 공산당 간부들은 숫자 조작에 함몰돼 있고 사회 불만을 야기할 어떤 방책도 시행해서는 안 된다는 결기에 사로잡혀 있다. 상황이 이렇다 보니 시간이 갈수록 중국의 경제정책 결정은 조직화되지 못하고, 근시안의 단기적인 것에 머무르고 있다.[500)]

---

500) Karl Minzner, *End of An Era: How China's authoritarian revival is understanding its rise* (New York: Oxford University Press, 2018), pp. 32, 63-64. 결국 경제 우선주의가 정치 우선주의로 바뀐 것이 근본 문제라는 지적인데, 다음의 분석은 여기에 강경 대외정책도 한 몫 했다고 지적하고 있다: "덩샤오핑 방식의 핵심은 경제 우선주의였다…. 그러나 시진핑의 경우 정치 및 대외정책 우선주의가 경제를 자주 가로막고 있는 것으로 보인다. 이런 변화는 세계는 물론 중국 자신에게도 위험한 일이다." Gideon Rachman, "Xi's long march: China's president is leading the country on a risky path," *Financial Times*, 31 May 2016. 경제 개혁이 무산된 이유를 내부 반발에서 찾는 분석도 있다: "시진핑의 원대한 경제개혁 꿈

정치 우선 원칙이 경제를 망치고 있다는 의미이고, 바로 그런 이유로 개혁은 사실상 물 건너갔다는 해석이다. 마오쩌둥 시절의 정치 우위 상황이 재현되고 있는 셈인데, 그렇다면 중국경제가 위기에 봉착하는 것은 시간문제로 남을 가능성이 크다.[501]

은 결국 무산됐다. 개혁 프로그램은 강력하고 단단히 뿌리내리고 있는 국유기업 혹은 지방당 간부 등과 같은 이익 집단을 자극했다. 결국 이들은 개혁의 시행에 제동을 걸었다." David Shambaugh, "The Coming Chinese Crackup," *Wall Street Journal*, March 6, 2015.

501) 샴보 교수는 붕괴론까지 주장한다: "중국 공산주의가 언제 붕괴할지는 정확히 예측할 수 없다. 그러나 우리가 그것의 마지막 단계를 목격하고 있다는 점을 부인하기는 더더욱 어렵다(Ibid.)." 민주주의와 권위주의의 차이점을 통해 중국의 어두운 미래를 점치는 경우도 있다: "개발도상국들은 중국식 권위주의에 관심을 보이고 있다. 그러나 이는 가장 중요한 것을 간과하고 있다. 민주주의가 혼란스럽고 돈이 많이 드는 것은 맞다. 하지만 민주주의는 내부에 가는 길을 자동 조절하는 메커니즘을 지니고 있다. 정책이 잘못됐을 때 책임자는 선거 등을 통해 경쟁력을 더욱 갖춘 인물로 물갈이 된다. 그러나 권위주의 체제는 그런 조절 메커니즘이 없다. 리더들은 권력을 결코 포기하지 않고, 정책에 문제가 생기면 단지 자신들의 경험과 판단에 기초 해결책을 모색할 뿐이다.... 중국 지도자들이 정책 실수 없이 계속 갈 수 있다는 생각은 오류다. 심각한 문제가 발생할 때 중국 지도자들이 문제를 잘못 다루면 민중의 저항을 피하기는 힘들어진다." Barry Eichengreen, "China and the Future of Democracy," *Project Syndicate*, May 10, 2018.

제4장
결 어

제4장
결 어

오랜 연구 결과 중국경제의 문제점은 상당 부분 밝혀졌다. 원인을 안다는 것은 해법도 존재한다는 의미지만, 중국정부가 가시적인 조치를 취했다고 인정하기는 쉽지 않다. 이유는 무엇일까? 문제의 원인을 파악했으므로 경제 논리에 따라 해법을 추구하면 될 것이라고 생각할 수 있다. 그러나 중국에 대한 통합 연구는 문제가 간단치 않음을 보여준다. 사회주의 체제의 특성에서 비롯된 것이지만, 경제 운영과 정치 이해의 연계 현상이 문제를 복잡하게 만들었다. 특히 경제문제를 경제 법칙에 맞게 다루는 경우 정치적 이해가 잠식될 수 있는 구조가 문제였다. 경제문제의 이해를 위해 경제와 정치 분석 모두가 필요한 이유인데, 그런 인식에 기초 중국의 정치경제 구조와 이것의 문제점을 살펴봤다. 경제·정치 연계 현상이 중국만의 문제는 물론 아니다. 하지만 사회주의 체제가 유지되고 있는 중국에서 경제와 정치의 연계 정도는 다른 국가에 비해 당연히 강할 수밖에 없다.

제1절에서는 초기 중국공산정권의 경제 및 정치제도와 그것의 변화 과정을 살펴봤다. 당시 경제정책이 권력투쟁의 수단으로 전환된 것

은 대단히 흥미로운 대목이다. 여기서 쟁점은 경제학의 핵심 논제인 생산성 향상이었다. 완전 공유제는 생산성 향상과 역행한다는 점이 분명해지면서 일정 수준의 인센티브제가 필요해졌다. 이 문제는 그 후 중국경제 운영 방식을 결정하는 기준이 됐고, 부침을 거듭하며 현재에 이르고 있다. 여기서 정치와 경제의 기본 구조가 각기 다르다는 점은 중요한 의미를 지닌다. 정치 분야에서는 모든 것이 권력투쟁의 도구로 활용될 수 있기 때문이다. 포지티브 섬(positive-sum)의 경제 분야와는 달리 제로섬(zero-sum) 세계로 대변되는 정치 영역은 무한의 권력 추구가 특징이므로 경제 수단이 권력투쟁 도구로서의 역할을 다 한 후에는 다른 수단이 동원될 수도 있다는 의미다.

경제문제를 배제한 원리적 차원의 권력투쟁이 마오쩌둥 주도하에 전개됐다. 공산주의 이데올로기에 맞은 행동과 정책만이 공산주의 중국의 지향하는 바고, 바로 이를 위해 공산혁명을 단행했으므로 인센티브제와 같이 공산주의 철칙에 위배되는 모든 것은 그 자체로 모순이라는 주장이 세를 얻었다. 상황이 그렇게 흐르면 정의상 하부구조인 경제분야의 다양한 이슈는 의미를 상실하게 된다. 인간의 사고와 심성에 뿌리를 두고 있는 이데올로기 투쟁은 필히 경제를 침몰시킬 수밖에 없다. 초기의 전통은 지금까지 이어지고 있다. 최근 시진핑 주석이 자신의 권력 강화를 위해 사회주의 순수성을 강조한 현실은 역사의 반복성을 보여준다. 경제가 배제된 정치 영역에서의 투쟁은 역사적으로 강력한 지도자에 의해 주도되는 경우가 많았고, 따라서 지도자가 사라지는 경우 소멸될 가능성이 높아진다.

마오가 사망한 후 중국에서도 비슷한 상황이 전개됐다. 이데올로기 투쟁을 유지할 수 있는 강력한 지도력이 사라지자 논쟁은 다시 하부구조로 내려왔고 중국 초기의 권력투쟁 방식이 재현됐다. 덩샤오핑이 1978년 단행한 개혁개방정책은 과거 상부구조의 권력투쟁이 경제라는 하부구조로 다시 내려오게 된 계기였다. 그러나 논쟁의 대상은 과거보다 확대됐고, 더욱 복잡해졌다. 개혁개방의 핵심 내용인 시장경제원리를 어느 정도 수용할 것인지, 나아가 그것에 맞는 정치제도는 무엇이고 그것을 수용할 의사가 있는지가 논점으로 등장했다. 시장경제의 제한적 수용을 설명한 천윈의 조롱경제론, 그것을 넘어 시장경제의 확대를 추구한 자유주의자 자오쯔양의 사회적 시장경제론, 그리고 시장경제에 걸 맞는 정치체제의 변화를 주장한 민주화론 등의 혼재는 당시 복잡했던 중국의 사정을 보여준다.

1989년 천안문 사태를 통해 위의 상황이 정리됐다. 자유주의자들이 실권하면서 '중국은 기본적으로 사회주의 국가'라는 점, '국가 통제하에 시장원리를 제한적으로 수용'한다는 사실, 그리고 '중국의 기본 정치체제에는 변화가 없다'는 것 등이 확인됐다. 다만 경제 지상주의를 표방한 개혁개방 정신의 훼손 방지를 위해 덩이 남순강화를 단행하며 기존 경제운영의 기본 원칙은 유지됐다. 자유주의자들의 실권에도 불구하고 나머지 지도자들 대부분 역시 마오 시대의 피비린내 나는 정치투쟁의 희생자들이었다. 그들의 경험상 보복 없는 새로운 정치체제가 필요했고, 그러므로 이를 위한 공감대 형성에는 큰 문제가 없었다.

'연령상한,' '연임제한,' 정치국 상무위원의 발탁 가이드라인인 '칠상팔하(七上八下),' 그리고 차기 지도자 선출 지침인 '격대지정(隔代指定)' 원칙 등이 마련됐다. 과거 마오쩌둥 시절과는 달리 한 사람에게 권력이 집중되는 것을 방지하고 장기집권을 막기 위한 조치였다. 학문적으로는 두 가지 새로운 논점이 부각됐다. 우선 위의 정치제도와 경제성장은 어떤 관계일까? 다음으로 권력의 특성상 새 정치질서는 유지될 수 있을까? 전자의 경우 새 제도가 만들질 당시 경제 변수가 고려됐다는 증거는 찾기 힘들다. 즉 권력집중, 장기집권, 그리고 정치보복 방지라는 정치적 목적을 위해 새 정치질서는 형성됐다. 탄생 배경은 그러하더라도 새로운 정치제도가 경제발전에 일정 공헌을 했다는 후세의 평가는 존재한다: "중국 학자 후안강(胡鞍鋼)은 덩샤오핑이 설계한 집단지도체제가 있었기에 중국의 정치가 안정돼 경제가 발전할 수 있었다고 말한다." 서방전문가 역시 부분적 정치제도화라는 용어를 활용, 그와 유사한 평가를 내린 적이 있다: "개혁 시기 중국을 안정시켰던 요인은 한마디로 요약할 수 있다: 부분적 정치 제도화(partial political institutionalization)." 중국 역사상 처음으로 권력에 일정 수준의 규칙성과 투명성을 부여한 조치임은 분명했다.

더욱 중요한 두 번째 논점, 즉 새로운 제도가 유지될 수 있는가에 대해서 이 글은 부정적인 견해를 개진했다. 무한의 권력 추구가 특징인 권력 자체의 속성, 권력자 간의 상호 불신, 그리고 개혁개방 이후 두드러진 돈의 권력에 대한 침투, 즉 외부로부터 차단된 권력체계(insulated power system)의 붕괴 등이 원인이었다. 결국 권력의 지속 가능한 합리적인 운영은 다음의 조건이 충족되는 경우에만 가능하다는 결론이 도출됐다: 선거에 의한 정치지도자의 선출과 퇴출, 엄격한 임기제, 그리고 권력분립을 통한 권력의 분할과 상호 견제 등.

요약하면 덩샤오핑의 획기적인 개혁개방 정책은 경제성장이라는 과실을 선사했다. 하지만 시장원리의 확대 적용과 개인의 자율권 증진에는 한계가 있었다. 조롱경제론이 대변하듯 국가 주도, 즉 사회주의 방식의 경제 통제와 같은 기존의 제약을 극복하는 데도 가시적인 성과는 없었다. 후일 덩이 구축한 정치체제가 붕괴되는 현실을 통해 분명해지지만, '부분적 정치제도화' 역시 합리적인 권력 시스템은 아니었다. 이상이 초기 공산주의 중국 정치사의 개관인데, 중요한 것은 중국 지도자들 가운데 자오 등 극소수만이 경제번영과 권력의 상관관계를 이해했다는 사실이다. 설사 그것을 알았더라도 실천은 곧 기득권 양보를 뜻하므로 당시 지도자 대부분은 그럴 의사가 없었다고 이해할 수도 있다.

그렇다면 개혁개방 이후 형성된 중국경제의 기본 구조는 어떤 모습일까? 새로운 경제질서는 지속적인 번영을 보장할 수 있을까? 제2절의 핵심 주제였다. 거의 신화가 된 중국의 고속성장은 과연 중국만의 예외 현상일까? 구소련의 경제적 성과를 통해 중국만이 고속성장의 특별한 경우는 아니라는 사실이 밝혀졌다. 1960년대 이후 한국을 비롯한 동아시아 역시 중국과 비슷한 수준의 고속성장 혹은 그 이상의 업적을 남겼다. 고속성장의 비결과 문제점은 이미 상당 부분 알려져 있다. 소련과 동아시아는 "GDP 대비 투자 비율의 증가, 교육수준 향상, 농업분야로부터 다른 분야로 노동력의 재배치 등으로도 산출 증가가 가능하다 점을 보여줬다. 생산요소의 할당 혹은 배치와 자원의 분야 별 재배치, 다시 말해 자원의 동원력에 의존하는 경제성장이었다." 이로써 중국경제의 특징인 '투입 중심 경제성장 정책'이 무엇인지가 분명해진다. 과거 소련과 다른 점은 동아시아와 중국의 경우 세계화 덕분에 '수출주도형 정책'을 동시에 추진할 수 있었다는 사실이다.. 그렇다면 투입(투자)은 지속될 수 있을까? 경제이론은 수확체감의 법칙, 즉 자본의 한계효율 저하 때문에 그것이 불가능하다는 점을 분명히 하고 있다.

투입이 지속돼야 경제성장이 가능하므로 중국정부는 지금도 투입에 집착하고 있다. 문제는 그와 같은 정책 때문에 경제구조 왜곡 현상이 발생한다는 사실이다. 이 글에서는 기업, 금융, 지방경제, 부동산 등을 통해 왜곡의 정도를 살펴봤다. 국유기업 운영은 기업의 비효율에도 불구하고 자금이 지속적으로 투입되는 자원배분의 왜곡 현상으로 점철됐다. 구조조정이 필요하지만, 주룽지 총리 이후 현재까지 가시적인 조치는 없었다. 비효율적인 기업에 자금이 계속 흐를 수 있는 환경 뒤에는 국유은행이 존재했다. 중국 금융산업에서 절대적인 위상을 지니고 있는 국가 소유 국유은행 대출은 사실상 정부에 의해 결정된다. 결국 자금의 비효율적 배분은 중국 특유의 경제시스템과 공산주의 정치체제의 산물인 셈이다. 반작용으로 등장한 것이 그림자 금융이지만, 금융 위험성이 높아진다는 문제점을 피할 수 없었다.

지방경제 역시 고도성장의 부담을 지게 됐고, 당연히 투자를 독려할 수밖에 없었다. 지방정부 재정이 부동산 개발에 의존하는 구조가 형성되면서 부지 판매와 부동산 개발은 지방정부의 핵심 사업이 됐다. 문제는 과도한 투자의 부산물인 부동산 과잉이었는데, 지금도 중국을 뒤덮고 있는 부동산 버블(거품)의 이유를 설명해준다. 본문에서는 부동산 버블을 보여주는 각종 경제지표가 소개됐다. 중국인들의 소득 수준을 훨씬 웃도는 부동산 가격을 의미하는 버블은 하지만 지방정부의 입장에서는 어쩔 수 없는 선택이었다. 버블의 확장 개념인 부동산 활황이 지속돼야 토지 매각 수익을 취할 수 있기 때문이다. 바로 이것이 가계와 지방 부채가 늘어나는 핵심 원인이지만, 경제 원리상 거품이 지속되는 것은 불가능하다. 상황이 그러함에도 시장원리에 반하는 부동산 투자가 계속되자 "주택 배분의 왜곡이 발생했다. 버블이 특정 지역에서는 언제고 터질 수 있는 반면(급격한 가격 폭락), 다른 지역에서는 집값이 오르는 얼버무려진 모습이 나타나는 것이다. 그러므로 (그리스 신화의) 카산드라 예언이 모두 맞지는 않지만, 어떤 곳에는 적중한다고 말할 수 있다." 부동산 과잉과 시장 왜곡의 경제적 위험성을 아는 데는 무리가 없다.

투입 중심 경제의 구조 왜곡과 비효율성은 부채 증가 현상으로 귀결됐다. 자본의 한계효율 저하 현상을 중국의 거시경제 모델에 비춰보면 부채가 늘어나는 이유를 알 수 있다. 2007년 이전 효율이 좋은 때와 비교 현재 자본의 한계효율은 1/4로 하락했다. 지난 시절의 고성장을 유지하기 위해서는 과거 대비 무려 4배의 자본 투입이 필요하다는 뜻이므로, 그 많은 돈을 동원하는 것은 불가능하고, 나아가 효율 저하 때문에 투자의 상당 부분은 부채로 남게 된다. 그러나 중국정부의 성장률 집착은 여전하므로 부채 축소 혹은 억제는 여전히 난제로 남아 있다. 국유기업의 경우 수익률 저하에도 불구하고 구조개혁은 가시적으로 단행되지 않았다. 상황을 유지하기 위해서는 대형은행으로부터 더 많은 돈을 차입할 수밖에 없었고, 반대로 자금이 부족한 중소기업을 포함한 그 밖의 민간기업은 높은 수익률에도 불구하고 고리의 자금에 의존했다. 이 두 요소 모두가 기업부채가 계속 늘어나는 원인이고, 다른 개도국보다 월등히 많은 GDP 대비 170%라는 엄청난 기업부채의 배경이다.

지방정부 부채가 늘어나는 메커니즘은 앞서 설명한 바와 같다. 부동산을 매개로 가계부채 역시 늘어났다. 결국 기업, 지방정부, 가계 부채가 모두 증가하는 바람직하지 않은 구도가 형성된 셈인데, 다음의 통계는 문제의 심각성을 보여준다. 2017년 가계부채가 GDP의 50%까지 늘어난 현실, "중국 가계의 가처분 소득에서 부채가 차지하는 비중이 무려 82%"라는 사실, 그리고 "2008년 이후 중국 가계의 가처분소득은 연평균 12% 늘어나는 데 그친 반면 부채는 연평균 23% 증가했다"는 통계가 제시됐다. 지방정부 역시 부채의 늪에 빠졌다. 2013년에 이미 지방부채가 GDP의 40%에 이른다는 전직 고위 관리의 고백과

2018년 중국 전국인민대표대회 재정경제위원회 인중칭이 지적한 지방정부 부채 축소 의혹 등은 중국 고위 관계자의 발언이므로 안 믿을 이유가 없다.

이를 모두 합한 국가 총부채 규모가 공식적으로는 GDP 대비 260%지만, 300%를 넘을 것이라는 서방 전문기관의 계산은 중국 부채의 위험성을 보여준다. 심각성을 인식, 중국정부 역시 겉으로는 부채 감소 의지를 피력했지만, 부채 감소를 위한 가시적인 노력은 보이지 않았다. 바로 이것이 중국경제 위기론이 불거진 배경인데, 이제는 위기가 닥치는 것은 피하기 힘들고 그 시기가 언제냐에 대한 논쟁이 다음과 같이 확산되고 있다: "중국정부가 위기를 피할 수 있다는 주장이 존재한다. 중국 지도자들이 자신의 능력을 구조개혁 연기에 사용하고 싶은 유혹에 빠지게 하는 주장일 뿐이다. 하지만 천만의 말씀이다. 부채에 의존한 경제성장이 무한히 계속될 수는 없다. 개혁과 균형성장은 필수적이다. 개혁 없이 자본자유화를 단행하면 결과는 치명적이다. 다시 한 번 강조하지만 개혁은 피할 수 없다. 빠르면 빠를수록 상대적으로 좋을 뿐이다."

그렇다면 중국 당국이 문제에 대한 적극적인 처방을 회피하는 이유는 무엇일까? 경제적 관점에서 부채 축소는 투입(투자) 감소를 뜻하므로 경제성장률 저하를 피할 수 없다. 부채 축소 회피는 경제성장률 저하를 수용할 수 없다는 의미가 되는데, 중국 당국이 그런 입장을 취하는 데는 정치적인 까닭이 있다. 성장률 저하, 실업 증가 등이 불러올 정치적 파장, 즉 경제성장에 뿌리를 둔 공산당 지배 정통성의 훼손, 경제 침체와 실업 증가의 부산물인 사회동요 현상 등에 대한 두려움이 정치권에 팽배해 있기 때문이다. 이런 진단은 중국경제에 대한 깊은 이해를 위해서는 정치 변수에 대한 분석이 필요하다는 점을 알려준다. 제3절에서는 중국정치의 기본 메커니즘과 권력구도, 그리고 경제와 정치의 연계구조 등을 살펴봤다.

정치경제 이론은 중국이 권위주의 수탈적 정치체제를 지니고 있어 지속적인 경제발전은 힘들다는 입장을 개진하고 있다. 국가는 돈을 벌었지만 개인 소득 증가세는 상대적으로 빈약하다는 각종 통계를 통해 수탈적 체제의 특징이 드러났다. 문제는 그런 체제가 스스로 개혁하는 경우는 없다는 사실이다. 중국 역시 그럴 것이므로 중국경제의 미래를 어둡게 보는 정치경제적 견해에는 힘이 실린다. 개혁개방 이후 가시화된 경제와 정치의 결탁은 과거와는 분명 다른 현상이었다. 특히 정실자본주의와 부패 현상을 통해 결탁의 의미를 아는 데는 무리가 없다: "중국식 정실자본주의는 덩샤오핑식 권위주의 경제현대화 모델의 필연적인 결과다. 제어 장치가 없는 권력의 중심에 있는 정치 엘리트들은 경제발전의 산물인 부(wealth)를 가로채는 데 유용한 권력을 절제하지 못했다. 결국 중국의 부패는 공산당 일당 체제와 시장 간 혼인의 자손인 셈이다." 정경유착과 관련된 인물들이 기득권을 지키기 위해 수탈적 체제에 대한 변화 동력을 스스로 약화시킬 수밖에 없는 체제적 조건이 조성됐다고 보면 된다.

위와 같은 상황에서 돈은 결국 정치적 목적의 수단으로 진화했다. 정치 세력 유지를 위해서는 돈이 필요해졌고, 그것은 곧 결탁과 부패를 확산시켰다. 역사적으로 부패를 용인하는 사회는 없으므로 부패 적발은 처벌로 이어졌다. 같은 맥락에서 부패와 관련된 모든 것이 권력 투쟁의 핵심 수단으로 활용되는 새로운 상황이 전개됐다. 2000년대 발생한 권력투쟁에서 부패 처벌이라는 경제적 수단이 활용되지 않는 경우는 거의 없었다. 바로 이것이 과거 중국 중앙권력 유지의 핵심 기제였던 외부와 단절된 권력체계(insulated power)가 붕괴되는 원인이었다. 덩샤오핑이 심혈을 기울여 만든 집단지도 체제가 무너지는 이유 역시 맥락은 같다. 결과적으로 권력은 더욱 강화된 반면, 경제 및 사회체제의 유연성은 약화됐다. 문제는 중국의 현실과 맞지 않는 권력과 이념체계의 과거 회귀 현상은 경제에도 부정적인 영향을 미친다는 사실이다.

우선 중국 지도자들이 권력투쟁에 심취한 결과 경제문제를 다룰 기회가 적어졌다. 아니면 경제개혁이 정치 투쟁의 빌미를 제공할 수 있다는 우려 때문에 경제개혁이 미뤄지고 있다고 볼 수도 있다. "경제개혁의 후유증, 즉 저성장과 실업 증가, 그리고 국유기업의 가시적인 위축 등이 자아낼 사회 소요 사태 등 정치적 파장에 대한 염려가 당시 개혁을 주저한 원인으로 인식됐다"는 분석은 중국의 현실을 보여준다. 시진핑이 권력의 핵심에 포진한 후 가시적인 경제개혁은 별로 없었다. 중앙 및 개인 권력의 강화가 시장 중심 개혁이 필요한 중국경제를 침체 혹은 위기로 몰고 가는 현상, 그리고 유연성을 상실한 정치체제를 위축 혹은 붕괴시키는 상황이 동시에 전개되고 있다는 것이 전문가들의 진단이다. "권위주의 정치체제를 유지한 국가가 중진국 함정을 넘어 성공적으로 발전한 경우는 단 한 차례도 없었다"는 연구 결과는 중국의 딜레마를 대변한다.

이상의 분석에 기초 중국경제 위기론이 수면 위로 떠올랐다. 과거와 다른 점은 위기론이 전문가들 사이에서 상수로 자리 잡기 시작했다는 사실이다. 본 글의 말미에는 "중국경제가 위기에 봉착하는 것은 시간문제로 남을 가능성이 크다"는 예측이 있다. 중국의 경제위기가 임박했다는 의미인데, 그런 점에 비춰 전 영국 금융감독청장 아데어 터너의 예견은 눈여겨 볼만하다: "중국 정부가 앞으로 5년 정도 더 신용확대를 용인하는 정책을 유지하는 가운데 자본시장 자유화가 진행된다면, 2022년쯤엔 중국발 금융 위기가 닥칠 수 있습니다." 미국의 대중 경제압력을 포함해 중국의 대외경제관계는 이 글에서 다루지 않았다. 최근 미국의 경제압박이 지속되자 중국경제가 압력을 받고 있다는 증거가 속속 드러나고 있다. 이렇듯 중국의 대외 경제변수를 고려하면 2020년 이전에라도 경제위기가 발생할 가능성은 존재한다. 요컨대 중국의 경제위기는 시간문제라는 것이 이 글의 결론이다.

참고문헌

1. 단행본, 논문, 보고서, 에세이

강동수 편, 『중국 금융시스템의 발전과 도전: 한국경제에 대한 정책적 함의』 (서울: 한국개발연구원, 2011).

강동수·이준엽, "중국 기업의 자금조달 행태," 강동수 편, 『중국 금융시스템의 발전과 도전』.

강승호, "중국 부동산시장과 지방재정: 지방의 도시화정책과 재정적자가 부동산에 미치는 영향," 강동수 편, 『중국 금융시스템의 발전과 도전』.

강준영, "2011년 양회(兩會)의 4대 경제 이슈, 난제와 주요과제 분석," 대외경제정책연구원, 「CFS중국전문가포럼」 2011/02/22.

경기개발연구원, "차이나리스크와 한국경제의 새로운 도전," 「GRI Trends In Perspective」 제10호, 2013년 7월 16일.

구기보, 『중국금융론』 (서울: 삼영사, 2010).

권세훈, "중국 부실채권 시장의 변천과정 및 시사점," 자본시장연구원 「중국 금융시장 포커스」 2009년 11월.

김권식, "중국의 그림자금융 확산과 잠재위험 평가," 국제금융센터 2013/03/08.

김기수, 『동아시아 역학구도: 군사력과 경제력의 투사』 (서울: 한울아카데미, 2005).

______, 『국제통화금융체제와 세계경제패권』 (파주: 살림출판사, 2011).

______, 『중국경제 추락에 대비하라』 (파주: 살림출판사, 2012).

김동하, "독점 해체로 민영기업 육성 反부패칼날, 기득권층을 향하다," 「Chindia Plus」 November 2013.

김세호, "중국공산당의 중앙-지방 관계에 대한 구상과 제도화: 1921-

1954," 「中國現代史硏究」 第57輯 (2013).

金洙權, "中國의 經濟改革과 財政," 「亞洲社會科學論叢」 第7號 (1994).

______, "中國의 地方財政과 政府間, 財政關係," 「亞洲社會科學論叢」 第9號 (1995).

김윤경·윤인구, "중국 신탁상품 및 그림자 금융의 위험 점검," 국제금융센터 「Issue Analysis」 19 February 2014.

김은화, "중국 지방정부 채무 문제와 향후 정책방향," 자본시장연구원 「중국 금융시장 포커스」 2012년 4월.

______, "중국 과잉산업 현황과 산업 구조조정 방향," 자본시장연구원 「중국 금융시장 포커스」 2013년 가을호.

김의섭, "중국의 재정분권화와 중앙-지방 재정관계의 변화," 「한국지방재정논집」 제11권 제1호 (2006.06.).

김의섭·김은숙, "중국 재정분권화의 추이와 과제," 韓國財政政策學會 「財政政策論集」 第5輯 第1號 (2003년 2월).

김정계, 『중국의 권력투쟁사 1949-1978』 (서울: 평민사, 2002).

______, "고대중국 중앙의 지방에 대한 통제 전통: 일원화 전략을 중심으로," 「지방정부연구」 제11권 제2호 (2007).

______, 『中國의 中央과 地方 關係論: 執權과 分權의 辨證法』 (서울: 평민사, 2008).

김진철·이상만, "중국사회주의 '新政NEP'의 정치경제학," 「사회과학연구」 제7호 (1998 .12).

김한권, "2018 중국 양회와 한중관계," 국립외교원(IFANS) 「주요국제문제분석」 2018-17.

나카가네 카츠지, 『중국경제발전론』 이일영·양문수 역 (서울: 나남출판사, 2001).

노은형·강효백, "중국 국유상업은행 지배구조에 관한 법적 연구," 「경희법학」 제47권 제2호 (2012).

노철화(盧哲和), "中國의 對外經濟政策의 變化와 美國·日本과의 經濟關係,"

부산대학교 중국문제연구소 「중국문제연구」 Vol. 16 (1989.12.).

대한상공회의소, "중국의 임금수준 및 이상속도에 대한 진출기업 의견조사," 2011/03/0.

딩즈지에/쑨샤오주엔, "중국 상업은행 부실채권 연구," 강동수 편, 『중국 금융시스템의 발전과 도전』.

랑셴핑(郎咸平), 『부자 중국 가난한 중국인: 중국인의 삶은 왜 여전히 고달픈가』, 이지은 옮김 (서울: 미래의 창, 2011).

리핑진(李平進), "중국 생상과잉 문제의 원인과 영향," KIEP CSF 「중국전문가 포럼」 2016.06.03.

리우[劉金賀(Liu Jinhe)], "중국의 지방정부 부채위기," 중국삼성경제연구소 「SERI China Review」 제11-1호, 2011.01.20.

리창안(李長安), "수출지향형 발전전략 서둘러 조정해야," 대외경제정책연구원 「CFS중국전문가포럼」 2011/03/11.

모리스 돕(Maurice Dobb), 『소련경제사』 임휘철 옮김 (서울: 형성사, 1989).

박동준·오영연, "중국 불태화 정책의 현황과 향후 전망," 한국은행 「국제경제정보」, 제2011-24호, 2011.5.26.

朴月羅, "中國經濟의 地方 分權化 現況과 問題點," 對外經濟政策硏究院 「調査分析」 92-09, 1992년 12월.

______, "中國의 經濟改革과 中央·地方關係," 對外經濟政策硏究院 「調査分析」 97-15, 1997년 12월.

박지향, 『근대로의 길: 유럽의 교훈』 (서울: 세창출판사, 2017).

박진우, "중국 국유기업 개혁에 따른 국내업계 영향과 시사점," 한국무역협회 국제무역연구원 「TRADE FOCUS」 2017년 13호.

박찬일, 『중국 금융제도의 발전』 한국금융연구원 2003.05.

______, "중국의 내생적 금융개혁," 「규제연구」 2003년 제12권 제2호.

박춘원·장정·동애영·강미정, "중국 은행업의 부실대출 리스크 분석," 하나금융경영연구소 「China Economic Insight Series」 48, 2013년 3월 18일.

배리 노턴 지음, 『중국경제: 시장으로의 이행과 성장』, 이정구·전용구 옮김 (서울: 서울경제경영, 2010) [원전: Barry Naughton, *The Chinese Economy: Transition and Growth*].

사토 마사루, 『시진핑 시대의 중국: 중국은 과연 세계의 지배자가 될까』 이혁재 옮김 (파주: 청림출판사, 2012).

산업연구원, "중국의 호구제도 개혁 동향과 시사점," 「e-Kiet 산업경제정보」 제503호 (2011-05), 2011/02/16.

서봉교, "글로벌 금융위기 이후 중국 금융분야의 변화: 중미 관계에 대한 영향을 중심으로," EAI 「중국연구패널 보고서」 No. 6, 2012년 7월.

______, "금융규제 완화에 따른 중국 자산운용시장의 기회와 리스크," 강동수 편, 『중국 금융시스템의 발전과 도전』.

서봉교·이동률, "중국 정치·경제의 변화와 안정성 전망," EAI 「중국연구패널 보고서」, 2012년 4월.

서진영, 『21세기 중국 정치: 성공의 역설과 중국적 사회주의의 미래』 (서울: 폴리테이아, 2008).

신경식, "중국 당정기구 개편: 덩샤오핑式 당정분리 종언.... 당 조직이 전면에 나서 실행력 강화 위한 위원회 확대와 세제 개편에 주목해야," 「Chindia plus」 May/June 2018.

송기호, 『중국경제의 이해』 (서울: 청목출판사, 2008).

아마코 사토시, 『중화인민공화국 50년사』 임상범 역 (서울: 일조각, 2003).

안성훈, "중국의 통화정책 운영체계 변경 움직임," 한국은행 「국제경제리뷰」 제2017-22호, 2017.06.16.

양 타오(Yang Tao), "중국의 산업구조: 현황과 문제 및 향후 전망," 자본시장연구원 「중국 금융시장 포커스」, Special Issues, 2013년 가을호.

오대원, "중국 부동산 가격 적정성과 금융부실화 가능성 점검," KDB산업은행 「조사연구」 2012/04/15.

王松濤, 『中國 國有銀行의 變遷과 改革發展方案에 관한 硏究』 昌原大學校 經濟學博士學位論文 (2013년 7월).

웨이썬, “거대 유동성의 발생 원인과 해소 방안,”「LG 瞭望中國(China Insight)」 제33호 (2011.3).

유세희 편, 『현대중국정치론』 (서울: 박영사, 2005).

이기현, “중국 지방정부 불법토지개발 현상에 대한 원인 분석: 개혁기 중앙정부의 이익과 토지제도설계,”「國際政治論叢」 제49집 4호 (2009).

이덕훈, “中華經濟圈의 등장과 화교경제,”「生産性論集」 12/1, 1997년 12월.

이동수, “중국의 집단지도체제: 협상의 정치리더쉽,”「정치와 평론」 12, 2013.06.

이동욱, 『북한의 시장경제 모델 찾기: 중국과 북한의 금융개혁』, 삼성경제연구소 「SERI 연구에세이」 055 (2006).

이만용, “중국 FDI 유입 1조 달러 돌파,”「Chindia Journal」 2011.01.

이소양, “중국 지방정부 디폴트 가능성에 대한 최근의 논란,” KIRI 보험연구원 「Kiri Weekly」 2014.01.13.

이수행 외, 『전환기 중국경제와 지자체의 대응과제』 경기개발연구원 기본연구 2012-02 (2012년 6월).

이은영, “중국 지방정부 부채 리스크와 경착륙 가능성 점검,” KDB산업은행 「글로벌 경제이슈」 2013-06-26.

______, “중국의 포용적 금융정책과 주요 은행 사례 분석,”「산은조사월보」 제746호, 2018.01.

이정진, “중국 그림자금융 리스크 점검,” KB금융지주경영연구소 「CEO MEMO」 14-08호, 2014년 8호.

______, “중국 금리 자유화 추진 경과와 전망,” KB금융지주경영연구소 「KB 지식 비타민」 14-55호, 2014.7.16.

이종욱 외, 『한국의 금융·외환위기와 IMF』 (서울: 경문사, 1998).

이철용, “생산능력과잉, 향후 수년간 중국 경제에 부담,”「LG Business Insight」 2009.11.4.

______, “중국의 2차 산업 구조조정: 과잉·부실 규모보다는 추진 여건이 문

제다,”「LG Business Insight」 2016.8.17.

이치훈, “최근 차이나리스크 우려에 대한 평가와 시사점,” 국제금융센터 「Issue Analysis」 11 Feb. 2014.

이홍규·하남석·조성호, 『중국 경제성장에 있어서 중앙과 지방정부의 역할에 관한 연구』 경기개발연구원 위탁정책연구 2011-62, 2011년 12월.

임준환, “외환위기의 발생과 대응과정,” 이종욱 외, 『한국의 금융·외환위기와 IMF』.

자오쯔양(趙紫陽), 『국가의 죄수: 자오쯔양 중국공산당 총서기 최후의 비밀 회고록』, 장윤미·이종화 역 (서울: 에버리치홀딩스, 2010) [원제: *Prisoner of the State: The Secret Journal of Premier Zhao Ziyang*].

장정모, “중국 주택가격 버블에 관한 논의,” 자본시장연구원 「중국 금융시장 포커스」 2010년 10월.

전가림, “국부에서 민부로의 이동: 민생과 소득증대, 인플레이션 억제가 관건,” 대외경제정책연구원 「CFS중국전문가포럼」 2011/03/29.

전종규, “2014, 중국 부동산 버블 보고서,” 삼성증권 「Market Issue」 2014. 5.15.

전홍성, “개혁기 중국의 중앙과 지방관계,” 유세희 편, 『현대중국정치론』.

전용찬, “2017년 3분기 중국경제 현황과 전망,” 현대경제연구원 「경제주평」 17-41 (통권 766호), 2017.10.20.

정유신, “급성장하고 있는 중국금융산업의 현주소,”「Money」 2011년 2월.

정승욱, 『새로운 중국 시진핑 거버넌스』 (고양: 함께북스, 2013).

정형곤, 『체제전환의 경제학』 (서울: 청암미디어, 2001).

정환우, “중국의 분권화 개혁과 지방주도 성장의 정치경제,”「國際政治論叢」 제43집 2호, 2003년.

조경엽·허원제, 『일본의 잃어버린 20년과 한국에의 시사점』 한국경제연구원 「정책연구」 2012-08, 2012년 12월 13일.

조덕구(趙德九), “華僑資本에 관한 연구,” 서경대학교 사회과학연구소 「사회과학 논집」 제13집, 2001.12.

조성원, “중국의 내수 진작정책의 배경과 전망,” 자본시장연구원「중국 금융시장 포커스」2010년 11월.

조영남, “중국공산당 통치의 지속성과 정치적 기초,” 현대중국학회 한중국제학술회의「동아시아 신국제질서와 한중관계의 미래」, 발표 논문, 2007년 10월 5일.

______, “시진핑 ‘일인체제’가 등장하고 있는가?”「국제·지역연구」, 24권 3호, 2015 가을.

조종화·박영준·이형근·양다영,『동아시아 발전모델의 평가와 향후 과제: 영·미 모델과의 비교를 중심으로』대외경제정책 연구원 연구보고서 11-08, 2011년 12월.

조지 프리드만,『100년 후: 22세기를 지배할 태양의 제국 시대가 온다』손민중 역 (파주: 김영사, 2010) [원제: George Friedman, *The Next 100 Years*].

쩡지엔밍, “중국 산업은행의 발전과 과제,” 강동수 편,『중국 금융시스템의 발전과 도전』.

천즈우(陳志武),『자본의 전략: 금융을 꿰뚫는 자가 시장을 지배한다』조경희·한수희 역 (파주: 글항아리, 2010) [원제: *The Logic of Finance*].

______,『중국식 모델은 없다』박혜린·남영택 옮김 (서울: 메디치미디어, 2011) [원제: *China Model Never Exists*].

최의현, “중국 경제의 과잉투자 현상에 대한 실증적 연구,” 韓國東北亞經濟學會「東北亞經濟硏究」第19卷 第2號 (2007).

최진백, “중국 경제 위기론의 내용과 그 의미,” IFANS(국립외교원)「주요국제문제분석」2017-68, 2018년 3월 6일.

최필수, “중국 지방정부의 자금조달 실태와 중국 재정 상황 평가,” 대외경제정책연구원「KIEP지역경제포커스」Vol.5 No.21, 2011년 5월 17일.

한국금융연구원, “중국의 그림자금융시스템과 부작용,”「주간금융브리프」21권 32호, 2012/08/11-17.

______, “중국의 그림자금융과 은행시스템의 동반부실화 가능성,”「주간금융브리프」21권 48호, 2012.12.8-14.

한국은행, “중국 국유기업 개혁 추진과 전망,”「해외경제정보」제2006-47호, 2006 /05/29.

______, “중국 고성장에도 실업률이 하락하지 않는 이유,”「해외경제정보」제2006-63호, 2006/07/25.

______, “중국의 지방정부 부채 문제,”「해외경제정보」제2010-26호, 2010/06/30.

한국조세연구원,『중국 국유기업 개혁 연구 보고서』공공기관정책연구센터 2010.06.

______, “중국의 중앙·지방재정 현황과 시사점,”「조세·재정 BRIEF」2013.6.28.

한내희·김창도, “중국의 지방보호주의 현황과 전망,” 포스코경영연구소「China Weekly」제21호, 2004/04/09.

한재진·이부형, “부패와 경제성장: 부패만 해소 돼도 잠재 성장률 수준 회복,” 현대경제연구원「경제주평」12-18 (제489호), 2012.5.25.

함준호·동애영, “중국의 거시적 유동성: 평가 및 시사점,” 강동수 편,『중국 금융시스템의 발전과 도전』.

현대경제연구원, “중국 부동산 시장의 향방과 시사점,” 현대경제연구원「VIP REPORT」10-13 제440호, 2010/04/21.

홍원구, “중국의 고령화와 연금의 변화,” 자본시장연구원「중국 금융시장 포커스」2012년 04월.

황샹민(黃湘閩), “중국의 설비과잉 해소가 노동자 취업난에 미치는 영향 및 대책,” 한국노동연구원「국제노동브리프」2015년 11월호.

Alec Nove,『소련경제사(1)』배왕규 옮김 (서울: 명지출판사, 1989).

KIEP 북경사무소, “중국 그림자금융 리스크 확대와 대응조치,” 대외경제정책연구원「KIEP 북경사무소 브리핑」Vol.14 No.2, 2012년 2월 9일.

______, "중국 지방정부 부채 현황과 전망," 대외경제정책연구원 「KIEP 북경사무소 브리핑」 Vol. 13 No. 19, 2011년 12월 13일.

______, "중국의 과잉설비 문제 현황과 대책," 대외경제정책연구원 「KIEP 북경사무소 브리핑」 Vol. 16 No. 10, 2013년 8월 20일.

______, "중국의 높은 저축률에 대한 평가와 전망," 「CSF 이슈분석」 2017-09-01.

Acemoglu, Daron, and James A. Robinson, *Economic Origins of Dictatorship and Democracy* (Cambridge: Cambridge University Press, 2006),

_________, and James A. Robinson, *Why Nations Fail: The Origins of Power, Prosperity, and Poverty* (New York: Crown Business, 2012).

_________, Simon Johnson, and James R. Robinson, "Institutions as a Fundamental Cause of Long-run Growth," Aghion and Durlauf, eds., *Handbook of Economic Growth*, Volume 1A.

Aghion, Philippe, and Steven N. Durlauf, eds., *Handbook of Economic Growth*, Volume 1A (Amsterdam: Elsevier B.V., 2005).

Ahmad, Ehtisham, "Taxation Reforms and the Sequencing of Intergovernmental Reforms in China: Preconditions for a Xiaokang Society," Lou and Wang, eds., *Public Finance in China.*

Aizenman, Joshua, Menzie D. Chinn, and Hiro Ito, "Surfing the Waves of Globalization: Asia and Financial Globalization in the Context of the Trilemma," National Bureau of Economic Research, *Working Paper*, No. 15876 (April 2010).

Aksoy, Elif, "Chinese Corporates: High Leverage & Declining Profitability: Growing concerns about the health of the Chinese corporate sector," Institute of International Finance, *IIF Research Note*, March 2014.

Alagappa, Muthiah, ed., *Asian Security Practice: Material and Ideational Influences* (Stanford: Stanford University Press, 1998).

Allen, Franklin, Jun "QJ" Quin, Chenying Zhang, and Mengxin Zhao, "China's Financial System: Opportunities and Challenges," National Bureau of Economic Research, *Working Paper,* No. 17828 (February 2012).

Almond, Douglas, Lena Edlund, Hongbin Li, and Junsen Zhang, "Long-term Effects of the 1959-1961 China Famine: Mainland China and Hong Kong," National Bureau of Economic Research, *Working Paper*, No. 13384 (September 2007).

Balding, Christopher, "How Badly Flawed is Chinese Economic Data? The Opening Bid is $1 Trillion," August 14, 2013 (www.papers.ssrn.com /sol3).

Berger, Peter, and Ann Bernstein, "The Freedom Consensus," *The American Interest*, March-April 2011 (www.the-american-interest.com).

Bo, Fu, "China's Foreign Exchange Regime and Financial Policies," Department of Humanity and Social Sciences(Economics), University of Tsukuba, Japan (www.dspace-uniprit/bitstream/1889/894/.../RMB%20Exchange%20rate2.pdf).

Bremmer, Ian, "State Capitalism Comes of Age: The End of the Free Market?" *Foreign Affairs*, Vol. 88, No. 3 (May/June 2009).

Brus, Wlodzimier, "Political Pluralsism and Markets in Communist Systems," Solomon, ed., *In Pluralism in the Soviet Union: Essays in Honor of H. Gordon Skilling.*

Cappiello, Lorenzo, and Gianluigi Ferrucci, "The Sustainability of China's Exchange Rate Policy and Capital Account Liberalization," European Central Bank, *Occasional Paper Series,* No. 82 (March 2008).

Chamon, Marcos, Kai Liu, and Eswar Prasad, "Income Uncertainty and Household Savings in China," International Monetary Fund IMF, *Working Paper,* WP/10/289 (December 2010).

Chan, Lai-Ha, Pak K. Lee, and Gerald Chan, "Rethinking global governance: a China model in the making?" *Contemporary Politics*, Vol. 14, No. 1 (March 2008).

Chan, Szu Ping, "China's local government debt may be 1 trillion pound than estimated," (www.telegraph.co.kr/finance/china-business/9977951).

Chesneaux, Jean, *China: The People's Republic, 1949-1976*, Translated by Paul Auster and Lydia Davis (New York: Pantheon Books, 1979).

Chilcote, Ronald H., *Theories of Comparative Politics: The Search for a Paradigm* (Boulder: Westview Press, 1981).

Chovanec, Patrick, "China's Real Estate Bubble May Have Just Popped," *Foreign Affairs Snapshot*, December 18.

Corbett, Jenny, and Takatoshi Ito, "What should the US and China learn from the past US-Japan conflict?" Evenett, ed., *The US-Sino Currency Dispute: New Insights from Economics, Politics and Law*.

Corsetti, Giancarlo, Paolo Pesenti, and Nouriel Roubini, "What caused the Asian currency and financial crisis?" (www.stern.nyu.edu/globalmacro/asiacri2.pdf).

D'Arista, Jane, "U.S. Debt and Global Imbalances," Political Economy Research Institute, *Working Paper*, No. 136 (May 2007).

Davies, R. W., "Changing Economic Systems," Davies, Harrison and Wheatcroft, eds., *The Economic Transformation of the Soviet Union, 1913-1945*.

__________, Mark Harrison and S. G. Wheatcroft, eds., *The Economic Transformation of the Soviet Union, 1913-1945* (Cambridge: Cambridge University Press, 1994).

Dirlik, Arif, "Beijing Consensus: Beijing Gongshi. Who Recognizes Whom and What End." (www.chinaelections.org/uploadfile/200909/20090918025246335.pdf).

Dumbaugh, Kerry, and Michael F. Martin, "Understanding China's Political System," Congressional Research Service, *Report for Congress*, December 31, 2009.

Economy, Elizabeth C., "China's Imperial President: Xi Jinping Tightening His Grip," *Foreign Affairs*, November/December 2014.

Edin, Maria, "Local State Corporatism and Private Business," *The Journal of*

Peasant Studies, Vol. 30, Issue 3-4 (2003).

Eichengreen, Barry, "The Dollar Dilemma: The World's Top Currency Faces Competition," *Foreign Affairs*, Vol. 88, No. 5 (September/October, 2009).

__________, "Slowing China," *Project Syndicate*, March 9, 2011.

__________, Donghyun Park, and Kwanho Shin, "When Fast Growing Economies Slow Down: International Evidence and Implications for China," National Bureau of Economic Research, *Working Paper,* No. 16919 (March 2011).

__________, "Asia's Unhappy Anniversary," *Project Syndicate*, July 10, 2017.

__________, "China and the Future of Democracy," *Project Syndicate,* May 10, 2018.

Evenett, Simon, ed., *The US-Sino Currency Dispute: New Insights from Economics, Politics and Law* (London: Center for Economic Policy Research, 2010).

Fan, Joseph, Randall Morck, Bernard Yeung, "Capitalizing China," National Bureau of Economic Research, *Working Paper*, No. 17687 (December 2011).

Fedelino, Annalisa, and Raju Jan Singh, "Fiscal Ferderalism," Eswar Prasad, ed., "China's Growth and Integration into the World Economy: Prospects and Challenges," International Monetary Fund, *Occasional Paper*, 232 (2004).

Francois, Patrick, Francesco Trebbi, and Kairong Xiao, "Factions in Nondemocracies: Theory and Evidence from the Chinese Communist Party," December 16, 2017 (www.faculty.arts.ubc.ca/ftrebbi/research /ftx.pdf).

Frankel, Jeffrey, "On the Renminbi: The Choice between Adjustment under a Fixed Exchange Rate and Adjustment under Felxible Rate," National Bureau of Economic Research, *Working Paper,* No. 11274 (April 2005).

Guijun, Lin, and Ronald M. Schramm, "China's foreign exchange policies since 1979: A review of development and an assessment," *China Economic*

Review, 14(2003).

Gunter, Frank R., "Capital Flight from China: 1984-2001," (http://www .lehigh .edu/~incbeug/Attachments/Gunter%20-%20Capital%20Flight%20from %20China.pdf).

Halper, Stefan, *The Beijing Consensus: How China's Authoritarian Model will dominate the Twentieth Century* (New York: Basic Books, 2010).

Harrison, Mark, "National Income," Davies, Harrison and Wheatcroft, eds., *The Economic Transformation of the Soviet Union, 1913-1945*.

Hellman, Ronald G., and H. Jon Rosenbaum, eds., *Latin America: The Search for a New International Role* (New York: Wiley, 1975).

Herrero, Alicia Garcia, Stephen Schwartz, Le Xia, and George Xu, "China's shadow bank lending: a threat to financial stability?" *BBVA(Banco Bilbao Vizcaya Argentaria) Research Banking Watch Hongkong,* November 23, 2011.

Hoover, Calvin B., "Soviet Economic Growth," *Foreign Affairs*, Vol. 35, No. 2 (Jan 1957).

Horsefield, Keith, ed., *The International Monetary Fund 1945-1965: Twenty Years of International Monetary Cooperation, Volume III: Documents* (Washington, D.C.: International Monetary Fund, 1969).

Huang, Yasheng, *Selling China: Foreign Direct Investment During The Reform Era* (New York: Cambridge University Press, 2003).

__________, "Rethinking the Beijing Consensus," *Asia Policy,* No. 11 (January 2011).

Huang, Yiping, "Likonomics Policies in China," *East Asia Form,* 7th July, 2013 (www.eastasiaforum.org/2013/07/07/lokonomics-policies–in-china).

__________, Jiang Chang, Joet Chew, "China: Postcard from Beijing-What to expect from Likonomics?" *Barclays Capital Hong Kong*, 27 June 2013.

Huntington, Samuel P., "The Goals of Development," Winer and Huntington, eds., *Understanding Political Development.*

International Monetary Fund, "China's high savings: drivers, prospects, and policies," *IMF Country Report*, No. 17/248 (August 2017).

Jin, Keyu, "Overhauling China," *Project Syndicate,* Feb 11, 2016.

Krugman, Paul R., "The Myth of Asia's Miracle," *Foreign Affairs,* Vol. 73, No. 6 (November /December 1994).

Laeven, Luc, and Fabian Valencia, "Systemic Banking Crises: A New Database," International Monetary Fund, *IMF Working Paper*, WP/08 /224 (November 2008).

Lardy, Nicholas R., "Exchange Rate and Monetary Policy in China," *Cato Journal,* Vol. 25, No. 1 (Winter 2005).

Lau, Lawrence J., and Jungsoo Park, "The Sources of East Asian Economic Growth," *Paper presented at the Conference on International and Development Economics in Honor Henry Y. Wan, Jr.*, Cornell University, Ithaca, September 6-7, 2003 (www.stanford.edu/~ljlau/RecentWork / RecentWork/030921.pdf).

Lavigne, Robert, "Sterilized Intervention in Emerging-Market Economies: Trends, Costs, and Risks," *Bank of Canada Discussion Paper*, 2008-4 (March 2008).

Lawrence, Susan V., and Michael F. Martin, "Understanding China's Political System," Congressional Research Service, *Report for Congress*, March 20, 2013.

Lee, Il Hong, Murtaza Syed, and Liu Xueyan, "Is China Over-Investing and Does it Matter?" International Monetary Fund, *IMF Working Paper* WP/12 /277 (November 2012).

Levinger, Hannah, and Chen Li, "What's behind recent trends in Asian corporate bond markets?" *Deutch Bank Current Issues*, January 31, 2014.

Li, Jianjun, and Sara Hsu, "Shadow Banking in China: Institutional Risks," *Political Economy Research Institute Workingpaper Series,* No. 334, August 2013.

Li, Wei, and Dennis Tao Yang, "The Great Leap Forward: Anatomy of a Central Planning Disaster," *Journal of Political Economy*, Vol. 113, No. 4 (2005).

Lin, Guijun, and Ronald M. Schramm, "China's foreign exchange policies since 1979: A review of development and an assessment," *China Economic Review*, 14(2003).

Lin, Justin Yifu, "Collectivization and China's Agricultural Crisis in 1959-1961," *Journal of Political Economy*, Vol. 98, No. 6 (1990).

Lipset, Seymour, *Political Man: The Social Bases of Politics* (New York: Doubleday, 1960).

Liu, Lili, "Creating Regulatory Framework for Managing Subnational Borrowing," Lou and Wang, eds., *Public Finance in China.*

Ljungwall, Chirister, Xiong Yi and Yutong Zou, "Central Bank Financial Strength and the Cost of Sterilization in China," Stockholm School of Economics, *CERC Working Paper*, 8 (May 2009).

Lou, Jiwei, and Shuilin Wang, eds., *Public Finance in China: Reform and Growth for a Harmonious Society* (Washington D.C.: The World Bank, 2008).

Lyons, Thomas P., *Economic Integration and Planning in Maoist China* (New York: Columbia University Press, 1987).

Mann, David, Chidambarathanu Narayanan, John Caparusso, Prabhat Chandra, "Asia Leverage Uncovered," *Standard Chartered SCout Global Research,* 01 July 2013.

McCulley, Paul, "Teton Reflections," *PIMCO Global Central Bank Focus*, 09 /01/2007.

McKinnon, Ronald I., *Money and Capital in Economic Development* (Washington, D.C.: Brookings Institution, 1973).

McMahon, Dinny, *China's Great Wall of Debt: Shadow Banks, Ghost Cities, Massive Loans, and the End of the Chinese Miracle* (Boston: Houghton Mifflin Harcourt, 2018).

Miller, Alice, "The Trouble with Factions," *China Leadership Monitor,* No. 46

(www.hoover.org/sites/default/files/research/docs/clm46am-2.pdf).

__________, "The Work System of the New Hu Leadership," *China Leadership Monitor*, No. 24.

__________, "The Bo Xilai Affair in Central Leadership Politics," *China Leadership Monitor*, No. 38.

__________, "The Work System of the Xi Jinping Leadership," *China Leadership Monitor*, No. 41.

Minzner, Karl, *End of An Era: How China's authoritarian revival is understanding its rise* (New York: Oxford University Press, 2018).

Montinola, Gabriella, Yingyi Qian, and Barry R. Weingast, "Federalism, Chinese Style: The Political Basis for Economic Success in China," *World Politics*, 48 (October 1995).

Morris, Wayne M., "China's Economic Rise: History, Trends, Challenges, and Implications for the United States," Congressional Research Service, *CRS Report for Congress* (December 17, 2013).

North, Douglas C. "Institutions," *Journal of Economic Perspectives,* Vol. 5, No. 1 (Winter 1991).

Oi, Jean C., "Fiscal Reform and the Economic Foundation of Local State Corporatism in China," *World Politics,* Vol 45, No. 2.

Olsen, Kelly, "Lies, damn lies, and China's economic statistics," August 15, 2013 (www.theage.com.au/action/id=4664081).

Owyang, Michael T., and Hannah G. Shell, "China's Economic Data: An Accurate Reflection, or Just Smoke and Mirrors?" *The Federal Reserve Bank of St. Louis, The Regional Economist*, Second Quarter 2017.

Packenham, Robert A., Liberal America and the Third World: Political *Development Ideas and in Foreign Aid and Social Science* (Princeton: Princeton University Press, 1973).

Pan, Wei, "The Chinese Model of Development," Oct 11, 2007, London (http: // fpc.org.uk/fsblob /888.pdf).

Pearson, Margaret M., *China's New Business Elite: The Political Consequences of Economic Reform* (Berkeley: University of California Press, 1997).

Pei, Minxin, "Is China Democratizing?" *Foreign Affairs*, Vol. 77, No.1 (January / February 1998).

__________, "China's Governance Crisis," *Foreign Affairs*, Vol. 81, No. 5 (September/ October 2002).

__________, *China's Trapped Transition: The Limits of Developmental Autocracy* (Cambridge: Harvard University Press, 2006).

Peltier, Christine, "Debt catching up with China," *Conjuncture*, February 2014.

Perkins, Dwight H., "Reforming China's Economic System," *Journal of Economic Literature*, Vol. XXVI (June 1998).

Pozsar, Zoltan, Tobias Adrian, Adam Ashcraft, and Hayley Boesky, "Shadow Banking," Federal Reserve Bank New York, *Economic Policy Review*, December 2013.

Prasad, Eswar, ed., "China's Growth and Integration into the World Economy: Prospects and Challenges," International Monetary Fund, *Occasional Paper,* 232 (2004).

__________, and Shang-Jin Wei, "The Chinese Approach to Capital Inflows: Pattern and Possible Explanations," *IMF Working Paper*, WP/05/79 (April 2005).

Radelet, Steven, and Jeffrey D. Sachs, "The East Asian Financial Crisis: Diagnosis, Remedies, Prospects," *Brookings Papers on Economic Activity*, 1: 1998.

Ramo, Joshua C., The Bejing Consensus (London: The Foreign Policy Center, 2004).

__________, *Brand China* (London: The Foreign Policy Center, 2007).

Rajan, Raghuram G., *Fault Lines: How Hidden Fractures Still Threaten the World Economy* (Princeton: Princeton University Press, 2010).

Rawski, Thomas G., "What is happening to China's GDP statistics?" *China*

Economic Review, 12 (2001).

Reklaitis, Victor. "China's GDP at 6.9%? Try 3%: Analysts react to latest growth figures," (https://www.marketwatch.com/story/chinas-gdp-at-69-try–3-analysts–react-to-latest-growth-figures-2015-10-19).

Robinson, Joan, "Chinese Agricultural Communes," *Co-Existence*, No. 1 (May 1964).

Rodrik, Dani, *One Economics, Many Recipes: Globalization, Institutions, and Economic Growth* (Princeton: Princeton University Press, 2007).

Ronald G. Hellman and H. Jon Rosenbaum, eds., *Latin America: The Search for a New International Rol*e (New York: Wiley, 1975).

Roubini, Nouriel, "China's Bad Growth Bet," *Project Syndicate*, April 14, 2011.

__________, and Stephen Mihn, *Crisis Economics: A Crash Course in the Future of Finance* (New York: The Penguin Press, 2010).

Schlesinger, Arthur, Jr., "The Alliance for Progress: A Retrospective," Hellman and Rosenbaum, eds., *Latin America: The Search for a New International Role.*

Setser, Brad, "The Chinese Conundrum: External financial strength, Domestic financial weakness," CESifo Concerence on "Understanding the Chinese Economy," October 27, 2005 (www.qcpages.qc.cuny.edu/~ussher/setser05 .pdf).

Shambaugh, David, *China's Communist Party: Antrophy and Adaptation* (Washington D.C.: Woodrow Wilson Center Press, 2008).

__________, *China's Future* (Malden, MA: Polity Press, 2016).

Shen, Wei, "Shadow Banking System: Origin, Uniqueness and Governmental Responses," *Journal of International Banking Law and Regulation,* Issue 1 (2012).

Shirk, Susan L., *China: Frgile Superpower* (New York: Oxford University Press, 2007).

Shaw, Edward S., *Financial Deepening in Economic Development* (New York: Oxford University Press, 1973).

Smith, Adam, *An Inquiry into the Nature and Causes of the Wealth of Nations,* Edwin Cannan, ed., with an introduction by Max Lerner (New York: The Modern Library, 1965, first published in 1776).

Solomon, Susan G., ed., *In Pluralism in the Soviet Union: Essays in Honor of H. Gordon Skilling* (New York: St. Martin's Press, 1983).

Stiglitz, Joseph E., *Globalization and Its Discontents* (New York: W. W. Norton and Company, 2002).

__________, "The Transition from Communism to Market: A Reappraisal after Years," *Paper presented at the annual meeting of the European Bank for Reconstruction and Development*, London, May 21-20, 2006.

Thomson, Michael J., "The Price of Heavenly Peace: Tiananmen Square 15 Years Later," *Logos* 3.2 (Spring 2004) (www.logojournal/issue3.2 /thompson. pdf).

Walter Carl E., and Fraser J. T. Howie, *Red Capitalism: The Fragile Financial Foundation of China's Extraordinary Rise* (Singapore: John Wiley & Sons Pte. Ltd, 2011).

Wang, De, Li Zhang, Zhao Zhang, and Simon Xiaobin Zhao, "Urban Infrastructure Financing in Reform-era China," *Urban Studies*, 48(14), November 2011.

Wang, Gungwu, *China and the World Since 1949: The Impact of Independence, Modernity and Revolution* (New York: St. Martin's Press, 1977).

Wang, Yongzhong, "Effectiveness of Capital Controls and Sterilizations in China," *China & World Economy*, Vol. 18, No. 3 (2010).

Williamson, John, "What Washington Means by Policy Reform," *Peterson Institute for International Economics,* 1990 (www.piie.com/publcations / papers).

Winer, Myron, and Samuel P. Huntington, eds., *Understanding Political Development* (Boston: Little, Brown and Company, 1987).

Wray, L. Randall, and Yolanda Fernandez Lommen, "Monetary and Fiscal Operations in the People's Republic of China: An Alternative View of the Options Available," Asian Development Bank, *ADB Economics Working Paper Series*, No. 380 (October 2013).

Wu, Jing, Joseph Gyourko, and Yongheng Deng, "Evaluating Conditions in Major Housing Markets," National Bureau of Economic Research, *Working Paper*, No. 16189 (July 2010).

Xiao, Fengjuan, and Donald Kimball, "Effectiveness and Effects of China's CapitalControls," (www.faculty.washington.edu/karyiu/confer/bejing06/papers /xiao-kimball.pdf).

Xinbo, Wu, "China: Security Practice of a Modernizing and Ascending Power," Alagappa, ed., *Asian Security Practice.*

Xu, Chenggang, "Chinese Reforms and Chinese Regional Decentralization," *The paper presented at the London School of Economics*, 29 November 2006 (www.Policydialogue.org/files/events/Xu_Chinese_Reform_and_Chinese _Regional_Decentralization.pdf).

Yang, Dennis Tao, "Aggregate Savings and External Imbalance in China," *Journal of Economic Perspectives*, Vol. 26, No. 4 (Fall 2012).

__________, Jusen Zhang, and Shaojie Zhou, "Why are saving rates so high?" National Bureau of Economic Research, *Working Paper*, No. 1677 (February 2011).

Yao, Yang, "The End of Beijing Consensus: Can Chin's Model of Authoritarian Growth Survive?," *Foreign Affairs Snapshot*, February 2, 2010 (www .foreignaffairs.com/print /65914).

Young, Alwyn, "Lessons from the East Asian NICs: A Contrarian View," National Bureau of Economic Research, *Working Paper*, No. 4482 (October, 1993).

__________, "The Tyranny of Numbers: Confronting the Statistical Realities of the East Asian Growth Experience," National Bureau of Economic Research, *Working Paper*, No. 4680 (March 1994).

Zhang, Chenying, "Sterilization in China: Effectiveness and Cost," Financial Institutions Center, *The Warton School Working Paper*, #10-29 (September 2010).

Zhang, Zhichao, "Capital Controls in China: Recent Developments and Reform Prospects," (www.papers.ssrn.com/sol13/papers.cfm?abstract_id=883647).

Zheng, Yongnian, *De Facto Federalism in China: Reforms and Dynamics of Central-Local Relation*s (Singapore: World Scientific Publishing Co., 2007).

2. 언론 분석, 보도, 통계

강동균, "'시진핑 사상' 中國 공산당 당헌에 명기... 1人 천하 굳혔다."「한국경제신문」 2017-10-25.

김경민, "중국 대형은행들, 지난해 부실채권 규모 두 배 껑충,"「이데일리」 2014-03-31.

김명호, "천안문 사태 후 덩샤오핑 '지금 은퇴하는 게 가장 유리,'"「중앙 SUNDAY」 2017-09-24~25.

______, "김명호의 중국 근현대: 세페이(광둥성 서기), 오랫동안 학수고대하던 노인(덩샤오핑)이 온다,"「중앙 SUNDAY」 2107-10-08~09.

______, "김명호의 중국 근현대: 덩샤오핑, 우(友)를 견제해야 하지만 좌(左) 방지가 더 중요,"「중앙 SUNDAY」 2107-10-15~16.

김수진, "규제 사각지대 '그림자 금융'... 중국도 칼 꺼냈다."「한국경제」 2012-03-18.

김충남, "꼬리스크 中 최대 불확실성,"「문화일보」 2018-03-23.

노영우, "시진핑의 모순,"「매일경제」 2017-11-20.

니사 고팔란, “마윈이 은퇴한 진짜 이유,” 「조선일보」 2018-09-14~15.

「동아일보」, “저우융캉, 정변 모의... 장쩌민도 제거 시도,” 2013-12-23.

리롄창, “중국 시위 하루 500건 넘어 이 중 40%는 농민이 주도,” 「중앙 SUNDAY」 2013-02-03.

마이클 패티스(Michael Pattis) 교수 인터뷰, “中, 부채 늪에 빠져 10년간 연 3% 저 성장 접어들 것,” 「중앙SUNDAY」, 2013-07-14~15.

「매일경제신문」, “中, GDP 70% 육박 그림자금융 손본다,” 2014-01-18.

______, “소로스, 중국 그림자금융 위험,” 2013-04-10.

______, “짙어지는 중국발 경제 스모그... 세계 경제도 숨이 턱,” 2017-05-30.

______, “석유재벌 예젠밍 구금 정적 제거 고삐 죄는 시진핑,” 2018-03-03.

______, “내부의 적이 무서워... 中 , 치안에 210조원 썼다,” 2018-03-06.

______, “급증하는 中 지방정부 부채... 대수술 나선 시진핑,” 2018-04-24.

메이젠핑, “中 부동산 거품 막으려면 정부 토지 독점 폐지해야,” 「한국경제」 2013-01-07.

무역연구소(KITA), 『중국무역통계』 (http://kita.net/newtri/china/indicator).

______, 『중국의 외국인 투자』 (http://kita.net/newtri2/china/indicator/indicator).

「문화일보」, “中 ‘지방정부 경제통계 조작’ 시인,” 2016-12-09.

박만원, “시진핑·리커창 갈등에 中공청단 벼랑끝,” 「매일경제」 2016-05-03.

샹빙(項兵), “中시장서 관시 필요하지만 핵심은 아니야,” 「조선일보」 2013/01/05~06.

손성원, “중국경제 연착륙, 부동산이 관건이다,” 「한국경제」 2012/06/22.

스타인 링겐, “이념화하는 시진핑의 중국에 대한 경고,” 「중앙일보」 2016-04-06.

신경진, “시, 후계자 지명 않고 정치국 장악... 장기집권 길 열었다,”「중앙일보」 2017-10-26.

안용현, “中 법원은 黨 하부 조직... 獨自 판결 못해,”「조선일보」 2013-11-08-27.

______, “피바람 부는 사우디 왕가,”「조선일보」 2017-11-07.

야오 양, “중국경제 진정한 위협은 실물경제가 아니라 불안한 그림자 금융,”「조선일보」 2014-03-15~16.

엔디 셰, “거품 키우는 부양책, 자금 수혈 중독된 환자 같아,”「조선일보」 2017-04-29.

「연합뉴스」, “특집: 중국 개혁.개방 20년, ①눈부신 경제발전,” 1998-12-10.

______, “보시라이 처벌은 반부패 투쟁의 위대한 승리,” 2013-11-09.

「연합인포맥스」, “中 부채 GDP 대비 300% 넘은 듯... 中 언급 안 해,” 2017-08-02.

예영준, “‘의법치국(依法治國)’ 어디로 갔나,”「중앙일보」 2015-06-15.

______, “‘핵심 당 중앙’ 호칭 꿰찬 시진핑, 장기집권 걸림돌 제거,”「중앙 SUNDAY」 2016-10-30.

______, “별 하나가 3년 만에 별 셋... 시진핑, 측근으로 군권 장악,”「중앙일보」 2017-09-25.

______, “새 상무위원 5인: 시진핑의 칼 자오러지, 복심 리잔수... ‘중국 키신저’ 왕후닝,”「중앙일보」 2017-10-26.

위용딩, “中, 감속 외치지만... 올해 성장률 목표치 웃돌 것,”「조선일보」 2012-03-31.

______, “中경제 비관적 예측 한번도 맞은 적 없어... 요즘도 다르지 않다,”「조선일보」 2014-04-19~20.

유상철, “링지화는 왜 몰락했나,”「중앙일보」 2015-01-07.

______, “비리 흘려 압박, 불륜 터뜨려 ‘대못... 시진핑 부패척결 공식,”「중앙일보」 2015-01-26.

______, "중국 권력 교체의 길... 긍정의 역사와 격대지정 시스템," 「중앙일보 J 플러스」, 2016-01-11.

이길성, "태자당 출신 시진핑, 전임 후진타오 세력에 칼 빼들다," 「조선일보」 2016-05-14.

인남식, "사우디 왕자의 난... 앞으로 무슨 일이," 「매일경제」 2017-11-29.

임명묵, "시진핑의 중국: 덩샤오핑의 세 가지 유산(1978-2002)" (www.slownews.kr/66491).

장빈, "중국 내수 살아났지만... 제조업 과잉이 문제," 「조선일보」 2009-06-27~28.

장진모, "中서 10년간 해외로 나간 '검은 돈' 2조7400억弗," 「한국경제신문」 2012-12-19.

제프리 게드민, "경제 번영 원한다고? 문제는 바로 지배구조와 法治야," 「조선일보」 2013-11-02~03.

「조선일보」, "중국식 발전 모델은 없다... 4-5년 내 심각한 위기 맞을 것," 2010-10-23~24.

______, "中 빈부격차 한국보다 심각: 부자들 미친 듯이 명품 사냥," 2011-03-10.

______, "보시라이 8일 전 회견이 해임의 도화선 됐다," 2012-03-17.

______, "왕리쥔, 보시라이 가족 부패 조사하다 괘씸죄," 2012-03-19.

______, "거품 붕괴 예측 두 번 적중한 로버트 실러 美 예일대 교수," 2012-06-01.

______, "中 올 부동산 거래 35% 줄어.... 버블 붕괴 직전," 2012-07-20.

______, "중국의 '고무줄 GDP' 또 논란," 2013-01-31.

______, "中 그림자금융, 대부분 개인이 투자...," 2013-08-26.

______, "中 저우융캉, 시진핑 암살하여 했다(홍콩 명경망 보도)," 2013-12-06.

______, "저우융캉, 16조원 넘게 부정 축재... 정부 29명 둔 백계왕," 2014-12-08.

______, "경호 투톱 교체,.. 커지는 시진핑 신변 위협설," 2015-03-26.

______, "아데어 터너 전 영국 금융감독청장이 보는 브렉시트·글로벌 경제," 2016-07-03.

______, "형제에 주던 왕권, 아들 주려다… 사우디판 이방원의 난," 2017-11-09.

______, "시진핑, 中석유재벌 구금... 장기집권 위해 '반대파 돈줄' 제거," 2018-03-03.

______, "시진핑, 석유재벌 '화신'도 국영화... 상하이방 옥죄기," 2018-03-05.

중국인민은행(The People's Bank of China), 『人民银行历次存款利息调整对照表』(http://www.boc.cn/finadata/lilv/fd31/index.html).

______, *Gold and Foreign Exchange Reserves* (http://www.pbc.go.cn/publish/html).

「중앙일보」, "총 저축률 30년 만에 최저 추락," 2012-12-13.

______, "중국도 3代에 걸쳐... 태자당 권력·富 대물림," 2013-05-07.

______, "중국 경제불안 이제 시작," 2013-07-23.

______, "뇌물에 혹 했나... 중국 '과거시험' 지원자 20년 새 344배," 2013-11-08.

______, "쌍규 통보하자 쓰러진 저우융캉... 보시라이와 공모해 시진핑 암살 시도 혐의," 013-12-06.

______, "中 지방정부, 그림자금융 의존 ↑ .. 일부 디폴트 가능성," 2014-01-07.

______, "7.5%... 중국, 성장속도 안 줄인다," 2014-03-06.

______, "크림반도 러에 귀속돼도 시계경제 탈선 안 해: 펠스타인 하버드대 교수 초청 강연 (인터뷰)," 2014-03-18.

______, “중국, 은밀한 돈 풀기... 또 71조원 긴급 투입,” 2014-12-16.

______, “링지화 축재 15조원,” 2015-01-21.

______, “궁지에 몰린 부패 관료의 역습... 시진핑 6차례 암살 모면,” 2015-02-26.

______, “중국군 별 달려면 18억원 사병 입대는 180만원 뇌물,” 2015-03-14.

______, “中, 부채위기? 곪아 터질 때까지 경제는 달릴 수밖에: 중국 경제는 하드랜딩(경착륙)할 것이다. 부서질 수밖에 없다.” 2017-05-16.

______, “미국, 긴축 모드로 돈줄 더 죄면 중국 경제 짓누르는 빚 폭탄 터질까,” 2017-07-06.

______, “인터뷰: 볼셰비키 혁명 이후 암울한 러시아 봤다면 마르크스 경악했을 것,” 2017-11-04.

______, “중국판 버핏 우샤오후이(안방보험 회장)의 몰락... 태자당 돈줄 끊기,” 2018-02-26.

______, “유상철의 전격 인터뷰: 시진핑의 장기 집권 야망 말하는 중국학 개척자 서진영 교수: 국가주석 임기 없앤 시진핑 최소 2035년까지 집권 생각,” 2018-03-09.

지해범, “‘시(習) 황제의 중국’을 다시 봐야 하는 진짜 이유,” 「조선일보」 2017-08-23.

천즈우(陳志武), “중국식 발전 모델은 없다… 4~5년 내 심각한 위기 맞을 것,” 「조선일보」 2010-10-23~24.

최유식, “中관료 354명, 11월 당대회前 거액 들고 해외도주: 출장 휴가로 출국 뒤 연락 두절, 새정부 출범에 司正 우려한 듯, 외환보유액도 급격히 줄어,” 「조선일보」 2017-11-20.

______, “시진핑, 장쩌민계 軍 장성 등 440명 날리고 군부 틀어쥐었다,” 「조선일보」 2018-01-31.

최형규, “최고 권력에서 최고 참모로 전락한 수재,” 「중앙일보」 2017-12-08.

크리스토퍼 발딩, “거품 경제 부르는 中 정부... 이제 그만 신용 억제 정책 써라,” 「조선일보」 2016-05-14.

______, “중국 GDP만 보고 시장 진출하지 마라 망하기 싫으면,” 「조선일보」 2016-10-01.

타오동 CS 수석 이코노미스트 인터뷰, “중국 2005년부터 양적완화... 자산 거품 키웠다,” 「중앙일보」 2014-09-03.

「한국경제신문」, “우징롄 국무원 학술위 부주임 ‘中 기술진보 못하면 중진국 함정에 빠질 위험: 자본투입에만 의존시, 성장 한계에 부딪혀,’” 2012-07-30.

______, “中 앞날 불안... 1년새 2257억弗 해외 도피,” “권력이용해 돈 빼돌려 ‘裸官’ 들통나면 해외로 도주,” 2012-10-29.

______, “엉터리 中회계... 상장사 절반 ‘분식’ 의혹,” 2013-01-18.

______, “中 4% 성장 그칠 수도, IMF, 경제개혁 경고,” 2013-07-18.

______, “중국 1월 수출 ‘깜작 증가’ 왜 무역만... 또 의심 눈초리,” 2014-02-13.

______, “中, 돈 풀어 ‘7.5% 성장’ 지킨다,” 2014-03-06.

______, “中 ‘리코노믹스’ 1년 만에 종언 고하나,” 2014-05-02.

______, “시진핑 vs 리커창: 중 경제정책 정면충돌,” 2016-05-19.

______, “부채비율 350% 위험한 수준... 위안화 40% 폭락할 듯,” 2016-05-25.

______, “시진핑과 또 충돌…리커창 교체설” 2016-07-23.

______, “위안화 약세 지속, 中 외환위기 올 수 있어,” 2016-12-31.

______, “안방보험 전격 국영화... 中자본의 민낯,” 2018-02-24.

______, “시진핑 ‘태자당 재벌’에 칼날 화신에너지 경영권도 박탈,“ 2018-03-22.

______, “가계빚 벌써 7조 달러 ... 中 경제성장 견인해 온 내수 빨간불,” 2018-04-26.

______, “중국 모든 상장사에 공산당 조직 강제 설치,” 2018-06-20.

한우덕, “중국 총부채 33조 달러 ... GDP 대비 304% 경계 수준,” 「중앙일보」 2017-06-29.

Aderlini, Jamil, “Xi’s crackdown on corruption is strictly by Chinese book,” *Financial Time*, September 5 2013.

__________, “China weighs state rescue of developer,” *Financial Times,* March 19 2014.

__________, “Property slowdown fuels China fears,” *Financial Times,* May 14 2014.

__________, “Lehman-style crisis unlikely but danger lies in the shadows,” *Financial Times*, April 15 2014.

__________, “Enduring suspicion weighs on capitalists in China,” *Financial Times*, 1 March 2018.

Asia News, “Crisis in China: 64 million empty apartments,” 09/15/2010 (www.asianews.it).

Basu, Prasenjit, “China’s crisis is coming – the question is only how big it will be,” Financial Times, April 28 2014.

Beauchamp, Zack, “The purge in Saudi Arabia: It is the most volatile period in Saudi history over a half-century,” *Vox*, November 6, 2017 (www.vox.com/world/2017/11/6/16613088/saudi-rabia-princes-arrested-mohammed-bin-salman).

Beech, Hannah, “China’s Chairman: While growth on the economy slows, Xi Jinping builds a personality cult with echoes of Mao – and some members of the Communist Party aren’t happy,” *Time*, April 11, 2016.

Bloomberg, “China’s Princelings Build the Wrong Kind of Capitalism,” (www.bloomberg.com/china-s-princelings-build-the-wrong-kind-of-capitalism).

__________, "Immortals Beget China's Capitalism," (Immortals-beget-chinas–capitalism).

__________, "Mapping China's Red Nobility," (www.bloomberg.com/multimedia/mapping-chinas-red-nobility).

Bradsher, Keith, "Chinese Data Mask Depth of Slowdown, Executives Say," *New York Times*, June 23, 2012.

__________, and Alexander Stevenson, "Beijing Takes Over Anbang, Insurer That Owns Waldorf Astoria," *New York Times*, February 22, 2018.

Browne, Andrew, "Mr. Market Seeks True Reform," *Wall Street Journal,* October 23, 2013.

Buckley, Chris, "China Takes Aim at Western Ideas," *New York Time*, August 19, 2013.

CEIC Data(Economic Databases for Emerging and Developed Markets), *China Premium Database* (www.ceicdata.com).

Chang, Groden, "China's New 'Secret Stimulus' Program: Likonomics Is Dead," *Forbes*, 8/18/2013 (www.forbes.com/sites/gordenchang/2013/08/18/chinas-new-secret-stimulus-program-likonomics-is-dead).

Chin, Josh, "China Spends More on Domestic Security as Xi's Powers Grow," *Wall Street Journal,* March 6, 2018.

Chinability, *China's economy in figures, FDI inflows into China* (http://www.chinability.com/FDI.htm).

__________, *China's foreign exchange reserves* (http://www.chinability.com/Reserves.htm).

__________, *GDP Growth in China* (http://www.chinability.com/GDP.htm).

__________, *The rise of foreign direct investment(FDI)* (http://www.chinability.com/FDI.htm).

China Business News, "Chinese banks' NPL ratio may hit 30%," September 21, 2011 (www.cnbusinessnews.com/chinese-banks-npl-ratio-may–hit-30).

Choi, Chi-kyu, "The big questions about missing tycoon: why and why now?" *South China Morning Post*, 20 February, 2017.

Choyleva, Diana, "Weaker China growth is exactly what the global economy needs," *Financial Times*, 21 January 2016.

Hughes, Jeniffer, "Communist party control written into laws at China's big companies," *Financial Times*, 15 August 2017.

Fernando, Gavin, "Xi Jinping's abolition of the two-term limit is based on weakness, analysts say," (https://www.news.com.au) February 28, 2018.

Forsythe, Michael, "Panama Papers Tie More of China's Elite to Secret accounts," *New York Times*, April 6, 2016.

Fung, Esther, "China's Pricey Housing: New-Home Costs to March Higher; Signs of Panic Buying," *Wall Street Journal*, October 23, 2013.

Hornby, Lucy, "Revival of 'comrade' as approved party greeting leaves gay China in confusion," *Financial Times*, 15 November 2016.

__________, "Beijing's crackdown on private companies is part of an effort to exert more control over the economy as fears grow of risks to national security," *Financial Times*, 10 August 2017.

Ito, Takatoshi, "China's property bubble is worse than it looks," *Financial Times,* March 16 2010.

J. P. Morgan, "China: the concept of total social financing," *Economic Research Global Data Watch*, February 22, 2013.

Keqiang, Li, "China will stay the course on sustainable growth," *Financial Times*, September 9 2013.

Kynge, James, "Beijing steps up crackdown on credit," *Financial Times,* April 16 2014.

Magnier, Mark, "China's Better-Than-Expected GDP Prompts Skepticism From Economists," *Wall Street Journal*, 19 October, 2015.

Magnus, George, "China's national problems start in local government," *Financial*

Times, May 20 2013.

McKinsey & Company, "What's next for China?" (www.mckisey.com/insights / asia-pacific/whats_next_for_china).

McMahon, Dinny, "Watch the bad Debt, S&P Warns Chinese Indirect borrowing by local government is core of the problem as lending doubles to $1.4 trillion," *Wall Street Journal*, March 19, 2010.

Michell, Tom, "China speculation grows Xi will defy two-term tradition," *Financial Times*, 12 October 2016.

Ng, Eric, and Xie Yu, "Miller, Ken, "What if China Bubble Bursts?" *Time*, October 17, 2011.

Noble, Josh, and Paul J Davies, "China billionaire calls for reforms," *Financial Times*, August 22 2013.

Nobel, Joseph, and Simon Ravinovitch, "Fitch downgrades China's credit rating," *Financial Times,* April 10 2013.

Orlik, Tom, "China Data May Mask Risks," *Wall Street Journal*, February 25, 2013.

Page, Jeremy, and Lingling Wei, "Xi's Power Play Foreshadows Historic Transformation of How China Is Ruled," *Wall Street Journal,* December 26, 2016.

Pilling, David, "China's hunt for tigers and flies is doomed to fail." *Financial Time,* July 24 2014.

__________, "China's economic facts and fakes can be hard to tell apart," *Financial Times*, September 17 2015.

Rabinovitch, Simon, "China's banks stave off local government loan default," *Financial Times*, January 30 2013.

__________, "IMF warns China on reform timetable," *Financial Times*, July 18 2013.

__________, "Corruption investigation at the oil group will spark profound commercial message: Probe points to shake-up for Petro China," *Financial Times*, September 18 2013.

__________, "Property prices in urban areas raise fears of overhang," *Financial Times*, October 23 2013.

__________, "China trusts bring contrasting fortunes," *Financial Times*, January 2 2014.

__________, "Beijing 'put' falters as China balks at stimulus," *Financial Times*, May 1 2014.

Rachman, Gideon, "Xi's long march: China's president is leading the country on a risky path," *Financial Times*, 31 May 2016.

Reuters, "China's GDP is 'man-made', unreliable: top leader," December 6, 2010 (www.reuters.com).

__________, "Moody's lowers China outlook after Fitch downgrade," April 16, 2013 (www.reuters.com/assets).

Said, Summer, Benoit Faucon and Georgi Kantchev, "Plea for Money Preceded Saudi Crackdown on Elites," *Wall Street Journal*, January 29, 2018.

Sender, Henny, "China groups fuel growth of shadow banking," *Financial Times,* September 7 2011.

__________, "Chinese munis will help curb shadow banks," *Financial Times*, April 16 2014.

__________, and Don Weinland, "Within a year, Wu Xiaohui has gone from being one of China's most high-profile businessman to facing an 18-year jail sentence," *Financial Times*, 15 May 2018.

Shambaugh, David, "The Coming Chinese Crackup," *Wall Street Journal*, March 6, 2015.

Smith, Craig S., "China Reports 7.8% Growth in Economy," *New York Times*, July 18, 2001.

Sparshott, Jeffrey, "WSJ Survey: China's Growth Statements Make U.S. Economists

Skeptical," *Wall Street Journal,* September 12, 2015.

Stancati, Margherita, "Mohammed bin Salman's Next Saudi Challenge: Curtaining Ultraconservative Islam," *Wall Street Journal*, January 10, 2018.

Tang, Frank, "Why Chinese officials are suddenly coming clean over cooking the books," *South China Morning Post*, 17 January 2018.

__________, "'One leak and we'll all drown': top Chinese lawmaker raises alarm over river of local government debt," *South China Morning Post,* 14 March 2018.

The Council of Economic Advisers, *Economic Report of the President, Transmitted to the Congress* (Washington D.C.: US Government Printing Office, 2010).

The Economist, "A topsy-turvy world," Sep 14th 2006.

__________, "Yuan small step: China and the dollar," July 9th 2009.

__________, "China's Succession: The nest emperor," October 23rd 2010.

__________, "China's financial system," December 11th 2010.

__________, "China's New Leaders: The princelings are coming," June 25th 2011.

__________, "State-owned enterprises the stat advances." October 6th 2012.

__________, "The flight of the renminbi: Economic repression at home is causing more Chinese money to vote with its feet," Oct 27th 2012.

__________, "Local-government debt: Counting ghosts," January 4th 2014.

__________, "Housing Market: Double bubble trouble," March 22nd 2014.

__________, Special Report China: "Building the dream," April 19th 2014.

__________, Special Report International Banking: "Shadow and Substance," May 10th 2014.

__________, "Corruption: No Ordinary Zhou," August 2nd 2014,

__________, "Corruption and the Economy: Is anti-graft anti-growth?" August 2nd 2014.

__________, "Beware the cult of Xi," April 2nd 2016.

__________, "Chairman of everything: In his exercise of power at home, Xi Jinping is often ruthless. But there are limits to his daring," April 2nd 2016.

__________, "China's Financial System: The Coming debt bust," May 7th 2016,

The Financial Times, "The family fortunes of Beijing's new few," July 11 2012.

__________, "Shaking China," July 21-22 2012.

__________, "China should not fear slower growth," April 16 2013.

__________, "Bo Xilai is not alone in the dock," August 26 2013.

__________, "Analysis: A place to call home," October 21 2013.

__________, "China holds out a promise of reform: But only deeds, not words, will show Beijing's seriousness," November 14 2013.

__________, "China Property: In search of shelter," April 3 2014.

__________, "Beyondbrics GDP data queried," April 17 2014.

__________, "Analysis: Addicted to debt," May 13 2014.

The New York Times, "China's Wanda Signals Retreat in Debt-Fueled Acquisition Binge," July 10, 2017.

__________, "In China, Herd of 'Gray Rhinos' Threatens Economy," July 23, 2017.

The South China Morning Post, "Beijing watches out 'grey rhino' and 'black swan' in the jungle of financial risks," 19 July, 2017.

__________, "China detains CEFC's founder Ye Jianming, wiping out US$153 million in value off stocks," 2 March, 2018.

The Wall Street Journal, "A Chinese Echo of 1980s Japan," July 25, 2017.

Time, "Crossing the red line," May 7, 2012.

__________, "Big Brotherhood," October 22, 2012.

Yu, Xie, "China's battle plan against tycoons prompts Xiao Jianhua firms to sell

US$23 billion of assets," *South China Morning Post*, 09 March 2018.

Wigglesworth, Robin, and Gabriel Wildau, "After the financial crisis, a group of investors placed big bets on the collapse of China's economy..." *Financial Times*, 22 January 2018.

Wolf, Martin, "China's struggle for a new economy," *Financial Times,* March 26 2014.

__________, "Debt troubles within the Great Wall," *Financial Times*, April 2 2014.

__________, "Too big, too Leninist: A China crisis is a matter of time," *Financial Times*, December 13 2016.

__________, "China is now exposed to one man's whims," *Financial Time*s, 28 February 2018.

Wong, Edward, and Neil Gough, "As China's Economic Picture Turns Uglier, Beijing Applies Airbrush," *New York Times*, February 25, 2016.

Wong, Richard, "The Chinese billionaire who rides the tiger can never get off," *South China Morning Pos*t, 07 February 2017.

Wu, Harry X., "China's Growth and Productivity Performance Debate Revisited: Accounting for China's Sources of Growth with New Data Set," The Conference Board New York, *Economics Program Working Paper Series* #14-01, January 2014.

Xuecun, Murong, "Shame on China," *New York Times,* March 21-22, 2015.

찾아보기

ㄱ

가계저축률 67, 68, 90, 91
경기부양책(stimulus) 74, 83, 102, 122, 138, 139, 150, 152, 153, 154, 155, 168, 227, 237, 281
경성권위주의(Hard Authoritarianism) 279, 280
경자유전(耕者有田) 7, 8, 9, 11, 22
경제개발 5개년계획 54, 208
경제위기 147, 151, 154, 155, 162, 165, 166, 296, 297
경제특구(經濟特區) 19, 20, 27, 28, 64, 122, 235
계급투쟁 15, 17, 26,
공급 분야의 왜곡 82
공급 측 구조개혁 86
공청단파(共青團派) 41, 262, 263, 264, 266
과잉경제 63, 73, 163
과잉생산 79, 80, 81, 82, 87, 90, 136, 155
과잉설비 79, 82, 83, 84
과잉투자 63, 79, 80, 81, 90
과학발전관(科學發展觀) 200
관다오(官到) 23
구조조정 76, 77, 79, 83, 84, 85, 86, 87, 150, 192
국가 조합주의 207
국공 내전 7
국공합작 5, 8
국유기업(SOEs: state-owned enterprises) 68, 71, 73, 74, 75, 76, 77, 78, 79, 80, 81, 84, 85, 86, 87, 92, 93, 97, 101, 102, 105, 106, 109, 110, 111, 114, 115, 121, 122, 139, 148, 149, 153, 157, 160, 165, 191, 192, 193, 194, 195, 207, 211, 212, 227, 228, 231, 232, 245, 262, 281, 282
국유기업자산법(國有企業資産法) 76
국유상업은행 66, 70, 90, 99, 100, 101, 102, 115
국유자산관리감독위원회 76
국유화 8, 223
국제통화기금(IMF) 154
그림자 금융/은행(shadow banking) 102, 103, 104, 105, 106, 107, 108, 109, 110, 111, 113, 114, 115, 117, 118, 133

금리 왜곡 95,
금리 규제 97, 98
금융억압(financial repression) 98, 102, 113, 139
금융위기 74, 79, 82, 83, 85, 86, 89, 92, 96, 99, 102, 103, 111, 114, 131, 133, 138, 140, 144, 145, 150, 151, 159, 161, 162, 163, 165
금융자산관리공사(AMC: Asset Management Company) 99
기회비용 손실 136, 138, 140
관시(關係) 202, 228

ㄴ

남순강화(南巡講話) 28, 29, 34, 67, 191, 216, 289
내권(內眷) 60
노동의 한계효율 60
농가청부생산책임제(農家請負生産責任制) 22, 121

ㄷ

당우위론 269
당장(黨章) 231, 267, 269
당정분리 269
당헌(黨憲) 39, 40, 200, 231, 267
대약진 운동 9, 10, 12, 13, 14, 16, 17, 19, 26, 27, 57, 189, 195
도덕적 해이(moral hazard) 104, 112
도시화(urbanization) 82, 126, 130, 133, 145, 146, 178

ㄹ

레닌(Lenin)식 196, 280
렌트(rent) 추구 192, 193, 195, 197, 198, 206, 230, 247, 252
뤄관(裸官) 281
리커노믹스(Likonomics) 152, 153, 237, 244
리커창 지수 233, 234, 240, 241

ㅁ

마르크스-레닌주의 5, 267
문화대혁명(文化大革命) 14, 15, 17, 18, 26, 27, 31, 35, 38, 189, 195, 202, 269, 270
민간금융/사금융(Informal Finance) 102, 106, 147
민영화(privatization) 76, 77, 78, 105, 172, 174, 192, 193, 207, 227

민주집중제 6
밍톈(明天)그룹 229, 230

ㅂ

바이쇼우타오(白手套 · 흰 장갑) 228
방권양이(放權讓利) 65
봉건주의 5, 12,
부동산 과잉 127, 134, 140, 141, 142, 143, 144, 145, 146, 147, 149, 292
부실대출 95, 97, 101
부실채권(NPL: non-performing loan) 79, 84, 87, 94, 98, 99, 100, 101, 115, 147, 160, 179
분로취반(分爐吃飯) 121
분세제(分稅制) 124, 125, 126, 129, 131, 149
분업(division of labour) 174, 175, 176

ㅅ

사회 서비스(social services) 93
사회융자총액(total social financing) 106, 107, 116, 160
사회주의 시장경제 3, 29, 48, 77, 78, 79, 101, 148, 190
산업전환(industrial reconversion) 87
3개 대표론 201, 207, 226, 267
상하이방(上海帮) 41, 85, 215, 218, 228, 229, 262, 263, 264, 266
샤오강 마을(小岡村) 22
샹첸칸(向錢看) 23
선부론(先富論) 18, 19, 200
선택적 억압 206
성장 지상주의 127, 149
소공자(princelings) 204, 229
소련(USSR) 5, 6, 8, 9, 10, 21, 30, 32, 53, 54, 55, 56, 57, 58, 63, 64, 69, 88, 177, 183, 271, 272
소유와 자유 173
수탈적 경제체제 181
수확체감의 법칙 59, 63, 89, 291
숙군(肅軍) 260
시자쥔(習家軍) 260, 261, 263, 264
시진핑 사상 267, 278
신경제정책(NEP: New Economic Policy) 54
신권위주의 25, 31, 32, 36, 276

신민주주의 7, 8, 11, 12
신해혁명 5
실사구시 18
실용주의 11, 12, 13, 14, 16, 17, 18, 19, 272
쓰촨(四川) 21, 196

ㅇ

안방보험(安邦保險) 223, 224, 225, 226, 228, 229, 230
알리바바 112, 227
양개범시론(兩個凡是論) 17, 19
양적완화(QE) 161
연임 제한 4, 33
예금금리 91, 94, 115
예대 마진 97, 115
예대금리 차이 94, 115
5대 대형 국유은행 71
완다(万达) 226, 230
유형자본 61
융자플랫폼(finance vehicle) 130, 131,132
의법치국(依法治國) 208, 255, 256
인민공사(人民公社) 10, 14, 16, 22
인민일보(人民日報) 86, 164, 211, 236, 262, 263, 269
인프라 투자 81, 129, 130, 133
일로취반(一爐吃飯) 119, 121
일반적인(impersonal) 175, 177, 240
1인 지배체제 260, 268, 274, 276
임기제 4, 33, 274, 290

ㅈ

자본의 한계효율 59, 88, 89, 147, 148, 150, 151, 160, 291, 293
자산관리상품(WMP: wealth management products) 106, 107, 117, 143, 225
자원배분의 왜곡 10, 97, 138, 292
장기집권 229, 264, 266, 267, 268, 289, 290
재산세(property tax) 133, 134
재정포간제(財政包干制) 120, 124
전략산업 75, 97
정경분리(政經分離) 26
정경유착 203, 204, 295

정변(政變) 220, 255
정실자본주의(crony capitalism) 165, 195, 196, 295
정실주의(patronage) 193, 195, 198, 227
정치국 상무위원 17, 21, 34, 35, 36, 39, 40, 42, 43, 215, 219, 220, 222, 244, 261, 262, 263, 265, 266, 268, 274, 289
제도 외 자금 126
제후경제(諸侯經濟) 123
조대방소(抓大放小) 76, 191, 192
조롱경제론(鳥籠經濟論) 76, 189, 190, 289, 290
조방형 경제발전 79
조화사회(和諧社會) 200
주보론(主補論) 189, 190
주식제 은행 71
주자파(走資派) 8, 11, 12, 13, 14, 15, 16, 19, 20, 35
중국 특색 사회주의 268, 269
중국경계론 195
중국몽(中國夢) 268
중국석유(페트로차이나) 109, 262
중외합자경영기업법(中外合資經營企業法) 19, 64, 65
GDP 디플레이터(deflator) 238
지방경제 78, 81, 119, 120, 123, 124, 126, 127, 135, 147, 149, 291, 292
지방보호주의 123, 124
지방부채 133, 153, 158, 159, 293
지방분권화 121, 130, 193
지방분리주의 124
집단 시위 258
집단지도체제 38, 40, 41, 245, 246, 247, 249, 251, 265, 266, 269, 272, 274, 276, 290

ㅊ

천안문 사태 23, 25, 26, 27, 29, 30, 31, 32, 34, 36, 38, 44, 47, 172, 186, 190, 197, 207, 259, 289
청부경영책임제 75
총저축률 90
총요소생산성(TTL: total factor productivity) 59
치안 비용 258, 259
칠상팔하(七上八下) 34, 35, 274, 289

ㅌ

태자당(太子黨) 41, 86, 210, 215, 224, 225, 228, 230, 262, 263
토지사용권 양도수익(토지 판매 수익) 128
통수통지(統收統支) 119, 122
통화팽창 24, 160, 161, 163
투입 의존 경제 61, 69
투자의 회임 기간 129

ㅍ

평화적 진화(peaceful evolution) 25, 32, 277
포섭전략(co-optation) 206, 207
포용적 경제체제 181
푸싱(復星)그룹 230

ㅎ

하이난(海航)항공(HNA) 230
해서파관(海瑞罷官) 15
현대화 이론 178, 180, 185
혼합경제 7, 11, 12, 54
혼합소유제 77, 78
화신(華信)그룹 228, 229, 230
화평연변(和平演變) 25, 32, 277
회색 코뿔소론(Gray Rhinos) 163
후일 보상(deferred gratification) 96
홍얼다이(紅二代) 228
흑묘백묘론(黑猫白猫論) 11, 14

인명

구카이라이(谷開來) 216
궈창광(郭廣昌) 230
덩샤오핑(鄧小平) 4, 9, 10, 11, 13, 15, 16, 17, 18, 20, 21, 22, 25, 26, 27, 28, 30, 31, 33, 34, 35, 36, 37, 38, 39, 40, 41, 42, 44, 48, 57, 64, 67, 76, 93, 119, 124, 127, 171, 177, 182, 186, 189, 195, 196, 200, 210, 216, 217, 223, 224, 245, 246, 251, 260, 267, 269, 270, 272, 274, 277, 278, 282, 288, 290, 295, 296

덩저루이(鄧卓芮) 224
레닌(Lenin) 5, 6, 7, 54, 196, 197, 267, 279, 280
류샤오치(劉少奇) 11, 13, 15, 16, 26, 260
리셴녠(李先念) 36, 216
리커창(李克强) 41, 42, 86, 151, 153, 154, 218, 233, 234, 236, 240, 241, 242, 244, 260, 262, 263, 264, 265, 281
리펑(李鵬) 36, 38, 39, 41
린뱌오(林彪) 15
링지화(令計劃) 219, 220, 221, 244, 257, 262, 265
마오쩌둥(毛澤東) 5, 7, 8, 9, 10, 12, 13, 14, 15, 17, 20, 26, 30, 33, 35, 41, 42, 44, 47, 182, 210, 226, 259, 260, 266, 267, 269, 270, 278, 283
마윈(馬雲) 227, 230
막스 베버(Max Weber) 178
미셸 부커(Michele Wucker) 164
보시라이(薄熙來) 215, 216, 217, 218, 219, 220, 221, 244, 245, 246, 255, 257, 262, 265
보이보(薄一波) 211, 215, 216, 218
샤오젠화(肖建華) 229
샴보(David Shabaugh) 271, 283
쉬차이허우(徐才厚) 219, 220, 245, 259, 260, 261, 262
시진핑(習近平) 4, 35, 39, 40, 41 ,42, 43, 86, 116, 153, 160, 196, 208, 209, 211, 216, 217, 218, 219, 220, 222, 225, 228, 229, 230, 232, 235, 243, 244, 245, 251, 252, 253, 254, 255, 257, 258, 259, 260, 261, 262, 263, 264, 265, ,266, 267, 268, 269, 270, 271, 272, 273, 274, 275, 276, 277, 278, 279, 280, 281, 282
아데어 터너(Adair Turner) 166, 167, 296
야오원위안(姚文元) 15, 17
야오이린(姚依林) 36, 39
예젠밍(葉簡明) 228, 229
예젠잉(葉劍英) 35, 210
왕리쥔(王立軍) 216, 217
왕젠린(王健林) 230
우방궈(吳邦國) 208
우샤오후이(吳小暉) 224, 225, 228
우징롄(吳敬璉) 256
원자바오(溫家寶) 81, 140, 200, 211, 218, 220
자오쯔양(趙紫陽) 8, 9, 10, 18, 19, 21, 22, 24, 31, 33, 36, 38, 39, 44, 45, 47, 186, 190, 191, 194, 196, 207, 289
장쩌민(江澤民) 25, 31, 34, 36, 40, 41, 42, 85, 200, 201, 203, 207, 211, 215, 216, 218, 220, 226, 228, 229, 259, 260, 262, 267,

저우언라이(周恩來) 35
저우융캉(周永康) 218, 219, 220, 221, 244, 245, 255, 257, 259, 262, 265
주룽지(朱容基) 36, 85, 91, 193, 225
차오스(喬石) 38, 39, 41
천윈(陳雲) 15, 36, 39, 76, 190, 210, 211, 216
천즈우(陳志武) 64, 173, 174, 177, 187, 205
크루그먼(Paul Krugman) 63, 96
화궈펑(華國鋒) 17, 18, 20, 35, 36
후야오방(胡耀邦) 19, 21, 31, 33, 36, 44, 45, 46, 186
후진타오(胡錦濤) 36, 41, 42, 43, 200, 209, 211, 217, 218, 219, 244, 259, 262, 263, 265, 266, 267

중국경제의 추락: 경제 · 정치 모순의 분출

2018년 11월 1일 초판 인쇄 값 28,000원
2018년 11월 5일 초판 발행

저 자 | 김기수
발행인 | 백학순
발행처 | 세종연구소
주 소 | 경기도 성남시 수정구 대왕판교로 851번길 20 (13449)
홈페이지 | www.sejong.org
등 록 | 2001년 1월 19일 제 1-26호
판매처 | 광일문화사 서울 강남구 학동로 323 (06060)
전 화 | (02) 517-5555
팩 스 | (02) 545-5786
ISBN 978-89-7429-558-8

※ 본 자료는 필자의 개인적인 의견이며 세종연구소의 공식 견해가 아님을 밝힙니다.